신판

사회복지정책론

강 용 규

청목출판사

머리말

정책이라 함은 한 국가의 지침 또는 나아갈 방향이라고 해석할 수 있다. 그 가운데 사회복지정책은 사회적 변동 또는 사회의 변화 속에서 발생하는 다양한 유형의 사회문제를 제도적 방법인 정책을 통하여 문제의 원인 및 수위를 조절하고 결과적으로 지속가능한 방향으로 사회를 변화시키고자 하는 것이다.

정책의 수립 여하에 따라서 정책대상 뿐만 아니라 전체 국민의 삶의 질에 직접적으로 영향을 줄 수 있다는 점을 고려한다면 정책은 작위적이거나 주관적인 잣대로 다루어져서는 안 될 것이다. 또한 정책은 역동적이자 현실적이며, 직접적인 결과를 가져오므로 과학적인 정책분석과 평가를 통하여 새로운 정책 수립시 이를 반영할 수 있도록 해야 한다.

지난 30~40여년 동안 우리나라의 사회복지제도는 외형적인 측면에서 많은 발전을 이루어온 것이 사실이다. 그러나 운영되고 있는 각각의 사회복지제도의 내용을 살펴보면 경제적으로 괄목할 만한 성장을 이루었음에도 불구하고 질적인 부분과 양적인 부분에서 여전히 부족한 부분이 존재하고 있다. 사회복지에 대한 투자와 경제성장은 동전의 양면과 같음에도 사회복지에 대한 투자를 시혜적인 것으로, 우리의 재정적 여건이 월등해짐으로써 이제는 베풀 수준이 되었다는 '시대착오적' 발상의 전환이 필요하며, 각종 사회제도의 도입과 전개, 결과, 평가를 살펴보지 않은 채 표면적인 현상만을 제거하기 위한 조령모개식의 제도 운영은 사회발전 속에서 나타나는 사회적 문제의 발생을 경감시키거나 완화해 줄 수 없다는 점이 분명하게 강조되어야 한다.

21세기 사회는 '삶의 질'과 '제도적 재분배'를 중시하는 복지사회로 성장할 것이며, 국민의 다양한 복지욕구를 충족시켜 주지 못하는 정책과 정책집단은 결코 존재할 수 없다.

사회복지정책론이라는 과목은 난해한 과목이라고 생각하는 경향이 있다. 그러나 사회복지정책의 이념과 사회복지정책이 성립되는 과정, 분석 등을 충분히 이해한

후 각론을 살펴본다면 우리나라 사회복지정책이 앞으로 나아갈 방향에 대한 이해와 통찰력을 갖게 될 것이다.

본서는 제1부 사회정책의 기초적인 개념, 제2부 사회복지정책의 과정, 제3부 각론, 제4부 한국 사회복지정책의 과제와 전망으로 구성되어 있다.

본서는 몇 가지의 특징을 가지고 있다. 하나는, 20여 년 이상 사회복지정책을 강의하면서 체득한 경험을 통하여 학생들이 어려워했던 부분들을 보다 쉽게 풀이하려고 했다는 점, 다른 하나는 다양한 정책적 이해와 이념을 갖고 있는 교수자와 학습자의 생각을 사회복지정책이라는 틀 안에 용해시키기 위한 노력을 했다는 점이다. 이를 통하여 사회복지정책론을 수강하는 학생들은 변화하는 사회와 사회적 변화 속에서 야기되는 여러 유형의 사회문제 등을 분석하고 이를 해결하기 위한 각각의 사회복지정책의 수립에 깊은 관심과 폭넓은 이해를 할 수 있을 것이다.

사회복지정책론 교재를 집필한다는 것은 어쩌면 모험인지도 모른다. 집필자가 정책결정자가 아니기 때문이다. 그러나 학문을 통하여 학생들이 체계적이고 비판적인 분석능력을 갖춘 사회복지사의 자질을 갖게 된다면 본서의 소임을 다하는 것이라고 생각한다.

끝으로 어려운 출판 환경 속에서 본서의 출판을 허락하신 청목출판사 유성열 사장님과 직원 여러분께 진심으로 감사의 말을 전한다.

2023. 2

저자

차 례

제2부 공공부조와 사회보험

제 1 부

사회복지정책의 기초

제 1 장

사회복지정책의 개념

1. 사회복지정책의 개념 정의

사회복지정책은 국가와 시대적 배경 및 학자들의 관점에 따라 다양하게 규정되고 정의 내려진다.

사회복지정책은 원론적으로 얘기하면 사회적으로 해소되지 못한 욕구들의 총합인 사회문제(social problems)를 제도적으로 해결하기 위한 고도의 정책적이고 의도적인 과정이라고 할 수 있다.

사회복지정책은 여러 방법과 방향이라는 점(spot)들을 연결하여 목표점에 도달하도록 하는 선(line)으로서, 지역사회 주민들의 잠재능력을 개발시켜, 스스로의 삶을 개선해 나갈 수 있도록 필요한 도움을 제공하는 사회적 서비스를 의미한다.

J. E. Anderson은 정책을 "미래 지향적인 권위적인 공공기관이 내리는 방침",[1] T. R Dye는 정책을 "정부가 활동하기 위해서나 또는 활동하지 않기 위해서 선택한 모든 것", N. Gilbert와 H. Specht는 "공사의 기관에 있어서 행동의 방향이나 계획의 바탕을 이루는 제반 결정과 선택", H. D. Lasswell은 "사회변동의 계기로서 미래탐색을 위한 가치와 행동의 복합체이며, 목표와 가치, 그리고 실제를 포함하

1) James E. Anderson, *Public Policy-Making* (N.Y. Holt, Rinehart and Winston, 1984), p. 10.

고 있는 고안된 계획"이라고 정의하고 있다.

D. M. Dinitto와 T. R. Dye는 사회복지정책을 정부가 그 나라 국민들의 '생활의 질'에 영향을 미치는 것을 행할 것과 행하지 않을 것을 선택하는 어떤 것, 정부가 그 나라 국민들에게 서비스나 수입을 제공함으로써 국민복지에 영향을 미치는 정부의 활동이라고 정의하고 있다.[2)]

Easton은 "정책은 사회적 제 가치를 배분하는 의사결정과 행동의 망", Jenkins은 "정책이란 어떤 특정 상황 아래에서 목적과 이를 실현할 수단을 선택하는 데 대한 일련의 상호 관련된 의사결정"이라고 하였다.[3)]

사회복지사전에 의하면, 사회복지정책이란 넓은 의미에서는 사회복지의 추진 및 수행을 위한 국가, 지방자치단체 혹은 기타 공사의 여러 단체, 기관의 방침(계획)으로 간주될 수 있으나, 협의로는 국가·지방자치단체가 계획하는 사회복지의 목적달성을 위한 방법, 절차 등을 포함한 방침으로 한정하는 경우가 많다. 그리고 이 정책을 구체적으로 수행하기 위한 방법, 절차 등을 명확히 정한 것을 일반적으로 제도라고 부르고 있다.[4)]

사회복지정책은 사회복지와 정책의 합성어이며, 사회복지실천이 이루어지는 전반적인 틀을 제공함과 더불어 사회복지 관계 법률 및 행정지침 등으로 표현되어 모호함이나 추상적인 표현을 떠나 사회복지실천의 구체적인 기본 방향이 된다.

사회복지정책은 전체 사회구성원의 삶의 질 수준을 향상시키는 정부의 활동이라고 말할 수 있다. 이 때 삶의 질에 미치는 정부의 활동에는 교육, 조세, 국방, 환경, 에너지, 주택, 건강, 소득지원, 보건, 노동, 건설 등 거의 모든 활동이 포함된다.[5)]

사회복지정책이 지향하는 이념은 최저생활의 보장, 자유의 확대, 사회적 형평과 삶의 질의 향상 등이라고 하겠다.

간단하게 정리하면 사회복지정책이란 권위 있는 공공기관인 정부가 정책목표(공공의 이익 및 사회적 형평의 실현, 다양한 사회문제의 해결)를 달성하기 위하

2) D. M. Dinitto & T. R. Dye, *Social Welfare: Politics and Policy* (N.Y, Prentice-Hall, 1983), p. 2.
3) 고수현 외, 사회복지정책론, 양성원, 2016, p.17.
4) 대구대학교 사회복지연구소, 『사회복지사전』, 경진사, 1985.
5) 곽효문, 『복지정책론』, 제일법규, 2001, p. 91.

여 정치적 및 행정적 과정을 거치거나 당위성에 입각하여 공식적, 의도적으로 선택한 미래의 행동지침이다. 따라서 정책은 다음과 같은 특징을 지니고 있다.[6]

첫째, 정책은 그 주체가 개인이나 사적 집단이 아니라 공공기관이라는 점이다. 즉, 정책은 권위 있는 기관에 의해 이루어진다는 것이다. 물론 권위 있는 기관에 의해 권한을 위임받은 집단도 포함되는 수가 있기는 하지만 결과적으로는 정부의 권위 있는 기관에 귀속이 된다.

둘째, 정책은 정책목표를 지닌다. 비록 그 내용이 분명하지 않거나 표면상으로는 보이지 않는 경우가 있지만 원칙적으로 정책은 정책을 통해서 달성하고자 하는 목표를 지니고 있다. 정책을 통해서 달성하고자 하는 것은 문제의 해결이나 공익 및 사회적 형평을 실현하는 것이다. 정책목표를 달성하기 위한 정책수단이 정책의 또다른 중요한 구성요소이다.

셋째, 정책에는 공공의 이익이라는 특정한 가치가 함축되어 있다. 여기서 특정의 가치라 함은 아주 특수한 경우 사익(私益)이 될 수 있겠으나 대부분의 경우 공익(公益)을 말한다. 이러한 공익을 최소한 표방하고 있거나 실제로 내포하고 있음으로 인해서 정책은 국민에 대하여 권위있는 것으로 받아들여지며, 일종의 규범으로서 또는 당위로서 받아들여지는 것이다. 정책이 구속성과 강제성을 지니게 되는 이유도 여기에 있다.

넷째, 정책은 복합적 구성체이다. 정책의 주체만 보더라도 그것은 개인에 의해서 만들어질 수도 있으며, 집단에 의해서도, 정부기관에 의해서도 또는 삼자가 함께 어우러져 정책을 만들 수도 있는 것이다. 정책에 반영되는 이익 역시 어떤 개인의 사익인 경우는 극히 드물고 대부분의 경우 사회의 제반이익들이 복합적인 상호경쟁과 타협의 과정을 거쳐 정책에 반영된다.

6) 봉민근, 『사회복지정책론』, 학문사, 1999, p. 25.

2. 사회복지정책의 이념

1) 최저생활의 보장

사회복지정책이 지향하는 궁극적인 목표는 모든 국민이 건강하고 문화적인 최저한의 삶을 살아가도록 하는 데에 있다. '최저한의 삶(national minimum)'을 살아가기 위해서는 심신의 건강과 충분한 소득이 전제되어야 한다. 최저한의 삶은 단순히 국민 가운데 최하위소득계층의 생활 정도를 말하거나 목숨만 유지하는 수준을 의미하는 것이 아니라, 육체적·심리적·사회적·영적으로 건강한 상태를 유지하면서 노동력을 재생산할 수 있는 정도의 생활상태를 의미한다. 여기에서 '최저생활'이란 수준이 구체적으로 어느 정도의 소득인지를 가늠할 수 있는 것은 그 나라의 사회경제적 환경에 따라서 달라질 수 있는 가변적이고 상대적인 것이라고 할 수 있다.

최저생활을 보장하기 위해서는 고용보장과 탄력적인 노동시장의 형성, 최저임금제도의 보장 등을 통한 소득보장과 공공의료제도 등의 제도적 수단이 뒷받침되어야 한다.

2) 자유의 확대

사회복지정책이 추구하는 가치 가운데 자유는 소극적 자유와 적극적 자유로 구분할 수 있는데, 소극적 자유는 다른 사람의 강제적 의사로부터의 자유(freedom from)를 의미하는데 비하여 적극적 자유는 원하는 것을 행하고 자신의 목표를 성취하기 위한 자유(freedom to)를 의미한다.

사회복지정책은 빈곤 또는 장애, 사회적 차별로부터 각 개인의 자유를 회복하고 유지시켜주며, 불평등을 완화하여 순자유(net liberty)를 극대화시킨다. 19-20세기 초에는 소극적인 자유를 획득하는 수준이었다면, 20세기 중엽에는 복지권 운동(welfare rights movement) 등을 통하여 적극적인 자유를 획득하는 토대를 마련하게 된다. 재화의 평등적 분배가 선택의 기회를 확대하고 각 개인의 개별적 특성을 최대한 발휘하도록 하게 함으로써 적극적인 개인의 자유의 확대를 가져오게 하였다.

3) 사회적 형평성 추구

모든 국민의 인격존중과 행복한 삶을 보장하기 위해서는 사회적 자원의 공평한 배분과 사회복지제도에 의한 공정한 분배가 실현되어야 한다. 이와 같은 사회적 형평은 공정한 처우(fair treatment)라는 의미와 연결되는데, 이 개념은 비례적 평등을 의미한다. 즉, 개인의 업적, 공헌, 능력 및 기여 등에 따라 사회적 자원을 분배하는 것을 말한다.

배분의 형평성은 분배적 정의의 기본적 속성이며, 사회복지정책의 기본적 이념이기도 하다. N. 길버트는 사회복지정책의 이념으로서 생활보장을 위한 적정성(adequacy)과 모든 국민에게 골고루 지원되어야 한다는 평등성(equality) 그리고 배분의 형평성(equity)을 강조하고 있으며, 현대사회에서 정부가 복지사회를 지향하기 위해서는 사회적 형평성을 높이기 위한 적절한 대책을 강구해야 한다.

사회복지정책에서 형평성이 강조되고 있으나, 시장경제를 지향하는 대부분의 자본주의 국가 내에서는 불평등 현상이 만족할 만큼 해소되지 못하고 있을 뿐만 아니라, 개발도상국가의 경우 경제성장 과정에서 빈부격차와 부의 편재현상이 두드러지게 나타나고 있다.

사회적 형평성 문제를 해소하기 위해서는 현대 국가들은 다양한 방법, 예를 들어 소득세에 대한 누진적 직접세제의 도입과 조세 감면, 상속 및 증여재산에 대한 과세, 부족한 소득에 대하여 공적소득이전 방식인 보충급여방식 등을 운영하고 있다.

4) 삶의 질 향상

복지사회 또는 복지국가를 추구하는 궁극적인 목표는 '삶의 질(quality of life)'을 향상시키는 데 있다. 삶의 질을 향상시키기 위해서는 1차적으로 개인적 욕구의 주요 요소인 행복, 충분한 교육, 적절한 주거공간의 확보, 직업선택의 자유, 적정

수준의 소득 보장, 합리적인 사회경제적 지위의 획득, 이동의 자유 등 개별적 요소를 충족하고, 2차적으로 사회적 동질감의 회복, 원만한 대인관계의 형성, 사랑과 애정에 입각한 지역사회의 형성 등이 이루어져야 한다.

과거의 전통적인 사회복지정책이 '국민 최저한(national minimum)'을 보장하는 것이었다면, 현대 사회복지정책은 한 단계 진일보한 삶의 물질적 풍요와 심리적 충족감을 기본요소로 삶의 질 향상을 추구하고 있다.

3. 사회복지정책의 특성

1) 역동적인 정책

정부는 정책을 통하여 사회문제를 해결하려 한다. 그러므로 정책은 사회적 환경에 바람직한 변화를 가져와 사회적 질서를 비롯한 정치적 안정을 이루려는 경향을 보이기도 한다. 그러나 이와 같은 새로운 질서의 구축은 한편으로는 새로운 사회문제의 출현을 의미하기도 한다. 이는 사회적 문제를 정치적으로 해결하려는 방법 가운데 하나인 강제력의 행사 또는 협의적인 대화와 협상을 통하여 조정을 시도하려고 하기 때문이다. 따라서 사회적 문제의 근원이 사회 내부에 존재한다고 가정했을 때 구조적 모순을 해결하기 위하여 구조상의 변화를 도모할 것이며, 이 결과 사회가 재편되게 되면 새로운 사회 구조의 구성으로 편익이 발생할 소지가 많다. 그러므로 새로운 사회문제 해결을 위한 지속적인 노력이 반복되면서 사회는 발전하게 된다.

2) 인간의 존엄성을 구현하는 가치 개입적 정책

사회복지가 지향하는 목표는 '인간존엄성의 구현'이므로 사회복지란 하나의 가치개념이라고 할 수 있다. 가치란 과학적으로 증명될 수 있는 성질의 것이 아닌, 사람들이 '옳고 그른 것', '좋고 나쁜 것'에 대한 각자 자신들의 개념에 따라 결정해야 할 선택이다. 이러한 개념들은 사회적 환경이나 합리적인 사고, 기타 여러 가지 요인들에 의해 형성될 수 있다. 가치는 여러 사람들에 의하여 논의되고 도덕적 제재를 통해 그 타당성이 유지될 수 있는 것이다. 여기서 말하는 가치란 성취가 바람직스러운 사회적 목표나 결과를 의미한다.

인간존중사상은 사회복지정책의 본질적인 가치를 이루고 있다. '인간은 누구나 개인으로서 존중받아야 한다'는 사상은 모든 인간에게 해당된다. 그것은 그 사람의 성취 여부와 관계없이, 비록 어떤 결함이 있는 사람이라 할지라도 인간인 한 존중받아야 한다는 것이다. 이와 같이 인간을 존중한다는 것은 사회복지정책 실천에 있어서 가장 기본적인 원칙이다. 왜냐하면 사회복지정책은 사람이 정서적으로 안정되고 사람들로부터 호의적이고 우애적인 인간관계 속에서 걱정과 곤란함 없이 만족스럽게 살아갈 수 있는 능력을 길러주고 발전시켜 주기 때문이다.

사회복지정책은 특정한 사회의 사회경제적 기반에 따라 달라지는 시대와 사회의 소산물이다. 그러나 사회복지정책은 효과성, 효율성, 책임성이라는 요소에 의하여 좌우되기도 한다. 각각의 시대를 지배하는 이념, 사상, 가치관에 따라서 영향을 많이 받는 정책이기도 하다.

Wilensky와 Lebeaux의 제도적 및 잔여적 복지모형, Titmuss의 복지모형, George와 Wilding의 복지모형 등도 사회복지정책이 갖고 있는 가치지향적 특성에서 기인하는 것이라 할 수 있다.

3) 인간지향적 정책

사회복지정책의 기본 가치는 인간의 존엄성을 실현하기 위한 정책이어야 한다. 따라서 국가의 구성원인 국민이라면 누구나 인간으로서의 존엄성을 보장받을 수 있는 적정한 생활이 보장되어야 한다. 일반적으로 사회복지정책의 대상은 인간의 존엄성을 훼손할 수 있는 사회경제적 환경에 노출된 사람이나 집단이다. 이들 집단에 대하여 사회복지정책이 어떻게 적용되고 반영되는가는 그 사회의 관습, 전통, 의식 등에 의하여 결정되고 이러한 요인들이 지배적 가치체계를 형성하므로 가치체계에 변화가 생길 경우 사회복지정책의 내용과 지향점도 달라진다.

4) 소득재분배 정책

사회복지정책은 한정적인 사회적 자원을 제도적인 방법으로, 소득을 사회적 형평성에 의하여 분배하는 정책이다. 정부는 소득을 재분배하기 위해서는 다양한 납세자로부터 소득비례적인 분담방법을 통하여 세금을 징수하고 사회 내 불평등을 완화하기 위하여 지출하는 방식으로 사회적 형평성을 유지하려고 한다.

이와 같이 사회복지정책은 소득이전(income transfer)을 내용으로 수립되는 것이 특징이며 이 과정에서 소득재분배의 효과가 나타난다. 그러나 비용부담자(납세자)와 수혜자 사이의 대립뿐만 아니라 사회복지정책 수립시 보호대상인 취약계층의 의견이 반영되지 않고 오히려 정책결정자 및 정치적 요인에 의한 결정이 이루어질 수 있어 사회적 반발과 상대적 박탈감 등의 문제가 발생할 수 있다.

소득재분배란 일개인 또는 한 집단으로부터 다른 개인이나 집단으로 이전되는 소득 또는 소득으로 간주되는 급여를 말한다. Titmuss는 소득재분배는 '물질적 · 비물질적 자원을 부자에서 빈민에게로, 한 인종집단에서 다른 인종집단으로, 일하는 연령층에서 은퇴한 연령층에게 이전'하는 것이라고 설명하고 있다.

소득재분배는 두 가지 경로를 통하여 이루어지는데, 하나는 공적 제도이고, 다른 하나는 사적제도이다. 공적제도는 정부에 의하여 실시되는 소득이전제도로서, 사회보험, 사회복지서비스, 조세가 이에 속한다. 사적 제도는 민간부문 안에서 자발적인 동기에 의하여 이루어지는 현금이전(cash transfer), 친인척 또는 가족구성원간에 이루어지는 소득이전, 각종 민간보험이나 기업복지 등이 있다.

소득재분배는 부자로부터 빈민으로의 소득이전인 수직적 재분배, 유사한 총소득을 가진 가족간의 소득이전인 수평적 재분배, 적립방식연금과 같은 세대내 재분배, 세대간 소득이전인 세대간 재분배 등으로 유형화할 수 있다.

소득재분배의 1차적 효과는 즉시 나타날 수 있으며, 현재의 상황을 일부 개선하는 경향은 있으나, 최종적인 효과를 계량화하기에는 곤란한 점이 많다.

4. 사회복지정책의 기능

사회적 요구와 사회문제 중에서 중요한 문제만 정책문제로 채택되어 정부에 의해 해결이 시도된다. 일부 채택된 정책문제는 계속적으로 복잡한 정치적・행정적 과정을 통하여 그의 해결을 위한 하나의 행동노선이 마련되어지는데, 그것이 바로 정책인 것이다. 이와 같이 동태적인 과정을 거쳐 이루어진 정책은 다음과 같은 여러 가지 기능을 수행한다.[7]

첫째, 정책은 문제해결을 위한 노력의 산물이다. 오늘날 사회에는 해결해야 할 문제가 무수히 많다. 그러나 모든 사회문제를 정부가 다 해결하지는 못한다. 이유인 즉 정부의 능력에 한계가 있을 뿐만 아니라 여러 가지 정치적 이유도 있을 수 있다. 그러나 일단 정부에 의해서 채택되어진 정책문제가 해결을 위한 하나의 청사진으로 나타난다는 것은 문제해결을 위한 노력의 일환으로 볼 수 있는 것이다. 정부가 정책을 통하여 문제해결을 하려는 노력은 시대 또는 이데올로기에 따라서 많은 차이가 있다. 그러나 대다수 국가들은 적극적으로 대책을 통하여 사회문제를 해결하거나 노력하는 행정국가 내지 정책국가라고 할 수 있다.

둘째, 정책은 일관성 있는 행동지침을 제시해 준다. 정책은 그 자체가 하나의 행동노선을 담고 있기 때문에 그에 관련된 개인들의 행동을 위한 지침 역할을 수행한다. 비록 정책이 명료하고 구체적이 아닐지라도 행동의 범위가 한계를 정해 주며, 그에 따라서 활동을 하게 된다.

셋째, 정책은 변동을 일으키기도 한다. 정부는 정책을 통하여 사회문제를 해결하려 한다. 따라서 정책은 환경에 무엇인가 변화를 일으키려 하는 것이다. 그러나 이러한 변화는 사회의 근본적인 변화를 지향하는 것은 아니고, 통상 체제 유지의 범위 내에서 이루어진다. 정책을 둘러싼 많은 이해 관계자들은 제각기 자신의 이익을 추구하게 된다.

---

7) 상게서, pp. 26-28.

넷째, 정책은 사회를 재구성하는 기능을 한다. 정책을 통하여 사회문제를 해결한다는 것은 새로운 사회문제를 형성하는 것이다. 하나의 정책이 의도하는 사회재구성의 범위와 정도에는 여러 가지가 있을 수 있다. 가령 현존하는 사회적 분쟁과 일탈을 감소시키기 위하여 강제력을 동원할 수도 있고, 협의적인 대화로 조정을 시도할 수도 있다. 또 사회적 문제가 발생하는 원인이 그 사회의 구조적인 모순에 있다고 판단되면 이러한 구조상의 변혁을 시도할 것이다. 그리고 사회적 생산에 불균형이 있거나 특정한 분야의 생산에 감소가 있을 경우 사회적인 투자를 근절함으로써 이의 해결을 도모할 것이다. 미국과 같은 초강대국도 오늘날 수많은 사회문제로 인하여 그의 해결을 통한 사회재구성이 시도되고 있다.

다섯째, 정책은 처방적 기능을 지니고 있다. 사회문제를 해결하기 위하여 정책문제가 채택되고, 정책문제를 해결하기 위하여 정책이 구성된다. 이러한 정책의 구성에는 많은 내적 및 외적 요인이 관여하여 제각기 자신의 이익을 도모하며 노력하게 된다. 그러나 정책이 반드시 이러한 외적인 압력이나 요구에 의해서만 이루어지는 것은 아니고, 정책결정자의 신념이나 주관적 가치판단에 의해서 이루어질 수도 있다. 이와 같이 정책에는 여러 가지 요소가 개입되어 상호작용하는 가운데 하나의 산물로서 나타나는 것이다. 일단 구성된 정책은 사회에 대한 하나의 가치체계로서, 목표체계로서, 행동체계로서 규범적이고 처방적인 기능을 하게 된다.

여섯째, 정책은 사회의 여러 이익을 조정하고 통합하는 가능을 수행한다. 사회에는 수많은 개인이나 집단이 제각기 이익을 위하여 투쟁하고 있다. 사회에서 발생하는 문제들이 이러한 이익의 갈등, 대립, 조정과정을 통하여 해결되기도 하지만, 한편 정부 개입이 요구되는 것도 있다. 정부는 이러한 복잡하고 다양한 사회의 여러 이익 정책을 통하여 조정하고 통합하는 기능을 한다. 만일 정책을 통하여 이러한 여러 이익이 순조롭게 통합되고 해결되지 못하면, 여러 가지 혼란과 역기능이 초래될 수도 있다. 따라서 정책의 형식에는 가급적 많은 관련된 사람들을 포함시켜 그들의 이익을 반영하고 조정되도록 해야 된다. 이러한 결과로서 정책은 구체적이고, 명료하지 못하며, 모호하고 추상적인 성격을 지니게 된다.

일곱째, 정책은 사회를 안정화시키는 기능을 수행한다. 이는 어떻게 보면 정책이 사회를 변동시키는 기능과 상충되는 것처럼 보인다. 그러나 정책은 모든 것이 변동을 초래하는 것은 아니고, 기존의 상태를 그대로 보존하려고도 한다. 대체로 기존의 상태는 이미 많은 대립과 갈등이 잠재적으로 조정된 상태라고 볼 수 있다. 따라서 이러한 기존상태를 새롭게 구성하려 든다면 그만큼 많은 어려움을 갖게 된다. 그리고 정치지도자의 입장에서 보면 사회의 급작스런 변동으로 인한 체제 불안보다는 오히려 기존의 상태를 안정화하려는 욕구가 강할지도 모른다.

5. 사회복지정책의 내용

1) 영국의 사회복지정책

영국에서는 사회복지정책 개념보다는 사회정책(social policy)이란 용어를 선호하는 경향이 있다. 사회복지정책의 내용은 학자들의 관점에 따라 다양하다고 할 수 있다.

W. Beveridge는 사회정책의 영역으로서 사회보장정책, 의료보장정책, 교육보장정책, 주택보장정책, 고용보장정책 등을 제시하고 있다.

R. M. Titmuss는 사회정책을 사회복지의 체계(a system of social welfare)로서, 시혜적이고, 재분배적이며, 경제적 목적뿐만 아니라 비경제적 목적을 가진 정책이라고 규정했다.[8] 또한 현존하는 사회적 장치로는 해결할 수 없는 욕구를 충족하기 위하여 시장경제 외부에서 정부에 의하여 일방적으로 이전되는 행위라고 하였다. 이러한 정부행위의 유형을 보충적 모형, 산업적 성취수행 모형, 제도적 재분배 모형으로 제시하고 있다.

T. H. Marshall은 사회정책을 시민에게 서비스 또는 소득을 제공하는 시민의 복지에 직접적으로 영향을 주는 행동으로서, 사회정책의 영역을 사회보장정책, 의료보장정책, 개별사회서비스정책, 주택보장정책, 지역사회개발정책, 교육보장정책 등 6개의 정책영역을 제시했다.

P. Townsend는 사회정책을 복지행정과 관련된 정책이고, 이것은 일반적으로 인

8) 원석조, 『사회복지정책론』, 공동체, 2006, p. 21.

정된 특수한 사회문제를 해결하거나 사회목적을 추구하기 위한 국가와 지방정부의 건강·교육·복지 및 사회보장서비스와 같은 서비스의 개발과 관리에 관련된 정책이라고 하였다.

영국 사회정책의 특징은 사회정책의 범위를 광범위하게 포괄하고 있다는 점이다. 일반적으로 사회정책 또는 사회복지정책을 지칭할 때 사회보장(공공부조 및 사회보험)제도 및 사회복지서비스에 국한시키는 경우가 많지만, 영국의 사회정책은 사회보장, 보건의료, 주택, 교육까지 포함시키고 있기 때문이다.

2) 독일의 사회복지정책

사회정책이란 전문 용어를 세계 최초로 사용한 국가는 독일로, 1873년 독일에서 창립된 사회정책학회(Verein für Sozialpolitik)의 명칭이 용어의 기원으로 인정되고 있다.[9)]

독일은 세계 최초로 사회정책을 시행한 국가로서, 비스마르크에 의하여 건강보험(1883), 산재보험(1884), 노령폐질연금(1889) 등 사회보험 입법이 이루어졌다. 독일에서 출발한 사회정책이란 용어는 국가사회주의(state socialism)에 기반을 두고 있는 것으로서, 기본적으로 사회정책을 통하여 자본가와 노동자 사이의 계급대립을 완화시키고, 사회 갈등을 해소하고자 하였다. 당시 사회정책은 계급간의 원만한 협조를 유도하기 위한 정책이었음을 의미한다.

독일의 사회주의적 사회정책은 자본가와 노동자 사이의 조화와 타협을 강조하고, 기존의 사회질서 속에서 국가의 적절한 개입을 통해 사회질서를 유지함과 함께 사회적 안정을 도모했다. 독일의 사회정책은 사회문제, 특히 노동문제를 해결하기 위한 사회개량으로 인식하는 경향도 있다.

독일의 사회복지정책은 사회생활 중에서 일어나는 여러 가지 문제를 해결해 주는 국가적 조치인데, 그 주류는 노동자와 그 가족의 생활문제를 해결하는 노동정책 혹은 경제정책의 하나로 파악하는 경향이 있다.[10)]

독일의 사회정책은 1차적으로 사회계급의 이익에 의미를 부여하며, 기본적으로 사회통합에 관심을 두고 있다.

9) 김상균, 『현대사회와 사회정책』, 서울대학교출판부, 1992. p. 27.
10) 현외성, 『사회복지정책강론』, 양서원, 2000, p. 33.

3) 미국의 사회복지정책

미국에서는 사회정책과 사회복지정책을 혼용하고 있으며, 사회정책이 사회복지정책보다 더욱 광범위한 개념으로 인식하고 있다.

사회정책을 사회복지정책과 구별하면서 사회정책을 사회복지정책의 상위의 공공정책으로 보는 경우 사회정책은 사회가 공인한 사회행동(social action)으로서 인간사(human affairs)의 공식적·체계적 질서유지를 위한 정책이며, 사회복지정책은 사회정책의 하위체계(a subset of social policy)로서, 고용, 소득, 음식, 주택, 보건의료, 사회관계 등 기본적 욕구를 충족시키기 위한 급여를 제공하는 것이다. 여기서 우리는 사회정책은 독일식 질서유지정책으로, 사회복지정책은 영국식 사회복지 향상 정책으로 인식하고 있음을 알 수 있다.[11)]

사회정책을 Rein은 '사회서비스를 위한 계획', Blakemore는 '교육, 건강, 주택 및 사회보장을 통하여 인간의 복지를 증진시키고 인간의 욕구를 충족시키기 위한 것', Jansson은 '사회문제를 해결하기 위한 집단적 전략', Prigmore와 Atherton은 '사회복지 관련 프로그램과 쟁점에 관하여 의사결정을 위해 사용되는 지침'이라고 정의하고 있다.

4) 우리나라의 사회복지정책

우리나라의 사회복지정책은 사회보장과 동일한 개념으로 사용되고 있다. 사회보장기본법에서 의미하는 사회보장은 '출산, 양육, 실업, 노령, 장애, 질병, 빈곤, 사망 등의 사회적 위험으로부터 모든 국민을 보호하고 빈곤을 해소하며 국민생활의 질을 향상시키기 위해 제공되는 사회보험, 공공부조, 사회서비스'라고 정의하고 있다.

우리나라의 사회복지정책은 일정한 급여를 제공하여 자립과 자활을 지원하는 공공부조와 사회적 위험을 효과적으로 분산시켜 공동의 목적을 달성하려는 사회보험, 상담, 교육, 취업 및 직업소개, 사회복지시설 이용 등 비화폐적인 사회서비스 등의 급여를 통하여 일정한 목적('건강하고 문화적인 삶')을 달성하려는 일련의 행동지침이라고 할 수 있다.

---

11) 원석조, 전게서, p. 23.

제 2 장

사회복지정책의 구성과 영역

1. 사회복지정책의 구성 요소

사회복지정책의 주요 요소는 정책의 주체와 객체, 기능 그리고 목적으로 구성될 수 있으며, 이러한 4가지 요소를 구분하여 설명하고자 한다.

1) 사회복지정책의 주체

사회복지는 정상적인 일반생활의 수준에서 일탈하였거나 또는 그러한 위험이 있는 불특정 개인 또는 가족을 대상으로 한다. 즉 사회복지는 출산, 양육, 실업, 노령, 장애, 질병, 빈곤, 사망 등이 원인이 되어 정상적인 일상생활을 할 수 없거나 그러한 위험이 있는 사람 또는 가족을 대상으로 하여 그의 활동을 지원하는 사업의 체계이다. 사회복지는 현재의 문제 상황을 극복하기 위한 다양한 활동을 의미하기도 하지만 그 활동 속에는 예방적 활동도 포함하고 있다. 따라서 사회복지제도를 운영하는 주체에는 국가, 지방자치단체, 사회복지법인, 비영리법인, 시민사회단체, 개인을 들 수 있다.

Gilbert와 Terrell은 사회복지의 공급주체를 가족을 포함한 친족, 종교, 기업, 시장, 상호부조, 정부 등으로 분류하고 이들 제도가 제각기 일차적인 주된 기능을 하면서, 동시에 사회복지 기능을 수행한다고 하였다.[1)]

사회복지정책의 주체는 정책을 형성하고 집행하는 기관으로서 국가를 비롯하여 지방자치단체, 공공 사회복지기관, 민간 사회복지기관, 비정부단체(NGO) 등이 포함된다. 정책의 주체를 정의하는데 있어 정책결정과정에 직접적으로 관여하는지 아니면 간접적으로 영향을 주는지에 따라 권위적 가치배분활동의 범위와 내용이 달라질 수 있다.[2] 여기에서 가치배분활동은 사회적 문제가 지역사회 주민에게 심각한 사회적 문제로 인식되고, 해결되어야만 하는 성격의 문제로 승화되는 이슈(issue)화, 사회적 문제를 해결하기 위한 다양한 방안의 강구와 해결방안의 선택을 위한 정책의제(agenda) 형성, 가장 효과적이며 효율적인 방법을 결정하는 정책결정 과정, 시행된 정책의 성과와 책임성을 다루는 정책평가 등의 과정이다. 일부 단계까지는 비정부기구의 영향력이 작용할 수 있으나, 정책의제가 형성된 후 정책결정 과정에서는 합법적인 권위가 부여된 정부의 역할이 매우 크다고 할 수 있다.

사회복지정책의 주체는 국가를 비롯하여 개인, 협동조합, 종교 조직, 단체, 기업, 사회복지법인, 지방자치단체 등을 거론할 수 있다. 뿐만 아니라 각각의 개별주체들이 단독으로 주체가 될 수도 있으나, 지방자치단체와 민간단체 등이 공동으로 주체가 되기도 한다.

오늘날 개인이 사회복지 주체가 되는 경우는 거의 없으며, 사회복지법인 또는 비영리법인과 같은 공공적 성격을 갖는 민간법인이나 시민사회단체가 국가 또는 지방자치단체와 함께 사회복지사업의 직접적 담당자가 되고 있다.

2) 사회복지정책의 객체

사회복지 정책의 객체는 복지정책이나 프로그램이 적용되어야 하고 정책이나 프로그램으로부터 혜택을 받아야 할 대상(target group)이다. 사회복지정책의 대상을 일률적으로 규정하기는 어렵고 일반적으로 각각의 사회복지정책이나 프로그램의 성격과 목적에 따라 그 대상이 정해지는 경향이 있다.

사회복지사업의 대상은 모든 국민이다. 그런데 문제는 '모든 국민의 어떠한 상태'를 국가가 사회복지의 대상으로 설정하느냐 하는 것이다.[3] 대상을 전국민으로

---

1) 현외성, 『사회복지정책강론』, 양서원, 2003, p. 114.
2) 전재일 외, 『사회복지정책론』, 형설출판사, 2000, p. 41.
3) 박광덕, 『현대사회복지정책론』, 박영사, 1998, p. 254.

규정한다 할지라도 국가가 항상 개인의 복지를 책임져야 된다는 것은 아니다. 보다 구체적으로 사회복지의 대상을 언급하자면, 좁게는 기본생활능력이 없는 저소득층, 아동, 노인, 장애인, 실업자, 부랑인 등을 의미하지만, 넓게는 현재 기본적인 생활능력이 없는 계층뿐만 아니라 앞으로 생활의 위협을 받을 가능성이 있는 대상까지 포함하므로 모든 국민이 사회복지정책의 객체가 될 수 있다.

보다 구체적으로 사회복지의 대상을 언급하면 다음과 같다.

(1) 저소득층

저소득층(low income class)은 수입이 최저생계비에 미치지 못하는 계층으로서, 현대사회가 안고 있는 가장 근원적이며 해결하기 곤란한 빈곤(poverty)문제를 안고 있다. 사회의 구조적 모순 및 자본주의 사회의 불평등에서 야기되는 저소득 문제는 현대 복지국가 체계에 진입하면서 일부 해소되는 듯 했으나, 자본의 편중과 집적이 심화되는 가운데 부의 사회적 양극화 문제를 비롯하여 주관적 및 상대적 박탈감 등의 문제를 낳고 있다.

(2) 사회적 약자계층

아동, 노인, 장애인 등은 일반적으로 신체적 발달의 미숙 또는 취약, 의존적인 삶, 경제적 결핍 등이 공통적인 사항이다.

아동은 대체로 심신의 발달이 불충분하고, 독립적인 사회생활과 직업생활을 영위하는 것이 불가능하여 적절한 보호를 필요로 하는 시기에 있으므로 지속적인 관심과 보호를 필요로 하는 대상이다.

대부분의 노인은 만성질환의 증가, 소득의 중단, 가족부양체계의 변화 등으로 노년기에 의존적인 삶을 영위할 수밖에 없는 대상으로 전락하게 된다. 그러므로 개인 및 가족적 체계에서 보호를 제공하는 데에 한계가 있으므로 국가 또는 사회적 보호체계를 가동해야만 한다.

장애인은 기능적 손상으로 사회적으로 불리한 처우를 받음과 동시에 의도적이든 그렇지 않든 차별을 경험하고 있다. 정상화(normalization)의 이념이 사회 내에서 실현되기 위해서는 장애인의 잠재능력 개발을 위한 사회적 관심과 인정, 직업재활을 위한 의료 및 보장구 산업의 발전, 다각적인 직업개발 등의 전제조건들이 선결되어야 한다.

(3) 지역사회

지역사회(community)는 주민의 일상생활이 영위되는 장소로서, 환경적 영향에 따라 주민의 행복이 변화하게 된다. 좋은 지역사회를 만들기 위해서는 물질적인 요소로 해결되는 것이 아니라 지역주민이 정책에 관심과 흥미를 갖고, 창의성과 자발성으로 정책입안 과정에 참여할 수 있어야 한다.

3) 사회복지정책의 기능

국가 또는 정부가 국민들의 복지 및 안녕에 관심을 기울여야 하는 많은 이유가 있다. 첫째, 정치적으로 현 집권층이 계속 정권을 연장하기 위해서는 유권자들의 욕구를 충족시켜야 한다는 것이고, 둘째, 경제적으로 인적자본(human capital)을 육성하여 소비보다는 생산적인 역할을 수행함으로써 시장경제의 발전에 기여하도록 해야 한다는 점이다. 셋째, 사회 전체적인 면에서 사회적 약자계층을 보호함으로써 사회를 하나로 통합할 수 있는 역할을 한다. 여기에서 사회복지정책의 기능을 구체적으로 살펴보기로 한다.

(1) 생존권 보장

사회복지정책은 최소한의 생계를 법적으로 보호할 뿐만 아니라 권리로서 인정을 해 주고 있다. 즉 생존권적 기본권은 기본적 인권의 하나로서 인간이 인간답게 살아갈 권리이며, 국가에 대하여 인간의 생존을 유지할 수 있는 생활에 필요한 서비스를 요구할 수 있는 권리를 의미한다. 20세기 초까지 자본주의 사회에서 '개인의 자유'는 핵심적인 주제였으며, 사람의 생활은 개인의 책임이라는 '자조'(self-help) 원칙이 지배하고 있었다. 자본주의가 고도화되면서 빈부의 격차가 심해지고, 일부 계층의 경우 심각한 생존의 위협에 직면하게 되면서 '생존권'의 개념이 등장하게 되었다. 여기서 생존권이란 생존 또는 생활을 위해서 필요한 조건의 확보를 요구하는 권리를 말한다.

법률적인 차원에서 생존권의 개념이 처음 등장한 것은 '바이마르 공화국'의 헌법 제151조에서 비롯된다. 생존권은 인간존중이 인권사상으로 발전하면서, 인간은 인격자로서 대우받아야 하며, 평등하게 취급되어야 하고, 자유로워야 하며 인간다운 생활을 해야 한다는 것이다. 그러나 근세 이후에는 인간다운 최저생활을 영위할 수 없는 대량의 실직자가 있었고, 이들에게 인간의 존엄을 확보해 주기 위해서는 경제적인 생활여건의 부여가 절대적이었다. 여기에 자유주의에 대한 경제적 평등주의가 나타났고, 경제적 평등의 주장은 사회정의의 실현을 요청하게 되었다.[4]

국가가 제도적으로 국민의 생존권을 보장해 준다는 것은 국민 전체를 평등하게 만드는 것을 의미하는 것은 아니며, 최저한의 생활수준에 있는 국민들에게 부족한 소득을 보충해 주면서 인간다운 생활을 할 수 있는 수준으로 끌어올리는 것을 말한다. 국가는 국민 개개인에 대한 자산조사(means test)를 통하여 개별적으로 보호하고, 신분의 비밀을 보장하며, 인종 · 성별 · 신앙 · 경제적 상태 · 사회적 신분 · 외모 · 과거 생활상태와 관계없이 모든 국민은 건강하고 문화적인 삶을 영위할 수 있도록 국가에 보호를 청구할 수 있는 청구권을 갖고 있다.

(2) 빈곤의 퇴치

빈곤은 인류 역사에 항상 존재하는 것으로, 사회복지의 역사는 현존하는 빈곤문제를 제도적으로 해결하기 위한 역사라고 할 수 있다. 영국 사회복지 발전의 맥락을 살펴보면 1601년 엘리자베스 구빈법(The Elizabethan Poor Law)에서 1945년 국민부조법(National Assistance Act)에 이르기까지 일련의 과정은 빈곤문제를 퇴치하기 위한 정치적 쟁점과 빈-부계층간의 투쟁의 역사라는 점이다. 이 결과 제2차 세계대전 이후 베버리지 보고서를 바탕으로 복지국가를 건설하게 되었다. 현대 산업사회에서는 '부의 공적이전'이라는 소득의 재분배 메커니즘을 통하여 빈부격차를 해소하려고 하고 있다.

빈곤을 퇴치하기 위해서는 사회제도적인 접근과 개인적인 접근이 있다. 우선하는 사회제도적인 접근은 공교육의 확대와 탄력적인 노동시장을 통하여 수직적 신분상승이 가능한 사회를 형성하는 것이고, 후자는 각각의 개인이 자신의 능력과 적성에 따라 필요한 교육과 적절한 직업을 가질 수 있는 개방된 사회구조를 형성하면서 자신의 위치를 이동가능하게 함으로써 개방적이며 순환적인 사회구조를 만들게 된다. 이와 같은 사회구조 속에서 희망과 자신감을 획득하게 되어 빈곤계

4) 박석돈, 『사회복지서비스법』, 삼영사, 2005, p. 5.

층의 확산으로 인한 사회경제적 비용을 절감할 수 있게 된다.

(3) 평등의 증진

현대 복지국가의 기본이념은 사회적 평등에 기초하고 있다. 평등에는 교육을 받을 균등한 기회를 가질 권리, 법 앞에서의 평등, 인간으로서 동등하게 존중받을 권리, 정치적·경제적 혜택을 공평하게 받을 권리 등 다양한 내용들이 포함된다. 평등이 지향하고자 하는 핵심은 모든 사람이 풍요롭고 만족스러운 삶을 살 수 있는 다 같은 권리를 가지고 있다는 것이다. 이러한 평등의 개념은 기회의 균등을 추구하는 자유주의의 이념에서 발전한 것이다.

평등의 개념은 자유와 함께 사회복지의 핵심적인 가치이나, 자유가 재산권과 만날 때에는 필연적으로 불평등을 수반하게 된다. 이것은 이 세상에서 나눌 수 있는 재화는 한정적인데 반하여 인간의 욕망은 무한하기 때문이다.

평등이 오늘날 사회적으로 문제가 된 것은 '부의 불평등' 문제에서 비롯된 것으로, 불평등은 개개인의 기회의 감소를 떠나 사회 전체적으로 계층간의 갈등이나 사회불안을 야기하는 등 여러 가지 이유로 바람직하지 못한 결과를 가져오므로, 국가가 개입하여 사회복지정책을 통해 불평등을 감소시키기 위한 조치로서 국민 모두에게 공평한 기회를 부여하고 있다.

(4) 사회통합

사회구조를 보면 의도적이든 그렇지 않든 '사회적 배제'(social exclusion)를 경험하고 있는 계층이 존재하고 있다. 자산소유의 정도에 따라 상류층, 중류층(중산층), 저소득층으로 구분하고 있다. 구분되어진 계층 여하는 소속되어진 구성원의 사회적 지위와 신분을 고정시키려는 경향이 있어, 사회적으로 수직적 계층간의 이동이 아닌 수평적인 동일 계층간의 이동만을 허용하는 폐쇄성을 갖게 된다. 이와 같은 경향으로 사회는 '양극화'라는 문제를 낳고 '호의와 협력'보다는 '적대와 갈등'이라는 면모를 드러내게 된다.

현대 산업사회의 가장 큰 사회문제는 '빈곤'이며, 이 빈곤은 사회통합을 저해하는 가장 큰 원인이 되기도 한다. 빈곤은 스스로 자신의 정체성에 대한 부정, 현 상태에서 탈피하려는 노력보다는 좌절과 포기, 자신의 문제라고 인식하지 못하고 남의 탓 또는 사회구조의 문제에서 기인하는 것으로 여겨 불특정 상대를 향한 공격적인 성향을 갖게 되는 문제를 낳기도 한다.

현대사회에서 사회복지정책은 사회적 약자 계층을 사회에서 의도적으로 배제하려는 것이 아니라 그들을 경제적으로 자립시키거나 신체적으로 재활시켜 사회에서 필요로 하는 생산적인 인간으로의 변화를 통해 '계층간의 반목 또는 갈등'을 봉합하여 사회통합을 이루려는데 목적을 두고 있다.

사회통합(social integration)이란 모든 사람들이 사회생활에 적극적으로 참여하고 살아가는 것을 의미한다. 그러므로 통합된 사회란 사회적 배제가 없는 사회를 의미한다고 할 수 있다.

(5) 사회 안정과 질서유지

사회복지정책을 통해서 형평성에 의한 공평한 사회를 지향하게 되면서 사회적 통합이 이루어지고 그 결과 사회적 안정과 질서를 유지할 수 있게 된다.

사회복지정책은 소득재분배를 통하여 노동의 시장의존성을 탈피하려는 탈상품화(decommodification) 기능을 수행하게 되며, 이러한 기능은 궁극적으로 소득과 자원배분의 불평등을 감소시켜 계층간 갈등을 야기시킬 수 있는 사회문제를 완화시킴으로써 사회적 안정에 기여한다.[5]

사회복지정책은 사회분열을 야기시킬 수 있는 사회문제를 완화시킴으로써 사회를 안정시키는 역할을 한다. 즉 사회문제로 발생하는 고통과 불만을 해소시킴으로써 사회적 안정에 기여하는 것이다.

(6) 개인적 성장과 개발

사회복지정책은 개인이 스스로 자신의 생활을 결정하고 영위할 수 있도록 자립을 지원하는 역할을 한다. 뿐만 아니라 자신의 능력에 따라 성장하고 발전할 수 있도록 잠재력을 개발하는 기능을 한다.

합리적인 개인이 자신의 문제를 스스로 해결할 수 있다는 '자기결정'의 원리가 중시되고 있는데, 사회복지정책은 모든 사람들이 독특한 개별성을 바탕으로 성장하고 발전할 수 있는 충분한 능력과 잠재력을 갖고 있음을 인정하고 있다. 이와

5) 박병현, 『사회복지정책론』, 현학사, 2005, p. 35.

같이 무한한 잠재능력을 보유한 각각의 개인이 성장·발전하기 위해서는 개인의 창의력이 존중될 수 있는 사회적 분위기와 노력을 통하여 신분 이동이 가능한 개방된 사회가 전제되어야 한다.

자본주의 사회는 개인이 의욕적으로 스스로의 발전을 도모할 수 있도록 차별적인 사회구조를 형성하고 있으나, 복지국가를 지향하는 국가나 사회는 개인 스스로의 발전과 사회 내 차별적인 요소를 제거하여 형평성에 기초한 공평한 사회를 지향하려고 한다는 점에서 자본주의 사회와 대별된다.

4) 사회복지정책의 목표

정책목표(Policy Objectives)란 정책을 통해서 달성하려는 미래의 바람직한 방향을 말한다. 정책은 특정한 방향으로 향한 집단적인 일련의 활동이므로, 여기에서 정책 달성을 통해 얻으려고 하는 목표는 결국 미래적이고 현재보다는 더 나은 결과를 내포하고 있다. 따라서 정책목표는 현실에 관한 불만족스러운 상태나 조건을 개선하고 문제를 해결하려는 것이다. 그리하여 그 결과 지금보다는 나은 전망을 예측할 수 있다.[6)]

원칙적으로 모든 정책은 정책을 통해서 달성하려는 목적과 목표가 있다. 목적과 목표는 모두가 사회문제의 해결이나 공익 및 사회적 형평을 실현하려는 것이다. 사회복지정책은 소수 사회경제적 약자들의 생활상의 곤란과 문제를 해결하려는 목적으로 출발하여 전 국민의 건강하고 문화적인 생활을 확보하는 데에 이르고 있다. 인간의 존엄성을 위해 국가가 적극적으로 개입할 수 있는 길이 열렸고, 인간다운 생활 보장을 위한 구체적인 장치로서 사회복지정책의 역할이 확대되고 있다.[7)]

현대사회의 모든 국가에서는 각종 사회복지정책을 집행하고 있고, 우리나라 헌법 제34조에도 "모든 국민은 인간다운 생활을 할 권리를 가진다"는 조항을 명시하면서, 인간다운 생활을 할 권리를 생존권적 기본권으로 인정하고, 사회복지정책의 최고의 목적을 인간의 존엄성 실현으로 규정하고 있다.

사회복지문제가 무엇인가를 파악한 다음에 해야 할 일은 미래에 관한 예측을

6) 현외성, 『사회복지정책강론』, 2000, p. 47.
7) 양정하 외, 『사회복지정책론』, 양서원, 2005, p. 48.

통한 정책목표의 설정이다. 곧, 문제와 상황의 파악이 현재 상태에 관한 파악이라고 한다면, 앞으로 다가올 상황의 변화에 관한 예측 속에서 바람직한 미래의 상태인 목표를 설정하는 일은 미래지향적인 활동이다. 이때 목표설정 과정에는 세워진 정책목표를 구체화하는 과정도 포함된다. 사회복지정책의 목표설정에서 고려해야 하는 주요 요인은 다음과 같다.[8)]

① 정책의 대상집단(target group)인 클라이언트와 비용부담자 및 지역 주민들의 이해관계

② 정책문제의 특성

③ 문제해결 목표의 종류 및 성격 : 단일 목표인가, 복수 목표인가? 장기 목표와 단기 목표는 무엇인가? 거시적인 목표와 미시적인 목표는 무엇인가? 사회전체적인 목표인가, 지역에 국한된 목표인가?

④ 다른 목표와의 관계

⑤ 목표가 기초하고 있는 가치

사회복지정책을 구상하거나 평가할 때는 추상적인 목표보다는 구체적인 복지정책의 목표가 우선 고려되어야 한다. 사회복지정책의 목표는 매우 다양한데, 장기적 목표와 단기적 목표, 공표된 목표와 숨어 있는 목표, 의도한 목표와 의도하지 않은 목표로 구분할 수 있다. 이와 같은 정책목표의 다양한 형태는 다음과 같은 특징을 보여준다.[9)]

첫째, 대부분 정책들은 단기적 목표와 장기적 목표를 동시에 가지고 있다.

둘째, 명확하게 공표된 목표는 사회복지대상자의 인간다운 생활의 보장이라 할 수 있지만, 사회질서 유지를 위한 사회통제라는 숨어 있는 목표가 있을 수 있다. 따라서 정책에는 공표된 목표와 숨어 있는 목표 사이의 괴리가 존재할 수 있다.

셋째, 특정 정책의 입안 초기에 미리 의도했던 목표가 존재하지만, 목표 설정 당시에 의도하지 않았던 목표가 정책의 집행과정에서 부수적으로 나타날 수도 있다.

사회복지정책의 목표는 사회복지의 미래를 향해 현재의 불만족스러운 상태나 조건을 개선하려는 활동이라고 할 수 있다.

---

8) 송근원·김태성, 『사회복지정책론』, 나남출판, 1997, pp. 99-100.

9) 양정하, 전게서, p. 49.

2. 사회복지정책의 구분

사회복지정책을 구분하는 문제는 정책연구의 관심이 개념, 주체, 목표 중 어디에 중점을 두고 있느냐에 따라 달라진다. 즉, 첫째, 복지의 개념을 광의의 개념과 협의의 개념으로 보느냐에 따라, 둘째, 누가 복지를 공급하느냐는 공급주체에 따라, 셋째, 정부가 지향하는 사회복지정책의 목표에 따라 달라진다.

1) 개념에 따른 구분

사회복지개념에 따라 사회복지정책을 협의의 사회복지정책 영역과 광의의 사회복지정책 영역으로 대별할 수 있다.

협의의 사회복지정책이란 사회생활상의 어려움을 가진 사람들에 대한 기본적 생활의 보장을 위한 정책이 사회복지정책이 된다. 그 영역에는 사회적 소외계층이자 약자계층인 아동, 여성, 장애인, 노인 등을 위한 보호·지도·치료·재활 등과 관련되는 사회복지정책이 포함된다. 협의의 사회복지정책은 주로 비화폐적인 서비스이며, 전문적인 상담, 직업소개 및 지도, 사회복지시설 이용 등으로 이루어진다.

광의의 사회복지정책은 협의의 사회복지정책을 포함하여 사회보장, 보건의료, 주택, 고용, 교육, 지역사회개발 등의 포괄적인 정책으로서 최저 수준 또는 평균적인 욕구를 가지지 못한 개인, 가족, 집단, 지역사회에게 다양한 급여를 제공하는 정책이다. 여기에서 사회보장은 사회보험과 공공부조이며, 이외의 정책들은 기본적 욕구를 충족시켜 주기 위한 기초적 토대라고 할 수 있다. 사회보장이 현금(cash) 및 현물(in-kind) 중심이라고 한다면 나머지 정책들은 측면적인 지원이라고 볼 수 있다.

2) 공급주체에 따른 구분

사회복지에 대한 공급의 책임을 누가 담당하고 있느냐에 따라 중앙정부와 지방정부(우리나라의 경우 지방자치단체)로 구분할 수 있다.[10]

일반적으로 국가 및 지방자치단체와 같은 공공 주체가 사회복지 전체에서 차지하는 비중과 역할이 가장 높다고 할 수 있다. 그러나 1970년대 후반 '복지국가의 위기'이후 공공복지의 축소와 더불어 민간복지가 확대되기 시작하면서 다양한 형태의 사회복지가 활성화되고 있다.

주체를 기준으로 할 때 첫째, 공공주체로서 중앙정부와 지방자치단체가 주도하는 사회복지정책, 둘째, 민간영리주체로서 시장원리를 제한적으로 도입하는 사회복지정책, 셋째, 민간비영리 주체로서 개인, 민간비영리기관, 종교기관, 시민단체 등 민간조직이 주도하는 정책 등으로 구분할 수 있다.

사회복지정책의 활동이 국민 전체를 대상으로 하는 활동이므로, 정부의 보조금, 교부금, 부담금 등 행·재정적 지원 없이는 유지될 수 없으므로, 공공 주체는 민간의 사회복지활동에 재정지원을 통하여 활동을 지원할 수 있다.

3) 목표에 따른 구분

사회복지정책의 우선하는 목표는 헌법에서 보장하고 있는 '인간다운 삶'을 실현하는 것이다. 인간다운 생활을 충족시키기 위해서는 의·식·주 등 기본적인 욕구가 충족되어야 할 뿐만 아니라 개인의 능력과 노력에 의하여 사회적 이동이 가능한 민주적이고 개방적인 사회를 만들기 위한 정부의 활동이 이루어져야 한다. 따라서 사회문제를 해결하고 예방하는 모든 정책을 사회복지정책이라고 규정할 수 있다.

현존하는 사회 속에서 발생하는 다양한 문제의 근원을 파악하여 인간다운 생활을 할 수 있는 토대를 구축하고 형성할 수 있도록 제반 여건을 조성하는 것이 사회복지정책이라고 할 수 있다.

사회복지정책의 목표를 지역사회개발(community development), 사회계획(social planning)에 초점을 두는 입장도 있다. 이러한 경우 사회복지정책의 목표는 산업발전과 생산성을 향상시키기 위해서 사회적 기능을 강화하는 데 있다.

---

10) 사회보장 및 사회복지에 대한 책임은 국가 및 지방자치단체의 책무임이 헌법 및 사회보장기본법에 명시되어 있다.

3. 사회복지정책의 영역

사회복지정책의 개념은 각기 시대와 국가에 따라, 학자에 따라 다양하게 정의되고 있으므로 사회복지정책의 영역 또한 다양하게 구분된다.

영국 복지국가의 기틀을 마련한 Beveridge는 사람들의 행복을 가로막는 5가지의 거대한 악(five giant evils)을 빈곤(want), 질병(disease), 무지(ignore), 불결(squalor), 나태(idleness)로 규정하고, 이를 해결하기 위한 것이 사회복지정책이라고 하면서, 사회보장정책의 영역으로 소득보장정책, 의료보장정책, 교육보장정책, 주택보장정책, 고용보장정책을 제시하고 있다.

T. H. Marshall은 사회정책의 목적을 보장(security), 건강(health), 복지(welfare)로 표현하고, 이 가운데 복지를 사회정책의 최종적인 결과라고 하였다. 이에 따라 사회정책의 영역을 사회보장정책, 건강보장정책, 개별사회서비스정책, 주택보장정책, 지역사회개발정책, 교육보장정책 등 6가지로 제시하고 있다.

R. M. Titmuss와 R. Mishra는 사회정책은 사회봉사, 재정급여, 직업복지로 구성되어 있다고 하고, 사회봉사에는 국민의 요구를 충족하기 위한 소득유지, 교육, 보건, 주택에 대한 법적 대책이고, 재정급여에는 각종의 연금 및 수당을 말하며, 직업복지는 일종의 기업보상제도 등을 포함시키고 있다.

D. DiNitto와 T. Dye는 사회복지정책을 국민의 생활의 질에 영향을 미치기 위하여 정부가 실행하기로 또는 실행하지 않기로 선택한 모든 것이라고 정의하면서, 사회복지정책의 영역을 소득유지(income maintenance), 영양(Nutrition), 의료(Health), 사회적 서비스(Social services) 등 4가지로 제시하고 있다.

N. Gilbert와 H. Specht는 정책내용의 범위에 따라 가장 광범위한 개념이 공공정책이고 그 다음이 사회정책이며 가장 좁은 개념이 사회복지정책이라고 하였다.

제 학자들의 견해를 정리하면, 사회복지정책은 좁게는 소득보장, 건강, 주택, 대인적 사회서비스 등 4개 영역으로, 넓게는 소득보장, 건강, 주택, 교육, 대인적 사회서비스, 조세정책, 노동정책 등 7개 영역으로 구성되어 있다고 할 수 있다.

〈표 2-1〉 사회복지정책의 영역

정책의 종류	사회복지제도
소득보장정책	국민연금, 고용보험, 산업재해보상보험, 공공부조
건강보장정책	국민건강보험, 의료급여
사회복지서비스정책 (대인적 사회서비스)	아동복지정책, 장애인복지정책, 노인복지정책, 한부모가정정책, 다문화가정정책
주택정책	임대주택, 주거급여
교육정책	영유아보육, 저소득 중·고등학교 재학생 학비지원, 학교급식
노동시장정책	고용보장, 직업훈련, 출산휴가제도
조세정책	누진세, 인적소득공제

1) 소득보장정책

소득보장(income maintenance)이란 각종 사회적 위험에 의한 소득의 중단, 상실되었을 때 소득의 일부 또는 전부를 보상해 주는 것이다. 우리나라 사회보장기본법상의 사회적 위험에는 질병, 장애, 노령, 실업, 사망 등이 있다.

소득상실의 위험은 유형별로, 대상범주별로 다양하게 나타날 수 있는데, 먼저 위험의 유형은 질병, 장애, 노령, 실업, 사망, 산업재해, 사고 등이 있고, 대상범주별로는 경제활동 연령, 경제활동 초과 연령, 경제활동 미만 연령으로 구분할 수 있으며, 다시 경제활동 연령은 근로자, 자영자, 비취업자로 세분될 수 있다. 한편 제도 유형으로는 사회보험, 공공부조, 수당제도로 분류될 수 있다.[11]

사회적 위험별로 소득보장제도를 살펴보면, 먼저 질병의 위험에 대비한 제도로는 국민건강보험제도(의료보험)가 있으나, 질병 중 상실된 소득을 보전해 줄 수 있는 상병수당제도는 도입되지 못하고 있다. 장애는 선천적인 부분보다는 후천적인 사고로 인하여 발생하는 빈도가 높기 때문에 이에 대한 제도로는 국민연금의 장해연금제도, 산업재해보상보험의 장해보상제도가 있다. 노령시의 소득상실을 보전해 주는 제도로는 국민연금제도가 있다. 갑작스런 가장의 사망은 한 가족을 빈곤하게 할 수 있으므로 이에 대한 제도로 산업재해보상보험제도가 있다.

11) 양정하 외, 전게서, p. 68.

〈그림 2-1〉 위험別 소득보장정책

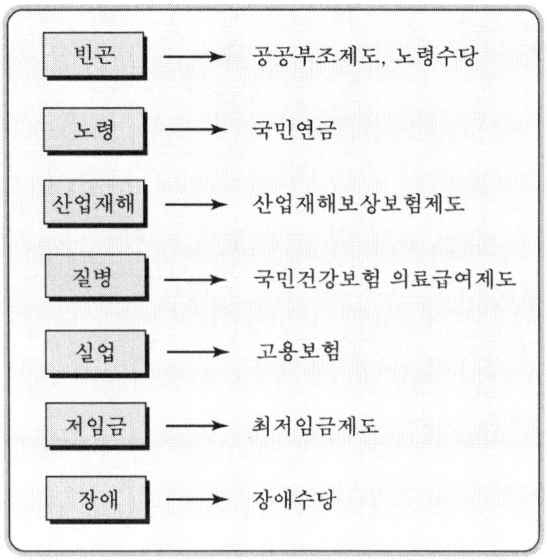

각종 사회적 위험의 경우 보험자(국가)에 의하여 보호를 받을 수 있으나, 제도권 밖의 보호를 받지 못하는 사회적 약자계층을 위하여 공공부조제도가 운영되고 있으며, 최저생계비 이하의 계층에게 국민기초생활보장제도와 의료급여제도를 통하여 그 생활을 보장하고 있다.

2) 건강보장정책

현행 헌법에 건강보장과 관련하여 명시되어 있는 조항은 제36조로 "모든 국민은 보건에 관하여 국가의 보호를 받는 것"으로 규정되어 있다. 건강보장은 사회보장이나 의료보장의 개념에 비하여 매우 적극적인 개념이라고 할 수 있다. 건강보장은 생존의 불가결한 조건이거니와 능력을 발휘하기 위한 전제조건이기도 하다.

건강보장에 내포되어 있는 의미로는 질병에 걸린 자가 빈곤하여 의료비를 부담할 수 없는 경우에 치료를 적절히 받지 못하여 직업을 상실하게 되며, 결과적으로 빈곤해질 수밖에 없다. 그러므로 의료비의 부담으로 발생할 수 있는 소득의 상실과 의료비로 인한 가처분 소득의 감소를 방지하여 빈곤을 예방하는 대책이기도

하다. 건강보장에서 적절한 의료보장이 이루어져야 하는데, 의료의 내용이 열악하고 수준이 낮다면 질병을 충분히 치료할 수 없고 건강을 회복할 수 없게 된다는 점을 간과해서는 안 된다.

건강보장은 모든 국민이 건강하고 쾌적한 삶을 영위할 수 있도록 필요한 의료적 서비스를 언제, 어디서나 저렴한 비용 또는 무상으로 받을 수 있도록 하는 것이다.

건강보장의 유형은 우리나라, 독일, 일본 등이 채택하고 있는 사회보험 방식, 미국에서 적용하고 있는 민간보험방식, 영국 및 북유럽 국가에서 실시하고 있는 국민보건서비스(NHS) 방식으로 구분할 수 있다.

〈표 2-2〉 건강보장의 유형

유 형	해당 국가
사회보험방식	한국, 독일, 일본, 오스트리아, 브라질, 캐나다, 벨기에, 프랑스, 핀란드, 그리스, 멕시코, 네덜란드, 노르웨이, 스페인
민간보험방식	미국, 스위스
NHS방식	영국, 오스트레일리아, 뉴질랜드, 덴마크, 이탈리아, 포르투갈, 스웨덴

3) 주택정책

주택은 주거와 정서적 안정을 위한 공간이었으나, 산업이 발전하면서 도시로의 인구집중을 가져와 주택의 부족과 주택가격의 상승, 주택간 양극화 현상 등 주택조건의 악화를 필연적으로 수반하고 있다. 주택문제는 도시사회의 가장 큰 사회문제로 대두되었으며, 주택가격의 폭등은 주택을 소유하기 위하여 발생하는 제반 비용의 증가를 가져와 실질적인 소득의 감소를 초래하고 있다.

안정적인 주거환경의 보전은 개인뿐만 아니라 사회전체 구성원에게도 적용될 수 있는 부분이므로, 주거권을 사회적 기본권의 하나로서 인정해야 한다. 이를 위하여 쾌적한 삶과 안정적인 주거환경을 구축하여 '불로소득'을 기대하는 등의 도덕적 해이(Moral hazard)가 발생하지 않도록 정부 관리하의 공공주택의 공급이 이루어져야 한다.

4) 대인적 사회복지서비스 정책

대인적 사회서비스(personal social services)는 국가, 지방자치단체 및 민간비영리부문의 도움을 필요로 하는 모든 국민에게 상담, 재활, 직업훈련 및 소개, 사회복지시설 이용 등을 제공하여 자립적인 삶을 가능하도록 지원하는 제도이다.

대인적 사회서비스는 비화폐적인 서비스로서, 현대 사회에서 발생하는 다양한 사회문제에 대처하기 위하여 열악한 환경에 노출되어 있는 아동, 노인, 여성, 장애인 등에게 전문적인 지식과 방법을 활용하여 사회적 자립과 재활을 도모하고자 하는 서비스정책이다.

5) 교육정책

광의의 사회복지정책의 하나인 교육정책은 국민의 지식을 함양함과 동시에 질 높은 노동력을 생산해 내고, 계층의 수직적 신분이동을 가능하게 하는 사회통합을 위해서 반드시 존재해야 하는 제도이다.

현대사회는 계속적인 교육을 필요로 하고 있고, 지식정보화 사회이므로, 교육을 통하여 사회적 생존에 필요한 지식과 전문성을 축적하여 직업을 유지할 뿐만 아니라 사회에 적극적으로 참여할 수 있게 된다.

〈그림 2-2〉 교육정책의 효과

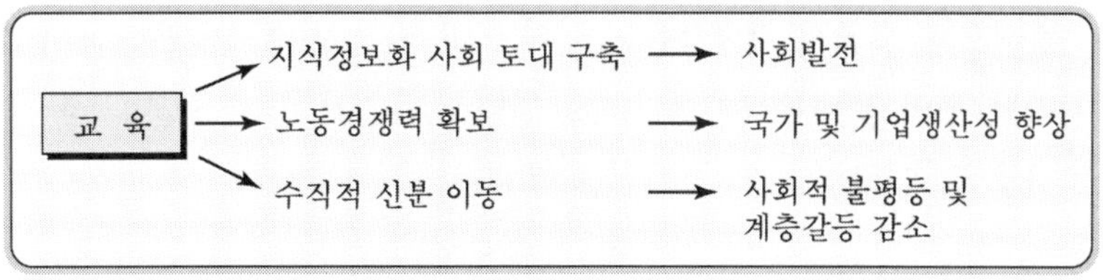

교육은 신분의 위치 이동을 가능하게 하며, 사회적 평등화에 상당한 기여를 하게 되는데, 소득과 신분정도에 따라 교육기회에 대한 차별과 접근 차단을 가져오게 된다면 성취, 소득, 기회의 불평등을 가져와 사회적 결속력의 해이와 갈등을 야기하게 된다. 사회적 불평등의 해소를 위해서는 교육에 대한 공평한 기회 제공과

공교육의 확대가 이루어져야 한다.

6) 조세정책

공공부조(Public Assistance)정책이 빈곤계층의 부족한 소득을 보충해 주고, 자립을 지원함으로써 빈곤선(poverty line) 위로 끌어올리는 것을 목표로 하는 적극적인 사회복지정책이나, 조세정책은 빈곤선 이하의 면세점에 해당되는 계층에게는 세금을 부과하지 않음으로써 근로동기를 갖게 하고, 차상위계층에게는 빈곤선 이하로 떨어지지 않도록 각종 급여를 제공하는 수동적 정책이라 할 수 있다.

조세를 통한 사회복지정책으로는 소득세의 면세점을 설정하여 납세의무를 면제하여 빈곤층의 소득유지를 가능하게 하고, 부족한 세수는 소득세의 누진세제를 통하여 보충하는 방식을 취하고 있다.

〈그림 2-3〉 조세정책의 효과

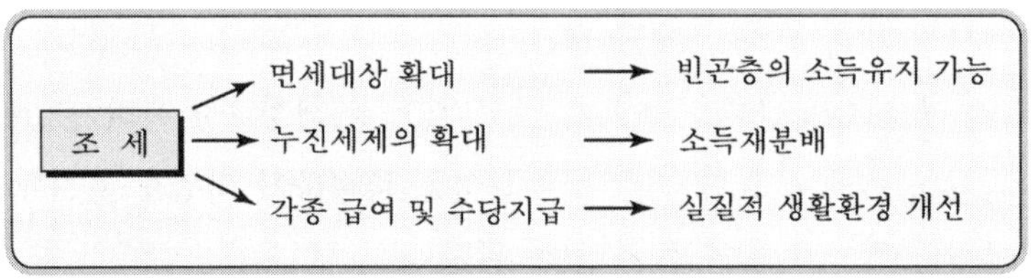

조세정책은 공공적 소득이전 방식으로서 부자의 세금이 빈자의 부족한 소득을 보충하는 방식으로 사회적 형평성을 구현하고자 하는 것이나, 국민적 공감대를 형성하고 사회적 합의가 이루어질 때 조세 저항(tax riot)이 감소하며, 정책의 효과성을 증진시킬 수 있다.

7) 노동시장정책

노동시장정책은 근로능력이 있으면서 빈곤층을 대상으로 그들이 노동시장에서 부딪치는 각종 불이익을 해소하여 소득보장 프로그램에 의존하지 않고 자립할 수 있게 해주는 것을 목적으로 하는 정책이다. 소득보장 프로그램이 빈곤을 일시 완화해 주는 소극적인 정책이라면, 노동시장정책은 빈곤을 영구히 또는 일정 기간 동안 해결해 주는 적극적인 정책이라고 할 수 있다.

전통적 사회복지정책의 중핵으로서 노동시장정책은 노동조건의 개선, 노동자와 그 가족의 사회보장 그리고 노사협의와 노동자 복지시설 등의 노동문제에 대한 대처로서 국가가 행하는 보호정책이라고 할 수 있다. 그러나 오늘날의 사회복지정책은 노동자를 포함하여 특정한 생활상의 위험에 당면하게 되는 국민 전체에게 복지급여를 통해 그 생활상의 위험으로부터 보호하도록 하여 인간다운 생활을 보장해 준다는 점에서 노동시장정책보다 광범위한 개념이라 할 수 있다.[12)]

노동시장정책의 궁극적인 목적은 높은 고용률을 유지하고 안정적인 경제성장과 사회통합을 달성하여 사회복지와 삶의 질적 향상을 도모하기 위한 것이라고 할 수 있다.

12) 양정하 외, 전게서, pp. 79-80.

제 3 장

사회복지정책의 이념적 모형과 발달이론

1. 사회복지정책의 이념적 모형

사회복지정책은 이념이나 이데올로기의 영향을 많이 받는다. 이데올로기는 이데아(idea)와 로기(logie)의 합성어로 이념의 논리로 정의된다. 이데올로기의 사전적 의미는 인간·자연·사회에 대해 품는 현실적이며 이념적인 의식의 제형태이다. 즉 인간사회의 구성원들이 공통적으로 품는 의식 또는 신념의 체계이다.

전통적인 이데올로기는 보수주의, 진보주의, 급진주의로, 또한 조지와 윌딩(V. George & P. Wilding)은 반집합주의, 소극적 집합주의, 페이비안 사회주의, 마르크스주의로 분류하고 있다. 각각의 이데올로기의 관점과 사회복지정책의 내용과 영향에 대해 살펴보도록 하겠다.

1) 전통적인 이데올로기

(1) 보수주의

인간의 본성에 대하여 보수주의자들은 부정적인 생각을 갖고 있다. 인간의 본성은 이기적이며 타인을 돕지 않는 성향을 갖고 있어, 통제되어야 하며, 사회적 일탈행위를 할 경우 강력한 제재와 처벌을 받아야 한다고 생각한다. 뿐만 아니라 모든 개인은 자신의 행동과 선택에 대해 책임을 져야 한다는 입장이다. 또한 가정의 기본적인 요소를 침해하는 정부의 각종 정책이나 프로그램을 반대한다.

보수주의자들은 현재 사회체계를 유지하기를 원하며 이를 바꾸기 위한 정치적인 변화해 대해 부정적이다. 따라서 개인 및 사회를 변화시키기 위한 정부의 역할은 제한적이어야 한다고 생각한다.

(2) 진보주의

진보주의자들은 인간의 본성을 낙관적으로 인식하고, 인간은 태생적으로 선하므로 통제가 불필요한 전인격적인 존재로 생각한다. 개인의 행동은 사회환경에서 영향을 받는다는 심리학적 이론을 받아들이고 있으며, 빈곤의 원인은 개인의 태만이나 성향이 아닌 사회구조적인 모순에서 비롯된다고 보고 있다.

진보주의자들은 가족을 진화하는 하나의 제도로 파악한다. 남녀가 평등하다는 인식에 따라 동일한 보수, 동일한 책임과 권한을 주장하고 있다. 사회체제에 대한 진보주의자들의 생각은 대체적으로 공평하다고 보지만 이익집단의 과도한 경쟁과 개입으로 불평등이 양상될 경우 적절한 개입도 필요하다는 생각이다. 현 사회를 최선의 것으로 평가하지 않으며, 변화를 통해 공평과 사회정의를 이룰 수 있다고 본다.[1)]

보수주의자들은 사회와 경제에 대한 정부의 개입은 필수적이라고 보고, 자유시장경제는 공평을 보장하기 위해 어느 정도 정부의 통제가 필수적이라는 입장이다.

(3) 급진주의

급진주의자들은 인간은 본래적으로 선하며 근면하고 창의적인 존재로써, 노동을 덕목으로 여기고, 노동조건을 유연하게 할 경우 노동에서 보람과 성취를 창출할 수 있다고 믿고 있다.

인간행동은 환경으로부터 영향을 받는다고 강조하며, 전통적인 가정은 가부장적 성향을 갖게 되어 여성을 억압한다고 생각한다. 따라서 맞벌이가정, 한부모가정, 조손가정 등 사회적 지원이 필요한 가정에 대한 적극적인 지지를 호소한다.

사회불평등은 갈등과 계층에 따른 불가피한 상황으로 이해한다. 가진 자들이 자신의 위치와 이익을 고수하기 위해 권력을 사용하며 이로 인해 불평등이 발생

1) 황선영 외, 『사회복지정책론』, 창지사, 2009, p. 32.

한다고 본다. 평등한 세상은 사회체계를 재구조화할 때 가능하며, 시장경제는 착취적이며 불공정하기 때문에 그 대안으로 사회주의를 제시한다. 그리고 정부가 경제에 개입하여 조정 밑 통제하는 혼합경제를 선호한다.

2) 조지와 윌딩(V. George & P. Wilding)의 모형

(1) 반집합주의

반집합주의 모형은 자유방임주의 이념을 바탕으로 국가의 개입은 최소한으로 국한되어야 하고, 복지혜택은 주로 최저생계비 이하의 빈곤계층에 대하여 국가온정주의적 차원에서 정치적 안정유지를 위하여 최소한으로 주어져야 한다는 것이다.

근본적인 사회적 가치는 자유, 개인주의 불평등으로 여기에서 자유는 소극적인 상태로 강제가 없는 상태이나, 자유를 자연권으로 받아들이며, 댜른 여러 가지 바람직한 목적을 위한 필요충분조건으로 인식한다.

개인주의는 자유를 보완하는 것이며, 강력한 개인주의는 대규모의 국가개입이나 강제를 불필요하고 불가능하게 만들 것이라고 주장한다. 개인주의는 인간을 불합리하고 자기중심적이며, 오류가 많은 존재로 본다.

또한 불평등을 신뢰하는 것은 평등주의적 정책추구가 자유와 양립할 수 없다는 전제에서 비롯된다. 불평등은 경쟁과 개인 각자의 노력으로 유인·연결되며, 평등을 추구해 온 결과 효율성과 생산성에 부정적인 영향을 가져왔다고 주장한다.

반집합주의자들은 시장경제체계를 옹호하고 있는데, 시장을 복합적이며 효율적인 경제를 간단하게 하는 동력이라고 믿고 있다.

복지에 대한 정부의 역할에 있어서 정부의 행위는 자유를 위협하고 본질적으로 비효율적이라는 생각을 갖고 있고, 최소한의 급여 이상을 제공하는 것을 반대한다.

복지국가에 대한 태도에 있어 국가의 복지급여가 개인이나 집단의 욕구에 올바르게 반응하지 못하고 있고, 정부에 의해 공급되는 복지서비스는 시장경제체제를 통해 공급되는 복지서비스보다 특정한 욕구를 충족시킬 수 없다고 비판한다. 특히 복지국가의 공공부조는 의존성과 도덕적 타락, 무책임성을 조장하고, 개인의 창의력과 자존심을 약화시켰다는 비판도 제기한다.

(2) 소극적 집합주의

소극적 집합주의는 수정자유주의 이념을 바탕으로 자본주의가 효율적이고 공정하게 기능하기 위해서는 적절한 통제와 규제가불가피하다는 입장이다.

소극적 집합주의자들에게 있어 자유는 기본적인 가치로서, 개인주의, 사적기업, 자조를 강조하고 있으며 불평등을 옹호하거나 불평등은 감소해야 한다는 입장을 취하고 있다.

이들은 사회는 합의에 의해 결정되어야 한다는 입장으로, 경쟁, 사적기업, 가격체계, 자유시장 등 자본주의 중심적인 메커니즘들이 적절히 규제되기만 한다면 경제활동에 커다란 동인이 될 것으로 믿고 있다. 뿐만 아니라 자본주의에 대해 자기조절적이지 않으며, 낭비적이고 비효율적이라는 부정적 입장을 견지하고 있다. 사회부정의와 빈곤은 타파할 수 없을 것이라고 믿었는데, 이는 빈곤과 사회부정의가 경제성장을 통해서 이루어질 수 없다는 판단에서였다.

정부는 경제 및 사회적으로 긍정적인 역할을 하지만 정부활동에서는 한계를 둬야 한다는 입장이다. 이러한 입장은 시장경제가 스스로를 규제할 능력이 있다고 믿었고, 사적기업이 정부보다 본질적으로 우수하므로 정부의 시장개입은 자유를 위협할 수 있다고 보았다.

복지국가관은 복지국가를 인정하지만 사회와 경제의 변화를 위한 수단이나 삶을 증진시키기 위한 수단이라기보다는 피할 수 있는 해악들을 통제하기 위한 수단, 즉 시장의 실패를 보완하는 수단으로 인식하였다.

소극적 집합주의는 자본주의적 기본 요소는 그대로 유지한 채 지나친 불평등을 제거하기 위하여 적절한 국가개입을 통하여 이를 해결, 개선해 나가려고 하며, 국민 최저한(national minimum)의 보장과 소극적인 평등을 주장하고 있다.

(3) 페비안 사회주의

페비안 사회주의(Fabian socialism) 모형은 사회민주주의 이념을 바탕으로 자유, 평등, 우애의 3가지 가치와 민주주의와 인도주의에 기초를 두고 복지국가의 실현을 통해 빈곤퇴치와 불평등을 해소하고 자본주의를 개혁할 것을 강조하고 있다. 주요 가치 중 하나인 자유는 소극적 의미의 자유가 아니라 사회적 권리로서 복지를 누릴 수 있는 적극적 자유를 의미한다.

불평등의 감소는 사회적 소속감을 증대시키고 이는 사회질서의 급격한 붕괴를 막아준다는 것이다. 정치적 자유가 실질적인 의미를 갖기 위해서는 경제적 자유에 의해 보완되어야 한다고 믿었고, 이들이 강조하는 인본주의적 가치는 최소한의 생활수준을 국민들이 향유해야 하고 사회의 결핍은 제거되어야 한다는 것을 의미한다.

페비안 사회주의자들은 시장은 자유롭지도 정의롭지 못하다는 입장으로 정부에 의해 적절히 규제되어야 하고, 정부의 역할은 시장경제체계의 불합리한 점을 수정하는 것으로 보았다. 복지국가관은 자산조사에 의한 선별주의를 반대하고 보편적인 사회서비스를 지지하고 있다. 또한 결과의 평등보다는 기회의 평등을 추구하는데 주력하며, 빈곤퇴치가 주 관심사이다.

(4) 마르크스주의

마르크스주의(Marxism) 모형은 사회주의 이념을 바탕으로 사회적 가치, 국가의 본질, 정부의 역할, 복지국가관 등에 대해 반집합주의자들과 반대되는 의견들을 갖고 있다.

마르크스주의자들은 빈곤퇴치와 불평등의 해소는 복지국가를 통하여 실현될 수 없다고 보았고, 복지국가의 대안으로 사회주의 혁명을 제시하고 있다.

2. 사회복지정책의 발달이론

1) 사회양심이론

사회양심론(Social Conscience Theory)은 사회적 양심의 확대가 복지국가 또는 복지정책의 확대로 확장되었다고 보는 이론이다. J. Baker에 의해 확립된 사회양심이론은 다음과 같이 제시하고 있다. 첫째, 사회복지정책이란 인간이 지니고 있는 보편적 이타심의 국가를 통해 실현하는 것이다. 둘째, 사회복지정책은 사회적 의무감의 확대와 사회적 욕구에 대한 시민들의 지식증대라는 두 가지 요인에 의해 변화된다. 셋째, 변화는 누진적으로 이뤄지며, 사회복지정책은 항상 그렇지는 않지만 대체로 관대하고 보다 넓은 범위로 발전해 나간다. 넷째, 개선은 불가역적이며 따라서 현재의 사회서비스 수준은 지금까지의 것 중에서 최고수준이다. 다섯째, 역사적 관점에서 볼 때 현재의 사회서비스가 비록 불완전하더라도 사회복지의 주요 문제들은 이미 해결되었고, 현재의 사회가 안정적인 기반 위에 구축되어 있기 때문에 지속적인 발전이 가능하다.

그러나 사회양심이론은 인간은 보편적으로 이타적 양심을 지니고 있고, 국가는 이러한 인간의 자비로운 집단적 양심에 따라 사회복지정책을 실현하며, 사회복지정책은 점차 발전해 나간다는 낙관적이고 이상주의적 관점에 서 있다.

2) 수렴이론(기술결정론)

수렴이론(Convergence Theory)은 경제발전에 비례하여 사회복지제도가 유사한 형태로 수렴된다는 이론이다. 수렴이론에서 사회구조나 제도를 결정짓는 주요한 요인이 이데올로기나 계급간의 갈등이 아니라 산업화 또는 기술발전의 수준으로 본다. 따라서 수렴이론의 관점에서 보면 사회복지정책의 발달은 산업화 과정에서 발생하는 필연적인 부산물인 것이다.

수렴이론은 사회변화에 따른 사회복지정책과 제도의 변화를 설명함에 있어 사회복지정책 내의 변화를 분석하는데 거시적이고 포괄적인 변화의 배경을 파악하는 준거틀을 제시하고 있다. 그러나 비슷한 경제발전 수준에 있는 국가들간의 사회복지정책 발달 정도가 다르게 나타나는 현상에 대해서는 설명하지 못하는 한계를 갖고 있다.

3) 확산이론(전파이론)

확산이론(Diffusion Thery)은 국가간의 교류, 영향력, 소통 등을 통해 사회복지정책의 발달이 한 국가에서 다른 국가로 확산 또는 전파된다는 이론이다. 한 국가의 사회복지정책의 도입은 선진 복지국가 사회복지정책의 경험을 모방한 결과라는 것이다.

확산이론에 따르면 제3세계의 국가들은 대부분 식민지 시설 식민모국의 정치행정적 제도를 답습하거나 연장하는 과정에서 자연스럽게 식민모국의 각종 제도를 도입하는 결과를 낳았다. 그 결과 독립 후에도 식민모국의 제도적 장치가 그대로 유지되는 경향을 보였다.

현대 사회와 같이 교통과 통신, 정보의 발달, 특히 인터넷이 일반화된 상황에서 확산이론의 설득력은 높으나, 단순히 특정국가와 인접하고 있다는 지리적 위치나 식민 경험의 자체는 중요한 요인이기는 하지만 왜, 어떻게, 그리고 지식과 아이디어가 정책 혹은 입법화라는 모습으로 실현되었는가에 대한 구체적인 설명은 부족하다는 한계점을 갖는다.

4) 이익집단론

이익집단론(Interest Group Theory)은 사회복지정책을 이익집단들간의 갈등과 타협의 산물로 간주한다. 경제가 고도화되고 민주주의가 성숙하면서 이익집단들 간 영향력이 확대되는 것은 일반적인 현상이다. 보통 이익집단은 노동조합이나 경영자단체, 전문적인 직업군이나 직능단체를 의미했으나, 현대사회에서는 이를 뛰어넘어 연령, 인종, 언어, 종교를 중심으로 새롭게 재편되기도 한다.

현대 국가는 민주적인 선거를 통하여 집권하기 위한 다양한 이익집단을 대상으로 득표활동을 전개하게 되는데 이러한 과정 속에서 사회복지정책이 출현하게 되었다고 본다. 이익집단론이 사회복지정책 발달과정을 설명하는 데 있어서 복지정책의 발달이 자본과 노동이라는 전통적인 계급관계를 넘어 이해관계가 서로 다른 다양한 집단들이 제도를 둘러싸고 행사하는 영향력을 분석하고 각 집단 간의 이해관계를 노출시킴으로써 정책과 이익집단 간의 관계를 파악할 수 있도록 했다는 점이다. 그러나 복지국가의 발달 과정에서 자본과 노동계급의 영향이 줄어든 반면 특정 직업집단의 이익을 대변하는 압력집단의 영향력이 더 커졌다는 한계점을 갖고 있다.

5) 시민권론

시민권론(Citizenship Theory)은 사회복지정책의 발달을 시민권의 발달이라는 진화론적 관점에서 설명한 것으로 T.H. Marshall에 의해 개념화되었다. 시민권은 시대별로 17~18세기 공민권, 19세기 정치권, 20세기 사회권 순으로 발전해 나갔다.

마샬의 시민권론은 근대 자본주의국가에서 불평등한 계급구조와 평등주의적인 시민권 이념이 양립할 수 있음을 보여줬다는 점에서 사회복지정책의 발달에 기여했다. 그러나 시민권은 서구 사회의 시민혁명을 통하여 발전했다는 점이다. 특히 동양사회에서 공민권, 정치권, 사회권이 시민권의 발전과정에서 획득된 것이 아니라 20세기 중반 제2차 세계대전 이후 독립 이후에 획득된 것이라는 한계를 지니고 있다.

6) 음모이론

음모이론(Conspiracy Theory)은 사회양심이론과 함께 사회복지정책 발달을 목적론적 측면에서 파악하고 있으며, 정반대의 관점에 서 있다. 음모이론은 사회복지정책이 사회전체의 안정과 질서유지 및 사회통제에 그 목적이 있다고 본다.

음모이론은 사회복지정책 내 숨겨진 정책결정자의 숨은 의도를 파악할 수 있도록 하여 정책목표의 다양성을 밝힐 수 있는 이론적 단서를 제공했다는 점에서 의미를 갖는다. 그러나 사회복지정책의 수립이 지배계급이 의도한 결과인지 아닌지가 불분명할 뿐 아니라 의도한 결과라도 하더라도 그 의도성을 증명할 수 없다는 한계를 갖고 있다.

7) 국가중심이론

국가중심이론(State-centered Theory)은 사회복지의 공급측면에 초점을 두고 복지국가의 발전을 설명한다. 특히 사회복지 공급주체인 국가 관료조직의 역할을 매우 중시한다.

국가중심이론은 사회복지를 제공하는 적극적 행위자로서의 국가를 강조함으로써 사회복지정책의 발달에 대한 이론적 근거를 확대하는데 긍정적으로 기여했다고 할 수 있으나, 사회복지정책의 발달에 영향을 준 수많은 외부요인의 역할을 간과하고 있다는 한계점을 갖고 있다.

제 4 장

사회복지정책의 과정

사회복지는 인간으로서의 기본적인 생활을 누리지 못하여 고통을 받고 있는 사람들이 그러한 상황이나 조건을 해결해야 할 문제로 인식할 때 그에 대한 해결책으로 정책을 결정한다. 사회복지정책은 사회 내 존재하는 구성원들의 욕구불만이나 결핍 등이 장기간 지속되면서 개인 혹은 사회문제로 변화되고, 사회문제가 점차적으로 사회적 여론을 바탕으로 공공의 개입을 필요로 할 때 출현하게 된다. 그러므로 사회복지정책이란 현존하는 또는 예상되는 사회문제를 해결하기 위한 일정한 유형의 행동지침이나 대응방안이라고 할 수 있다. 이와 같은 사회복지정책이 결정되어 그 본래의 목적에 도달하기 위해서는 문제의 형성단계에서부터 정책의제의 형성, 정책결정, 정책집행, 정책평가라는 일련의 연속적 과정을 거치게 되는데, 이러한 일련의 연속과정을 정책과정(policy process)이라고 한다.

어떤 정부라 할지라도 당면한 문제의 해결을 시도하기 위해서는 서로 대립되는 이해관계를 조정하고 타협시켜 목표를 설정하고 이 목표를 달성하기 위한 활동이 전개되어 어떤 성과를 산출하기까지는 복잡한 상호작용을 거쳐야 한다. 정책과정은 목표와 수단의 연쇄작용으로서 최종의 정책목표를 달성하는 현상을 가리킨다고 할 수 있다.[1)]

사회복지정책의 과정은 크게 사회복지정책의 형성, 집행, 평가라는 세 단계로 나눌 수 있다. 사회복지정책의 형성과정은 사회복지정책이 하나의 독자적인 정책

1) 곽효문, 『복지정책론』, 제일법규, 2001, p. 337.

으로 만들어지는 과정을 의미한다. 그리고 사회복지정책의 집행과정은 독자적으로 만들어진 사회복지정책을 실제 시행하는 과정을 의미하며, 사회복지정책의 평가과정은 실제 시행된 사회복지정책을 일정한 분석틀에 따라 평가하는 과정을 의미한다.[2)]

사회복지정책의 과정이 일정한 순서에 따라 일률적으로 전개되는 것은 아니다. 사회복지와 관련된 문제가 공적인 정책의제로 채택되지 못할 수도 있으며, 정책의 집행과정에서 방향이 변경되거나, 보류 또는 중단될 수도 있다. 정책과정이란 정책의 형성단계에서부터 종결되기까지 연속적인 과정을 유형화한 일종의 추상적 가정이며, 이러한 일련의 연속과정은 학자에 따라 다양하게 제시되고 있다.

C. O. Jones는 정책개발과 집행을 연구하기 위하여 정책과정접근법을 제시하여 ① 문제규명(problem identification), ② 정책개발(policy development), ③ 정책집행(policy implementation), ④ 정책평가(policy evaluation), ⑤ 정책종결(policy termination) 등 5단계의 과정 모형을 제시하고 있다.

DiNitto와 Dye는 정책형성의 과정을 ① 문제규명(identifying problems), ② 정책대안의 형성(formulating policy proposals), ③ 정책의 합법화(legitimating policy), ④ 정책집행(implementing policy), ⑤ 정책평가(evaluating policy) 등의 다섯 단계로 나누어 정책과정 모형을 제시하고 있다.

James E. Anderson은 ① 문제의 인식과 의제형성(problem identification), ② 정책형성(policy formulation), ③ 정책채택(policy adoption), ④ 정책집행(policy implementation), ⑤ 정책평가(policy evaluation) 등의 5단계로 정책과정을 구분하고 있다.

2) 이성기, "사회복지정책의 과정", 『21세기 사회복지정책(개정판)』, 청목출판사, 2006, p. 119.

〈표 4-1〉 사회복지정책의 과정

학 자	과 정
Jones	문제규명 → 정책개발 → 정책집행 → 정책평가 → 정책종결
DiNitto & Dye	문제규명 → 정책대안의 형성 → 정책의 합법화 → 정책집행 → 정책평가
Anderson	문제의 인식과 의제형성 → 정책형성 → 정책채택 → 정책집행 → 정책평가
Gilbert & Specht	문제의 입증 → 문제의 분석 → 대중에 대한 문제의 홍보 → 정책목표의 개발 → 대중의 지지구축과 정당화 → 프로그램 설계 → 시행 → 평가와 사정
Lasswell	정보단계 → 건의단계 → 처방단계 → 발동단계 → 적용단계 → 평가단계 → 종결단계
Dror	기본방침결정단계 → 정책결정단계 → 정책결정이후단계
Hogwood & Peter	의제설정 → 정책결정 → 합법화 → 조직화 → 집행 → 평가 → 종결
Palumbo	의제설정 → 정책결정 → 정책집행 → 정책평가 → 정책종결

출처 : 양정하 외, 『사회복지정책론』, 양서원, 2005, pp. 172-173을 재구성.

1. 사회복지정책의 형성

사회복지정책의 형성이란 사회복지정책이 독자적인 존재양식을 갖춘 정책으로서 국가나 민간조직에 출현하는 전체과정을 말하며, 경우에 따라서는 형성과정이라고 하기도 하고, 출현 혹은 발달과정이라고 하기도 한다. 사회복지정책은 다른 공공정책과 마찬가지로 매우 복합적이고 비교적 장기간에 걸친 일련의 연속적인 '과정'을 거쳐서 확정·수립되는 경향이 있다.

사회복지정책의 형성과정은 학습의 편의상 혹은 일반적인 통념상 소위 '합리주의적 모형'(rational model)을 모형의 전제로 상정한 채 논의되고 있다. 이 의미는 사회복지정책이란 정책결정권자나 혹은 관련 시민들의 개인적·집단적 가치 선호와 이익 등 기타 환경적인 여건을 고려하면서 신중하고도 합리적으로 선택·결정되는 한편, 단계적으로 일련의 연속적인 정책형성과정 혹은 결정과정을 거치면서 형성된다는 의미를 내포하고 있다. 따라서 사회복지정책은 개인과 집단의 '논리적·이성적 혹은 합목적적인 판단과 선택의 결과'로 형성되는 것이며, 일련의 연속적인 단계와 과정을 통하여 점진적으로 이루어진다는 뜻에서 합리주의모형을 전제로 한다.

사회복지정책과정의 단계에 대한 학자들의 의견들은 매우 다양하다. Kahn은 사회복지정책의 형성과정을 계획의 시작, 계획의 탐색, 구체적인 과업의 정의, 정책의 형성, 프로그래밍, 평가 및 환류의 여섯 단계로 설명하고 있다. 그리고 DiNitto는 정책형성과정을 문제의 확인, 정책안의 제시, 정책의 정당화, 정책의 집행, 정책의 평가라는 다섯 단계로 구분하고 있다.[3)]

일반적으로 정책이 형성되는 과정은 사회문제가 사회적 이슈(issue)로 대두되면서 시작되고, 이러한 사회적 이슈 중에서 정부가 정책의 대상으로 선택한 이슈는 정책 의제(agenda)가 된다. 그리고 이러한 의제는 정치적인 과정을 거쳐 정책으로 결정되는 과정을 거치게 된다.

1) 사회복지정책 문제의 형성

사회복지정책에서 다루고자 하는 문제는 인간으로서의 기본적인 생활을 누리지 못하여 고통을 받고 있는 사람들이 그러한 상황이나 조건을 해결해야 할 문제로 인식할 때 성립한다. 이러한 사회문제가 이슈화되기 위해서는 공공의 관심과 정책상의 논점으로 제시되어야 한다. 그러나 이슈화시키고자 하는 사회문제가 일반국민들의 관심을 불러일으켰다 할지라도 실제적으로 많은 문제는 의제화되지 못하는데 이는 정치적으로 또는 경제적으로 약자계층의 문제일 가능성이 높기 때문이다.

사회문제가 공공의 문제 또는 공공의 정책으로 전환되기 위해서는 정책결정자들의 관심을 불러일으키고 논의될 수 있는 상태에 있어야 한다. 왜냐하면 문제의 인식과 해결노력의 주체는 정부이기 때문이며, 체제의 유지나 정책적 정당성의 유지의 필요성 등 정치적 속성을 가진 경우에 정책으로 의제화되기 때문이다.[4)]

3) 박정호, 『사회복지정책론』, 학지사, 2001, p. 146.
4) 강영실, 『사회복지정책의 이해』, 신정, 2006. p. 74.

사회복지정책 문제를 형성시키는 인간의 욕구 불충족, 개인문제, 사회문제, 사회복지정책문제 등에 대하여 살펴보고자 한다.[5)]

(1) 인간의 욕구 불충족

사람들이 살아가는데 소비해야 할 필요물들이 있는데, 이처럼 생존하기 위하여 소비하려는 본질적 상태를 욕구(need)라고 부른다. 그러므로 사람들이 살아가는 데 있어서 마땅히 해결해야 하는 욕구를 충족시키지 못할 경우, 그 사람은 욕구의 불충족 상태가 되어 이로부터 각종 문제들이 생겨나기 시작한다. 따라서 사회복지정책 문제 형성과정에 있어서 사람들이 가진 욕구의 불충족에 대한 면밀한 검토와 조사가 요구된다.

(2) 개인문제

개인문제란 일반적으로 개인에게 부정적인 영향을 미치는 상태를 의미하며, 욕구의 불충족 상태가 계속되는 중에 문제가 해결되는 경우도 있는 반면에, 그 문제가 더욱 심각해지는 경우도 있다. 사회복지정책 문제의 형성과정에서 개인문제에 관심을 가지는 이유는 일단 개인문제가 어느 기간 존속될 경우, 그 배경이 진실로 개인의 결함과 잘못으로 인하여 발생한 것인지, 그렇지 않으면 개인이 처한 사회적·환경적 요인의 결과로 개인이 희생당함으로써 발생한 문제인지를 분석할 필요가 있다.

(3) 사회문제

어떤 문제가 개인문제이고 또 사회문제인가 하는 것을 분별하는 일은 매우 어렵다. 사회문제의 규정에는 객관적인 요인 못지 않게 주관적 판단과 인식의 요소도 개입되기 때문이다. 사회문제의 개념은 한 사회에서 다양하게 정의될 수 있으며, 결국 사회문제의 개념정의는 궁극적으로 사회문제의 원인이 무엇이며, 그 해결책을 어떻게 마련할 것인가를 가름하는 의미를 지니고 있다. 동시에 사회적으로 그 문제를 해결하기 위한 인위적인 노력의 선택으로 간주될 수 있다.

---

5) 현외성, 『사회복지정책강론』, 양서원, 2000, pp. 260-264.

(4) 사회복지정책문제

사회복지정책문제란 사회에 존재하는 많은 사회문제 중에서 직접적으로 정부가 개입하여 해결하려고 관심을 가지고 있는 문제를 말한다. 사실 한 사회에는 사회문제로 인하여 고통받고 있는 사람들이 많이 있으며, 이들은 제한된 사회적 자원을 통하여 그들의 문제가 해결되어 그 고통에서 벗어나기를 기대하고 또 그렇게 되기를 요구하고 있다. 이러한 점에서 볼 때, 사회문제가 사회복지정책문제로 전환되기 위해 사회문제들 사이에는 상호경쟁적인 상태에 있다고 간주할 수 있다.

2) 사회복지정책의 의제화(agenda)

사회복지는 인간으로서의 기본적인 생활을 누리지 못하여 고통을 받고 있는 사람들이 그러한 상황이나 조건을 해결해야 할 문제로 인식할 때 그에 대한 해결책으로 정책을 결정한다. 따라서 정책을 형성하는데 있어 출발점은 사회문제라 할 수 있다. 사회문제란 인간이 해결하고자 하는 욕구를 불러일으키는 불만족스런 상태를 말하는데, 이는 개별적이고 주관적인 인식을 통해 나타나는 것이므로 사회적 의미를 가지고 해결책을 찾는 것은 쉬운 일이 아니다. 그러나 문제가 불특정 다수인에게 장시간에 걸쳐 반복적으로 일어나 장래에 부정적인 영향을 받게 될 것이라고 느끼는 경우 '사회문제화'되고, 해결이 어려운 상태가 되면서 논의가 이루어지면 공공의 문제로 제기되어 정책으로 형성될 수 있다.[6]

사회복지 의제(agenda)[7]는 사회복지와 관련하여 논란이 되고 있는 문제 중에서 정책적 대상이 된 문제를 의미한다. 정책의제과정은 사회복지정책문제가 구체적으로 사회복지정책으로 확정되기 전에 정책결정권자들 사이에서 논의되기 위해 하나의 안건으로 제안되는 것을 말한다. 그러나 사회적 논란이 있다고 해서 모든 문제가 다 의제가 되는 것은 아니다. 즉 문제가 확대되어 여론화되기 전에 정부주도로 정책적인 개입이 이루어지는 경우도 있고, 반대로 문제가 심각함에도 불구하고 정책의 대상이 되지 않는 경우도 있다.

---

6) 강영실, 전게서, pp. 73-74.

7) 의제란 일련의 정치적 논쟁거리로서 특정한 시기에 대중의 관심을 끌만하다고 인식되는 문제 또는 기존 정부기구의 합법적 관할권에 속하는 문제이며, 정치체제의 구성원들에 의해 간주되는 문제라고 정의할 수 있다.

일반적으로 사회복지정책의제는 다른 분야의 정책과 또 거시적으로는 국가 전체의 발전전략과 함께 고려된다. 그러므로 구체적인 사회문제의 해결책으로 존재할 수 있는 다양한 이론적 · 현실적인 여건을 바탕으로 하여, 가능한 최선의 선택을 검토하게 된다.

사회복지정책의 형성과정은 문제를 확인하고 이를 공식적으로 논의하는 정책의제화와 이후에 의제를 논의하면서 구체적인 정책대안을 결정하는 정책결정의 두 단계로 나눌 수 있다.

〈그림 4-1〉 정책의제 형성과정

사적 문제 → 공적 문제 → 이슈(issue) → 의제(agenda)

3) 정책의제설정에 영향을 미치는 요인

사회문제가 정부의제화되어 최종적으로 정책결정의 대상에 이르기까지에는 수많은 여과과정을 경험하게 된다. 이러한 여과과정에는 수많은 요인들이 작용한다.

B. W. Hogwood와 L. A. Gunn은 주로 영국의 경우를 염두에 두고 정책의제설정에 영향을 미치는 요인으로서 위기, 특수성, 감정적 측면, 광범위한 영향, 권력과 정통성문제의 개입여부, 유행성, 의제설정자들(주도집단)을 들고 있다. 그들은 이익집단, 항의집단(protest groups), 정치지도자 및 유력자, 고급공무원, 신문편집국장 및 TV제작자 등을 의제설정자라고 하고, 이들의 활동도 아울러 연구함으로써 정책의제설정의 문제를 올바로 이해할 수 있다고 하고 있다.[8)]

(1) 정치적 리더십

정치적 리더십은 의제설정에 있어서 중요한 요인이 될 수 있다. 정치적 지도자 및 정당들은 자신들의 정치적 이익과 일반 국민의 이익을 위해서 또는 양자의 이익을 위하여 특정한 문제에 집착하여 이를 국민에게 알리고 해결책을 제안하기도 한다. 이와 같은 의제설정에 있어서 정치적 리더십은 국가형태와 관계없이 모든

8) 봉민근, 『사회복지정책론』, 학문사, 1999, pp. 79-80.

국가에 적용된다.

(2) 사회적 위기 또는 사건

자살, 빈곤층의 증가, 가족해체 등 사회적 위기와 사건은 의제의 위치를 획득하게 되는데, 이러한 극적인 사건들은 광범위하게 많은 사람들의 주의를 집중시키고 이로 인하여 정부의 개입을 가져오게 되면서 사회적 문제를 해결하기 위한 계획을 수립하게 된다.

(3) 시위활동

다양한 시위활동은 정책결정자의 주의를 끌고 또한 문제를 정책의제로 만드는 수단이 될 수 있다. 예를 들어 장애인의 이동권을 확보하기 위한 장애인 및 장애인단체의 물리적인 시위는 많은 국민들의 관심뿐만 아니라 정책결정자의 관심을 촉발시켜 장애인복지대책을 마련한 바 있다.

(4) 매스컴의 보도

특정한 문제나 이슈는 의사전달매체의 주의를 집중시켜 정책의제가 되기도 한다. 요즘 신빈곤으로 인한 가족의 해체 및 중산층의 몰락에 대한 매스컴의 보도는 국민기초생활보장제도의 확충 및 급여의 확대를 가져오도록 하였다.

최근 들어 의제설정에 관한 관심이 증가하고 있는데, 그 이유를 박정호는 다음과 같이 설명하고 있다.[9)]

첫째, 특정한 문제가 어떻게 의제로 전환되었는가에 따라 정책의 성격과 내용이 달라질 수 있기 때문이다. 정책형성과정에서 자신의 문제를 의제로 등장시키는데 성공하거나 또는 실패한 개인 및 집단들은 그 이후 정책결정 · 집행 · 평가과정에 직 · 간접적으로 개입한다는 것이다.

둘째, 대부분의 의제형성과정에서 정책대안들이 제시된다는 점이다. 현실적으로 정책결정이 전혀 새로운 정책대안을 기초로 이루어지기보다는, 의제형성과정에서 제시된 여러 가지 대안들을 구체화하거나 또는 부분적으로 수정 · 보완하는 수준에서 결정되기 때문이다.

---

9) 박정호, 전게서, pp. 127-128.

셋째, 모든 의제가 의제로 논의되지 않는다는 것이다. 특정한 문제들은 의제화 과정에서 의도적으로 은닉하거나 관련 집단간 역학 관계 속에서 사장될 수 있는데, 이 가운데에 매우 중요한 문제들이 있을 수 있다는 점이다.

2. 사회복지정책의 결정

정책결정이란 어떤 사회문제를 해결하기 위하여 여러 개의 대안 중에서 하나를 선택하는 과정이다. 정책결정에 대한 개념규정은 학자들의 관점에 따라 다양하게 규정되고 있다. Dror는 정책결정을 다양한 인자들이 상이한 작용을 하는 복잡한 동태적인 과정으로서, 주로 정부기관에 의해서 장래의 활동지침을 결정하는 것을 의미하며, 이러한 지침은 최선의 가능한 방법을 통해 공익을 달성할 것을 목적으로 한다고 정의하였다.[10] E. S. Quade는 정책결정이란 사회 스스로에 의해서 이루어지는 결정 또는 선출된 대표들이 사회를 위하여 내리는 결정이다. 또한 결정에 관여한 사람들이 아닌 사회의 구성원들에게 물질적 영향을 미치는 정부의 결정들이라고 규정[11]하고 있으며, Caiden은 정책결정을 사회적 문제를 공적으로 해결하는 일반적 방향의 결정이라고 하였다.[12]

이처럼 정책결정의 개념은 학자들에 따라 다양하게 정의되고 있다. 이를 참고하여 사회복지정책결정의 개념을 정리해 보면, 사회복지정책결정이란 '정부가 사회복지와 관련된 문제를 해결하거나 목표를 달성하기 위하여, 정책대안 중에서 하나를 선택해 가는 과정'이라고 할 수 있다. 즉 사회복지정책결정의 주체는 정부이며, 정책결정의 목적은 사회복지문제를 해결하거나 목표를 달성하기 위한 것이며, 정책결정의 과정은 여러 가지의 대안 중에서 하나를 의식적으로 선택해 가는 동태적인 과정이라는 것이다.

---

10) Y. Dror, *Public Policymaking Reexamined* (Scranton, Pennsylvania : Chandler Publishing Co., 1968), p. 12.

11) E. S. Quade, *Analysis for Public Decision*, 2nd ed. (New York : Elsevier Science Publishing Co., 1972), p. 3.

12) G. E. Caiden, *Public Administration*, 2nd ed. (California : Palisades Publishers, 1982), p. 51.

1) 정책문제의 인지와 목표의 설정

어떠한 문제나 요구를 정책결정자가 문제로서 인지하고 이를 정책을 통해 해결하려는 의욕과 태도를 가질 때 정책결정이 탄생하는 것이다. 정책의제(정책문제)의 설정이 이루어지고 나면, 문제를 해결하거나 목표를 달성하여 얻게 될 효과와 이를 해결하기 위해서 사용될 비용 및 문제의 해결가능성을 검토하여 정책목표의 우선순위(Priority)와 달성수준을 결정한다. 정책목표들의 우선순위 결정을 이해하기 위해서는 정책목표들의 상호관계를 이해해야 한다. 여러 가지 정책목표들은 서로 상호 모순충돌관계에 있거나 또는 경쟁관계에 있거나 경우에 따라서는 보완관계에 있다. 여기서 정책목표란 정부가 정책을 통하여 달성하고자 하는 바람직한 미래상태이다. 따라서 정책문제의 내용을 정확하게 파악하고 분석하여 정책목표를 수립하는 것이 필요하며, 정책문제에 대하여 명확하게 인식하여야 한다.

정책목표는 가시적이어야 하며, 구체적인 목표이어야 하는데, 정책목표는 정책문제의 해결을 목표로 설정한 것이기 때문이다.

2) 정보의 수집 및 분석

정책결정자가 어떤 문제의 해결을 위한 정책을 탐색하기 위해서는 관련된 자료, 정보, 지식을 통하여 문제를 분석하고 파악해야 한다.

해결해야 할 대상으로서 정책문제와 정책목표가 구체화되고 나면 그와 관련된 정보를 수집·분석·보존·전달하는 일련의 과정을 밟게 된다. 정보를 수집하는 일련의 활동은 정책과정에 필요한 기술적, 정치적 정보를 수집·분석·보존·전달하는 일련의 행동을 의미한다. 정책과 관련된 정보를 수집하고 분석하는 활동은 정책형성과정을 둘러싸고 벌어지는 제반 활동의 성공 여부를 결정하기도 하고, 정책집행 및 평가활동의 효과성과 적절성을 제고시켜 주기도 한다.

정보나 자료를 수집할 때에는 항상 공식적인 통로만을 활용하는 것이 아니라 비공식적인 통로를 활용하기도 한다. 비공식적인 통로를 활용하는 이유는 공식적인 통로의 과정상에 존재하는 관료계층의 정보에 대한 왜곡가능성이 존재하기 때문이다.

3) 대안의 탐색·비교 및 평가

정보의 수집과 분석이 끝나면 문제의 해결을 위한 대안을 작성하고 이를 분석·평가해야 한다. 즉, 수집·분석된 정보자료를 바탕으로 문제를 해결할 수 있는 대안을 탐색해야 한다. 문제를 해결할 수 있다고 생각되는 모든 대안을 작성하여 보고, 이들 대안을 분석하고 평가하여 각각의 대안이 채택되었을 경우와 채택되지 못했을 경우에 나타날 수 있는 모든 결과를 예측하여 본다.

최선의 정책수단을 선택하기 위해서는 해결할 정책문제 또는 달성할 정책목표를 명확히 하고, 정책대안을 광범위하게 탐색 또는 개발하고, 정책대안이 가져올 결과를 예측하고, 정책대안의 결과를 비교·평가하고, 최선의 정책대안을 선택하는 것이다.[13] 정책대안은 채택가능한 여러 가지 정책을 지칭하는 용어로서, 일정한 정책목표를 달성하기 위한 정책수단들의 배합이 정책대안이다.

최선의 정책대안을 선택하기 위해서는 우선 정책대안들을 광범위하게 탐색하고 개발해야 한다. 여러 가지 대안들을 비교·평가했을 때 바람직한 대안들을 찾을 수 있으며, 최선의 대안을 선택할 수 있다. 또한 중요한 정책대안들이 각각 어떤 결과를 가져올 것인지를 예측하고, 이러한 결과들이 바람직스러운지를 평가하고, 정책대안을 비교·평가할 수 있는 기준을 적용하여 최선의 대안을 선정하여야 한다.

정책대안을 개발하고 사용하기 위해서는 Brainstorming과 Delphi방법을 활용할 수 있는데, 전자는 즉흥적이고 자유분방하게 아이디어를 창안하는 활동으로서, 가능한 한 많은 아이디어를 얻기 위하여 여러 사람들이 집단적으로 토의를 하여 떠오르는 대로 아이디어를 제시하는 방법이다. 후자는 전문가들의 주관적 판단에 의하여 미래를 예측하는데 사용되는 방법으로서, 전문가들의 의견을 종합하여 보다 합리적인 아이디어를 제시하는 방법이다.

4) 선택

정책결정의 마지막 단계는 고안된 각종 대안들을 비교하고 분석하여 이 가운데 최적이거나 최선의 대안만을 결정자가 선택하는 것이다. 사회복지정책대안의 결정

13) 정정길, 『정책학원론』, 대명출판사, 1989, pp. 293-356.

에 있어서 가장 중요한 개념 중의 하나는 바로 공공의 이익(public interest)[14]이라고 할 수 있으며, 최고의 정책가치가 되기도 한다. 바람직한 정책결정이란 결정기준으로서 정책결정자의 독단적인 판단이나 집단의 이익보다는 국익 및 공익에 부합되는 충실한 결정이어야 한다.

3. 사회복지정책의 집행

현대사회는 매우 복잡하고 급변하고 있으며 많은 사회문제를 노정하고 있다. 그런데 이러한 다양한 사회문제를 어떻게 해결해 나가야 할 것인가? 사회문제는 정책문제로 채택되어 정책결정이 이루어지고 정책이 집행·평가되는 순환적인 정책과정을 통하여 해결될 수 있다.

정책집행이란 결정된 정책을 구체화시켜 나가는 과정으로서 의도하였던 정책문제를 해결하는 정책의 실현과정이다. 따라서 정책집행과정에서 의도된 정책목표를 달성하기 위하여 구체적인 활동이 이루어진다. 정책목표를 달성하기 위한 활동들이 단순하게 이루어지는 것이 아니라 여러 정책주체들의 상호작용과 협상, 타협을 통하여 이루어지는 과정이다.

오늘날의 정책과정에 관한 연구는 정책결정, 집행 그리고 평가의 세 과정을 연결된 순환과정으로 보고 있다. 더욱이 정책결정은 정책집행을 전제로 하고, 정책평가는 정책결정과정에서 또는 이의 완결 후에 이루어지는 것을 전제로 하기 때문에, 정책집행은 정책학의 중요 부분이 되고 있다.

1) 정책집행의 개념

문제의 해결이나 정책목표의 달성은 정책결정 자체로 이루어지는 것이 아니라, 정책의제가 형성되고 대안이 선택되어 정책결정이 이루어졌다고 할지라도 그 정책의 실행이 안 된다면 그것은 정책으로서의 가치가 없는 것이다. 이렇게 정책은

14) 공익(public interest)이란 인간이 명확히 통찰하고, 합리적으로 사고하여 공평무사하고 자비롭게 행동할 경우에 그가 선택하게 될 그 무엇이라고 정의된다.

집행과정을 통해서 결과를 얻을 수 있기 때문에 정책의 집행은 정책과정의 핵심인 것이다.

정책집행은 정책의 내용을 실현시키는 과정이며, 이 과정은 일련의 활동들로서 구성된다. 정책의 내용은 정책목표와 정책수단으로 이루어지는데, 정책의 내용을 실현시킨다는 것은 정책수단을 실현시키는 것이라고 할 수 있다.

정책집행(policy implementation)이란 매우 동태적이고 순환적인 과정이며 정책결정자와 집행자, 정책집행의 주체와 객체, 환경, 조직 그리고 인적·물적 자원으로서의 정책집행수단이 서로 복잡하게 얽혀서 작용하는 과정이기 때문에 그 개념정의가 매우 어렵다. 그러나 이미 결정된 정책을 실천에 옮겨서 이 정책의 효과를 거두어 보려는 의도된 활동임에는 분명하다.[15]

〈그림 4-2〉 정책집행의 고전적 계층제 모형

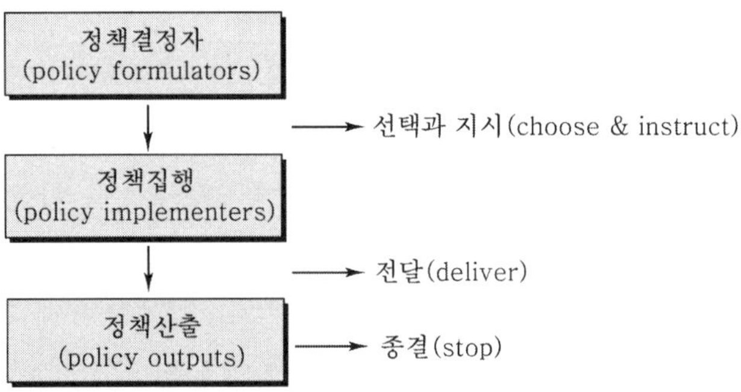

학자들마다 정책집행에 대한 견해를 살펴보면, Pressman과 Wildavsky는 정책집행을 "목표설정활동과 목표달성활동끼리의 작용 또는 바라는 결과를 달성하기 위하여 인과연쇄에 따라 순차적으로 추진하는 능력."[16] Van Meter와 Van Horn은 정책집행을 "정책결정에서 미리 설정된 목표를 달성하기 위해 공공부문이나 민간부문의 개인 또는 집단이 수행하는 활동"[17]이라고 정의함으로써 행위성과 목

15) 곽효문, 전게서, p. 459.

16) Jeffrey L. Pressman & Aron, *Wildavskym Implementation* (Berkeley : Univ. of Cal. Press, 1973).

17) Donald S. Van Meter & Carl E. Van Horn, "The Policy Implementation Process : A Conceptual Framework", *Administration and Society*, Vol. 6, No. 4, 1975, p. 447.

표지향성 이외에 정책집행에 참여하는 개인과 집단의 심리 요인을 강조하고 있다. R. Nakamura와 F. Smallwood는 "권위있는 정책지시를 실천하는 과정"[18]이라고 정의하면서 과정성과 정책 지향성을 강조하고 있다. M. Rein과 F. Rabinovitz는 집행이란 "상호권력관계와 협상을 핵심적 요소로 하는 순환과정을 창출하는 수많은 행위자들이 정부에 대한 선호를 표명하는 것"으로 정의함으로써 정책집행에 관한 전통적 관점, 즉 정책결정과 집행은 구별되지만 먼저 정책이 결정되고 나면 그 뒤를 이어 정책이 집행된다고 하는 단일방향적 시각으로부터 탈피하여 집행의 모든 단계가 서로 의존적이라는 순환성의 원리(principles of circularity)뿐만 아니라 집행과정의 정치성을 강조하였다.[19]

연구자들의 견해를 종합하면 정책집행이란 "정부가 결정한 정책을 실행하는 과정 또는 정부사업계획의 실천을 지향하는 활동"으로 정의할 수 있다.

2) 정책집행의 요소

정책집행에 있어서 고려해야 할 요소가 몇 가지가 있는데 Van Meter와 Van Horn의 견해를 중심으로 살펴보면 다음과 같다.[20]

(1) 사회복지정책의 기준과 목표

사회복지정책의 집행에 있어서 정책의 기준과 목표는 정책의 설정기준을 확인하고 무엇을 달성하려는 것인가를 확실하게 해준다. 이것은 추상성을 띤 목적이나 계획의 구체화 작업이기도 하다.

그러므로 정책집행의 효율성을 높이기 위해서는 이러한 정책목표를 조직구성원 자신의 목표로 내면화시켜야 한다. 즉, 자신이 맡은 일이 정책목표의 성취과정에 어떻게 기여하고 있는가를 인식함으로써 목표의 성취욕구가 강해진다고 하는 것이다. 따라서 사회복지정책의 기준과 목표를 정하는데 있어서 집행의 결과로 나타나는 성과와 이를 어떻게 측정하는가를 명시해 주어야 한다.

---

18) 양정하 외, 『사회복지정책론』, 양서원, 2005, p. 180.

19) Martin Rein & Francine F. Rabinovitz, "Implementation : A Theoretical Perspective", in Walter D. Burnham & Martha W. Weinberg(eds), *American Politics and Public Policy* (Cambridge : MIT Press, 1978), p. 332.

20) 곽효문, 전게서, pp. 463-466.

(2) 자원

적절한 자원이 적시에 공급되지 못하면 원활하게 사회복지정책을 집행할 수 없다. 따라서 정책집행에 있어 주어진 여건에서 인력, 예산, 시간, 정보, 권한 등의 자원을 동원하고 이를 극대화할 수 있는 활용방안을 강구해야 한다.

(3) 의사교류와 협조체계

사회복지정책 집행기관간의 의사교류는 정책의 기준과 목표에 대한 명백한 이해를 바탕으로 협조체계를 구축해야 한다. 의사교류는 왜곡되는 경향도 있으므로 정책결정자의 진의가 전달될 수 있도록 해야 한다.

(4) 집행기관의 성격

정책집행기관이 어떤 성격을 지니고 있느냐가 집행의 성과를 결정하게 된다. 효율적인 정책집행의 요건으로는 조직의 크기, 구성원의 자질, 위계적 통제의 정도, 의사소통의 구조 등이다.

(5) 정치 · 경제 · 사회여건

사회복지정책 집행에 있어 정치 · 경제 · 사회적 상황이 정책집행에 미치는 영향을 살펴보면 다음과 같다.

첫째, 정치 · 사회의 변동은 특정한 정책의 중요성에 대한 인식을 감소시킬 수 있으며 따라서 집행에 영향을 미친다.

둘째, 지역간의 경제 · 사회적 수준의 차이는 효율적 정책집행에 지장을 줄 수 있다.

셋째, 환경보존이나 소비자보호와 같은 규제정책은 대상집단의 경제능력과 그들이 국민경제에 있어서 차지하는 비중에 따라서 집행의 효율성이 달라질 수 있다.

넷째, 공해방지와 같이 기술성이 요구되는 정책집행은 기술의 발달정도에 의해서 영향을 받게 된다.

이 밖에도 신문과 라디오, 잡지 그리고 TV 등과 같은 대중매체의 관심과 여론의 방향, 각종 이익집단이나 압력단체의 영향, 대통령과 의회의 지원 등이 정책집행에 영향을 미치게 된다.

(6) 정책집행자의 성향

사회복지정책의 집행은 집행자의 성향에 의해 크게 좌우된다. 그러므로 집행자의 지식과 능력, 가치관 등은 물론 정책에 대한 인식도와 정책목표의 실현을 위하여 얼마나 적극적이며 어떻게 리더십을 발휘하느냐 하는 것이 정책집행에 크게 영향을 미친다.

여기서의 리더십은 목표의 달성을 위하여 이용가능한 자원을 활용할 줄 아는 기술이라고 할 수 있으며, 대상 집단의 저항을 해소하며 관련단체의 도움을 받아내는 정치적 능력과 조직내부의 효율적인 통제와 운영을 의미하는 관리적 능력도 포함된다.

3) 정책집행의 제약요인

정책의 집행과정은 복합적이며 여러 단계로 이루어져 있다. 각 단계는 다소 상이한 활동과 학습문제를 내포하며 상이한 행위자가 지배한다. 더욱이 각 단계의 처리는 강조하는 부분에 따라서 일부 변경될 수도 있으며 수정이 이루어지기도 하고 목표와 전략이 명확해 지거나 혹은 예기치 않았던 요구가 시행의 지표로서의 우선 순위를 변경하기도 한다. 정책에 있어서의 문제는 어떠한 법률이 통과된 후에도 정책집행의 중간에 일어날 수도 있다. 즉, 어떠한 정책이 결정되었다고 해서 집행이 항상 순조롭게 되는 것은 아니다.

DiNitto와 Dye는 성공적인 집행에 대한 장애요인을 의사소통, 자원, 태도, 관료적 구조 등으로 나누어 설명하고 있다.[21)]

(1) 의사소통(communication)의 비효율성

의사소통의 비효율성은 정책집행의 자체와 실패의 중요한 원인이 되고 있다. 정책집행 과정상의 명령과 지시가 잘 전달되지 않고, 이해되지 못하는 경우가 빈번하며, 이럴 때 정책의 일관성이 유지되지 못하여 집행에 차질을 빚게 된다.

효과적인 정책집행의 첫 번째 요건은 프로그램을 운영하고 있는 사람들이 무엇을 하기로 되어 있는가에 대하여 명확하게 인지하여야 한다는 것이다. 즉, 의사소

21) 양정하 외, 전게서, pp. 181-182.

통은 분명해야 한다. 분명하지 않고 일치되지 않으며 모순된 의사소통은 행정가를 혼돈하게 하며, 더욱이 불충분한 의사소통은 집행되는 정책에 동의하지 않는 사람들에게 편견을 심어줄 수 있다.

(2) 자원(resources)

만일 정책을 수행하기 위한 자원이 부족하다면 그 정책은 실패하게 된다. 정책집행상의 자원은 그들의 직무를 수행하는데 적합한 기술을 갖추고 있는 직원, 문서로 된 계획안을 공공서비스로 이행하는데 필요한 권한과 시설 등을 포함하는 것이다.

(3) 태도(attitude)

행정가와 프로그램 관계자가 어떤 특정의 정책에 공감한다면 이와 같은 정책은 원래의 정책입안자의 의도대로 수행될 수가 있을 것이다. 그러나 행정가들의 태도가 정책입안자들의 태도와 다를 때에는 집행과정은 매우 복잡해지는 것이다. 왜냐하면 행정가는 언제나 집행에 있어 다소의 자유재량을 갖고 있기 때문이다.

(4) 관료적 구조(bureaucratic structure)

기존의 조직구조와 절차는 새로운 정책과 프로그램의 집행을 방해할 수도 있다. 관료주의적인 타성은 정책에 있어서의 변화를 느리게 한다. 행정가들은 일상적인 업무(표준운영절차)에 익숙해져 있으며, 행정적인 구조는 그 본래의 기능이 변경되거나 소멸된 뒤에도 오랫동안 남아 있는 경향이 있다는 것이다.

(5) 리더십(leadership)

정책집행기관의 책임자가 어떠한 태도와 능력을 가지고 정책집행에 임하느냐, 어떤 리더십을 갖고 있는 자가 정책집행을 책임지고 있느냐에 따라 정책집행에 큰 영향을 미친다. 정책을 집행하는 책임자는 강력한 리더십과 적극적 태도, 고도의 정치적 수완 그리고 기술적 관리능력 등이 요구된다.

4. 사회복지정책의 평가

정책평가란 정책활동에 관한 평가이며, 정책활동의 가치를 파악하기 위해 어떤 기준에 의해 정보를 수집·분석·해석하는 활동이다. 또한 정책집행의 결과에 대한 평가이며, 정책이 원래 추구했던 목표를 얼마나 달성했는가를 평가한다.

정책평가에 있어 공통요소는 정책목표를 확인하고, 정책목표달성을 위한 방법 및 수단에 대해 파악하며, 비용을 산정하고, 정책결과의 효용을 측정하는 것이라고 할 수 있다.

1) 정책평가의 의의

정책평가(policy evaluation)란 정책의 내용과 영향을 재검토하고 공공사업계획을 목표와 관련해서 객관적이고 체계적으로 비교·검토하는 과정이다. 왜냐하면 정책평가는 본래의 정책목표를 얼마나 잘 달성하였는가를 알려주는 동시에 평가된 내용은 정책과정에 다시 영향을 주는 기초가 되기 때문이다. 정책과정은 정책을 결정하고 집행하는 것만으로 종결되지 않으며, 그 내용과 결과를 재검토함으로써 보다 완벽한 정책효과를 기대할 수 있다.

오늘날 정책결정자들이 자신의 정책이 평가되는 것을 기피하려는 현상이 있음에도 불구하고 정책평가의 중요성과 필요성은 날로 높아가고 있다. 그 이유는 학자들마다 여러 가지 견해가 있는 바 이를 종합하면 다음과 같다.

첫째, 정책이 처음 의도했던 대로 집행되었느냐 하는 것이다. 과거의 정책은 일단 수립되기만 하면 자동으로 집행되리라는 생각이 지배적이었다. 이 시대에는 정책평가 자체가 별로 중요한 문제가 아니었다.

둘째, 정책과정의 앞 단계에서 오늘날과 같이 수많은 사람들이 참여하고 정책과정의 양상이 복잡한 시대에서 이해관계자를 설득하고 그들의 지지를 확보하기 위하여 설득력 있는 정책평가의 중요성이 증대되고 있다.

셋째, 정부활동의 원천은 국민의 세금이므로 이러한 재원을 효과성과 효율성에 입각하여 사용했는지의 여부를 평가할 필요가 있을 것이다.

넷째, 정부활동의 관리책임성이 확보되어져야 한다는 요구가 강력히 요구되고 있다.

2) 정책평가의 목적과 필요성

정책평가의 중요성과 필요성이 점차 증가하고 있는데, 그 이유를 살펴보면 다음과 같다.

첫째, 정책 수립시 의도했던 대로 정책이 집행되지 않는다.

둘째, 정책의 전 단계에 있어 다양한 계층과 이익집단이 참여하게 됨으로써 정책과정의 양상이 매우 복잡해졌다. 그러므로 다양한 행위자를 설득하고 특정 정책에 대한 지지를 확보하기 위해서는 설득력 있는 자료가 필요한데, 이러한 설득력 있는 자료의 확보를 위해서는 정책평가의 필요성과 중요성이 증대하고 있다.

셋째, 정부의 활동에 대해서 효과성 및 효율성을 강조하고 있으며, 이에 대한 국민의 관심이 고조되고 있다. 국민은 납세자(tax payer)로서 정책집행에 소요되는 비용부담자이므로 정부활동의 정당성과 효과성에 대한 증거를 요구하게 됨으로, 정부의 입장에서는 주어진 한정된 자원을 가장 효과적이고 효율적으로 운영하여 최대의 서비스를 제공해야 한다는 것이 행정의 기본지침이 되고 있다.

넷째, 정부활동의 관리에 대한 책임이 확보되어야 한다는 요구가 강력해지고 있다. 특히 경제 프로그램과 같이 비교적 그 효과를 측정하기 용이한 프로그램들보다는 그 효과를 측정하기 곤란한 사회복지정책 프로그램들이 증가하고 있는 추세이므로, 정책집행에 따른 정부의 관리적 책임의 중요성이 더욱 대두되고 있음으로 정책평가의 필요성과 중요성도 부각되고 있다.

정책평가의 목적에는 단순히 향후 프로그램을 개선하기 위한 수단으로써 뿐만 아니라 진행 중인 프로그램을 정당화하거나 통제와 감시를 하는 등 여러 가지가 있다.

또한 정책평가의 목적에는 사업관리자에게 사업의 질이나 효과성에 책임을 지우는 책임성(accountability), 관리자들이 정부사업이나 행정관리의 도구인 정부 프로그램의 운영에 관한 능률성이나 효과성을 증진시키거나 평가하는 것을 돕기 위한 관리(management), 그리고 공공문제나 이의 해결과 관련하여 정부사업 또는 전략의 효율성에 대한 증거를 확립하는 것과 관련된 지식(knowledge)이라는 다양한 측면이 있다.

정책평가의 목적은 장래의 계획을 향상시키거나 그 프로그램에 대하여 부차적으로 이루어지는 결정에 기여하는 수단으로서 원래 달성하기로 한 목표에 대한 프로그램의 효과를 측정하는 것이다. 한편 정책평가의 목적은 정책의 종류에 따라서 달라질 수 있으며, 정책의 종류에 따라 다양한데, 범위, 규모, 지속성, 영향의 명료성과 구체성, 목표의 복합성, 쇄신성 등으로 다양하다. 이러한 정책들 사이의 차이에 대한 지식을 가지고 있다면 이에 적합한 평가방법을 고찰할 수 있다.

또한 정책평가의 목적은 사용자에 따라서 달라질 수 있는데, 평가자들은 그의 연구결과를 프로그램 조직 안의 어떤 권위있는 위치에 있는 사람에게 보고하게 되며 그에 대해서 책임을 지게 된다.

마지막으로 정책평가의 목적은, 정책집행자가 지지를 얻기 위해서, 정책결정자가 선거구민의 민의를 탐지하기 위하여, 전문가는 자신의 명성과 위신을 높이기 위하여 정책평가를 이용할 수 있다. 그리고 정책평가는 정당하지 못한 목적(정책결정의 연기, 책임회피, 보조금을 획득하기 위해서 등)을 위해 사용되기도 한다.

3) 정책평가의 전제조건

정부가 정책을 결정하고 이를 효율적으로 집행하는 것이 매우 복잡하고 어려운 과정을 거쳐서 이루어지는 것처럼 정책을 종합적으로 평가하는 문제도 그리 쉬운 일만은 아니다. 특히 국민의 입장에서 볼 때 정부가 어떤 일을 하느냐 하는 것 못지않게 정부가 계획한 일을 얼마나 효율적으로 달성했느냐, 또한 이는 국민에게 어느 만큼 국민의 만족수준을 가져 왔으며, 궁극적으로 국가의 발전에 기여한 정도에 보다 관심이 집중된다.

정책평가의 중요성에 비추어 볼 때 정책평가는 다음과 같은 전제조건을 충족시켜야 한다.

첫째, 정책평가의 정확성이다. 정책평가는 정책의 합리성, 정책이 목표하는 의도의 달성여부, 그리고 국민의 만족도 등을 정확히 평가할 수 있어야 한다. 이를 위해서는 구체적인 평가의 기준과 방법을 명백히 설정하여야 한다.

둘째, 정책평가의 객관성이다. 정책에 대한 평가는 이것이 객관적인 사실과 과학적이며 체계적인 방법에 근거하지 않을 때는 평가하는 사람의 의도에 따라 서로 다른 결과를 초래하게 된다. 특히 정책평가의 객관성을 저해하는 가장 중요한 요인 가운데 하나는 정책평가에 대한 정치적 영향력이라고 할 수 있다. 평가가 정치적 판단과 결부될 때 정책과 그 결과에 대한 평가는 전혀 다른 양상으로 나타날 수 있다.

셋째, 정책평가의 연속성이다. 정책평가는 수립과 집행에 있어서 계속적으로 수반되는 과정이다. 정책평가의 보다 중요한 의의는 단순히 정책의 사후 평가에 있는 것이 아니라 보다 발전적으로 정책평가를 통하여 얻은 정보를 토대로 보다 나은 정책결정과 정책집행을 수행하는데 도움이 되게 하는데 있다. 따라서 정책평가는 한 번에 끝나서는 안 되며 다음의 정책과 관련하여 연속적인 것이 되어야 한다.

4) 평가절차

정책평가는 일련의 연속적인 과정과 절차를 통해서 이루어진다. 정책평가는 최적의 정책결정과정 중 사후과정의 한 단계로 Y. Dror의 경우에는 평가과정을 크게 나누어 ① 정책결정산출과 기대한 결과 간의 비교, ② 양자간의 차이에 대한 평가 등의 2단계로 구성되어 있다고 하는가 하면, E. Suchman과 C. Jones는 ① 평가할 목표에 대한 식별, ② 해결하고자 하는 문제에 대한 분석, ③ 행위에 대한 묘사와 표준화, ④ 발생하는 변화의 정도 측정, ⑤ 관찰된 변화가 특정의 행위에 의해 야기된 것인지 아니면 다른 요인에 의해 야기된 것인지에 관한 결정, ⑥ 그 효과의 지속 여부에 관한 고려 등의 6단계로 나누어 설명한다. N. Henry의 경우에는 ① 결정자의 필요파악, ② 문제의 본질과 범위 파악, ③ 타당한 목표의 선정, ④ 총체적 측정방법의 구체화 등으로 나누고 있다.[22]

이를 정리하면 사회복지정책의 평가과정을 ① 평가목표의 설정, ② 평가기준의 설정, ③ 평가방법의 설계, ④ 자료수집, ⑤ 자료의 분석과 해석 등으로 구분할 수

22) 양정하 외, 전게서, p. 185.

있으며, 각각에 대하여 설명하고자 한다.

(1) 평가목표의 설정

정책평가는 그 유형이나 결과의 활용목적, 사용되는 평가의 방법 등에 따라 그 평가의 절차가 각기 달라질 수 있다. 우선 평가하고자 하는 정책의 목적은 추구하는 가치에 그 뿌리를 두고 있으며, 정책목표를 올바로 파악하기 위해서는 이 정책목표가 뿌리를 두고 있는 가치를 먼저 식별해야 한다.

정책평가에 있어서 프로그램 목표를 식별하고자 할 때 도움이 될 수 있는 몇 가지 절차와 고려사항들을 살펴보면 다음과 같다.[23)]

첫째, 목표를 당면한 단기목표, 중간목표 및 궁극적인 장기목표 등으로 구분하면 도움이 될 수 있다. 당면한 목표는 정책결정자가 단기적으로 관심을 가지고 있는 특정한 프로그램의 예상되는 결과들이다.

둘째, 정책결정자나 프로그램의 관리자들에게 정책이나 프로그램의 목표가 무엇인지 구체화하도록 요구하거나 상의하면 도움이 될 수 있다. 그러나 때로는 이들 정책의 결정자들이나 관리자들이 그 목표에 대해서 합의에 도달하지 못하는 경우도 있고, 평가에 적절한 기초를 제공하는 제안을 형성하지 못하는 경우도 있다.

셋째, 연구자가 정책이나 프로그램의 창안자, 프로그램의 결정자, 프로그램 집행의 실무자들과 공동으로 프로그램의 목표를 식별해 내는 방법이다.

정책목표가 분명하고, 구체적인 것으로 식별되고 이들이 행태적으로 표현되었다 할지라도 대부분의 경우 목표가 다양하기 때문에 그들 가운데 어떤 것들을 평가할 것인가를 선택해야 한다. 그렇다면 평가자는 이들 목적들 가운데 어떤 목적을 평가할 것인가를 어떻게 선택할 수 있겠는가? 이러한 선택을 좀 더 합리적으로 하기 위해서는 다음과 같은 몇 가지 사항들을 고려해야 한다. 첫째, 잠재적인 활용성과 실무성을 고려한다. 둘째, 상대적인 중요성을 고려한다. 셋째, 정책의 장기적인 효과를 고려하도록 노력한다.

(2) 평가기준의 설정

공공정책이나 프로그램의 가치는 정책이나 프로그램이 사회복지의 향상에 얼마

---

23) 봉민근, 전게서, p. 214.

나 기여했느냐에 따라 평가되어야 하는데, 이때 그 기여의 정도를 판단하는 기준이 성과의 평가기준이다.

정책이나 프로그램의 성과를 평가하는 기준에는 여러 가지가 있으나 그 가운데에서 정책평가에서 가장 널리 사용되는 기준으로는 효과성(effectiveness), 효율성(efficiency), 적절성(adequacy), 적합성(appropriateness), 대응성(responsiveness) 등을 들 수 있다.

첫째, 효과성은 어떤 설정된 목적에 비추어 정책이나 프로그램이 이룩한 성과가 어떠하냐를 평가하는 기준이다. 효과성의 측정은 프로그램이 산출할 것으로 기대하였던 표준과 실제 이룩한 것을 비교하여 그것이 얼마나 바람직한 종류의 결과를 산출하였느냐에 의하여 이루어진다. 이 효과성의 기준은 프로그램이 현실적으로 가져온 결과들을 일컫는 것으로서, 프로그램이 의도한 목적과 관련하여 행정환경에서 일어난 물리적 또는 행태적 변화들 가운데 프로그램에 의하여 일어났으리라고 생각하는 변화들을 식별하고 측정하는 것을 포함한다. 효과성평가의 1차적 관심은 정책이나 프로그램이 계획한 바대로 집행되었는지의 여부를 밝혀내는데 있지 않고, 정책이나 프로그램이 행정환경에 의도했던 효과나 영향을 가져왔느냐의 여부를 밝혀내는데 있다.

둘째, 효율성은 프로그램이 산출한 결과와 프로그램을 집행하는 과정에서 발생한 비용간의 관계로 나타난다. 만일 비용이 고정되어 있는 경우에는 단위비용당 산출되는 산출물이 많을수록 능률적이고, 산출물 또는 서비스가 고정되어 있는 경우에는 단위산출물당 투입되는 비용이 적을수록 더 능률적이라 할 수 있다.

셋째, 적절성은 그 기준으로 프로그램 목표의 달성이 제기된 문제를 해결한 정도를 나타낸다. 그러므로 적절성은 부분적으로는 어떤 노력의 정도를 나타낸다.

넷째, 적합성은 프로그램의 목표와 타입이 사회정책적 입장에서 볼 때 바람직한 것이냐 하는 것을 검토하는 기준이다.

다섯째, 대응성은 프로그램의 이용자나 고객들의 필요와 소망을 충족시키고 있는지 여부를 검토하는 기준이다. 이 기준은 프로그램의 목표, 프로그램의 설계, 그리고 프로그램의 집행 등을 서로 연계시켜 준다.

(3) 평가방법의 설계

평가목표를 달성하기 위해 평가기준을 선정하고 나면 사회복지정책의 영향을 과학적으로 밝혀내기 위한 계획을 세워야 한다. 이 단계에서는 사회복지정책 프로그램이 영향을 받거나, 그 정책 프로그램이 영향을 미치는 과정에 관한 인과 모형을 형성하게 되는데, 이러한 인과 모형은 우선 어떤 결과가 나타났으며, 그 결과가 바람직한 것인가, 그리고 그러한 결과를 초래하는데 영향을 미친 요인이 무엇인가 등을 규명하기 위한 분석틀로서 의미를 가진다.

(4) 자료 수집

평가방법의 설계가 이루어지면 평가에 필요한 자료를 수집해야 한다. 평가를 위하여 사용되는 자료들은 여러 가지의 원천으로부터, 그리고 여러 가지 방법들을 통하여 획득하게 된다. 평가 자료의 원천은 면접, 설문조사, 관찰, 개발된 측정의 척도에 의한 태도・가치・퍼스낼리티・선호・규범・신념 등에 대한 측정, 각 기관의 기록, 통계, 정보・해석・기술・지식의 응용에 대한 테스트, 일일기록, 물리적인 증거・회계기록・각종 문서 등이 있다.

여기서 중요한 사실은 정책평가를 위하여 유일하게 좋은 단일의 원천이나 방법만이 존재하지는 않는다는 사실이다. 그러므로 어떠한 종류의 자료를 어디에서 어떻게 수집할 것이냐 하는 문제는 평가되는 정책의 성격에 따라서 좌우된다.

(5) 자료의 분석과 해석

어떠한 자료의 분석방법을 채택할 것이냐 하는 것은 평가문제의 성격, 연구 설계, 이용 가능한 자료 등을 종합적으로 고려하여 결정하여야 한다. 정책평가에서 주로 이용되는 자료의 분석방법에는 정규분포나 t-분포를 이용한 검증방법, 분산분석법, 회귀분석법, 인과분석법 등 여러 가지가 있다. 이 가운데 특히 분산분석법은 심리학 분야의 연구자들에 의하여 널리 이용되고 있는데 비해서, 회귀분석의 방법은 정치학, 행정학, 경제학, 사회학 분야의 연구자들에 의하여 널리 응용되고 있다.

5) 평가에 영향을 미치는 요인

정책을 평가하는 과정에서는 여러 가지 요인들이 영향을 미치게 되는데 각각의 요인들은 정책평가를 지연시키거나 왜곡시키면서 실제와는 전혀 다른 평가결과를 유도하기도 한다. 영향을 미치는 요인을 살펴보면 다음과 같이 네 가지로 구분할 수 있다.[24)]

첫째, 인적 요인으로 먼저 정책평가자의 이념, 신념, 가치관 혹은 사회복지에 대한 지식 및 전문성으로써 정책평가에 영향을 미칠 수 있다. 때로는 평가과정에서 정책결정자나 집행자의 영향을 받기도 하는데 특히 이들이 직접 평가를 요청했을 경우에는 정책의 정당성을 인정받고 계속 존속시키기 위해 압력을 넣기도 한다. 그리고 정책의 대상인 수혜자의 경우 혜택을 확대하기 위해서 정책평가 과정에서 자신들의 영향력을 행사하기도 하며, 일반 국민들도 여론을 통해 사회복지정책의 평가에 영향을 미칠 수 있다.

둘째, 시간적 요인으로 충분한 시간적 여유를 두지 않고 정책이 평가되는 경우, 평가가 정확하게 이루어지지 않을 수도 있다. 반면 시간적인 여유를 두고 평가할 경우 정책의 내용에 대한 평가는 정확하게 이루어질 수 있으나 피드백을 받을 수 있는 시점은 놓칠 수 있다.

셋째, 기술적 요인으로 충분한 자료수집과 분석기법에 따라 정책평가의 성패가 좌우된다고 할 수 있다. 자료가 충분하지 않거나 부적절하면 개발된 평가를 적용하지 못할 수도 있고, 자료는 충분하되 자료를 분석할 수 있는 기법이 적절하지 않다면 정책내용에 대한 평가는 신뢰성이 떨어질 수 있다.

넷째, 제도적인 요인도 정책평가에 중요한 영향을 미치는 요인이 될 수 있다. 따라서 정책평가에 필요한 정보 또는 자료수집과 평가활동이 원활할 수 있도록 행정적인 지원이 이루어져야 할 것이다. 그리고 평가결과에 따른 법 · 제도 등의 수정장치가 마련되어 있지 않다면 정책평가는 아무런 의미가 없다고 하겠다.

---

24) 강영실, 전게서, pp. 89-90.

제 5 장

사회복지정책의 분석

사회복지정책 분석이란 "사회과학적 지식을 응용하여 복잡한 정책을 체계적으로 분석하여 그 영향력을 보다 정확하게 이해하려는 노력"이라고 할 수 있다. 정책분석에 관하여 Dror는 "복잡한 정책문제와 관련하여 바람직한 대안을 식별, 고안하기 위한 방법론", Quade는 "사회기술적 문제에 대한 이해를 심화시키고 보다 나은 해결방안을 찾기 위해 수행되는 응용연구의 한 형태", Stokey와 Zeckhauser는 "합리적 정책결정자가 정책 문제를 구조화하고 목표를 설계하며 그것을 달성하기 위해 최선의 수단을 발견하는 논리적 과정"이라고 정의하고 있다.[1)]

사회복지정책의 분석방법에는 여러 가지가 있을 수 있지만, 크게 산출분석, 과정분석, 평가분석으로 구분할 수 있다. 사회복지정책을 분석할 때에 세 가지 분석방법이 모두 사용되는 경우가 있으며, 실제로 정책분석가(policy analyst)들은 세 가지 방법을 혼용해서 사용하고 있다.

1) 현외성, 『사회복지정책강론』, 양서원, 2003, p. 271.

1. 정책분석의 의의

오늘날 사회복지정책의 중요성이 커져만 가고 있는데, 그 이유는 소득분배, 고용, 교육, 보건, 주택 및 생활과 관련된 서비스를 결정하는 것이므로 객관적인 분석 없이 특정 개인이나 집단의 이해관계에만 맡길 수 없으므로 사회복지정책을 어떻게 분석할 것인가는 매우 심사숙고해야 할 문제이다.

사회복지정책의 분석을 통하여 기존의 사회복지정책이나 새로 수립하고자 하는 사회복지정책의 역동성과 결과에 대한 통찰력을 예리하게 해주는 이론적 기반을 마련하고, 사회복지정책의 여러 대안 중에서 적절한 것을 선택하게 하며, 그리고 사회복지정책을 수립하는데 있어서 고려하지 않으면 안 되는 여러 가지 문제점을 제기하는데 도움을 준다. 또한 사회복지정책을 결정하는 데 있어서 생각하지 않으면 안 되는 가치체계와 이론체계가 무엇인가를 설명해 주기도 한다.[2)]

2. 정책분석의 특성

정책분석은 최선의 대안을 창출하기 위하여 수행되는 체계적인 활동임과 동시에 정책과정 전체에 연관되는 체계적인 노력이기도 하다.

정책분석은 다음과 같은 특성을 지니고 있다.

첫째, 정책목표와 정책수단의 관련을 명확하게 하려는 점에서 목적지향적이다.

둘째, 정책현상이 사회과정의 여러 요인과 상호의존적이며 체계적이다.

셋째, 정책분석은 정책실시의 예측, 필요행위의 제언과 관련되는 등 행위지향적이다.

넷째, 정책주체가 목적을 달성하기 위한 방법의 탐구라는 의미에서 조작성이 강

2) 양정하 외, 『사회복지정책론』, 양서원, 2005, pp. 137-138.

조된다.

다섯째, 정책분석은 다양한 성격을 가지고 있다.

여섯째, 정책분석은 문제의 접근에 있어서 학제적 성격이 강조된다.

3. 정책분석의 방법

사회복지정책의 분석방법으로 여러 가지가 있으나, 주로 사용되고 있는 3P의 측면에서 과정(process)분석, 산출(product)분석, 성과(performance)분석을 제시할 수 있다. 이 3가지 분석방법은 상호 중복되어 있고 연관되어 있다. 예를 들어 고령화라는 요인으로 노인장기요양보험제도가 도입되었고, 장기요양보험제도의 다양한 급여간 장점 및 단점이 존재하고, 이를 바탕으로 평가하여 제도를 개정하게 된다. 그러므로 정책을 어느 하나의 방법으로 분석한다는 것은 상당히 모호하고 난해할 수 있다.

사회복지정책을 분석하는 3가지 접근방법들로서 과정분석, 산출분석, 성과분석을 살펴보기로 한다.

1) 과정분석

사회복지정책의 과정에 대한 분석은 정치적, 경제적, 사회적인 여러 변수들과 관련하여 정책형성에 영향을 준 요인이 무엇인지 찾게 된다. 예를 들어 우리나라는 1997년 외환위기를 경험하게 되면서 IMF로부터 구제금융을 받게 되어 국가 전체적으로 강력한 구조조정을 전개되는 과정 속에서 중산층이 붕괴하고 '신빈곤층'이 출현하게 된다. 이러한 새로운 빈곤계급의 확대는 국가 전체적으로 불평등 현상의 심화와 사회불안의 요인이 되므로 기존의 생활보호제도를 전면 수정하여 2000년 10월 1일 국민기초생활보장제도를 시행하게 되었다. 새로운 제도의 출현은 정치적, 경제적, 사회적으로 어떤 영향 요인이 있기에 가능하다는 점이다. 따라서 새로운 제도는 사회 네 여러 요인의 광범위한 영향의 산물로 파악한다.

즉, 과정분석은 정책형성의 배경을 고찰하고 연구하는 분석의 한 과정이다.

2) 산출분석

많은 학자들의 분석틀이 있으나, 보편적으로 사용되고 있는 Gilbert와 Terrell의 사회복지정책을 분석하는 틀을 중심으로 하고자 하며, 이들 학자는 정책분석의 틀로서 다음과 같은 네 가지를 제시하고 있다.

첫째, 누구에게 급여를 제공할 것인가?

둘째, 어떠한 급여를 제공할 것인가?

셋째, 어떻게 급여가 제공되어져야 하는가?

넷째, 어떻게 재정이 충당될 것인가?

(1) 누구에게 급여를 제공할 것인가?

사회복지정책은 의도적인 재분배 문제를 주로 다루고 있는데, 그 전형적인 문제는 누가 무엇을 어떻게 갖게 되는가이다. 이와 관련하여 서비스 대상자를 결정하는 자격조건에 관한 것이다. 여기에서 급여의 수급자격조건으로는 거주 여부 및 거주기간, 인구학적 조건, 기여의 정도, 근로능력, 소득 및 자산조사, 전문적 혹은 행정적 판단 등이 있다.

사회복지정책에서 대상을 어떤 사람이나 집단 혹은 문제로 할 것이냐 하는 논의를 사회적 할당(social allocation)이라고 한다. 할당(allocation)이란 사회복지급여를 누구에게 제공할 것이냐 하는 문제와 관련된 질문으로, 자격요건(eligibility)을 어떻게 설정할 것이냐 하는 물음과 연관되기도 한다. 사회복지의 대상은 특정한 문제를 갖고 있는 개인으로부터 사회 전체 또는 국민 전체에 이르기까지 그 범위와 구분이 매우 다양하고 복잡하다.

N. Gilbert는 "사회적 할당이란 사회급여를 받을 자격을 가진 사람이 누구인지를 결정하기 위한 조건"이라고 하였다.[3] 여기서 할당이란 사회복지정책을 사회구성원 중에서 누구에게, 어떤 문제를 해결하기 위하여 제공하는 것인가를 정확하게 파악하여 필요한 사람들에게 사회급여를 정확하게 전달하려는 다양한 원리 사이의 선택을 의미한다.

---

3) 현외성, 전게서, p. 144.

① 보편주의 대 선별주의

사회복지정책에 있어서 할당의 원칙은 보편주의(universalism)와 선별주의(selectivism)로 구분할 수 있는데, 보편주의는 사회복지정책으로 제공되는 사회적 급여가 모든 국민들에게 하나의 사회적 권리로서 인정되고 있다. 즉, 기본권으로서 모든 사람이 사회적 급여를 받아야 한다는 입장이다. 반면에 선별주의는 사회적 급여가 소수의 사회적 약자를 대상으로 제한적으로 주어진다. 이를 위해서 자산조사(means test)를 통해서 개개인의 욕구에 기초하여 사회복지 급여를 제공해야 한다고 본다. 그러므로 이 두 원칙은 사회 효과성과 비용 효과성이라는 상반된 가치를 지향한다.

보편주의자들은 사회복지 급여대상자를 구분하지 않음으로써, 인간존엄성의 훼손을 방지하여 사회적 통합(social integration)의 효과를 가져올 수 있다고 강조하고 있다. 자산조사와 같이 빈곤상태를 확인하고 제공되는 프로그램들은 차별적이며, 경제적 측면뿐만 아니라 도덕적인 면에서도 클라이언트를 차별한다. 클라이언트들이 무료 급식이나 무료 의료서비스를 받는 경우, 치욕적인 경험을 겪는 일이 있음으로 불쾌감을 주는 할당은 결코 사회통합에 바람직하지 않다는 입장을 갖고 있다.

선별주의자들은 사회복지 급여를 필요한 대상자에게만 제공함으로써 비용효과를 증진할 수 있을 뿐만 아니라 사회전체 총효용을 높일 수 있다고 주장하는데, 만일 사회가 평등을 추구한다면 모든 사람에게 보편적으로 급여를 제공할 것이 아니라 빈민에게만 급여를 제공하면 더욱 효과적이라는 것이다. 빈곤계층을 대상으로 교육, 보건의료, 아동보호, 주택, 직업훈련 등이 제공된다면 사회의 긴장감과 적대감이 감소될 것이라는 것이다. 충족되지 못한 욕구가 크다면 빈곤계층들이 한정적인 공공자원을 우선적으로 받아야 공평하다는 것이다.

② 사회효과성과 비용효과성

선별주의가 지향하는 비용효과성은 당연히 개인의 소득이나 문제를 조사하는 것을 거쳐 사회복지급여의 대상을 선정해야 한다는 입장이다. 이와 달리 보편주의가 지향하는 사회효과성은 개인의 소득이나 문제 · 상황을 조사하지 않고, 즉 개인의 차이를 따지지 않고, 거의 무조건적으로 사회복지급여를 제공해야 한다는 입장이다. 다시 말하면 수급대상자의 소득이나 재산을 조사하는 것이 자산조사인데, 자산조사를 하지 않고 사회복지급여를 제공할 경우에는 보편주의이고 자산조사를 통해 사회복지급여를 제공하는 경우에는 선별주의가 적용된다고 할 수 있다.[4)]

③ 급여의 할당원칙

㉠ 귀속적 욕구

귀속적 욕구(attributed need)에 기초한 수급자격은 현재의 사회적 또는 경제적 제도 아래에서 충족되지 않는 공통적인 욕구를 가진 사람들의 집단에 속하는가 하는 여부에 따른다. 이러한 원칙 하에서 욕구는 규범적 기준에 따라 정의된다. 욕구는 영국과 같이 전국민에게 무상으로 의료서비스를 제공하는 것처럼 전국민을 대상으로 할 수 있고, 노동자, 빈곤지역 거주자 등과 같이 특정집단을 대상으로 할 수도 있다. 우리나라의 경우 국민 모두에게 중학교까지 의무교육을 실시하고 있고, 65세 이상 모든 노인에게 교통수당을 지급하고 있다. 이러한 급여들은 귀속적 욕구에 기초하여 사회복지급여를 제공하는 단적인 예이다. 이 경우 욕구를 결정하는 두 가지 조건은 전문가의 규범적 판단기준과 범주적 할당에 기초하고 있다.

㉡ 보상

보상(compensation)에 기초한 급여자격은 특정한 범주나 혹은 집단에 속하느냐에 따라 결정된다. 사회보험의 가입대상자로서 보험료를 납부한 실적을 가진 사람 등 사회적 또는 경제적 기여를 한 사람, 경찰・군인・공무원 등 국가에 기여한 공로에 대한 보상으로 급여를 제공하는 경우가 있는데, 이는 보상의 원칙이 적용되었다고 할 수 있다. 이 원칙에 해당하는 두 가지 조건은 형평성을 회복하기 위하여 규범적 기준과 범주적 할당에 기초하고 있다.

㉢ 진단적 차등

진단적 차등(diagnostic differentiation)에 기초한 급여자격은 신체적으로 또는 정신적으로 결함이 있는 경우와 같이 전문가가 특별한 재화나 서비스가 필요하다고 판단을 내린 개인에게 주어진다. 이 원칙을 결정하는 두 가지 조건은 개인적 할당 및 욕구의 기술적 진단에 기초한다. 우리나라 장애인복지법에 의하면 장애인

4) 박정호, 전게서, p. 116.

의 장애를 장애분류와 장애등급으로 판정하고 있는데, 이러한 판정과정을 통해 장애인들에게 다양한 혜택이 제공되고 있다.

㉣ 자산조사욕구

자산조사욕구(means-tested need)에 기초한 급여자격은 재화와 서비스를 구입할 수 없는 개인을 대상으로 주어진다. 사회적 급여에 대한 접근은 환경보다는 개인의 경제적 여건에 좌우된다. 이 원칙에 해당하는 두 가지 요건은 욕구의 경제적 기준과 개별적 할당에 기초하고 있다.

〈표 5-1〉 사회복지급여에 대한 할당원칙의 적용

할당원칙	구체적인 예
귀속적 욕구	교통수당(모든 노인), 중학교 의무교육 실시(모든 국민)
보상	사회보험가입자, 국가유공자
진단적 차등	장애인(장애인복지법상의 급여 제공)
자산조사욕구	국민기초생활보장 수급자, 의료급여 수급자, 저소득층

우리나라 국민기초생활보장제도의 수급자, 의료급여 수급자들은 개인별로 자산조사를 통해 사회복지 급여를 받고 있다. 그리고 65세 이상 노인에 대한 경로연금과 장애인에 대한 장애수당과 장애아동 부양 및 보호수당 또한 자산조사를 통해 경제적으로 어려운 저소득 수급자들에게 한정되어 제공되고 있다.

(2) 어떠한 급여를 제공할 것인가?

사회복지급여를 어떤 형태로 제공할 것인가에 대해서는 전통적으로 현금급여와 현물급여로 구분할 수 있다. 그러나 현실적으로 사회복지서비스는 다양한 형태와 유형이 존재한다. 따라서 기회, 서비스, 물품, 증서, 현금, 권력의 여섯 가지가 있다.

① 급여의 종류

㉠ 현금(cash)

사회복지급여 형태로서 현금으로 제공되는 경우는 국민연금, 국민건강보험의 장례비, 산업재해보상보험의 장애수당, 고용보험의 실업급여, 공공부조의 생계급여 및 주택급여 등을 들 수 있다. 현금으로 급여를 제공하는 것은 현물로 급여를 지급하는 것과 비교하여 다음과 같은 장점이 있다.

첫째, 현물에 비해 물품의 선택권이 다양하기 때문에 수급자의 효용을 극대화할 수 있다.

둘째, 수급자의 선택의 폭을 넓혀 다양한 취향을 반영할 수 있을 뿐만 아니라 사회복지의 중요한 가치인 자유나 자기결정의 권리를 보호할 수 있다.

셋째, 급여 신청시, 급여 수급시, 급여 소비시 나타날 수 있는 수치감을 제거하여 인간의 존엄성을 유지시켜 줄 수 있다.

넷째, 현물급여를 관리하기 위해서는 보관·관리·전달에 많은 비용이 수반되는데, 현금급여는 프로그램의 운영비용이 적게 든다.

㉡ 현물(goods)

스웨덴의 유명한 경제학자인 Myrdal은 1930년대 스웨덴의 아동복지급여에 관한 논의를 하면서 현물급여가 현금급여보다 더욱 효과적이라고 주장하였다. 현물급여가 현금급여에 비하여 규모의 경제를 이룰 수 있어 비용이 절약된다는 것이다.

현물급여에서 제공되는 것 중 가장 큰 비중을 차지하는 것이 의료서비스와 교육서비스인데, 이와 같은 서비스에 대부분의 복지국가에서는 GNP의 10% 이상을 지출하고 있다. 현물급여의 형태로는 음식, 주택, 에너지, 각종 직업훈련, 상담 등으로 종류가 다양하다. 특히 공공부조의 경우 쌀 또는 의복 등이 현물로 제공되는 경우가 많다.

현금급여와 비교했을 때 현물급여는 다음과 같은 장점이 있다.

첫째, 정책의 목표효율성(target efficiency)을 높일 수 있다. 현금으로 제공할 경우 발생할 수 있는 타 용도로의 전용을 방지하여 정책목표를 더욱 효율적으로 달성할 수 있다.

둘째, 현물급여는 현금급여에 비하여 정치적인 측면에서 선호되는데, 사용효과가 현금급여에 비하여 명확하게 나타나기 때문이다.

셋째, 현물급여의 생산·관리·소비로 인하여 규모의 경제효과가 나타나 프로그램에 대한 비용을 줄일 수 있다. 또한 현금급여 발생시 나타날 수 있는 시장에서의 지나친 경쟁으로 인한 낭비를 막을 수 있다.

결국 현금급여와 현물급여의 선택은 각각의 장·단점이 존재하므로, 일방적으로 어느 한 쪽을 선호할 수는 없다.

ⓒ 기회

기회(opportunity)는 무형의 급여로 어떤 개인이나 집단에 대해 이전에는 부정되었던 급여에 대해서 접근하게 만드는 것이다. 사회복지정책에 있어서 기회의 급여는 직접적인 사회적 급여의 형태이나 모호하고 추상적이다. 재화와 서비스와는 달리 기회의 급여는 시민권이나 혹은 특별한 기회를 제공하는 것을 포함한다.

기회의 급여는 일반적으로 직접적인 이전 및 교환가치는 없고 제공된 목적이나 용도로 사용하여 사회복지대상자에게는 중요한 급여가 된다. 뿐만 아니라 사회복지대상자에게 의존성을 없애고 자립을 배양한다는 점에서 기회의 급여는 매우 효과적이다.

ⓡ 서비스

서비스(service)란 클라이언트를 위한 거택보호, 상담, 사례관리, 직업훈련 등과 같은 제반 활동을 말한다. 서비스는 구체적인 형상을 지닌 것이 아니라 무형이어서 수혜자에게 즉각적인 시장가치를 부여하지 않는다. 서비스 급여는 기회의 급여와 마찬가지로 다른 재화와 교환할 수 없다. 서비스는 시간과 공간 그리고 서비스의 제공자에 따라서 서비스의 내용이 달라질 수 있으므로 서비스 제공자의 전문성이 매우 중요하다.

ⓜ 증서

증서(voucher)란 일정한 용도 내에서 수급자로 하여금 원하는 재화나 서비스를 자유롭게 선택할 수 있게 하는 방법이다. 증서는 현금에 비해 교환의 범위가 한정되어 있으나, 물품이나 서비스에 비해서는 보다 선택의 폭이 넓다. 증서는 일정한 범위 안에서만 구입할 수 있어 사회적 통제가 가능하고, 다양한 자원의 구입이 가능하여 부분적으로 소비자의 주권을 보장할 수 있는 장점이 있다. 증서는 속성상 현물급여와 현금급여 형태의 중간성격을 갖고 있기 때문에 각 형태의 장점을 살리면서 단점들을 줄일 수 있다. 그러나 증서는 시행과정에서 많은 오용과 남용의 문제가 발생하여 현물급여보다 목표효율성이 크게 낮아질 수 있다.

ⓑ 권력

권력(power)이란 사회복지정책의 수급자로 하여금 정책결정에 대한 권력을 주어 정책의 내용이 그들에게 유리하게 결정되도록 하는 것이다. 종종 국가정책의 결정과정에서 정책결정의 권한을 특정집단에게 이양하는 경우에 획득된다. 권력은 현금처럼 사용되지 않으나 물품, 서비스, 기회의 형태보다는 폭넓은 사회경제적 선택을 제공한다. 이런 의미에서 권력은 유동적인 교환가치를 지니고 있다.

② 사회복지급여수급권

사회복지급여수급권은 사회복지사업법상 사회복지서비스를 받을 권리를 의미하며, 이 권리는 헌법상의 기본적인 권리로서, 최저한도의 생활보장과 자립을 목적으로 하는 생활의 안정과 복지의 증진을 목적으로 하는 권리이다. 이와 같은 생존권적 기본권에 관한 법이론을 살펴보면 다음과 같다.

㉠ 프로그램 규정설

사회적 기본권을 권리로서 인정하지 않고 있으며, 사회적 기본권은 그 자체로서 구체적이고 현실적인 권리가 아니라, 입법에 의하여 구체화될 때 비로소 효력을 갖게 된다는 것이다. 따라서 사회적 기본권은 국가의 사회정책적 목표 또는 정치적 강령을 선언한 것에 불과하다는 이론이다.

㉡ 법적 권리설

사회적 기본권을 법적 권리로 인정하는 학설로서, 개인은 국가에 대해 권리를 갖는 것이며, 국가는 이에 대해 의무를 져야 한다는 논리를 갖고 있다.

법적권리설은 추상적 권리설과 구체적 권리설로 분류할 수 있다.

추상적 권리설은 사회적 기본권에 대해서 일단 법적 권리로 인정하되, 추상적인 정도로만 인정할 수 있다는 것으로, 국민은 구체적인 급여나 조치(서비스)를 제공할 것을 국가에 요청할 수는 없지만, 이에 관련된 법제의 마련 등을 국가에 대해서 요청할 수 있는 권리는 있다고 본다.

구체적 권리설은 사회적 기본권을 구체적으로 실현시킬 수 있고 또한 국가에 대해 요구할 수 있는 권리로 보며, 구체적인 입법이 별도로 존재하지 않는다 할지라도 헌법규정만을 가지고도 권리를 실현할 수 있다고 본다.

(3) 어떻게 급여가 제공되어져야 하는가?

사회복지정책에 있어서 급여대상이 정해지면 이러한 급여 또는 서비스를 어떠한 방법으로 대상자에게 적절히 제공할 것인가에 관한 전달체계(delivery system)

상의 문제가 발생한다. 여기서 전달체계란 사회복지정책이 제공하는 급여 혹은 서비스를 제공하는 조직적 체계를 의미한다. 사회복지 전달체계의 주체는 크게 두 영역으로 구분할 수 있는데, 하나는 정부 및 지방자치단체에서 제공하는 공공사회복지부문이고, 다른 하나는 민간기관에서 정부의 보조금 등을 받고 운영하는 민간사회복지부문이다.

공공사회복지는 정부 및 지방자치단체에서 행해지는 각종 사회복지정책을 말한다. 반면에 민간사회복지는 개인, 비영리사회단체, 기업과 같은 민간부문이 주체가 되어 운영하는 비정부 사회복지활동을 말한다.

① 사회복지전달체계의 형태

㉠ 정부(중앙정부)

오늘날 대부분의 국가들은 중앙정부에서 사회복지급여에 대한 수급자격, 급여수준, 재원, 전달체계에 관한 모든 사항들을 결정하고 있다. 중앙정부의 역할이 강조되는 이유는 사회복지급여 자체가 공공재적인 성격이 강함과 동시에 모든 국민들을 대상으로 하고 있어 정책의 효과성 및 효율성 차원에서 바람직하기 때문이다. 또한 다양한 사회복지적 욕구를 체계화하여 이를 충족시켜 주기 위한 사회정책적 프로그램을 통합·조정하거나, 이러한 정책들을 지속적이고 안정적으로 유지하는데 유리하기 때문이다.

㉡ 지방자치단체

제도적인 사회복지가 발전할수록 지방자치단체의 역할이 중앙정부와 비교했을 때 축소하는 경향이 있다. 그러나 지역사회 주민들의 욕구를 빠르게 충족시켜 주기 위해서는 지방자치단체의 전달체계가 중요시된다.

㉢ 중앙정부 + 지방자치단체

중앙정부가 재정의 일부를 부담하고, 서비스 및 프로그램의 개발 및 운영은 지방자치단체가 부담하는 형태이다.

㉣ 공공 + 민간부문

공공부문(중앙정부 및 지방자치단체)이 평가 및 조건을 통하여 재정을 지원하고, 사회복지서비스 실천에 관한 구체적인 사항은 민간부문이 담당하는 형태이다.

ⓜ 민간부문

민간부문에서 재정과 운영 모두를 책임지는 형태로서, 복지국가에서는 매우 드문 형태이다.

② 사회복지전달체계의 원칙

첫째, 전문성의 원칙으로, 사회복지서비스의 제공은 반드시 전문가가 담당해야 한다.

둘째, 적절성의 원칙으로, 사회복지서비스의 내용이 클라이언트의 욕구충족과 문제해결 및 서비스의 목표달성에 충분해야 한다.

셋째, 포괄성의 원칙으로, 사람들마다 욕구나 문제가 다양하기 때문에, 이들 욕구와 문제에 대처하기 위해서는 동시에 또는 순차적으로 서비스를 제공해야 한다.

넷째, 지속성의 원칙으로, 욕구충족과 문제해결을 위해서는 서비스가 계속되어져야 한다.

다섯째, 통합성의 원칙으로, 욕구나 문제가 복합적이고 상호 연관되어 있기 때문에, 제공되는 서비스도 유기적으로 연관되어 제공되어야 한다.

여섯째, 평등성의 원칙으로, 기본적으로 성별, 연령, 소득, 지역, 종교, 사회적 지위에 관계없이 모든 국민에게 일반적이고 보편적인 서비스가 제공되어야 한다.

일곱째, 책임성의 원칙으로, 사회복지조직은 국민의 사회권을 보장·실현해 주기 위한 조직이므로, 사회복지서비스의 전달에 책임을 져야 한다.

여덟째, 접근성의 원칙으로, 사회복지서비스를 필요로 하는 사람이면 누구나 서비스를 제공받을 수 있도록 서비스에 대한 접근이 용이해야 한다.

(4) 어떻게 재정이 충당될 것인가?

사회복지정책에 있어서 사회복지전달체계의 목표달성을 위해 필요한 재원을 어떻게 합리적이고 계획적으로 동원하여 배분하고 효율적으로 사용할 것인가는 매우 중요한 사안이다. 아무리 좋은 계획이 있다 할지라도 그 재원이 불충분하다면 해당 정책은 성공하기 어려울 것이다.

클라이언트의 욕구는 무한한데 비하여 사회복지서비스 조직이 지출할 수 있는 재원은 매우 한정적이기 때문에 다양한 재원의 발굴이 필요하다고 하겠다. 따라서 사회복지정책에 사용되는 재원은 중앙정부 및 지방자치단체가 지출하는 공공부문의 재원과 민간 사회복지서비스기관이 제출하는 민간부문의 재원으로 구분할 수 있다.

① 공공부문 재원

㉠ 일반예산(general revenue)

공공부문의 재원 중 가장 핵심적인 재원으로, 사회복지정책이 추구하는 가장 중요한 목표인 평등이나 소득재분배를 이루기 쉬운데, 이는 일반예산의 경우 세금을 징수하기 위한 조세징수체계가 누진적인 구조를 갖추고 있어 고소득자에게 조세부담률이 가중되기 때문이다. 또한 다른 재원들에 비하여 다양한 사회복지정책의 대상들에게 급여를 제공할 수 있으며, 국가의 공권력에 의하여 징수가 이루어짐으로 안정적인 재원을 바탕으로 지속적인 사회복지정책의 집행이 가능하다.

㉡ 사회보장성 조세(social security tax)

사회보장과 같은 특별한 목적을 위해서 징수하는 조세를 의미한다. 사회보장성 조세는 산업재해보상보험, 국민연금, 국민건강보험, 고용보험 등 사회보험을 위한 보험료를 사용자나 피고용자들로부터 강제로 부과하여 일종의 조세 기능을 한다. 사회보장성 조세는 일정한 소득 이상의 계층에게만 적용되며, 역진성이 강하다는 결점이 있다.

㉢ 조세비용(tax expenditure)

조세비용은 직접적으로 사회복지급여를 하지 않는 대신 조세를 감면시켜 사회복지의 목표를 이룰 수 있도록 하는 방법이다. 예를 들면 인적공제를 통하여 세금을 감면시켜 주는 것이다. 이것을 조세비용이라고 부르는 이유는 정부가 조세비용만큼 세수가 감소되기 때문에 그만큼 정부지출이 줄어들기 때문이다.

② 민간부문 재원

㉠ 사용자 부담(user fee)

사용자 부담이란 일정한 금액을 본인이 부담하면서 어떤 사회복지서비스를 수급하는 것을 말한다. 사용자 부담은 서비스의 남용을 방지하여, 정부의 부담을 막기 위해서 필요하나, 저소득층에게 부담 액수가 크지 않더라도 부담이 되므로 필요한 서비스에 대한 이용이 억제되어 역진적인 결과를 가져올 수 있다.

㉡ 자발적 기여(voluntary contribution)

자발적 기여는 국가에 의한 사회복지정책이 발전하기 이전에 중요한 역할을 하였으나, 제도적 사회복지가 발전하면서 그 중요성이 점차 감소하였다. 자발적 기여의 형태로는 개인, 재단, 기업, 유산으로 이루어지는데, 가장 큰 문제점은 재원이 불안정하다는 점이다. 즉, 개인, 재단, 기업이 처한 상황의 변화에 따라 기여의 규모가 변화할 수 있다.

㉢ 기업복지

기업의 사용자들이 피고용자들의 복지향상을 위하여 지출하는 것으로 의료 및 건강증진비용 지원, 학비 및 주택구입비용 보조, 각종 자기발전 및 연수기회 제공, 탁아 프로그램 운영 등을 말한다. 이와 같은 기업복지는 사용자의 입장에서는 피고용자들에게 직접적인 급여 대신 기업복지 형태의 급여를 제공함으로써 세제상 유리하고, 양질의 근로자들을 고용·유지함으로써 생산성 향상에 바람직한 결과를 가져올 수 있으나 수혜의 대부분을 고소득층인 임원급이 차지한다는 점에서 소득재분배에 역진적이다.

㉣ 비공식부문

비공식부문의 재원은 국가 사회복지가 발달한 현대 사회에 있어서도 사회의 사회적·문화적 관습과 규범에 의하여 계속해서 중요한 역할을 수행하고 있다. 비공식부문의 재원은 국가복지에 비하여 수급자나 기여자가 자유로운 선택의 폭을 넓힐 수 있고, 절차상의 비용을 줄이는 등 여러 가지 문제점들을 피할 수 있다는 장점을 갖고 있다. 그러나 사람들의 복지욕구가 비공식부문만으로는 충족할 수 없다는 점이다. 가족간의 사적소득이전 등 비공식부문의 재원에 의존하게 되면 소득계층간에 많은 불평등이 발생하게 된다.

3) 성과분석

성과분석은 정책 선택이 가져오는 결과를 기술하고 평가하는 것이다. 따라서 성과는 질적 및 양적 데이터의 객관적이고 체계적인 수집과 다양한 방법론적 도구들의 적용을 통하여 측정될 수 있다.

성과분석은 향후 정책적 대안의 제시와 제도의 개선을 위한 과학적으로 검증된 유용한 자료를 제시하므로 사회복지정책의 유용성과 책임성을 강조하게 된다. 예를 들어 국민기초생활보장제도의 경우 대상자 선정의 합리적 기준의 여부, 급여 내용의 현금과 현물간 차이점, 재원조달의 규모와 적정성, 공공 및 민간 전달체계의 효과성 및 효용성을 검토하여 정책의 효과성 및 효율성을 측정하게 된다.

제 2 부

공공부조와 사회보험

제 6 장

공공부조제도

1. 빈곤의 개념과 정의

1) 빈곤의 개념

빈곤은 인간사회에서 가장 오래되고 심각한 사회문제의 하나이다. 대다수의 사람들에게 빈곤은 단순히 수입이 없다는 사실만을 의미하는 것이 아니라, 빈곤은 거절당하고 좌절당한 정신상태, 자신들의 상황을 개선시킬 수 있는 능력의 지속적인 결여, 사회 내에서의 열등한 혹은 의존적인 지위와 관련되는 것으로서, 개인 또는 가족의 차원 그리고 사회구조의 차원 모두에 많은 영향을 미치고 있다.[1)]

빈곤이란 무엇인가? 빈곤의 사전적 의미는 "기본 욕구를 충족시킬 수 없는 생활수단이 부족한 상태", 즉 "자원의 결핍으로 인해 기본적인 물질적인 욕구를 충족시킬 수 없는 상태"이다. 빈곤을 이와 같이 정의하면, 저개발 국가의 빈곤은 놀랄 만한 일이 아니지만, 전반적인 생산력의 수준이 모든 국민을 충분히 먹여 살리고도 남음이 있는 선진국에서도 빈곤이 존재한다는 사실은 놀랄만한 사실이다. 이는 빈곤의 문제가 분배의 불평등과 밀접한 관련을 맺고 있다는 사실을 시사해 준다.[2)] 일반적으로 빈곤의 개념은 시대에 따라, 사회에 따라, 그리고 사람에 따라

1) 이병렬, 『스웨덴 · 영국 · 미국의 빈곤정책』, 양지, 2002. p. 13.

다르게 사용되고 있다. 1970년대 경제개발 이전의 빈곤과 1997년 말 IMF로부터 구제금융을 받던 시절의 빈곤은 분명 차이가 있다. 또한 한국사회에서 통용되고 있는 빈곤의 개념과 복지국가에서 사용되고 있는 빈곤의 개념에는 상당한 차이가 있음을 알 수 있다.

〈그림 6-1〉 빈곤 인구

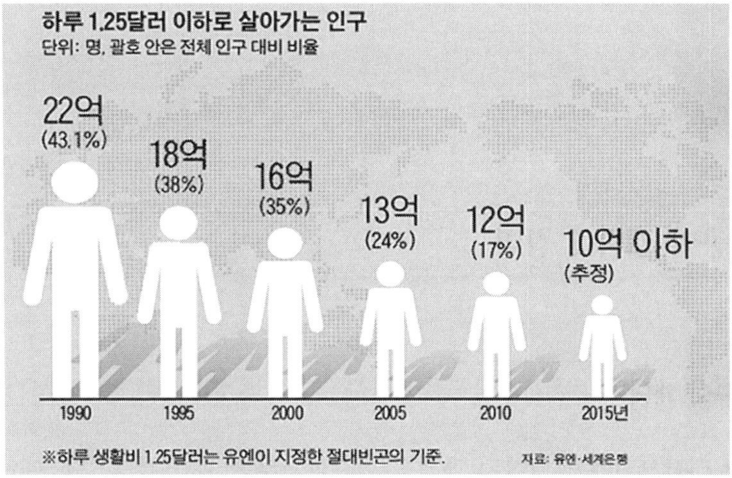

빈곤을 정의하면 일반적으로 욕구(needs)가 충분히 만족되지 않은 상태라고 하는데, 통상적으로 빈곤의 개념은 물질적 욕구만을 고려하는 경향이 있는데, 이것은 사람에 따라 이 두 가지 욕구 가운데 선호도가 다를 경우 문제가 된다. 따라서 정신적 욕구를 중시하는 사람은 그가 물질적 욕구를 충족할 수 있는 경제적 능력이 있어도 정신적 욕구가 만족되지 않으면 "빈곤"하게 된다.[3)] 자본주의 사회에서는 교육, 문화, 의료 등도 상품이므로, 이를 구매하기 위해서는 일정한 경제적 능력이 있어야 하는데, 경제적인 이유로 이러한 것이 충족되지 않을 때 인간은 빈곤을 느끼게 된다.

빈곤이 인간에게 미치는 가장 커다란 문제점으로 개인 또는 가족에 대한 빈곤

2) 이유진 외, "빈곤과 불평등의 동향 및 요인분해," 한국보건사회연구원 연구보고서, 2005, p. 60.
3) 이두호 외, 『빈곤론』, 나남, 1992, pp. 42-43.

의 직접적인 영향은 우선 생존에 대한 위협을 들 수 있다. 빈곤층의 열악한 식생활 환경, 주거환경, 의료환경 등은 빈곤층에 속한 개인, 가족의 생명에 지속적으로 위협을 가하는 요인이 되며, 이들은 한계상황에 처해 있기 때문에 작은 자연적·사회적 위험도 쉽게 이들의 생존을 위협할 수 있다.

빈곤의 개념을 다음과 같은 세 가지 형태로 구분할 수 있는데, 첫째, 빈곤은 객관적으로 결정한 절대적 최저한도보다 적게 가지는 것, 둘째, 빈곤은 주어진 사회의 다른 사람들보다 적게 가지는 것, 셋째, 빈곤은 자신이 충분히 갖고 있지 않다고 느끼는 것이다.[4]

〈표 6-1〉 빈곤의 대안적 정의

• Adam Smith(1776) 내가 이해하기에 필수품은 생활의 유지를 위해 불가피하게 필요한 재화뿐만 아니라, 관습상 최하위층의 사람일지라도 그것 없이는 신망있는 사람으로서의 체면을 유지할 수 없는 그러한 재화이다. 예컨대, 린넨셔츠는 엄격히 말해서 생활필수품은 아니다. 그러나 현재 신망있는 일용노동자라면 린넨셔츠 없이 공공장소에 나타나기에 남부끄러울 것이며, 린넨셔츠가 없는 것은 수치스러운 빈곤 상태를 나타내는 것이다.
• K. Marx(1867) 필수품의 수와 정도는 역사발전의 산물이므로 그것은 한 국가의 문명화의 정도에 크게 의존할 수밖에 없다.
• Seebohm Rowntree(1899) 어떤 가족의 총소득이 단순히 물리적 효율성을 위한 최소한의 필수품을 획득하기에 충분치 않다면 빈곤한 것으로 간주한다.
• William Beveridge(1942) 소득 중단 시기 동안 노동연령의 사람이 생존을 위해 필요한 최소소득을 고려할 때, 지출의 비효율성으로 인해 약간의 여분이 허용되어야 하기는 하지만 식품, 의류, 연료, 조명과 가구집기, 집세만을 고려하는 것으로 충분하다.
• Ronad Henderson(1975) 빈곤이 최소한의 받아들일 수 있는 생활수준의 준거로 정의되는 한에 있어, 이는 상대적 개념이다. 경제의 생산성과 공동체의 태도를 반영하는 가치판단이 요구된다. 호주 사회에서의 다양한 생활양식과 가치, 그리고 식품, 주거, 의류, 건강, 교육 등이 고려되어야

4) 상게서, p. 44.

한다고 볼 때 최소 생활수준을 결정하는 작업은 어렵다.

• Peter Townsend(1979)
인구에서 개인, 가족 그리고 집단은 그들이 속한 사회에서 적절한 영양을 섭취하고, 활동에 참여하며, 관습적인 혹은 최소한의 널리 장려되거나 인정되는 생활조건과 설비를 갖추기 위한 자원이 결여될 때 빈곤상태에 있다고 말할 수 있다.

• Joanna Mack & Stewart Lansley(1985)
빈곤은 사회적으로 인식되는 필수품의 강제된 결핍이다.

• Amartya Sen(1992)
빈곤은 최소한으로 받아들일 수 있는 특정 수준에 도달하기 위한 기본적 능력(capability)의 결여(failure)이다. 이와 관련된 기능성(functioning)은 잘 영양섭취를 하고, 적절하게 입고 주거하며, 예방가능한 질환을 피하는 것 등과 같은 기본적인 신체적인 것에서부터, 공동체 생활에 참여하고, 수치스럽지 않게 공적인 자리에 나설 수 있는 등과 같은 더욱 복잡한 사회적 성취에 이르기까지 다양할 수 있다.

• World Bank(Liu, 1998)
빈곤은 정치적으로 받아들일 수 있는 생활수준을 달성할 수 있는 능력이 없는 상태이다.

자료 : 이유진 외, "빈곤과 불평등의 동향 및 요인분해," 한국보건사회연구원 연구보고서, 2005, pp. 61-62.

2) 빈곤의 원인

빈곤문제를 해결하기 위한 공공부조제도의 대상이 되는 인구집단은 노동력의 보유여부에 따라 크게 두 가지로 유형화할 수 있다. 하나는 다양한 원인 즉, 노령, 폐질, 질병 등 육체적 장애로 인해 노동력을 상실한 빈민이며, 다른 하나는 노동력을 보유하여 일을 할 수 있는(the workable poor) 또는 노동을 함에도 빈곤한 빈민(the working poor)으로 구분할 수 있다. 빈곤의 문제가 전자의 경우 사회복지정책(공공부조제도)을 통하여 해결할 수 있지만, 후자의 경우에는 정책적 선택 및 해결이 단순하지 않다.

빈곤의 원인은 개인적 자질이나 능력이 개발되지 못하여 노동시장에 참여하지 못하거나, 참여한다 할지라도 저임금을 받고 있기에 빈곤하다는 '개인적 원인론'과 노동시장에 참여한다 할지라도 완전경쟁의 노동시장이 아님으로 해서 발생하는 차별로 정상적인 참여가 배제되는 '노동시장분절론', 자본주의 생산방식에 내재된 모순으로 빈곤이 확대될 수밖에 없다는 '구조적 원인론'으로 나눌 수 있다.

우리나라의 빈곤발생 원인은 개별가구의 특성 이외에도 그 이면에는 지나온 과거의 경제적·사회적 역사성이나 그것의 축적된 결과인 현재의 구조적 특성 혹은 문제를 내포하고 있다. 물론 현재의 빈곤발생 원인은 우리나라의 특수한 역사적·사회적 사건에서부터 그 연원을 찾아볼 수 있다. 해방 이후 부패한 정치적 구조 아래 형성된 불평등한 사회체계, 경제개발이 이루어지면서 파생된 기형적인 분배구조, 전쟁과 사회변혁 속에서 소외지대로 밀려난 계층들의 경제적 기반 상실 등이 현재의 우리 빈곤의 수준 또는 갈등에 영향을 미치고 있음이 사실이다.

그러나 빈곤의 원인 분석에서 발견되는 주요 현상 중의 하나는 빈곤 자체가 빈곤의 주요 원인으로 작용한다는 것이다. 저소득층은 경제적 빈곤으로 인하여 수입 증대를 위한 투자를 하지 못하거나 불충분한 내용에 그치게 된다. 더 나아가 빈곤한 부모는 그 자손에 대한 재투자의 부족으로 빈곤을 세습화시키는 경향조차 보인다. 이러한 모순은 빈곤의 악순환으로 되풀이되고 있다.

빈곤이 사회적 문제에 의한 것이나 직접적인 빈곤의 원인은 개인의 저소득의 원인이 되기도 하는 실업, 질병, 무지, 태만 등에서 기인하는 것이므로 빈곤문제를 해결하기 위해서는 이와 같은 개별적인 요인과 이들에게 영향을 주는 사회구조적 요인에서 찾을 수 있다.

빈곤의 원인을 사회구조적(거시적) 요인과 개별적(미시적) 요인으로 구분하여 분석하면 다음과 같다.

낮은 소득 및 생활수준이라는 경제적 빈곤문제를 산출한 사회구조적 문제로는 첫째, 우리나라의 높은 빈곤수준은 경제발전과정에서 발생하였으므로 빈곤요인을 경제성장에서 찾을 수 있다. 우리나라는 1970년대 이래 급속한 경제발전과정에서 소득분배가 악화되었다. 경제성장 과정 속에서 성장이 우선시되었던 부문에 참여했던 계층과 그렇지 못한 계층 사이의 분배과정에서 큰 차이를 나타내게 되면서 빈곤에 빠지게 되었다. 둘째, 경제성장과는 무관하게 정치·경제·사회적 조건이 부의 축적과 불로소득의 획득에서 빈부간의 격차를 존속·확대시키는 환경을 구축하게 되었다. 이러한 환경은 소득계층간, 권력계층간, 지역간에 불평등하게 분포되어 있어 소득분배 및 빈곤문제를 개선하기보다 악화시키고 있다. 셋째, 경제정책과 사회정책 사이의 불균형이 시정되지 않음으로써 소득계층간 갈등을 해소하는 데 사회정책이 일조하지 못하고 있다. 사회제도라는 인프라를 확충하여 빈부간의 격차를 해소해야 함에도 불구하고 이와 같은 노력이 미흡한 형편이다.

빈곤화의 개별적 요인으로 직업, 학력, 연령, 질병, 성별, 가구원 수, 지역 등을 들 수 있는데, 이 가운데 가장 높은 빈도를 보이고 있는 요인은 학력, 직업, 질병 등이다. 저학력과 빈곤은 밀접하게 관련되어 있으며, 빈곤해질수록 만성질환도 비례적으로 증가하고 있다. 또한 여성가구주 또는 장애는 빈곤과 높은 상관관계를 보이고 있다. 직업도 빈곤의 주요 요인으로서 실업이나 무직, 단순노동, 영세자영업 등도 빈곤율을 높이고 있다. 저소득층의 전반적인 학력수준 저하나 만성질환 빈도의 증가는 사회정책과 밀접한 관련이 있어 이에 대한 접근은 경제사회구조적 틀에서 분석되고 논의되어야 한다.[5)]

2. 빈곤의 유형

빈곤을 이해하는 데 있어서 가장 많이 언급되는 것이 절대빈곤(absolute poverty)과 상대빈곤(relative poverty)의 개념이다. 절대빈곤은 전통적인 개념으로서의 빈곤은 최저생활을 유지할 수 없는 수준, 즉 의 · 식 · 주를 가지지 못한 수준을 말한다.

1) 절대빈곤(absolute poverty)

개인 및 가족이 생존에 필요한 의 · 식 · 주 및 기타 생활상 필요한 자원이 결핍되어 육체적인 능률을 유지할 수 없는 상태를 절대적 빈곤이라고 말한다. 절대적 빈곤은 그 수준을 확인할 수 있는 과학적인 기준을 설정해야 하는데 그것이 바로

5) 박순일, 『한국의 빈곤현실과 사회보장』, 일신사, 1995, pp. 129-133.

빈곤선(poverty line)이다.

절대빈곤의 개념은 빈곤에 대해 세계 최초로 과학적인 사회조사를 한 C. Booth(1989년)로부터 시작되었다. Booth는 가난한 사람을 빈민(poor)과 극빈층(pauper)으로 구분했는데, 빈민이란 규칙적인 수입은 있지만 그 수준이 겨우 먹고 살 만한 정도에 그치는 경우이다.

Booth의 뒤를 이어 빈곤조사를 실시한 Seebhom Rowntree(1901년)는 Booth의 빈곤선 개념을 발전시켜 빈곤을 1차 빈곤(primary poverty)과 2차 빈곤(secondary poverty)으로 구분하였다. 1차 빈곤이란 가족의 소득이 기초생필품(음식, 연료, 주거, 피복)을 구입할 능력이 안되는 수준을 의미하며, 2차 빈곤은 기초생필품을 구입할 능력은 있지만, 소득의 일부를 다른 용도(도박, 음주, 주거 이전, 교통비, 경조비 등)로 불가피하게 사용하는 것을 말한다.

제1차 빈곤의 원인은 주된 소득자의 사망, 질병, 노령에 의한 노동불능, 실업, 만성적인 불규칙 노동, 많은 가족 수, 저임금이 원인이 되고, 제2차 빈곤은 음주, 도박, 가계상의 무지나 부주의, 계획성 없는 지출이 원인으로 작용하고 있다.

2) 상대빈곤(relative poverty)

상대빈곤이란 한 사회의 평균적인 생활수준에 비교하여 빈곤을 규정하는 것이다. 이를 위해서는 사회의 평균적인 생활수준을 정확히 파악하는 일이다. Townsend는 상대빈곤을 "일상식품을 획득하고 사회활동에 참여하며, 그들이 속한 사회에서는 관례적인 생활조건과 편의시설을 갖기에 필요한 자원을 결여하고 있는 사람"이라고 정의했다.

상대빈곤은 객관적인 지표를 이용하여 빈곤을 규정하고 있는데, Townsend는 12가지 박탈조건을 제시하고 있다. ① 지난 1년 동안 일주일간의 휴가가 있었는지, ② 지난 4주 동안 친구를 집에 초대한 적이 있었는지(성인), ③ 지난 4주 동안 친구를 외식에 초대한 적이 있었는지(성인), ④ 지난 4주 동안 같이 놀이를 한 친구가 있었는지(15세 미만 아동), ⑤ 생일파티를 했는지(아동), ⑥ 지난 2주 동안 예술을 관람한 적이 있었는지, ⑦ 일주일에 4일간 신선한 고기를 섭취했었는지, ⑧ 지난 2주 동안 하루 이상 요리된 음식을 섭취했었는지, ⑨ 일주일 동안 요리된 아침식사를 했는지, ⑩ 냉장고가 있는지, ⑪ 가족과의 일요 모임을 가졌는지, ⑫ 가정 내 표준시설(주방, 온수, 수세식 화장실, 욕실, 가스 또는 전기 조리기 등)이 설치되어 있는지의 유무가 그것이다.

그런데 그가 제시한 박탈 지표들이 얼마만큼 빈곤을 과학적으로 측정할 수 있는지 그리고 박탈의 시점(빈민이 되는 시점)이 언제인지를 검증하는 문제는 여전히 숙제로 남아 있다.[6)]

3) 주관적 빈곤

객관적 기준 없이 주관적 판단에 의해 정의되는 빈곤으로, 사회조사에 의한 방법과 라이덴(Leyden) 방식이 있다.

사회조사에 의한 방법은 한 가족이나 세대가 지역사회에서 살아가는 데 필요한 최소한의 비용이 얼마인가에 관해 사람들에게 설문조사를 실시하여 응답한 금액을 평균하여 빈곤선을 정하게 되고, 빈곤선 이하일 경우 빈민이 된다.

라이덴 방식은 살아가는데 필요한 최소소득이 얼마인가를 묻고 이를 바탕으로 응답한 최소소득과 응답자의 실제소득을 비교하여 최소소득과 실제소득이 일치하는 점을 빈곤선으로 결정한다. 빈곤한 사람들은 최소소득이 높아야 한다고 생각하고, 소득이 높은 사람들은 실제소득보다 살아가는데 필요한 최소소득을 더 낮게 생각한다. 여기에서 최소소득과 실제소득의 높낮이가 바뀌는 교차점이 빈곤선이 된다.

3. 빈곤정책

자본주의 경제체제 아래에서 살아가는 방법 중 가장 일반적인 것은 자신의 노동력을 판매한 대가인 임금소득으로 생계를 유지하는 것이다. 만일 생계를 유지할 만한 소득이 없다면 빈곤[7)]할 수밖에 없으므로, 빈곤정책은 결과적으로 빈곤계층

6) 원석조, 『사회복지정책론』, 공동체, 2006, p. 300.

7) 빈곤을 가장 단순하게 정의하면 '금전적인 부족상태'이며, 최근 EU에서는 금전적인 결핍여부

의 소득을 유지시켜 주는 대책이다. 이를 위해서 제도화된 것이 공공부조인데, 가난한 개인이나 가족에게 급여가 제공되기 위해서는 정부가 정한 소득 및 재산의 기준을 충족시켜야 하며 이를 위해서는 자산조사를 받아야 한다. 그러나 차별적인 자산조사와 자격조사는 가난한 사람들에게 낙인감(stigma)을 준다는 치명적인 단점이 있다.

노동능력이 있는 집단이 빈곤하게 되는 이유는 노동시장에서의 소득이 너무 낮거나 노동시장으로의 취업기회가 부분적 혹은 완전히 차단되기 때문이다. 빈곤한 계층에 대한 사회복지정책은 크게 세 가지로 나뉠 수 있다.

현재의 빈곤을 구제하기 위해 직접적으로 생계를 지원하는 소득보장정책, 빈곤의 세습을 방지하고 개인의 잠재능력을 개발시켜 주기 위한 교육정책, 노동시장의 규모를 늘려 고용을 창출하는 적극적 노동시장정책이다.

1) 소득보장정책

빈곤을 해결하는 가장 효과적인 방법은 국가가 일정한 소득을 보장하는 것이다. 소득을 보장하는 방법에는 빈곤을 예방하는 측면과 현재의 빈곤층에 대한 지원 측면으로 분류할 수 있다. 전자의 경우 대표적인 제도로 사회보험을 들 수 있는데, 전국민을 대상으로 질병, 사망, 노령, 실업, 장애 등으로 인하여 활동능력의 상실과 소득의 감소가 발생하는 것에 대비하여 소득이 있을 때 그 소득의 일부를 강제로 갹출하여 보험방식에 의하여 사회적 위험을 보장하는 제도이다. 후자의 경우 계측된 최저생계비 이하의 계층에 대하여 조세 또는 목적세 등으로 부족한 소득을 보충하거나 전액을 지원하는 공공부조제도를 들 수 있다.

일반적으로 공공부조제도는 엄격한 소득과 자산조사를 바탕으로 하기 때문에 주어진 예산 내에서 기본급여액 수준과 급여감소율의 적정한 수준을 찾는 것이 어느 정도는 가능하며, 또한 근로동기를 강화시키는 여러 장치들(예; workfare 프로그램)을 마련할 수 있다.

만으로 빈곤을 판정하는 것을 넘어서 주거, 환경, 교육, 문화 등 다양한 영역에서의 결핍 및 이의 동태적인 변화를 포착하기 위한 사회적 배제(social exclusion)라는 개념이 중요하게 부각되고 있다(EC Commission, 2000).

2) 교육정책

빈곤의 발생이 개인의 능력개발에 투자하지 않음으로써 발생하는 것으로 본다. 개인적으로 능력을 개발하기 위해서는 비용을 지불해야 하는데, 빈곤층의 경우 그렇지 못한 환경에 놓여있기 때문에 국가가 이를 해결하기 위해 정책적으로 개입하여 빈곤층의 인적자질을 향상시켜 줌으로써 노동시장으로의 진입기회를 균등하게 제공하는 것이다.

교육정책은 빈곤층의 아동들을 빈곤문화(poverty culture)로부터 차단하고 이들에 대한 교육을 지원하는 것이다. 따라서 교육정책은 현재의 빈곤을 제거하려는 것이 아니라 빈곤층 아동이 미래에 빈곤해지는 것을 예방하는 정책이다.

3) 노동시장정책

적극적 노동시장정책은 빈곤층이 노동시장에 참여하는데 장애가 되는 요소들을 제거하여 취업의 기회를 확대시키려는 국가의 정책이다. 정책의 주요 대상은 학교졸업 후 실업으로 빈곤상태에 있거나, 노동환경의 변화로 실직되었거나 실직할 가능성이 있는 사람들이다. 이 정책은 취업을 통하여 소득을 발생시킴으로써 빈곤을 상당히 완화하는 구빈적 성격뿐만 아니라 빈곤을 예방하는 성격을 동시에 가지고 있다.

4. 공공부조제도 개관

공공부조제도는 자본주의 형성 이래로 가장 오랜 사회복지제도이면서 자본주의의 근본가치인 '자조'의 원리와 가장 배치되는 제도 중 하나로서 오랜 논쟁의 대상이 되어 왔다. 사회 · 경제사적으로 볼 때 공공부조제도는 두 가지 큰 변화와 밀접한 관련을 맺고 있다. 하나는 전산업에서 복지기능을 담당했던 공동체의 붕괴이고, 또 다른 하나는 산업사회의 등장으로 공동체가 붕괴되거나 크게 약화됨에 따라 이를 대체할 새로운 기제가 요구되었고, 새로운 사회적 위험(social risk)이 크게 증가했다는 점이다. 빈민법(poor law)에 뿌리를 두고 있는 공공부조제도는 전산업사회의 공동체의 역할을 상당부분 대체하여 국가가 빈곤에 처한 개인에 대해 개입하여 구제를 행하는 제도라고 할 수 있다.[8)]

공공부조는 반드시 국가의 책임을 전제로 하며, 도움을 요청하는 국민들에게 원칙적으로 무갹출급부(noncontributory benefits)를 제공하는 정책이라 할 수 있다. 공공부조와 사회보험은 법정이전소득이라는 맥락에서 유사하지만, 공공부조는 빈곤을 완화(ameliorate)하는데 목적이 있고, 사회보험은 빈곤예방과 모든 계층의 경제적 비보장을 경감시키는데 목적이 있다. 미국에서는 공공부조(public assistance), 영국에서는 국민부조(national assistance), 독일과 프랑스에서는 사회부조(social assistance)로 불리고 있어 세계적으로 통일된 용어는 없다.

빈곤이 개인의 책임인가? 사회구조적 모순에 기인하는 것인가? 에 대한 인식은 공공부조의 토대와 기반을 구성하는 중요한 요소이다. 빈곤의 원인에 대한 가장 보수적인 입장에서의 답은 빈곤은 무능력, 나태 등에서 기인한다고 보는 것이다. 반면 가장 급진적인 입장에서의 답은 빈곤은 자본주의 경제체제 그 자체에서 기인한다고 본다. 이 양극단의 사이에는 빈곤원인에 대한 다양한 견해가 존재해 왔다.

우리나라의 대표적인 공공부조제도는 국민기초생활보장제도와 의료급여제도이다. 이 제도는 지난 1961년 제정된 생활보호제도를 전면적으로 대체한 것으로, 1997년 말 IMF 구제금융을 받으면서 불거진 대량 실업사태와 긴급한 구호를 필요로 하는 다양한 유형의 보호대상이 발생하게 되자 기존의 생활보호제도로서는 이를 충족시킬 수 없게 되어 새롭게 도입한 제도이다. 1977년 제정된 의료보호제도가 '국민기초생활 보장법'이 제정되면서 '의료급여법'으로 바뀌어 시행중에 있다. 사회보장의 형태로 발전된 빈곤문제 해결방식은 개인주의적 원리에 기초한 사회에서 집단적인 보호제도를 도입하는 과정이었기 때문에 사회마다 해결방식이 다양하게 나타나고 있다.

기존의 제도가 갖고 있던 사회적 안전망으로서의 한계가 노출되면서 근로능력에 관계없이 최저생계비 이하의 저소득층의 기본적인 생활을 국가가 보장해야 될

8) 여유진 외, 공공부조의 가치기반과 제도적 반영, 한국보건사회연구원, 2004, pp. 49-51.

필요성이 대두되었다.

정부는 국민기초생활보장제도 도입의 의의로, 근로능력에 관계없이 빈곤선 이하의 모든 저소득층에게 최저생계비 이상 수준의 생활을 국가가 보장하게 되었고, 근로능력자에 대해서는 빈곤에서 스스로 탈출하도록 체계적인 자활지원서비스를 제공하여 생산적 복지를 구현하는 것에 두고 있다.

1) 국민기초생활보장제도의 기본 원칙

(1) 최저생활보장의 원칙

생활이 어려운 자에게 생계·주거·의료·교육·자활 등 필요한 급여를 행하여 이들의 최저생활을 보장한다. 공공부조제도는 적절성의 개념이 소홀히 취급되는 측면이 강하다. 여기에서 의미하는 '최저생활'은 생존수준을 말하는 것이 아니라 건강하고 문화적인 생활을 유지하기에 충분한 정도를 의미한다.

(2) 보충급여의 원칙

국민기초생활보장법 제3조는 수급자에 대한 급여는 수급자가 자신의 생활유지 및 향상을 위하여 그 소득·재산·근로능력 등을 활용하여 최대한 노력해야 하는 '자립조장의 원리'와 이를 전제로 보충·발전시키는 보충성의 기본원칙을 규정하고 있다.

보충성의 원리는 열등처우(less eligibility)와 관계가 있는데, 이것은 수급자가 최저한도의 생활유지를 위해 노력한 후 그 부족함을 국가가 보충해 주는 조건으로 시행하는 원칙이다.

급여수준은 생계·주거·의료·교육 급여액과 수급자의 소득인정액을 포함한 총금액이 최저생계비 이상이 되도록 지원한다.

(3) 자립지원의 원칙

수급을 받고 있는 국민이 가지고 있는 가능성을 최대한 발휘하도록 함으로써, 스스로 사회생활에 적응해 나갈 수 있도록 역량을 구비하는 것이다. 그러므로 근로능력이 있는 수급자에게는 자활사업에 참여할 것을 조건으로 급여를 지급하고, 수급자 가구별로 자활지원계획을 수립하고 자활사업에 참여하도록 조건을 부여한다. 조건불이행자에게는 수급자 본인의 생계급여 일부 또는 전부를 지급하지 않는다.

(4) 개별성의 원칙

급여수준을 정함에 있어서 수급권자의 개별적 특수 상황을 최대한 반영하고, 이를 위해 수급권자 및 부양의무자의 소득 · 재산, 수급권자의 근로능력 · 취업상태 · 자활욕구 등 자활지원계획수립에 필요한 사항, 기타 수급권자의 건강상태 · 가구특성 등 생활실태에 관한 사항 등을 조사한다.

(5) 가족부양 우선의 원칙

급여신청자가 부양의무자에 의하여 부양될 수 있는 경우에는 기초생활보장급여에 우선하여 부양의무자에 의한 보호가 선행되어야 한다. 또한 수급자에게 부양능력을 가진 부양의무자가 있음이 확인된 경우에는 부양의무자로부터 보장비용을 징수할 수 있다.

(6) 타급여 우선의 원칙

급여신청자가 다른 법령에 의하여 보호를 받을 수 있는 경우에는 기초생활보장급여에 우선하여 다른 법령에 의한 보호가 먼저 이루어져야 한다(예: 장애인의 경우 장애인복지법상의 급여가 우선적으로 이루어지고, 다음으로 국민기초생활보장급여가 주어진다).

(7) 보편성의 원칙

국민기초생활보장법에 규정된 요건을 충족시키는 국민에 대하여는 성별 · 직업 · 연령 · 교육수준 · 소득원 기타의 이유로 수급권을 박탈하지 않는다.

〈그림 6-2〉 보장절차

급여신청	•거주지 읍·면·면동 주민센터에 수급권자 본인, 친족 및 기타 관계인이 신청하거나 사회복지 전담공무원이 직권신청(민간복지사 등도 저소득가구 보장의뢰 가능) •신청서식 : 사회복지서비스 및 급여 제공(변경) 신청서, 금융정보 등 제공동의서 •구비서류(필요시) : 제적등본, 임대차계약서, 소득·면재산 확인서류, 외국인등록사실증명서 등
조사	•보장기구 및 부양의무자 범위 확정 •소득 재산 신고 자료 및 행복e음(사회복지통합망)을 통해 공적자료 확인, 금융재산 조회 실시 •기타 수급권자의 생활 실태 조사, 공적자료에 의하지 않은 대상자는 지출실태표에 따른 소득확인 추가 조사 •근로능력판정절차에 따라 가구특성, 장애유무, 진단서 등을 통해 대상자의 근로능력 판정
급여결정	•조사결과에 의거하여 급여실시 여부와 급여내용 결정 •결정내용 통지(전자우편, SMS, 서면) •결정내용에 이의가 있는 경우 통지를 받은 날부터 60일 이내 이의신청 가능
급여실시	•수급자로 선정된 가구 또는 개인에 대하여 결정된 급여를 제공 •급여의 종류 : 생계급여, 주거급여, 교육급여, 해산급여, 장제급여, 의료급여 •생계 및 주거급여는 현금으로 지급, 기타급여는 필요한 가구에 현물로 지급
확인조사	•공적자료 변동사항은 행복e음(사회복지통합관리망)을 통해 주기적으로 조사 실시 •공적자료에 의하지 않은 대상자는 시군구 연간계획에 따라 확인조사 실시 •확인조사 결과에 따라 변동사항이 있는 경우 급여변경, 급여중지 등 결정
보장중지	•확인조사 결과 부양의무자 및 소득 재산상의 변동으로 인해 선정기준을 초과하는 경우 급여중지 •일부 부정수급자 등에 대하여는 보장비용징수 기준에 의거하여 보장비용 징수

자료 : 보건복지부

2) 급여대상

급여기준은 부양의무자가 없거나 부양의무자가 있어도 부양능력이 없거나 또는 부양을 받을 수 없는 자로서, 소득인정액[9]이 최저생계비 이하인 자이다. 이러한 조건의 수급권자에 해당하지 않아도 생활이 어려운 자로서 일정기간 동안 국민기초생활보장법이 정하는 급여의 전부 또는 일부가 필요하다고 보건복지부장관이 정하는 자는 수급권자가 될 수 있다. 수급자로 선정되기 위해서는 부양의무자 기준, 소득인정액 기준을 동시에 충족시켜야 한다. 여기서 말하는 소득이란 근로소득, 사업소득(농업소득, 어업소득, 기타 사업소득), 재산소득(임대소득, 이자소득), 기타 소득(부양비, 사적소득이전, 공적이전소득), 추정소득을 합산한 것이다.

2021년 12월 기준으로 국민기초생활보장 수급자는 2,359,672명으로 전 인구 대비 수급률은 약 4.6% 수준이며, 일반 수급자가 2,268,852명 96.2%, 시설 수급자는 90,820명 3.9%인 것으로 집계되고 있다.

(1) 최저생계비기준

최저생계비기준은 가구규모별로 산정된 소득인정액을 가구규모별 최저생계비와 비교하여 수급자를 선정하고 급여액을 결정한다.

〈표 6-2〉 2023년 기준중위소득

1인 가구	2인 가구	3인 가구	4인 가구
1,827,831	3,088,079	3,983,950	4,876,290
5인 가구	6인 가구	7인 가구	8인 가구
5,757,373	6,628,603	7,497,198	1인 증가시 868,595원씩 증가

(2) 부양의무자기준

보장기관인 국가 또는 지방자치단체는 국민기초생활보장법에 의한 급여를 세대

9) 소득인정액 = 개별가구의 소득평가액 + 재산의 소득환산액
소득평가액 = 가구특성에 따른 지출요인을 반영한 금품 - 근로활동을 통해 얻은 소득에 대한 공제액
재산의 소득환산액 = (재산의 종류별 가액 - 기초공제액 - 부채) × 재산의 종류별 소득 환산율

를 단위로 행하고, 특별히 필요하다고 인정하는 경우에는 개인을 단위로 하여 급여를 행할 수 있다.

국민기초생활보장제도에서의 부양의무자는 수급권자를 부양할 책임이 있는 자로서 수급권자의 직계혈족 및 그 배우자, 생계를 같이 하는 2촌 이내의 혈족을 말한다. 부양의무자 기준은 부양의무자가 없는 경우, 부양의무자가 있어도 부양할 능력이 없는 경우, 부양의무자가 부양능력이 미약한 경우로서 수급권자에 대한 부양비 지원을 전제로 부양능력이 없는 것으로 인정하는 경우, 부양능력 있는 부양의무자가 있어도 부양을 받을 수 없는 경우를 충족해야 수급자 선정이 가능하다.

〈표 6-3〉 부양의무자 기준의 적용

부양의무자(유)	부양능력(유)	부양이행	부양의무자 기준 ×
		부양불능 · 기피 등	부양의무자 기준 ○
	부양능력 미약	수급권자에 대한 부양비지원을 전제로 선정	부양의무자 기준 △
	부양능력(무)		부양의무자 기준 ○
부양의무자(무)			부양의무자 기준 ○

부양의무자가 없는 경우는 수급권자의 배우자, 직계혈족(부모, 아들 · 딸, 손자) 및 그 배우자(며느리, 사위), 생계를 같이 하는 형제자매가 없는 경우이다. 부양의무자가 있어도 부양능력이 없는 경우는 '부양의무자 재산기준 및 소득기준'을 충족하는 가구 중 실제소득이 최저생계비의 120% 미만이면 완전히 부양능력이 없는 것으로 간주하고 120% 이상인 가구는 부양비[10] 산정공식에 따라 부양능력 여부를 결정한다.

10) 부양비 = (부양의무자의 실제소득 - 부양의무자 가구의 최저생계비의 120%) × 부양비 부과율

〈그림 6-3〉 부양능력 유무의 판정

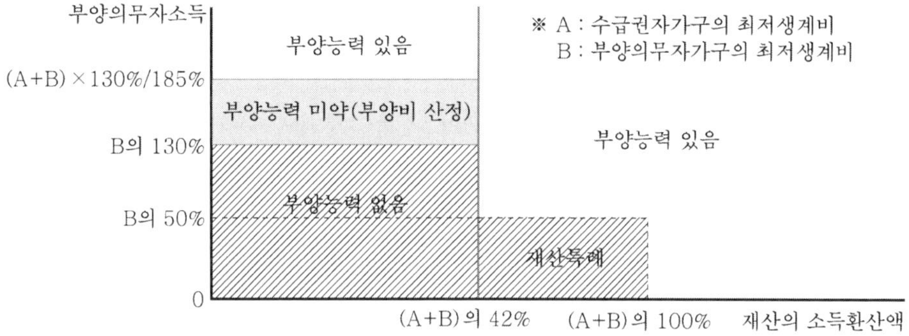

※ 단, 재산특례는 부양의무자 가구에 근로능력이 있는 가구원이 없거나 또는 재산이 주택에 한정되어 있는 경우에만 적용(부양의무자 재산기준 특례)

3) 급여내용

급여는 건강하고 문화적인 최저생활을 유지할 수 있어야 한다. 급여에는 생계급여, 주거급여, 교육급여, 자활급여, 해산급여, 장제급여가 있으며, 수급자의 상황에 따라 '의료급여법'에 의한 의료급여1종 · 2종이 주어진다. 수급자로 결정되기 전이라도 생활이 어려워 긴급한 보호가 필요한 경우 우선 '긴급급여'가 최장 2개월간 제공된다. 그리고 근로능력이 있는 수급자는 적극적인 구직활동을 하거나, 사회복지전담공무원이 안내하는 자활사업에 참여해야 하며, 이를 게을리하거나 거부하면 생계비 전부나 일부를 받지 못하게 된다.

'국민기초생활 보장법'은 수급자에 대한 급여수준을 "가구소득과 생계급여, 주거급여, 의료급여, 교육급여 등 각종 급여를 합하여 최저생계비 이상이 되도록" 규정하고 있는데, 최저생계비는 모든 사람의 의식주에 기본적으로 필요한 생계비 및 주거비와 같은 현금급여와 지원대상자가 한정되어 있는 교육비 및 의료비와 같은 현물급여를 포함한다.

(1) 생계급여

의료급여특례자, 교육급여특례자, 자활급여특례자, 에이즈쉼터(대한에이즈예방협회 등 운영시설 포함) 거주자, 노숙자 쉼터 또는 한국갱생보호공단시설 거주자 등 국가 또는 지방자치단체로부터 생계를 보장받는 자 등을 제외한 모든 수급자를 급여대상자로 한다.

급여의 내용으로는 수급자에게 의복・음식물 및 연료비, 기타 일상생활에 기본적으로 필요한 금품을 지급한다.

생계급여액은 현금급여기준에서 가구의 소득인정액과 주거급여액을 차감하여 산정한다.

가구별 생계급여액 = 현금급여기준액 - 가구의 소득인정액 - 주거급여액

급여는 금전지급을 원칙으로 하나, 세대주의 알코올중독 등으로 자녀를 포함한 가구구성원의 기본적인 생계유지를 위하여 필요하다고 인정되는 경우에는 식품권, 식당이용권 등 물품으로 지급할 수 있다.

급여지급의 단위는 가구를 단위로 하여 산정 지급한다.

조건부수급자에 대한 생계급여는 조건부수급자[11]로 결정된 자에게 자활지원계획에 따라 자활에 필요한 사업에 참가할 것을 조건으로 생계급여를 실시한다. 또한 조건부수급자가 자활사업에 참가한 달의 다음 달부터 매 3월마다 조건이행여부를 정기적으로 확인하여 생계급여 지급여부를 결정한다. 근로능력이 있는 수급자가 자활사업 참여의 조건을 이행하지 않는 경우 조건을 이행할 때까지 본인의 생계급여의 일부 또는 전부를 중지할 수 있다. 생계급여의 지급중지가 결정된 조건부수급자가 당초 제시된 조건을 이행하는 경우는, 그 조건의 이행을 재개한 달의 다음 달부터 생계급여 지급을 재개할 수 있다.

11) 조건부수급자 : 근로능력이 있는 수급자 중 자활사업 참여를 조건으로 (생계)급여를 지급받는 자.

〈표 6-4〉 2022년도 가구규모별 · 급여종류별 수급자 선정기준

(단위 : 원/월)

구분	1인가구	2인가구	3인가구	4인가구	5인가구	6인가구	7인가구
생계급여 (중위소득30%)	583,444	978,026	1,258,410	1,536,324	1,807,355	2,072,101	2,334,178
의료급여 (중위소득40%)	777,925	1,304,034	1,677,880	2,048,432	2,409,806	2,762,802	3,112,237
주거급여 (중위소득46%)	894,614	1,499,639	1,929,562	2,355,697	2,771,277	3,177,222	3,579,072
교육급여 (중위소득50%)	972,406	1,630,043	2,097,351	2,560,540	3,012,258	3,453,502	3,890,296

※ 8인 이상 가구는 7인가구 중위소득에서 6인가구 기준 중위소득의 차액을 7인가구 기준 중위소득에 더하여 산정

(2) 긴급 생계급여

급여실시여부 결정전에 긴급히 생계급여를 하여야 할 필요가 있는 경우 시·군·구청장의 직권에 의해 생계급여를 실시할 수 있다.

긴급급여 대상자는 주소득원의 사망, 질병, 부상, 사고, 사업부도·파산 등으로 갑자기 생계유지가 어려운 경우, 부 또는 모의 가출, 행방불명 등으로 갑자기 생계유지가 어려운 경우, 천재지변이나 화재 등으로 재산·소득상의 손실이 발생하여 갑자기 생계유지가 어려운 경우, 거주지 외의 지역에서 거주하고 있으나 소득이 없어 생계유지가 어려운 경우, 기타 이 긴급생계급여가 필요하다고 인정하는 경우 등이다.

급여의 실시는 거주지를 관할하고 있는 시장·군수·구청장이 실시하고, 급여실시여부 결정전에 시·군·구청장이 긴급생계급여가 필요하다고 인정할 경우에는 직권에 의해 신속히 급여를 실시할 수 있다.

〈표 6-5〉 2022년 긴급 생계급여기준

기준 중위소득의 15%

가구규모	1인가구	2인가구	3인가구	4인가구	5인가구	6인가구	7인가구
지급액(원)	291,722	489,013	629,205	768,162	903,677	1,036,051	1,167,089

※ 8인 이상 가구는 가구원 1인 추가 시 131,038원 추가지급

(보건복지부, 「2022년 국민기초생활보장사업안내」, 259쪽)

급여액은 2022년 기준 최저생계비 중 식료품비(37.1%)에 해당하는 다음의 금액을 지급한다.

긴급생계급여 기간은 1개월로 하되, 필요시 1월에 한하여 연장 가능하다. 생계비는 현금으로 지급하되, 적당하지 않다고 인정되는 경우에는 물품으로 지급할 수 있다.

(3) 주거급여

생활보호법에서는 주거비를 생계급여에 포함하여 지급하여 왔으나, 국민기초생활보장법에서는 수급자의 주거실태에 따른 적정한 급여를 지급함으로써 수급자가 보다 나은 주거환경에서 거주할 수 있도록 유도하기 위하여 주거급여를 분리 · 신설하였다.

이에 따라 수급자에게 주거안정에 필요한 임차료, 유지수선비 등을 주거급여로 지급하고 있으며, 주거급여와 생계급여에 포함된 주거비를 통하여 최저주거를 보장하고 있다.

저렴한 비용으로 자가 가구 등의 주거환경을 개선하고, 수급자가 참여하는 '집수리도우미사업'을 활성화하기 위하여 주거 현물급여를 지급할 수 있다. 2008년도 주거 현물급여액은 1~2인 가구 9,900원, 3~4인 가구 12,600원, 5~6인 가구 16,500원을 지급하고 있다. 현물급여의 주기는 3년에 1회 기준으로 수선수요가 발생하는 것으로 간주하여 실시하는 것을 원칙으로 한다. 수선비 소요가 상한액을 넘을 경우, 수급자 본인부담 또는 지방자치단체 자체예산(가옥수리 보조금), 이웃돕기 성금 등을 활용하도록 한다.

〈표 6-6〉 2022년 주거급여 한도액

〈2022년 자가가구 보수한도액〉		
경 보수(주기 : 3년)	중보수(주기 : 5년)	대보수(주기 : 7년)
457만 원	849만 원	1,241만 원

〈표 6-7〉 자가가구 보수한도액

(단위 : 원)

가구원수	1급지 (서울)	2급지 (경기/인천)	3급지 (광역시/세종/수도권외 특례시)	4급지 (그 외)
1인 가구	327,000	253,000	201,000	163,000
2인 가구	367,000	283,000	224,000	183,000
3인 가구	437,000	338,000	268,000	218,000
4인 가구	506,000	391,000	310,000	254,000
5인 가구	524,000	404,000	320,000	262,000
6~7인 가구	621,000	478,000	379,000	310,000

- 자가가구 : 주택의 노후도에 따라 도배, 난방, 지붕 등 종합적인 수리 지원

(4) 교육급여

교육급여는 기초생활보장 수급자에 대하여 적정한 교육기회를 제공함으로써 자립능력을 배양함과 동시에 빈곤의 세대전승을 차단하기 위하여 실시하고 있다.

지원대상자는 수급자 중 초・중등교육법 제2조의 규정에 의한 중・고등학교에 입학 또는 재학하는 자 및 이와 동등한 학력이 인정되는 각종학교, 평생교육법 제20조(학교형태의 평생교육시설)에 의한 평생교육시설의 학습에 참가하는 자를 대상으로 하고 있다.

① 학비(입학금·수업료)

지원내용을 보면, 입학금 및 수업료 등 학비로 연도별・급지별로 학교장이 고지한 금액 전액을 지급하고 있다.

② 교과서대(부교재비 포함)

1인당 12만95백원(연 1회)을 지급하고 있으며, 학년 초 일괄 지급하는 것을 원칙으로 하고 있다. 2004년도부터 중학생 전체에 대한 의무교육 확대 실시로 중학생은 입학금, 수업료 및 교과서대 지급대상에서 제외하고 있다. 또한 2010년도부터 특수교육대상자의 교육과정이 의무교육으로 변경되어 의무교육대상자인 특수교육대상고교생은 교과서대를 지원받으므로 부교재비만 지원한다.

③ 부교재비

지원대상은 의무교육 대상자인 초등학생, 중학생으로 연 1회 1인당 3만87백원을 지급하며, 학년 초 일괄 지급하는 것을 원칙으로 한다.

④ 학용품비

지원대상은 중・고등학교에 재학 중인 수급자 전원으로, 1인당 5만26백원을 지급(학기당 2만63백원)하며, 학기 초에 일괄 지급하는 것을 원칙으로 한다.

〈표 6-8〉 교육급여

< 2022년 교육급여 지급기준 및 지원내역 >			
지원항목	학교급	활용	지원금액
교육활동지원비	초	학생별 교육수요에 따라 자율적 지출	331,000원
	중		466,000원
	고		554,000원
교과서 대금	고	해당 학년의 정규 교육과정에 편성된 교과목의 교과서 금액 전체	
입학금 및 수업료	고	연도별·급지별 학교장이 고지한 금액 전부	

(5) 해산급여

해산급여는 조산(助產) 및 분만 전・후의 필요한 조치와 보호를 실시하는 것으로서, 급여대상은 수급자가 출산한 경우이며, 출산여성에게 1인당 70만원을 현금으로 지급하고, 추가 출생영아 1인당 70만원을 지급한다(쌍둥이 출산시 140만원 지급).

(6) 장제급여

장제급여는 수급자가 사망한 경우 사체의 검안・운반・화장 또는 매장 기타 장제조치를 행하는데 필요한 금품을 지급하는 것으로서, 수급자가 사망한 경우 또는 의사상자예우에 관한 법률 제12조(장제보호)에 의한 의사자를 대상으로 한다. 근로능력 유무와 관계없이 의료, 교육, 자활급여 특례자 등을 포함한 모든 수급자는 1구당 80만원을 급한다. 다만, 금전지급이 적당하지 아니하다고 인정되는 경우 물품으로 지급한다. 산업재해로 사망한 경우 산업재해보상보험법 제71조 등 타법령에 따라 장제비를 지급받은 수급자는 그 금액을 차감하여 지급한다(산재법상 장의비 : 장제를 행하는 자에게 평균임금의 120일분에 상당하는 금액 지급).

(7) 자활급여

자활급여는 수급자에게 기초생활을 보장함과 동시에 취업 또는 각종 자활사업에 참여할 수 있는 기회를 제공함과 더불어 실질적인 자립기반을 조성하기 위한 '근로조건부복지 프로그램(workfare program)이다. 따라서 단순한 근로기회 제공의 차원에서 벗어나 수급자 가구의 생애 전반에 대한 장기적 전망을 세워 가구별 자활지원계획을 수립하고 그에 따라 급여를 제공한다. 또한 보육 · 간병 등이 필요한 가구에 대해서는 사회복지서비스를 연계 · 제공하여 근로 가능한 가구여건을 조성한다.

자활급여의 조건을 충족시키기 위하여 수급자가 근로활동을 하도록 만듦으로써 근로유인을 제고하고, 나아가 빈곤의 덫(poverty trap)에 빠지지 않도록 유도한다.

시장 · 군수 · 구청장은 수급자 가구별로 자활지원계획을 수립하여 자활사업 실시기관에 수급자에 대한 자활사업 제공을 의뢰하고 그 참가여부 및 자활지원계획의 변경필요성 등에 대하여 관리하는 사례관리자(case manager)로서의 역할을 수행해야 한다.

(8) 의료급여

기초생활보장수급자들은 자동적으로 의료급여 수급자가 된다. 현재 의료급여 수급자는 인구대비 3% 수준인 150여 만명에 이르고 있다. 의료급여는 의료급여법에 의한 수급권자에게 지급되는 것으로, 기초생활보장수급자는 의료급여 1종 수급자가 되며, 차상위계층은 의료급여 2종 수급자가 된다. 1종 수급자는 외래진료와 입원치료에 필요한 의료급여 소요 비용 전부를 급여로 지급하고, 2종 수급자는 본인부담금이 있으며, 1, 2차 진료시에는 진료당 1,000원의 본인부담금을 제외한 금액을 급여로 지급하며, 1, 2, 3차 의료기관의 입원진료시 진료비의 15%를 제외한 급여를 지급한다. 그리고 입원시에는 진료비의 15%인 본인부담금 이외의 금액을 급여로 지급한다.

〈표 6-9〉 의료급여

<의료급여 본인부담 비용>						
구분		1차 (의원)	2차 (병원, 종합병원)	3차 (지정병원)	약국	본인부담 상한액
1종	입원	없음	없음	없음	-	매월 5만 원
	외래	1,000원	1,500원	2,000원	500원	
2종	입원	10%	10%	10%	-	연간 80만 원
	외래	1,000원	15%	15%	500원	

4) 재정

사회보장제도의 성공 여부는 재원이 크게 좌우하는 경향을 갖는다. 공공부조제도는 사회보험과 달리 일반적으로 조세가 이용되고 있다.

일반예산을 재원으로 하는 공공부조정책의 경우 조세의 형태는 주로 소득세, 소비세, 재산세, 상속세 등 부(wealth)와 관련된 조세로 이루어지는데 이 중 가장 큰 비중을 차지하고 있는 것이 개인들이 내는 소득세라고 할 수 있다.

공공부조제도 급여의 재정은 전액 일반조세에서 충당한다. 최근 6년간 기초생활보장제도의 재정상의 변화는 다음의 〈표 6-10〉과 같다.

〈표 6-10〉 국민기초생활보장제도 예산

(단위: 억원)

연도	2017	2018	2019	2020	2021	2022
예산	92,762	100,582	109,000	122,338	132,334	144,596

국민기초생활보장제도의 예산은 2022년의 경우 14조 4,596억원으로 명목 GDP의 0.7% 수준이며, 빈곤층 적용범위 측면에서 보더라도 제도가 기초보장을 달성하고 있다고 보기 어렵다. 우리나라의 절대빈곤계층은 감소하고 있으나, 잦은 경기변동과 산업의 구조적 변화로 상대적인 근로빈곤계층은 증가하고 있다. 따라서 근로빈곤계층의 소득보전과 예외적 지출로 인한 소득감소를 줄일 수 있는 정책적

방안이 필요하다.

의료급여의 재정은 〈표 6-11〉에서 보는 바와 같이 매년 지속적으로 증가하고 있다.

〈그림 6-4〉 의료급여 수급자 현황

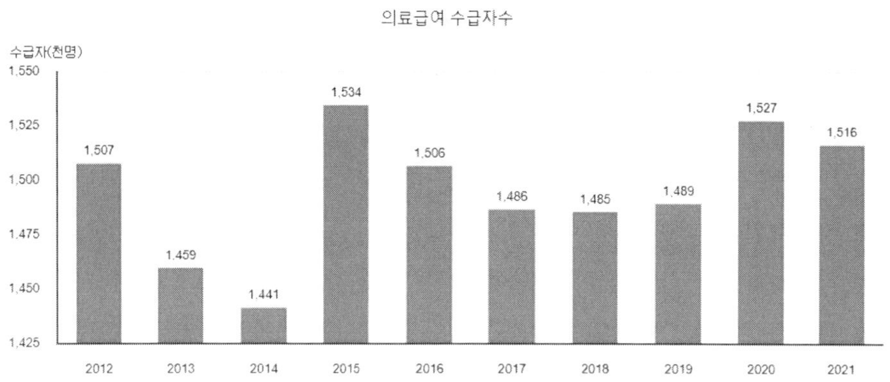

〈표 6-11〉 의료급여 재정

(단위: 억원)

	2016	2017	2018	2019	2020
의료급여 재정	67,375	71,157	78,070	85,900	90,489

5) 전달체계

저소득계층에 대한 급여와 서비스는 국가와 지방자치단체들이 제공할 수 있는 자원의 양이 한정적이므로 필요한 사람에게 적정한 양의 급여와 서비스가 효과적이고, 효율적으로 공평하게 전달되어야 한다.

공공복지전달체계로서 국민기초생활보장제도의 전달체계는 별도의 전담기구가 설치되어 있지 않고 보건복지부가 급여와 서비스 등을 계획하고 예산을 배정하여 전반적인 사업운영 등 정책을 수립하면 행정자치부 산하의 시·도, 시·군·구로 사업운영 지시를 시달하고, 사업 운영 상황을 관리한다. 사업의 최종집행은 일선 읍·면·동에서 행해진다.

서비스와 급여는 신청 및 직권주의에 의하여 이루어지므로, 서비스 전달자, 수급자와 가족, 지역사회가 급여신청, 면접 및 가정조사, 상담 등의 대면적 상호관계 속에서 이루어진다. 따라서 서비스와 급여를 전달하는 서비스 제공자는 수직적인 상의하달식의 기계적 전달체계가 아니라 적절한 인적 및 물적 자원을 투입한 양질의 서비스 및 급여체계를 구축하여 저소득 계층의 인권이 보호되는 가운데 자립과 자활을 도모할 수 있는 전달체계를 갖추어야 한다.

현행과 같은 보건복지부가 예산 기획과 정책 수립을 맡고, 행정자치부가 집행기능을 담당하는 이원적인 구조 아래에서 효과적인 빈곤문제 해결이 어렵다는 것을 전제로 할 때 사회복지행정전달체계를 보건복지부 외청조직인 사회복지청으로 조직을 정비하고 시 · 도에 지방사회복지청, 시 · 군 · 구에 사회복지사무소를 설치하여 정책수립과 서비스 전달상에 있어서 전문성을 지향해야 한다. 또한 기존의 사회복지전담공무원을 재배치하여 전문성 향상과 투명한 제도운영 등 효과성을 전제로 한 개선이 이루어져야 한다.

5. 공공부조제도의 방향과 과제

정책이란 국가가 계획하는 사업의 방향으로, 바람직한 결과를 산출하고자 하는 것이다. 그러므로 국민기초생활보장제도 또한 수급자로 하여금 빈곤탈피 및 해소가 가능하도록 최저생활보장과 자립 · 자활을 지원하는 정책이 되어야 할 것이다. 그러나 공공부조제도는 경제사회적 상황에 따라 변화하는 경향이 있는데, 호경기시에는 적극적 보호의 방향으로, 불경기시에는 수급억제의 방향으로 설정되기도 한다.

적극적 보호를 추구하는 저소득계층을 위한 사회복지정책은 자본주의 사회에서 빈곤은 개인의 책임이 아니므로 국가는 저소득층에게 적극적이고 포괄적인 급여를 제공해야 하며, 정책의 초점은 급여수급자의 자존감을 유지할 수 있는 생활수준의 보장에 있고, 보편적인 급여가 되어야 한다.

수급억제를 추구하는 사회복지정책은 '자립'을 강조하면서 자본주의 경제체제 아래에서 빈곤은 개인의 책임이며, 저소득층의 구제비용은 모두 일반 조세에서 갹출되는 것이므로, 선거에 영향을 줄 수 있는 정책운영은 국민정서를 심각하게 고려하게 될 것이다. 따라서 사회복지정책을 통한 급여수급자는 까다로운 자격조사와 자산조사의 과정을 거치게 된다.

적절하고 공평한 정책을 위해서 '최저생활'과 '자립'을 어떤 의미로 받아들일 것인가에 대한 사회적 합의의 도출이 기본과제라 할 수 있다.

우리나라의 공공부조제도는 적극적 보호인가? 아니면 수급억제인가? 저소득계층의 빈곤문제를 해소하기 위한 사회복지정책은 집권정당의 사회복지정책에 대한 성향, 정책결정자의 의지, 사회적 공감대의 형성, 국가의 재정경제상황, 국제경제 동향 등이 변수로 작용할 수 있을 것이다.

그러나 적극적인 저소득계층 보호와 이들의 자립 및 자활 의지를 고취시키고 사기를 고양시키기 위한 정책운영이 이루어지기 위해서는 국가중심의 체계적인 실무중심형 직업교육과 탄력적인 노동시장이 형성되는 방향으로 정책이 선행되어야 한다.

공공부조제도의 향후 과제를 제시하면 다음과 같다.

첫째, 최저생계비의 개념을 개선하여 최저의 수준이 아닌 적정한 수준으로 급여의 수준을 향상시켜야 한다. 과거와 달리 사회적으로 중요시되고 있는 부분이 '삶의 질'이므로 이를 위해서는 생활에 실제적으로 소요되는 비용을 중심으로 급여액을 산정하여 반영해야 한다.

둘째, 부양의무자에 대한 범위를 축소 또는 폐지하여 헌법상의 생존권에 대한 국가책임을 다할 수 있도록 함으로써 저소득계층에 대한 보호책임을 가족에게 전가하지 않도록 해야 한다.

셋째, 차상위계층에 대한 보호를 확대하여, 생계비 다음으로 가계지출에서 많은 부분을 차지하는 의료비를 지원함으로써, 가정과 개인이 파산하는 문제가 발생하지 않도록 장치를 마련해야 한다. 대부분의 차상위계층에서 발생하는 문제점 중의 하나가 가족 내 만성질환자에 대한 의료비의 부담으로 아무리 노력한다 할지라도 빈곤 상황이 개선되지 못하고 '빈곤의 늪'에 빠져들게 되면서 자립에 대한 의지가 상실된다는 점을 충분히 고려하여 차상위계층 보호에 대한 부분을 사회복지정책에 반영해야 한다.

넷째, 빈곤에 대한 예방적 기능을 수행하는 방향이어야 하며, 실현가능성(feasibility)이 있는 제도이어야 하며, 제도가 복잡하지 않고 단순하여 효과적인 정책수행이 가능해야 한다.

다섯째, 근로동기를 강화하고 근로를 유인하기 위하여 '자발적 근로유인형(invisible hand type)' 정책을 지향해야 하겠으나, 먼저 수급자들이 충분한 생계비를 획득할 수 있는 교육훈련 프로그램과 일자리의 창출이 우선적으로 이루어져야 한다. 자활형 프로그램이 갖고 있는 '저임금 장시간 노동' 위주의 일자리 창출은 빈곤의 악순환만을 되풀이할 뿐만 아니라 자활 및 자립에 대한 의지를 크게 훼손할 수 있다는 점을 고려해야 한다.

제 7 장

산업재해보상보험

1. 사회보장과 사회보험

1) 사회보장정책

본래 사회보장정책은 선진국의 경우 경제적 공황이나 빈곤 문제에 대처하기 위한 수단이었다. 그러나 이후 사회보장정책은 한 개인이 처한 빈곤의 문제가 단순히 개인의 역량이나 문제로 보아서는 안 되며 사회적 책임이 강조된다는 가치관의 변화 즉 패러다임의 이동이 큰 역할을 하였다. 즉, 한 가정의 빈곤이나 질병이 당사자에 국한되는 문제가 아니라 세습에 이르는 것이 확인되었고 그 세습의 고리를 끊어주고자 하는 노력이 국가적으로 이루어진 것이 바로 사회보장정책이라 할 수 있다.

사회보장의 기본적 의미는 국민의 출산, 양육, 실업, 노령, 장애, 질병, 빈곤, 사망 등으로 그 개인과 그 가족이 소득을 상실하였을 때, 일시적이거나 장기적으로 그 개인과 가족을 보호하기 위하여 국가가 주도적으로 공공프로그램을 전개함으로써 의료, 경제적 지원 등을 제공하고 그로 인하여 국민의 생활을 향상시키고자 하는 것이고, 사회보장정책은 이를 정부차원에서 전개하고자하는 정책이라고 할 수 있다.

그러나 우리나라의 초기 사회보장정책은 세계적인 사회보장(social security) 추세에 따라 사회보장정책을 도입하기는 하였으나 정치적 성격으로 추진되어 국가적인 체질에 맞지 않는 선심성 성격이 강했다. 즉, 선진국의 경우처럼 진정한 의미에서의 사회보장 정책이라기보다는 선언적 보장정책으로부터 출발하였다 할 수 있다.

우리나라의 경우 사회보장정책은 제3공화국에 이르러 헌법에 조항이 포함되어 1963년에 '사회보장에 관한 법률'이 제정되었는데 이때의 사회보장에 관한 법률은 7개의 조항으로 구성된 선언적 수준이었으나 우리나라 최초의 법률이라는 점에 의의가 있다. 이어 우리나라는 산업재해보상보험, 국민연금, 의료보험(현 국민건강보험), 고용보험, 노인장기요양보험제도가 순차적으로 도입되었다.

2) 사회보험

(1) 사회보험의 개념

사회보험은 사회보장정책의 한 방법으로 국가가 사회정책을 수행하기 위해서 보험의 원리를 도입한 제도이다. 즉, 사회보험은 국민을 대상으로 국가가 중심이 되어 보험에 가입하도록 하고, 가입기간 중 발생하는 질병, 사망, 노령, 실업, 장애 등으로 일정 능력의 상실이나 소득의 감소가 발생하였을 때, 보험방식으로 그 손실분을 국가가 보장하는 제도이다.

이와 같은 사회보험정책은 국민이 삶을 영위하면서 발생할 수 있는 사회적 위험으로부터 강제보험방법을 사용하여 공동으로 대비함과 더불어 최소한의 보장을 하고자 하는 국가적인 정책으로 볼 수 있다.

(2) 사회보험의 목적

사회보험의 가장 큰 목적은 사회구성원의 소득을 안정되게 유지하는 것이다. 경제적인 관점에서 사회보험의 중요한 목적은 다음과 같다.

첫째, 국민에게 기본적인 경제적 보장을 제공한다. 즉, 사회보험은 여러 가지 사회적 위험으로부터 경제적 측면에서 기본적으로 안정된 생활을 영위하게 한다.

둘째, 일정 부분 소득보장을 지원하여 빈곤을 예방한다.

셋째, 다양한 사회적 위험에서 발생하는 소득의 상실분을 보전해 줌으로써 국가가 경제적으로 안정되게 기여한다.

넷째, 사회적 위험으로부터 국민 각자가 대비할 수 있도록 개인적인 동기 부여와 절약정신을 갖게 한다.

(3) 사회보험의 특징

첫째, 사회보험은 강제적(의무적)으로 보험료를 납부하고 강제적(의무적)으로 참여해야 한다.

둘째, 사회보험급여를 받을 수 있는 자격은 보험료 납부자와 그의 가족으로, 해당 사회보험급여를 납부하무 보험료로부터 보장을 받으며, 공공부조와 달리 자산조사를 실시하지 않는다.

셋째, 급여를 결정하는 방법은 해당 사회보험 법령에 명시되어 있다.

넷째, 사회보험에서 받는 급여와 사회보험 보험료는 비례하지 않으며, 이는 소득재분배 역할을 한다.

다섯째, 사회보험의 재정은 필요한 재정을 안정적으로 충당하기 위하여 장기적으로 명확한 계획이 수립되어 있다.

여섯째, 사회보험제도에 소요되는 비용은 주로 급여대상자의 보험료로 충당하나, 산업재해보상보험의 경우 고용주가 납부하거나, 국민연금, 국민건강보험 및 고용보험의 경우 급여대상자와 고용주 모두가 납부하기도 한다.

일곱째, 사회보험제도는 특수법인(국민연금공단, 국민건강보험공단, 근로복지공단)을 설립하여 관리하여 정부는 이를 공정하게 운영하도록 하기 위해 감독한다.

(4) 사회보험과 민간보험의 차이점

사회보험은 그 운영방법에서 보험의 원리를 따르고 있어 단순한 민간보험(사보험)의 원리와는 다른 특징을 가지고 있다. 이를 설명하면 아래와 같다.

사회보험은 민간보험(사보험)의 원리를 사용하지만 그 목적과 실행방법이 다르다. 이와 같은 특성을 설명하면 첫째로 목적 측면에서 볼 때 사회보험은 국민의 최저생계를 보장하고 의료를 보장하나 민간보험(사보험)은 개인의 필요에 따라 보장하는 부분이 다르다. 둘째로 보험가입 측면에서 사회보험은 강제성을 띠고 있으면서 국가가 국민의 최저생활을 보장하나 민간보험(사보험)은 그 가입이 임의적이고 가입자의 최저생계를 보장하지 않는다.

셋째로, 재원부담의 경우 사회보장 보험은 보험료를 개인의 능력에 맞게 부담하지만 민간보험(사보험)은 개인의 선택에 의하여 부담하게 된다.

이와 같은 사회보험과 민간보험(사보험) 간의 차이는 사회보험이 갖는 사회 보장적 의미와 사회보장 정책적 의미를 잘 설명하여 주고 있는 것이다.

〈표 7-1〉 사회보험과 민간보험의 차이점

항목	사회보험	민간보험
가입	강제가입	임의가입
보호수준	최저수준의 소득보호	개인의 희망과 지불능력에 좌우
사회적 가치	사회적 적절성(복지 강조)	개인적 형평성(보험 요소 강조)
급여의 근거	법적 권리에 근거	법적 계약에 따라 결정
독점 여부	정부 독점	경쟁
비용	예측 곤란	쉽게 예측 가능
재정 확보	완전한 재정 확보 필요 없음	완전한 재정 확보 필요
보험계약	안함	개인·집단이 계약

(5) 사회보험의 방식

사회보험에는 크게 2가지의 방식이 있다. 하나는 비스마르크 방식이고, 다른 하나는 베버리지 방식이다.

비스마르크 방식은 노동시장에 참여하고 있는 근로계층을 대상으로 하며, 급여의 양과 급여를 받는 기간은 근로자가 노동시장에 참여해 보험료를 납부한 기간에 따라 달라진다. 또한 사회보험 재정은 근로자가 소득에 비례하여 납부하는 보험료와 고용주가 납부하는 기여금으로 충당한다.

베버리지 방식은 전체 인구층을 대상으로 하며, 사회보험제도의 운영은 정부가 주로 맡고, 필요한 재정은 정부 예산(세금)으로 충당한다.

(6) 사회보험의 원칙

첫째, 정액 급여(flat rate of subsistence benefit)의 원칙으로, 정액급여의 원칙은 실업이나 장애로 중단된 소득의 양이나 퇴직으로 중단된 소득의 양에 관계없이, 사회보험의 급여를 정책으로 제공하는 것이다.

둘째, 정액 기여금(flat rate of contribution)의 원칙으로, 정액기여금의 원칙은 사회보험에 가입한 사람이나 고용주는 가진 자산에 상관 없이, 강제적으로 보험료를 정액으로 납부해야 한다.

셋째, 행정간소화(unification of administrtive responsibility)의 원칙으로, 효율성과 경제성을 위해서 행정적 측면을 통일하는 것이다.

넷째, 급여적절성(adequacy of benefit)의 원칙으로, 급여가 양과 시간의 측면에서 적절해야 한다.

다섯째, 포괄성(comprehensiveness)의 원칙으로, 급여를 받는 대상과 이들의 욕구와 관련해 포괄적이어야 한다.

여섯째, 분류(classification)의 원칙으로, 사회보험이 통일되고 포괄적이기는 하나, 사회에 있는 다른 계층의 서로 다른 생활방식을 고려해야 한다.

〈표 7-2〉 사회보험 요율

구분	보험료율	근로자	사용자(사업주)
산업재해보상보험	업종에 따라 차이가 있으며 사업주 전액 부담		
국민연금	기존소득월액 9%	4.5%	4.5%
국민건강보험	보수월액 6.99%	3.495%	3.495%
고용보험		보수월액 0.9%	보수월액 0.9%
노인장기요양보험	건강보험료의 12.27%	근로자 부담 50%	사업주 부담 50%

(7) 사회보험의 운영

사회보험의 대상은 일정 범주의 근로자들과 그 고용주들로써 사회보험제도에 의무적으로 가입하도록 되어 있다. 그러나 일부 사회보험제도에서는 근로자가 자발적으로 사회보험에 가입하는 것을 허용하고 있다.

사회보험의 급여는 모든 국민을 대상으로 하는 보편적 사회보험제도는 급여액이 정액인 경우가 많으나, 직업활동에 근거해 운영되는 사회보험제도에서는 일정기간 동안에 얻은 평균임금이나 평균소득의 일정 비율을 현금급여로 제공하는 경우가 많다.

사회보험의 운영은 정부가 사회보험제도를 관리하거나 감독하지만, 일부 민간기관이 운영하는 방식(칠레의 경우 국민연금을 민간보험회사가 운영함), 공공기관과 민간계약자가 합동으로 운영하는 방식, 공공기관이 직접 운영하는 방식이 있다.

사회보험제도의 재정은 고용주나 근로자, 고용주·근로자 모두가 납부하는 보험료로 재정을 충당하거나 또는 많은 부분을 충당한다. 이때 보험료는 소득의 일정 비율로 정해진다.

2. 산업재해보상보험의 의의

산업재해보상보험은 근로자의 업무상 재해에 대하여 그 보상을 국가주도적으로 실시하는 제도로서 사회보장 정책과 사회보험의 한 축을 담당하고 있다.

산업재해보상보험은 사회보험으로서 근로자의 업무상의 재해를 신속하고 공정하게 보상하고, 재해근로자의 재활 및 사회복귀를 촉진하기 위하여 이에 필요한 보험시설을 설치 · 운영하고, 재해 예방과 그 밖에 근로자의 복지 증진을 위한 사업을 시행하여 근로자 보호에 이바지하고자 하는 정책적 목적을 가지고 있다.

또한 산업재해보상보험에서는 단순히 보상에 그치는 정책에 머무르지 않고 재해근로자의 재활 및 사회복귀를 촉진하기 위한 활동을 전개함으로써 재해를 입은 근로자나 그 가족의 인간다운 생활을 보장하는 한편, 불의의 재해로 인하여 사업주가 안게 될 과중한 경제적 부담을 분산 경감시켜 안정된 기업 활동을 할 수 있도록 하는 정책도 주요 목적으로 하고 있다.

우리나라의 산업재해보상보험제도 역사를 살펴보면 1963년에 제정 공포되어 1964년부터 시행되면서 수차례 개정을 통하여 적용을 추진해 왔으나, 그 실효성이 미미하다가 1999년에는 근로자를 사용하는 모든 사업에 적용을 확대할 수 있는 법적 근거를 마련하여 사회보장의 통일화를 기하여 강제적용, 적용확대, 간병급여, 상병보상연금제 적용, 유족보상연금 수급 의무화, 장해특별급여, 유족특별급여 등의 실시로 명실상부한 사회보장체제를 구축하게 되었다.

한편 산업재해보험의 관리 운영은 기존에는 고용노동부장관이 직접 관장하는 정책을 사용하였으나 1995년부터는 보험기능으로서의 서비스 전문성과 그 운영의 효율화를 도모하기 위하여 그 관장을 근로복지공단으로 이관하였다.

그러나 산업재해보상보험은 앞으로도 많은 변화를 요구하고 있다. 그 이유는 기업환경과 이주노동자의 증가, 인터넷 환경의 변화로 국가간 블록경제 와해, 인구 및 사회구조의 급격한 변동 등의 변화로 인하여 적용 대상자 선정, 관리운영체계의 개선 및 보완, 보험급여 및 요율 체계의 현실화, 재해근로자에 대한 철저하고 만족할만한 사후관리 등의 과제를 요구받고 있다. 따라서 향후 산업재해보상보험 제도는 근로자의 복지증진과 ESG에 적합한 경제 및 사회구조에 맞게 변화되어야 할 것이다.

3. 우리나라의 산업재해보상보험

우리나라 산업재해보상보험 정책은 고용노동부장관이 관장하고 국가는 매 회계 연도 예산의 범위 안에서 보험사업의 사무집행에 소요되는 비용을 일반회계에서 부담하며 예산 범위 안에서 보험 사업에 소요되는 비용의 일부를 지원한다. 이와 같은 정책은 산업재해보상보험 법규에 이미 제시되어 있다.

보험사업에 소요되는 비용에 충당하기 위하여 징수하는 보험료 그 밖의 징수금에 대하여는 고용보험 및 산업재해보상보험의 보험료징수 등에 관한 법률(보험료징수법)이 정하는 바에 따르도록 하고 있다. 그리고 위험률 · 규모 및 장소 등을 고려하여 대통령령이 정하는 사업을 제외하고 근로자를 사용하는 모든 사업 또는 사업장(사업)에 적용한다.

1) 급여대상

산업재해보상보험의 급여대상은 산업재해보상보험법 제6조에 따라서 근로자를 사용하는 모든 사업 또는 사업장에 적용한다. 다만, 사업장의 위험률·규모 및 장소 등을 고려하여 대통령령으로 정하는 사업에 대하여는 그 적용이 제외된다.

그러나 적용에서 제외되는 사업이라 하더라도 적용제외 사업의 사업주는 근로복지공단의 승인을 얻어 임의로 보험에 가입할 수 있다. 산업재해보상보험의 가입자는 사업주이며 사업주의 가입의사 여부와 관계없이 당연 적용되는 당연가입자, 사업주의 가입의사에 따라 가입할 수 있는 임의가입자, 그 밖에 특례가입자로 분류된다.

산업재해보상보험은 사업주가 보험가입자가 되지만 보험급여의 수급자는 업무상의 사유에 의한 부상, 질병, 신체장애 또는 사망 등 업무상 재해를 당한 근로자가 된다.

2) 급여내용

(1) 업무상 재해의 인정 기준

근로자가 업무상 사고 및 업무상 질병에 해당하는 사유로 부상·질병 또는 장해가 발생하거나 사망하면 업무상의 재해로 본다. 다만, 업무와 재해 사이에 상당인과관계(相當因果關係)가 없는 경우에는 업무상 재해로 않는다.

근로자의 고의·자해행위나 범죄행위 또는 그것이 원인이 되어 발생한 부상·질병·장해 또는 사망은 업무상의 재해로 보지 아니한다. 다만, 그 부상·질병·장해 또는 사망이 정상적인 인식능력 등이 뚜렷하게 저하된 상태에서 한 행위로 발생한 경우로서 대통령령으로 정하는 사유가 있으면 업무상의 재해로 본다.

① 업무상 사고

- 근로자가 근로계약에 따른 업무나 그에 따르는 행위를 하던 중 발생한 사고
- 사업주가 제공한 시설물 등을 이용하던 중 그 시설물 등의 결함이나 관리소홀로 발생한 사고
- 사업주가 제공한 교통수단이나 그에 준하는 교통수단을 이용하는 등 사업주의 지배관리하에서 출퇴근 중 발생한 사고
- 사업주가 주관하거나 사업주의 지시에 따라 참여한 행사나 행사준비 중에 발생한 사고
- 휴게시간 중 사업주의 지배관리하에 있다고 볼 수 있는 행위로 발생한 사고
- 그 밖에 업무와 관련하여 발생한 사고

② 업무상 질병

- 업무수행 과정에서 물리적 인자(因子), 화학물질, 분진, 병원체, 신체에 부담을 주는 업무 등 근로자의 건강에 장해를 일으킬 수 있는 요인을 취급하거나 그에 노출되어 발생한 질병
- 업무상 부상이 원인이 되어 발생한 질병
- 그 밖에 업무와 관련하여 발생한 질병

③ 주요 용어

- 업무상의 재해 : 업무상의 사유에 따른 근로자의 부상 · 질병 · 장해 또는 사망
- 근로자 · 임금 · 평균임금 · 통상임금 : 각각 '근로기준법'에 따른 근로자 · 임금 · 평균임금 · 통상임금
- 유족 : 사망한 자의 배우자(사실상 혼인 관계에 있는 자 포함) · 자녀 · 부모 · 손자녀 · 조부모 또는 형제자매
- 치유 : 부상 또는 질병이 완치되거나 치료의 효과를 더 이상 기대할 수 없고 그 증상이 고정된 상태에 이르게 된 것
- 장해 : 부상 또는 질병이 치유되었으나 정신적 또는 육체적 훼손으로 인하여 노동능력이 상실되거나 감소된 상태
- 폐질 : 업무상의 부상 또는 질병에 따른 정신적 또는 육체적 훼손으로 노동능력이 상실되거나 감소된 상태로서 그 부상 또는 질병이 치유되지 아니한 상태
- 진폐(塵肺) : 분진을 흡입하여 폐에 생기는 섬유증식성(纖維增殖性) 변화를 주된 증상으로 하는 질병

(2) 사용자(보험가입자)의 과실

보험가입자의 고의 또는 과실로 발생한 업무상의 재해로 근로자가 대통령령으로 정하는 장해등급 또는 진폐장해등급에 해당하는 장해를 입은 경우에 수급권자가 '민법'에 따른 손해배상청구를 갈음하여 장해특별급여를 청구하면 장해급여 또는 진폐보상연금 외에 대통령령으로 정하는 장해특별급여를 지급할 수 있다. 다만, 근로자와 보험가입자 사이에 장해특별급여에 관하여 합의가 이루어진 경우에 한

한다.

수급권자가 장해특별급여를 받으면 동일한 사유에 대하여 보험가입자에게 '민법'이나 그 밖의 법령에 따른 손해배상을 청구할 수 없다.

근로복지공단은 장해특별급여를 지급하면 대통령령으로 정하는 바에 따라 그 급여액 모두를 보험가입자로부터 징수한다.

(3) 보험급여

우리나라의 경우 산업재해 보상보험에서의 보험급여의 종류는 요양급여, 휴업급여, 장해급여, 간병급여, 유족급여, 상병보상연금, 장의비, 직업재활급여 등으로 구분한다. 보험급여는 보험급여를 받을 수 있는 자의 청구에 의하여 지급하는데, 보험급여를 산정하는 경우 해당 근로자의 평균임금을 산정하여야 할 사유가 발생한 날부터 1년이 지난 이후에는 매년 전체 근로자의 임금 평균액의 증감률에 따라 평균임금을 증감하되, 그 근로자의 연령이 60세에 도달한 이후에는 소비자물가변동률에 따라 평균임금을 증감한다.

전체 근로자의 임금 평균액의 증감률 및 소비자물가변동률의 산정 기준과 방법은 대통령령으로 정한다. 이 경우 산정된 증감률 및 변동률은 매년 고용노동부장관이 고시한다.

보험급여(진폐보상연금 및 진폐유족연금은 제외)를 산정할 때 해당 근로자의 근로 형태가 특이하여 평균임금을 적용하는 것이 적당하지 아니하다고 인정되는 경우로서 대통령령으로 정하는 경우에는 대통령령으로 정하는 산정 방법에 따라 산정한 금액을 평균임금으로 한다.

보험급여를 산정할 때 진폐 등 대통령령으로 정하는 직업병으로 보험급여를 받게 되는 근로자에게 그 평균임금을 적용하는 것이 근로자의 보호에 적당하지 아니하다고 인정되면 대통령령으로 정하는 산정 방법에 따라 산정한 금액을 그 근로자의 평균임금으로 한다. 또한 보험급여(장의비는 제외)를 산정할 때 그 근로자의 평균임금 또는 보험급여의 산정 기준이 되는 평균임금이 전체 근로자의 임금 평균액의 1.8배(최고 보상기준 금액)를 초과하거나, 2분의 1(최저 보상기준 금액)보다 적으면 그 최고 보상기준 금액이나 최저 보상기준 금액을 각각 그 근로자의 평균임금으로 하여 보험급여에 의한 사회보험의 원리를 정책으로 두고 있다. 이와 같은 정책은 산재보험이 일반 민간보험(사보험)과 달리 사회보장 성격을 지니고 있는 특성을 잘 보여주고 있다.

한편 사고가 발생한 선박 또는 항공기에 있던 근로자의 생사가 불명하거나 항해중의 선박 또는 항공기에 있던 근로자의 행방불명 기타의 사유로 그 생사가 불명한 때에는 대통령령이 정하는 바에 의하여 사망으로 추정하고, 유족급여 및 장의비에 관한 규정을 적용한다. 규정에 의하면 사망의 추정으로 보험급여를 받은 후 그 근로자의 생존이 확인된 때에는 그 급여를 받은 자가 선의인 경우에는 받은 금액을, 악의인 경우에는 받은 금액의 2배에 해당하는 금액을 반환하여야 한다. 이는 일반적으로 우리나라 민법에 기초하고 있다.

① 요양급여

요양급여는 근로자가 업무상의 사유로 부상을 당하거나 질병에 걸린 경우에 그 근로자에게 지급한다.

요양급여는 요양비 전액 급여를 원칙으로 하는 정책이다. 이와 같은 정책은 근로자의 요양비 부담을 산업재해보상보험을 통하여 보장함으로써 신체적인 고통은 어쩔 수 없으나 경제적인 고통은 가급적 덜어주고자 하는 정책이다.

요양급여와 관련한 규정을 볼 때, 근로자가 업무상의 사유로 부상을 당하거나 질병에 걸린 경우 근로자에게 요양급여를 지급한다. 요양급여는 요양비 전액으로 하되, 산재보험 의료기관에서 요양을 하게 한다. 다만, 부득이한 경우에는 요양을 갈음하여 요양비를 지급할 수 있도록 하여 요양비 직접 지급정책도 마련하고 있다. 부상 또는 질병이 3일 이내의 요양으로 치유될 수 있는 때에는 요양급여를 지급하지 않는다.

요양급여의 범위는 다음과 같다.

㉠ 진찰 및 검사

㉡ 약제 또는 진료재료와 의지 그 밖의 보조기의 지급

㉢ 처치 · 수술, 그 밖의 치료

㉣ 재활치료

㉤ 입원

㉥ 간호와 간병

ⓢ 이송
ⓞ 그 밖에 고용노동부령이 정하는 사항

근로복지공단은 요양 중인 산재보험 의료기관의 인력·시설 등이 그 근로자의 전문적인 치료 또는 재활치료에 맞지 아니하여 다른 산재보험 의료기관으로 옮길 필요가 있는 경우 요양 중인 근로자를 다른 산재보험 의료기관으로 옮겨 요양하게 할 수 있다. 또한 업무상의 재해로 요양 중인 근로자가 그 업무상의 재해로 이미 발생한 부상이나 질병이 추가로 발견되어 요양이 필요한 경우 또는 그 업무상의 재해로 발생한 부상이나 질병이 원인이 되어 새로운 질병이 발생하여 요양이 필요한 경우 부상 또는 질병(추가상병)에 대한 요양급여를 신청할 수 있다.

뿐만 아니라 요양급여를 받은 자가 치유 후 요양의 대상이 되었던 업무상의 부상 또는 질병이 재발하거나 치유 당시보다 상태가 악화되어 이를 치유하기 위한 적극적인 치료가 필요하다는 의학적 소견이 있으면 요양급여(재요양)를 받을 수 있다.

② 휴업급여

휴업급여는 근로자가 업무상 부상을 당하거나 질병에 걸린 경우 취업하지 못한 기간에 대하여 휴업급여를 지급하는 제도이다. 이때 1일당 급여지급액은 평균임금의 100분의 70에 상당하는 금액으로 한다. 다만, 취업하지 못한 기간이 3일 이내인 경우에는 휴업급여를 지급하지 않도록 하고 있다.

그런데 근로자가 일정 연령에 도달한 이후에는 노동능력 등을 고려하여 휴업급여를 감액하여 지급하되, 그 연령 및 지급기준 등에 관하여 필요한 사항은 대통령령으로 정한다. 다만, 일정연령 이후에 취업중인 자가 업무상의 재해로 인하여 요양하는 경우에는 대통령령이 정하는 기간 동안 휴업급여를 감액하지 아니하도록 하고 있다.

그리고 산정한 휴업급여가 최저임금법 규정에 의한 최저임금액에 미달하는 경우에는 그 최저임금액을 당해근로자의 1일당 휴업급여 지급액으로 하고 있다.

③ 장해급여

장해급여는 근로자가 업무상의 사유에 의하여 부상을 당하거나 질병에 걸려 치유 후 신체 등에 장해가 있는 경우에 근로자에게 지급한다. 장해급여는 장해등급에 따라 장해보상연금 또는 장해보상일시금으로 하되, 그 장해등급의 기준은 대통령령으로 정하도록 하고 있다.

장해보상연금 또는 장해보상일시금은 수급권자의 선택에 따라 지급한다. 다만, 대통령령으로 정하는 노동력을 완전히 상실한 장해등급의 근로자에게는 장해보상연금을 지급하고, 장해급여 청구사유 발생 당시 대한민국 국민이 아닌 자로서 외국에서 거주하고 있는 근로자에게는 장해보상일시금을 지급한다.

장해보상연금은 수급권자가 신청하면 그 연금의 최초 1년분 또는 2년분(노동력을 완전히 상실한 장해등급의 근로자에게는 그 연금의 최초 1년분부터 4년분까지)의 2분의 1에 상당하는 금액을 미리 지급할 수 있다. 이 경우 미리 지급하는 금액에 대하여는 5%의 비율 범위에서 대통령령으로 정하는 바에 따라 이자를 공제할 수 있다.

장해보상연금 수급권자의 수급권이 소멸한 경우(사망한 경우, 대한민국 국민이었던 수급권자가 국적을 상실하고 외국에서 거주하고 있거나 외국에서 거주하기 위하여 출국하는 경우, 대한민국 국민이 아닌 수급권자가 외국에서 거주하기 위하여 출국하는 경우, 장해등급 또는 진폐장해등급이 변경되어 장해보상연금 또는 진폐보상연금의 지급 대상에서 제외되는 경우)에 이미 지급한 연금액을 지급 당시의 각각의 평균임금으로 나눈 일수(日數)의 합계가 장해보상일시금의 일수에 못 미치면 그 못 미치는 일수에 수급권 소멸 당시의 평균임금을 곱하여 산정한 금액을 유족 또는 그 근로자에게 일시금으로 지급한다.

④ 간병급여

간병급여는 요양급여를 받은 자가 치료 후 의학적으로 상시 또는 수시로 간병이 필요하여 실제로 간병을 받아야 할 경우 그 사람에게 간병급여를 지급한다.

간병급여는 간병급여의 지급 대상에 해당되는 사람이 실제로 간병을 받은 날에 대하여 지급한다. 간병급여의 지급 기준은 '통계법'에 따른 지정통계 중 고용노동부장관이 작성하는 고용형태별근로실태조사의 직종별 월급여총액 등을 기초로 하여 고용노동부장관이 고시하는 금액으로 한다. 이 경우 수시 간병급여의 대상자에게 지급할 간병급여의 금액은 상시 간병급여의 지급 대상자에게 지급할 금액의 3분의 2에 해당하는 금액으로 하나, 간병급여의 대상자가 무료요양소 등에 들어가 간병 비용을 지출하지 않았거나, 제3항에 따른 지급 기준보다 적은 금액을 지출한 경우에는 실제 지출한 금액을 지급한다.

간병급여 수급권자가 재요양을 받는 경우 그 재요양 기간 중에는 간병급여를 지급하지 않는다. 간병급여의 청구 방법 등은 고용노동부령으로 정한다.

⑤ 유족급여

유족급여는 근로자가 업무상의 사유로 사망한 경우에 유족에게 지급한다. 유족급여는 유족보상연금이나 유족보상일시금으로 하되, 유족보상일시금은 근로자가 사망할 당시 유족보상연금을 받을 수 있는 자격이 있는 자가 없는 경우에 지급한다.

유족보상연금을 받을 수 있는 자격이 있는 자(유족보상연금 수급자격자)는 근로자가 사망할 당시 그 근로자와 생계를 같이 하고 있던 유족(그 근로자가 사망할 당시 대한민국 국민이 아닌 자로서 외국에서 거주하고 있던 유족은 제외한다) 중 배우자와 부모 또는 조부모로서 각각 60세 이상인 자, 자녀 또는 손자녀로서 각각 19세 미만인 자, 형제자매로서 19세 미만이거나 60세 이상인 자, 앞의 규정 중 어느 하나에 해당하지 아니하는 자녀 · 부모 · 손자녀 · 조부모 또는 형제자매로서 '장애인복지법'에 따른 장애인 중 고용노동부령으로 정한 장애등급 이상에 해당하는 자로 한다. 이 경우 근로자와 생계를 같이 하고 있던 유족의 판단 기준은 대통령령으로 정한다.

유족보상연금 수급자격자 중 유족보상연금을 받을 권리의 순위는 배우자 · 자녀 · 부모 · 손자녀 · 조부모 및 형제자매의 순서로 한다.

유족보상연금을 받을 수 있는 자격이 있는 자가 원하면 유족보상일시금의 50%에 상당하는 금액을 일시금으로 지급하고 유족보상연금은 50%을 감액하여 지급한다.

유족보상연금을 받던 자가 그 수급자격을 잃은 경우 다른 수급자격자가 없고 이미 지급한 연금액을 지급 당시의 각각의 평균임금으로 나누어 산정한 일수의 합계가 1,300일에 못 미치면 그 못 미치는 일수에 수급자격 상실 당시의 평균임금을 곱하여 산정한 금액을 수급자격 상실 당시의 유족에게 일시금으로 지급한다.

유족보상연금 수급자격자인 유족이 사망한 경우, 재혼한 때(사망한 근로자의 배우자만 해당하며, 재혼에는 사실상 혼인 관계에 있는 경우 포함), 사망한 근로자와의 친족 관계가 끝난 경우, 자녀·손자녀 또는 형제자매가 19세가 된 때, 장애인이었던 자로서 그 장애 상태가 해소된 경우, 근로자가 사망할 당시 대한민국 국민이었던 유족보상연금 수급자격자가 국적을 상실하고 외국에서 거주하고 있거나 외국에서 거주하기 위하여 출국하는 경우, 대한민국 국민이 아닌 유족보상연금 수급자격자가 외국에서 거주하기 위하여 출국하는 경우에 해당하면 그 자격을 잃는다.

유족보상연금을 받을 권리가 있는 유족보상연금 수급자격자(유족보상연금 수급권자)가 그 자격을 잃은 경우에 유족보상연금을 받을 권리는 같은 순위자가 있으면 같은 순위자에게, 같은 순위자가 없으면 다음 순위자에게 이전된다.

유족보상연금의 지급 기준 및 방법, 그 밖에 필요한 사항은 대통령령으로 정한다.

⑥ 상병보상연금

요양급여를 받는 근로자가 요양을 시작한 지 2년이 지난 날 이후에 그 부상이나 질병이 치유되지 아니한 상태일 것, 그 부상이나 질병에 따른 폐질(廢疾)의 정도가 대통령령으로 정하는 폐질등급 기준에 해당할 것, 요양으로 인하여 취업하지 못하였을 것의 요건 모두에 해당하는 상태가 계속되면 휴업급여 대신 상병보상연금을 그 근로자에게 지급한다. 상병보상연금은 산업재해보상보험법 〈표 7-3〉에 따른 폐질등급에 따라 지급한다.

〈표 7-3〉 상병보상연금표(제66조 제2항 관련)

폐질등급	상병보상연금
제1급	평균임금의 329일분
제2급	평균임금의 291일분
제3급	평균임금의 257일분

⑦ 장의비

장의비는 근로자가 업무상의 사유로 사망한 경우에 지급하되, 평균임금의 120일분에 상당하는 금액을 그 장제(葬祭)를 지낸 유족에게 지급한다. 다만, 장제를 지낼 유족이 없거나 그 밖에 부득이한 사유로 유족이 아닌 자가 장제를 지낸 경우에는 평균임금의 120일분에 상당하는 금액의 범위에서 실제 드는 비용을 그 장제를 지낸 자에게 지급한다.

장의비가 대통령령으로 정하는 바에 따라 고용노동부장관이 고시하는 최고 금액을 초과하거나 최저 금액에 미달하면 그 최고 금액 또는 최저 금액을 각각 장의비로 한다.

⑧ 직업재활급여

직업재활급여의 종류는 첫째, 장해급여 또는 진폐보상연금을 받은 자나 장해급여를 받을 것이 명백한 자로서 대통령령으로 정하는 자(장해급여자) 중 취업을 위하여 직업훈련이 필요한 자(훈련대상자)에 대하여 실시하는 직업훈련에 드는 비용 및 직업훈련수당, 둘째, 업무상의 재해가 발생할 당시의 사업에 복귀한 장해급여자에 대하여 사업주가 고용을 유지하거나 직장적응훈련 또는 재활운동을 실시하는 경우에 각각 지급하는 직장복귀지원금, 직장적응훈련비 및 재활운동비 등이다.

훈련대상자 및 장해급여자는 장해정도 및 연령 등을 고려하여 대통령령으로 정한다.

3) 전달체계

(1) 운영정책 체계

① 위원회

우리나라는 보험사업에 관한 중요사항을 심의하게 하기 위하여 산업재해보상보험법으로 고용노동부에 산업재해보상보험및예방심의위원회를 두고 있다. 그리고 이 위원회는 근로자를 대표하는 자, 사용자를 대표하는 자 및 공익을 대표하는 자로 구성하되, 그 수는 각각 동수로 하여 당사자 참여를 보장하고 있다. 이와 같은 당사자 참여 보장정책은 현대적 의미에서의 사회복지정책에서 매우 필요한 정책이다. 또한 위원회는 심의사항을 검토하고 위원회의 심의를 보조하기 위하여 위원회에 전문위원회를 두어 전문성을 담보하고 있다.

② 보험조사연구

국가(고용노동부)는 보험사업을 효율적으로 관리 · 운영하기 위하여 산업재해보상보험사업에 관련한 조사 · 연구사업 등을 대통령령이 정하는 자에게 대행할 수 있도록 하고 있는데, 이는 해당분야에 전문성을 갖추고 있는 자에게 업무를 대행케 함으로써 보험사업의 전문성 · 효율성을 기하고자 하는 것이다.

(2) 근로복지공단

정부(고용노동부)는 산업재해보상보험사업을 효율적으로 수행하기 위하여 근로복지공단을 설립하여 운영하는 정책을 수행하고 있는데, 이 때 근로복지공단에서는 보험가입자 및 수급권자에 관한 기록의 관리 · 유지, 보험료징수법에 의한 보험료 그 밖의 징수금의 징수, 보험급여의 결정 및 지급, 보험급여에 관한 심사청구의 심리 · 결정, 산업재해보상보험시설의 설치 · 운영, 업무상 재해를 입은 근로자 등의 요양 및 재활, 재활보조기구의 연구개발·검정 및 보급, 근로자의 복지증진을 위한 사업, 기타 정부로부터 위탁받은 사업 등을 수행하도록 하고 있다.

근로복지공단은 사업을 위하여 필요할 경우 자금 차입, 매 회계 연도 보험사업과 관련하여 지출이 수입을 초과하게 될 때 책임준비금 범위 안에서 산업재해보상보험 및 예방기금에서 이입하여 충당할 수 있고 매회계 연도 말에 결산상 잉여금이 있을 때에는 회계별로 구분하여 손실금을 보전하고 나머지는 이를 적립하여 둔다. 따라서 근로복지공단은 산업재해보상보험사업을 실질적으로 담당하는 기관이라 할 수 있다.

(3) 근로복지사업

① 근로복지사업

고용노동부장관은 근로자의 복지 증진을 위하여 업무상의 재해를 입은 근로자의 원활한 사회 복귀를 촉진하기 위한 요양이나 외과 후 처치에 관한 시설, 의료재활이나 직업재활에 관한 보험시설의 설치 · 운영, 장학사업 등 재해근로자와 그 유족의 복지 증진을 위한 사업, 그 밖에 근로자의 복지 증진을 위한 시설의 설치・운영 사업을 한다.

고용노동부장관은 공단 또는 재해근로자의 복지 증진을 위하여 설립된 법인 중 고용노동부장관의 지정을 받은 법인(지정법인)에 따른 사업을 하게 하거나 같은 보험시설의 운영을 위탁할 수 있다.

② 산업재해보상보험 및 예방기금

고용노동부장관은 보험사업, 산업재해 예방 사업에 필요한 재원을 확보하고, 보험급여에 충당하기 위하여 산업재해보상보험및예방기금을 설치한다.

기금은 보험료, 기금운용 수익금, 적립금, 기금의 결산상 잉여금, 정부 또는 정부 아닌 자의 출연금 및 기부금, 차입금, 그 밖의 수입금을 재원으로 하여 조성한다. 정부는 산업재해 예방 사업을 수행하기 위하여 회계연도마다 기금지출예산 총액의 100분의 3의 범위에서 정부의 출연금으로 세출예산에 계상(計上)하여야 한다.

기금은 보험급여의 지급 및 반환금의 반환, 차입금 및 이자의 상환, 공단에의 출연, '산업안전보건법'에 따른 용도, 재해근로자의 복지 증진, '한국산업안전보건공단법'에 따른 "한국산업안전보건공단"에 대한 출연, '보험료징수법'에 따른 업무를 위탁받은 자에의 출연, 그 밖에 보험사업 의 용도에 사용한다. 기금은 고용노동부장관이 관리·운용한다.

고용노동부장관은 회계연도마다 위원회의 심의를 거쳐 기금운용계획을 세워야 한다.

4) 재원

산업재해보상보험의 보험료는 가입자인 사업주가 전액 부담한다. 그 이유는 산업재해보상보험이 무과실책임주의원리를 기초로 사업주의 재해보상책임을 사회보험화하여 근로자를 보호하는 것이 목적이기 때문이다.

우리나라 산업재해보상보험 보험료를 부과하는 체계는 업종별 차등요율체계를 기본으로 하고 부분적으로 개별실적요율 체계를 적용하고 있다. 즉, 각 업종 내의 개별사업장은 산업재해 경력에 따라 부분적으로 개별실적요율을 적용받는다. 그리고 보험료 부과는 선납에 따른 개산보험료를 부과하고, 회계연도 이후에 확정보험료와의 차액을 정산하여 재조정하도록 하고 있다.

보험료는 보험가입자가 경영하는 사업의 임금총액에 같은 종류의 사업에 적용되는 보험료율을 곱한 금액으로 한다. 산재보험료율은 매년 6월 30일 현재 과거 3년 동안의 보수총액에 대한 산재보험급여 총액의 비율을 기초로 하여 산업재해보상보험법에 따른 연금 등 산재보험급여에 소요되는 금액, 재해예방 및 재해근로자의 복지증진 비용 등을 고려하여 사업의 종류별로 구분하여 고용노동부령으로 정한다.

4. 산업재해보상보험의 문제점

산업재해보상보험의 중요성은 산업이 고도화되면서 그 중요성이 더욱 강조되고 있다. 즉, 첨단산업의 발전과 더불어 발생하는 직·간접적 위험요인 및 물질에 대한 접촉 및 접근, 환경의 파괴와 오염, 저임금에 기반한 사업장의 영세성으로 인한 낙후, 자동차 및 교통량의 증가에 따른 출·퇴근시 사고, 편리한 생활 위주 사회로의 이행에 따른 유해물질 사용량 증가로 인한 재해가능성 증대 등은 근로자로 하여금 자신의 생명을 담보하도록 요구하고 있다.

따라서 산업재해보상보험은 근로자의 업무상 재해에 대한 경제적 부담을 경감하고, 사용자의 배상책임을 방지하여 근로자의 복지증진을 도모하는 제도이다. 여기서 사용자의 배상책임을 사용자 개인이 부담하도록 할 경우 사용자는 근로자 고용을 최대한 회피하려 할 것이므로, 고용의 질적 및 양적 안정을 위해서 바람직하지 않다.

그리고 가장 중요한 것은 물론 산업재해 자체를 예방하는 것이므로 이에 대한 사업도 산업재해보상보험에서 실시하고 있음은 당연하다. 그리고 불가피한 사고에 대해서는 산업재해보상보험을 통하여 부상자나 사망자에 대해 근로자나 가족을 보호하고 보상하여 준다.

이와 같은 산업재해보상보험은 신속하고 공정한 보상을 국가가 보장하고 책임을 지는 동시에 근로자를 고용한 사업장에 강제로 가입하도록 하는 강제보험성격을 가지고 있다. 이와 같은 제도는 사용자의 경우 재해를 입은 근로자에 대하여 형사상 책임, 민사상 보상책임을 국가가 대신 지므로 사용자 역시 매우 필요하고 긍정적인 제도라 할 수 있을 것이다.

그러나 일반적으로 우리나라의 산업재해보상보험제도는 보상의 대상이 되는 업무상 재해의 인정 범위가 지나치게 엄격하다는 지적을 받고 있다. 또한 장해의 등급제도 역시 신체적인 측면에 초점을 두고 있어 정신적인 측면에서의 장해를 포괄할 수 있는 장해등급판정기준이 보완되어야 할 것이다.

또한 근로자에 대한 보상 차원에 집중하는 정책보다는 산업재해의 예방을 위한 사업이 더욱 강조되어야 할 것이며 보상급여액의 현실화도 해결하여야 할 과제이다.

제 8 장

국민건강보험

1. 국민건강보험의 의의

1) 건강보험제도의 개념

건강보험제도는 일상생활 중 발생할 수 있는 질병이나 부상 등으로 인하여 의료적 치료가 필요한 경우, 의료비 부담을 줄여 줌으로써 가계의 안정을 도모하고 경제적 이유로 치료활동을 중단하는 일을 방지하며, 한 가정의 경제적 어려움을 극복하고자 시행한 사회복지정책 제도이다.

건강보험제도는 그 원리를 보험의 원리에 두고 있다. 따라서 보험가입자가 평소에 보험료를 내고 국가는 이를 기금으로 운영하다가 질병 등으로 치료가 필요한 경우 보험급여를 받아 경제적 부담을 줄이는 것이다. 이는 보험의 원리 중 위험분담의 원리가 그 중심에 있다 할 것이다.

이와 같은 건강보험제도는 우리나라 사회보장제도의 중심축을 담당하고 있다. 국가는 국민의 행복추구권을 보장하고 이들의 안녕에 깊이 관여하는 시스템이다.

또한 건강보험제도는 소득의 재분배기능도 가지고 있어, 소득이 많은 사람은 보다 많은 건강보험료를 부담하고 기초생활수급자와 같이 소득이 없는 사람은 아예 건강보험료를 부담하지 않음으로써 소득재분배와 사회적 연대를 강화하여 사회통합을 이루고자 한다.

이제 국민건강보험은 질병만을 치료하는 기능만을 담당하지는 않는다. 과거에는 단순히 질병을 치료하는 의료서비스만을 제공하였으나 이와 같은 의료서비스에 추가하여 건강진단과 재활 및 예방의 범위까지 포함하고 있어 보다 적극적 의미의 의료서비스가 이루어지고 있다. 이와 같은 사회복지정책은 국민의 건강한 생활을 보장하기 위한 매우 중요한 개념이라 할 수 있다.

이와 같은 국민건강보험의 기능을 요약하면 〈표 7-1〉에 제시한 바와 같이 국민건강보험의 사회연대성기능, 소득재분배기능, 위험분산기능, 비용부담의 형평성과 적정한 보험급여기능 등을 들 수 있다.

〈표 8-1〉 국민건강보험의 기능

목적 및 기능	내 용
국민건강보험의 사회연대성기능	국민건강보험은 형편이 낫고 건강한 사람이 형편이 어렵고 건강하지 못한 사람을 돕는다는 부조의 개념을 도입한 제도이다. 그리고 국민의 과중한 의료비 문제를 해결하여 국민의 건강과 가정을 보호하는 제도이다. 이는 국민건강문제를 개인의 책임이 사회전체의 연대책임으로 보고, 위험을 분산시키고, 소득을 재분배하는 기능도 가지고 있다.
소득재분배 기능	한 개인이 지닌 질병은 그 사람의 경제생활에 막대한 지장을 주고 그 사람의 생산성을 저하시켜 국민경제력의 상실을 초래한다. 따라서 어느 개인의 질병이 그 사람 만에 국한된 문제가 아닌 것이다. 그리고 질병의 문제는 누구나 당면하는 문제이고 이를 위한 보험료 부담도 경제적 능력에 따라 부담하는 것이 마땅할 것이다. 즉, 재정능력이 있다 하여 치료를 받을 수 있고 재정능력이 없다하여 치료를 받지 못하는 제도는 불합리한 제도이다. 그러므로 국민건강보험은 각 개인의 경제적 능력에 따라 보험료를 부담하고 이를 재원으로, 개별부담과 관계없이 필요에 따라 균등한 급여를 받도록 하여 소득재분배 기능을 수행한다.
위험분산 기능	국민건강보험은 보험의 원리를 통하여 개인의 위험을 보험가입자 전원에게 분산한다. 즉, 전 국민을 당연 가입 대상자로 하여 위험을 분산하고, 개개인의 부담을 경감하는 기능을 담당하는 것이다. 또한 질병발생이전에 수준에 맞는 보험료를 납부하고 필요할 때 보험급여를 받는 방식으로 위험을 시간적으로 분산하는 기능도 담당하고 있다.
비용부담의 형평성과 적정한 보험급여기능	건강보험에서는 비용부담과 관련하여 공평성의 원리를 강조하는데 예를 들어 재정능력이 있거나 없는 사람이 공평히 보험료를 부담하는 것이 공평한 것이 아니라 개인의 부담능력에 따라 보험료를 부담하는 것을 공평한 것으로 본다. 그러나 보험료 부담이 어느 정도였든지 간에 보험서비스는 동일하게 제공한다. 물론 이와 같은 공평성의 원리는 집단 구성원의 사회적 연대성이 기초가 되어야 한다.

그리고 국민건강보험의 특징은 국민이 임의적으로 가입하는 것이 아니라 전 국민을 강제로 보험에 가입토록 하고, 보험료의 부담을 공정성의 원리에 따르며, 급여의 균등한 수혜, 임의적 보험료 납부가 아닌 강제성, 그리고 보험료 산정에 관련하여 단기보험의 성격을 보이는 특징을 가진다. 이를 요약하면 〈표 8-2〉와 같다.

〈표 8-2〉 국민건강보험의 특징

특 징	내 용
강제적용	국민건강보험에서는 법률에 의하여 모든 국민이 가입하여야 하는 강제 보험이다. 따라서 모든 국민은 본인의 의사에 관계없이 강제가입 된다.
공평부과	보험료의 공평부과는 가입자의 부담능력에 따라 보험료를 차등하여 부과하는 것을 말한다. 이와 같은 공평부과는 일반 사보험이나 국민연금과 상당한 차이를 보이는데 사보험에서는 급여 내용, 위험 정도, 계약 내용 등에 따라 보험료를 달리 부담하지만, 동일한 조건인 경우에는 동일한 보험료를 부과하게 된다. 그러나 사회보험 방식인 건강보험에서는 동일한 의료서비스 조건을 두고도 재정능력에 따라 서로 다르게 보험료를 부담하게 된다. 이것이 바로 사회적 연대를 강조하는 사회보험의 특징이다.
보험급여의 균등한 수혜 (일정한 서비스)	사보험은 보험료수준, 계약기간, 계약내용에 따라 급여가 서로 상이하나 국민건강보험은 가입자의 보험료수준에 상관없이 동일한 의료서비스를 받게 된다. 따라서 서비스가 일정하고 보험료가 다른 특징이 있다.
보험료 납부의 강제성	국민건강보험은 그 가입이 강제적용이기 때문에 보험료 납부의 경우도 강제성을 띤다. 따라서 전국민은 국민건강 보험료 납부의무를 진다.(할 수 있다.)
회계연도 단기보험	국민건강보험은 국민연금보험과 달리 1년 단위의 회계연도를 기준으로 수입과 지출을 예정하여 보험료를 계산한다. 따라서 단기보험이라 할 수 있다.

2) 우리나라 건강보험제도 연혁

우리나라의 의료보험제도는 1963년 임의적용방식을 채택한 의료보험법이 제정되었고, 이후 1970년 근로자, 공무원, 군인 대상의 강제보험으로 법이 개정되고, 1976년 강제·임의적용의 병행과 당연적용의 범위를 확대할 수 있도록 전문이 개정되어 1977년 7월 1일 500인 이상 사업장 근로자를 대상으로 강제적용이 실시되었다.

1979년에는 공무원 및 사립학교 교직원을 대상으로 하는 공무원, 교사 의료보험법을 제정 실시하였으며 같은 해 7월 1일에는 300인 이상의 사업장 근로자까지 적용범위를 확대하였다.

1981년 7월과 1982년 7월에 각각 3개 시·군을 대상으로 지역의료보험시범사업이 실시되고, 한편 직장의료보험은 근로자수가 1982년에는 16인 이상, 1988년부터는 5인 이상 사업장까지 그 적용범위가 확대되었다.

또한 지역의료보험도 1988년 1월 1일에 농어촌지역의 자영업자 그리고 1989년 7월 1일에는 도시지역의 자영업자까지 적용대상자범위가 확대되었다. 이를 요약하면 아래와 같다.

1963년 : 임의 적용방식을 채택한 의료보험법 제정
1970년 : 근로자, 공무원, 군인 대상 강제보험으로 법 개정
1976년 : 강제·임의적용의 병행과 당연적용의 범위를 확대할 수 있도록 전문 개정
1977년 : 500인 이상 사업장 근로자를 대상으로 강제적용 실시
1979년 : 공무원 및 사립학교 교직원을 대상으로 하는 공·교 의료보험법을 제정 실시
1979년 : 300인 이상의 사업장 근로자까지 적용범위 확대
1981-1982년 : 3개 시·군을 대상으로 지역의료보험시범사업이 실시
1982년 : 16인 이상 적용범위확대
1988년 : 5인 이상 사업장까지 적용범위 확대
1988년 : 지역의료보험 농어촌지역의 자영업자 적용범위 확대
1989년 : 도시지역의 자영업자까지 적용대상자범위 확대
1997년 : 국민의료보험법 제정
1998년 : 지역의료보험조합(227개)과 공·교 의료보험관리공단 통합
국민의료보험관리공단 출범
1999년 : 국민건강보험법 제정
2000년 : 국민의료보험관리공단과 직장의료보험조합(139개) 통합

국민건강보험공단 출범(의료보험 완전통합)
2001년 : 5인 미만 사업장 근로자 직장가입자 편입
2002년 : 국민건강보험재정건전화특별법 제정
2003년 : 직장재정과 지역재정 통합(실질적인 건강보험 통합)
2005년 : 노인장기요양보험 시범사업 실시
2007년 : 노인장기요양보험법 제정(법률 제8403호)
2008년 : 노인장기요양보험 실시
2011년 : 사회보험 징수통합(건강보험, 국민연금, 고용보험, 산재보험)

2. 국민건강보험의 특징 및 질병의 개념

1) 건강보험의 특징

건강보험은 질병으로 인한 소득의 중단(병으로 직장에 결근해 못 받게 된 봉급)이나 질병 치료에 소요되는 진료비를 보장해 주는 제도이다. 말하자면, 질병 그 자체를 치료해 주는 '의료보장' 제도가 아니라 질병으로 인한 소득 상실 부분을 보전해 주는 '소득보장' 제도라는 것이다.

우리나라에서는 건강보험을 환자의 진료비를 대주는 제도로 인식하고 있으나, 원래 건강보험은 진료비보다는 질병으로 인한 소득의 상실 부분을 현금으로 지급(현금급여)하는 데 일차적인 목적이 있었다. 진료비(현물급여) 보장은 부차적이었다. 1911년 국민보험법의 하나로 시작된 영국의 건강보험이 바로 그랬다. 영국은 국민들에게 무상의 포괄적인 의료서비스를 보장해 주는 국민보건서비스(the National Health Service, NHS)를 시행하고 있음에도 질병으로 인한 소득의 중단에 대처하기 위한 현금급여(건강보험) 프로그램을 별도로 운용하고 있다.

건강보험은 사회보험 중 가장 오랜 역사를 갖고 있다. 1883년 비스마르크 건강보험이 그것이다. 원래는 산재보험이 먼저 입안되었으나 정부와 사회 제 세력들 간의 이견으로 입법화가 지연되어 비교적 쉽게 합의에 도달한 건강보험이 먼저

의회를 통과하여 세계 최초의 사회보험이란 영예를 안게 되었던 것이다.

연금이나 실업보험은 피보험자로부터 보험료를 징수하고 급여를 제공하는 기구가 동일하지만, 건강보험은 보험료를 징수하는 기구(건강보험관리운영기구)와 급여(의료서비스)를 제공하는 측(의료기관)이 다르다. 그리고 보험료 징수기구와 급여제공자가 다르기 때문에 급여제공자는 징수기구로부터 급여에 상응하는 대가(진료비)를 받는다.

이와 같이 의료서비스를 제공받는 환자가 진료비를 의료기관에 직접 지불하지 않고, 제3자인 관리운영기구가 대신 지불하기 때문에 의료기관이 청구하는 진료비의 적정성을 통제하기 위해 진료비심사기구를 둔다.

2) 질병의 개념

(1) 질병의 개념

세계보건기구(WHO)에 의하면 "건강이란 질병이 없거나 육체적으로 허약하지 않은 상태만을 의미하는 것이 아니라 육체적·정신적·사회적으로 안녕한 상태"이다. 따라서 건강상태란 질병의 부재만을 의미하는 것이 아니라 생리적·정신적·사회적으로 쾌적한 상태를 의미한다.

세계보건기구의 건강개념은 의료보장정책의 목표설정에 기여할 뿐만 아니라 사회복지정책이 추구하는 방향을 제기한다. 반면에 질병은 개념은 건강의 개념보다는 상대적으로 좁게 정의되고 있다. 물론 질병은 생물학적 요인에 의해서뿐만 아니라 경제적 및 사회적 요인에 의해서 발생하기 때문에 모두가 인정하는 개념 정의가 쉬운 일은 아니다. 여기서는 개인이 주관적으로 질병을 어떻게 인식하고 있는가, 객관적으로 어떻게 판단하는가, 그리고 질병의 형태가 시공간적으로 어떻게 변화하고 있는가를 설명하고자 한다.

① 주관적 인식

사람들은 일반적으로 심신상태의 허약, 불편 또는 통증을 느끼면 가족이나 의사에게 도움을 청한다. 그리고 의사를 방문하여 진료 및 치료, 간호 등의 의료서비스를 받고 약을 복용하고 경우에 따라서는 의료용구를 사용한다. 그러므로 질병에 대한 주관적 인식은 의료수요를 요구하는 조건이다.

모든 환자가 의사를 방문하여 진료 및 치료를 받는 것은 아니다. 의료서비스의 수요를 결정하는 요인으로는 개인의 주관적 인식뿐만 아니라 개인의 지불능력, 사회적 규범과 가치, 의사 및 병원 수 그리고 의료서비스의 질, 사회보장제도의 발달 정도 등을 들 수 있다. 이러한 요인들에 대해 설명하면 다음과 같다.

㉠ 지불능력 부족

높은 본인부담금은 만성 및 퇴행성 질병으로 고통을 받고 있는 환자의 부담을 증가시키고 지불능력이 부족한 저소득층을 의료서비스의 수요에서 배제한다. 빈곤층과 저소득층은 의료보장제도의 내용이 부실할수록 높은 의료장벽의 형성으로 의료서비스의 수요에서 배제된다.

㉡ 사회적 규범과 가치체계

사회가 건강유지에 대한 개인책임을 강조할수록, 직장상실에 대한 두려움이 높을수록 또는 가족을 부양해야 하는 부담이 클수록 환자는 스스로 질병이 치유되기를 기다리거나 의사의 진료를 받는 대신에 민간요법이나 의사의 처방 없이 약을 복용한다.

㉢ 진료행위에 대한 불신

환자가 의사의 진료행위에 대해서 불신할수록 의사의 진료를 거부하고 스스로 치료(self care)하려는 경향이 증가한다. 또한 의료전달체계가 잘못되어 있는 경우에 환자가 병원이나 의원을 방문하기 어렵거나(농어촌지역), 종합병원의 의료서비스를 선호하여 의료시장을 왜곡시킨다.

건강유지에 대해 개인책임을 강조하거나 의료보장제도의 미비나 의료전달체계의 왜곡 또는 이윤최대화를 추구하는 사회에서는 의사를 방문하는 회수 및 의료서비스에 대한 수요공급이 불균형을 이루게 된다. 특히 "선 성장 후 분배"에 보다 높은 가치를 두고 있는 경제제일주의 사회에서는 질병의 발생률이 높을 뿐만 아니라 의료서비스의 수요부족으로 인해 사회구성원의 건강을 위협하고 중증 질병들이 상승하여 국민건강은 위협을 받는다.

② 객관적 판단

의사들은 인체조직의 손상으로 통증을 느끼거나 감각적 및 정서적으로 불편함을 느끼는 상태를 질병이라고 정의한다. 의사들은 자연과학과 생물학의 지식을 이용하여 육체적 및 정신적 기능장애의 원인들을 발견하고 환자의 건강상태와 질병의 증상 및 유형을 객관적으로 판단한다.

물론 의료행위는 의사의 고유한 권리인 동시에 의무이다. 그러나 의학적인 판단에 입각한 질병의 개념 정의는 다음과 같은 한계로 인해서 질병의 형태(panorama)의 변화를 고려하기 어렵다.

㉠ 의학기술의 발전은 질병의 예방, 진단, 치료함으로써 건강을 유지 및 회복할 수 있는 방법들을 개발하지만 동시에 새로운 질병의 원인과 유형들을 발견한다.

㉡ 의학적인 판단은 질병의 원인을 개인적 차원에서만 발견하기 때문에 소득구조, 근로조건과 근로환경, 환경오염 등 사회구조적 요인들에 의해서 발생하는 질병의 유형과 관련된 문제를 경시한다.

㉢ 의사는 "환자를 마치 정상적으로 작동하지 않는 기계처럼 취급하고 부속품을 교체하기만 하면 치료되는 것처럼 생각하기" 때문에 의료행위의 인간화를 달성하지 못하고 심리적 및 정서적 문제를 해결하는 데에 한계를 보여준다.

㉣ 객관적 판단에 입각한 질병의 개념은 사회적 일탈행동 및 사회적 병리현상을 설명하는 것에 한계가 있다.

(2) 사회학적 관점에서의 질병의 개념

20세기에 들어와서 생물학적 기능장애뿐만 아니라 정신적 및 심리적 장애가 질병의 개념에 포함되었다. 프로이트(S. Freud)의 정신분석학이 이와 같은 질병의 개념을 확대하는 데에 기여하였다. 그에 의하면 성인의 심리적 장애와 사회적 병리현상은 아동기에 애정결핍과 좌절로 인한 자아상실과 사회 부적응의 결과로 이해한다. 그의 추종자들은 일탈행동 및 사회적 병리현상을 비정상적인 심리상태의 결과로 설명하면서 질병의 한 유형으로 인정하게 되었다.

구조기능주의 이론은 질병의 개념에 생물학적 및 심리적 장애뿐만 아니라 사회적 병리현상 등을 포함하면서 사회학적 관점에서 질병의 원인과 결과에 관심을 갖게 되었다. 그리고 질병의 개념을 사회학적 관점에서 정의하였는데 이 이론의 기본 가정은 개인의 기대행위가 사회적 규범과 가치에 일치하는 상태를 정상으로 간주한다.

건강이란 개인의 육체적 및 정신적 기능이나 행위가 일상생활을 영위하기에 부적절할 정도로 손상되지 않는 정상적인 상태인 반면에 질병이란 사회적 역할수행을 위한 능력이 부족한 상태, 즉 사회적 규범에서 벗어난 상태를 의미한다.

환자는 사회가 요구하는 기능과 역할을 정상적으로 수행할 수 없거나 사회질서의 유지를 위협하는 일탈상태 또는 사회적 병리현상과 결합되는 자로 정의한다. 여기서 사회적 병리현상이란 정상적인 삶을 방해하는 사회적 및 문화적으로 비정상적 현상들(부적응, 범법행위, 자살 등)을 말한다.

구조기능주의 이론을 정립한 파슨스(Parsons)에 의하면, 질병이 사회제도의 안정을 위협할 수 있기 때문에 치료를 필요하다고 보고 환자가 역할과 의무를 다하는 한 지불능력이 없을지라도 적법한 절차에 따라 정상적인 상태로 회복되도록 사회적으로 보호할 필요가 있다고 주장한다.

구조기능주의 이론은 생물학적 기능장애와 정신적 및 심리적 비정상 상태뿐만 아니라 사회적 규범에 벗어나는 일탈행위와 사회적 병리현상을 질병에 포함시켰다는 점에서 의의가 있다. 그러나 구조기능주의 관점에서 정의한 질병의 개념은 다음과 같은 한계를 보여주고 있다.

기능주의는 일련의 정상적인 사회적 가치와 규범을 전제로 하는데 어떠한 가치와 규범이 정상적인가에 대해서 명확히 설명하지 못한다. 다원주의 사회에서 모든 사람들에게 자본주의의 이데올로기를 강요할 수도 없을 뿐만 아니라 모든 사회구성원이 자본주의적 생산방식과 성과주의에 적응할 수도 없다. 즉, 구조기능주의 이론은 모든 사회구성원이 사회적 규범과 가치에 적응해야만 하는가의 문제에 대한 답변을 제공하지 못한다.

자본주의 사회에서 의료재화 및 의료서비스를 시장가격에 의해서 수요 및 공급하는 것이 정상적이고 건강에 대한 책임이 개인에게 있다는 사회적 규범이 정상이라면 왜 저소득층 환자의 치료를 사회적으로 지원하여야 하는가에 대한 명분이 부족하다.

구조기능주의 이론은 환자의 의무와 권리를 규정할 수는 있지만 건강한 삶을 영위하려는 동기를 부여할 수 없고 질병으로 인한 손해에 대비하는 의료보장제도의 도입이 왜 필요한가에 대한 근거를 제시하지 못한다. 특히 질병 또는 사회적 병리현상을 치료하고 회복하는 수단들을 투입할 수는 있지만, 현재 건강한 사회구성원에게 질병이라는 사회적 위험에 대비할 목적에서 사회보험에 가입을 강제할 근거를 제시할 수 없다.

마지막으로 상습절도, 알코올 및 마약 중독, 성범죄 등 일탈행위를 비정상적인 상태 또는 사회적 병리현상으로 규정하고, 그에 해당하는 자를 의사의 진단과 판사의 판결에 의해서 격리 치료 또는 처벌할 수는 있다. 그러나 사회적 병리 현상이 개인적 차원에서 발생하는 문제로 이해하기 때문에 사회구조적인 모순으로 발생한 사회문제를 파악할 수 없다. 그 결과 질병문제의 해결을 위한 사회적 책임을 회피하고 국가의 개입에 대한 근거를 제시하지 못한다.

구조기능주의 이론은 질병과 사회적 병리현상을 사회에 불쾌한 사건으로 파악하고 그에 대한 해결책은 의사 또는 전문가의 영역으로 한정함으로써 정신적 및 정서적 장애를 갖고 있는 환자를 사회로부터 격리하여 시설에 수용하는 것에 일조한다. 그러나 질병과 빈곤화에 대한 사회적 책임을 경시하고 사회보장제도의 발전에 기여하지 못하는 한계를 보여준다.

(3) 사회구조변동과 질병형태의 변화

사회구조변동은 사회구성원의 삶의 양식과 생활환경의 변화를 가져오는데 이러한 변화가 질병의 형태를 변화시키고 새로운 질병을 발생시키며 만성퇴행성 질병을 증가시킨다. 질병형태의 변화를 요약하면 다음과 같다. 과거에 열악한 삶의 조건과 생활환경으로 인해 만연되었던 디프테리아, 장티푸스, 콜레라 등 수인성 전염병들은 급격히 줄어들었다. 또한 위생시설의 확충과 함께 해충들이 박멸되면서 전염경로가 차단되었고 예방접종과 생활수준의 향상을 통해 개인의 면역기능은 강화되어 전염병들이 줄어들었다.

그러나 새로운 삶의 양식은 성인병, 심장병, 암, 후천성 면역결핍증(AIDS) 등과 같은 질병을 확산시키고 산업화는 류머티즘, 스트레스성 정서불안 등과 같은 직업병을 유발한다.

열악한 근로조건과 근로환경에서 일하는 생산직 근로자가 좋은 조건과 환경에서 근무하는 전문직 근로자보다 높은 이환율과 사망률을 보여준다. 장시간이고 불규칙한 근무시간, 야간작업, 교대근무, 육체적 및 정신적으로 유해한 근로 환경, 심리적 부담 등 사회·경제적 취약계층의 건강을 악화시키는 많은 문제들이 아직도 미해결인 채로 남아 있다.

인구구조가 노령화되면서 만성적 퇴행성 질병이 급증하고 있다. 의학기술의 발달은 기대수명을 연장하였지만 완치보다는 통증을 완화하는 방법들을 개발하고 점점 많은 사회구성원들이 만성퇴행성 질병에 의해서 장기간 고통을 받고 있다.

개인의 건강에 영향을 주는 외부요인으로는 삶의 양식, 삶의 조건과 환경, 사회적 관계 등을 들 수 있는데 이러한 요인들은 질병의 발생확률에 영향을 준다. 예를 들면, 질병의 발생확률과 질병의 형태는 사회계층에 따라서 그리고 지역별로 차이가 있다. 주거환경이 열악한 곳에서 살고 있는 사회·경제적 취약 계층은 쾌적한 주거환경에서 생활하는 사회구성원보다 건강을 상실할 위험이 높은 반면에 상류층은 여가선용과 문화생활에 적극적으로 참여하면서 보다 더 건강한 삶을 영위한다.

결론적으로 질병의 개념은 자연과학적, 생물학적 및 의학적 정의도 중요하지만 개인의 특성, 경제구조변동과 사회구조변동 등을 고려하는 넓은 의미로 정의되어야 한다. 이와 같이 질병의 개념을 넓게 정의할 때에 질병으로 인해서 근로능력상실 및 일상생활수행 능력상실을 야기하는 사건들을 제거하고 치료를 통해서 건강을 회복하며 손실을 보전할 수 있다. 또한 의료보장정책은 경제활동과 사회생활을 자립적이고 건강하게 영위할 수 있도록 지원하는 정책수단들을 개발할 수 있다.

질병의 개념은 사회복지정책의 관점에서 생산능력과 연결하여 이해되어야 한다. 예를 들면, 두통이 일반적으로 일상생활을 크게 방해하지는 않지만 생산능력을 결정적으로 하락시킬 수 있다. 비행기의 기장이나 의사 등과 같이 강한 집중력을 요구하는 직업인들에게 두통은 사고를 유발하는 직접적인 원인이 될 수 있으며 타자수에게 손가락의 절단은 지금까지의 직업을 상실하는 것을 의미한다. 또한 감기는 유아나 노인 등 심신이 허약한 사회구성원에게 다른 질병으로 발전될 확률이 높기 때문에 건강한 사회구성원과 동일하게 취급할 수 없다.

3. 우리나라의 국민건강보험

우리나라의 국민건강 보험제도는 국민의 질병·부상에 대한 예방·진단·치료·재활과 출산·사망 및 건강증진에 대하여 보험급여를 실시함으로써 국민보건 향상과 사회보장 증진에 이바지함을 목적으로 하며, 건강보험사업은 보건복지부장관이 맡아 주관한다.

1) 급여대상

(1) 가입자 또는 피부양자

국내에 거주하는 국민은 이 법에 따른 건강보험의 가입자 또는 피부양자가 된다. 다만, '의료급여법'에 따라 의료급여를 받는 사람, '독립유공자예우에 관한 법률' 및 '국가유공자 등 예우 및 지원에 관한 법률'에 따라 의료보호를 받는 사람(유공자등 의료보호대상자 중 건강보험의 적용을 보험자에게 신청한 사람, 건강보험을 적용받고 있던 사람이 유공자등 의료보호대상자로 되었으나 건강보험의 적용배제신청을 보험자에게 하지 아니한 사람은 제외)

(2) 피부양자

피부양자는 다음의 어느 하나에 해당하는 사람 중 직장가입자에게 주로 생계를 의존하는 사람으로서 보수나 소득이 없는 사람을 말한다.

- 직장가입자의 배우자
- 직장가입자의 직계존속(배우자의 직계존속 포함)
- 직장가입자의 직계비속(배우자의 직계비속 포함)과 그 배우자
- 직장가입자의 형제·자매

2) 가입자의 유형

(1) 직장가입자

모든 사업장의 근로자 및 사용자와 공무원 및 교직원은 직장가입자가 된다. 다만, 다음의 어느 하나에 해당하는 사람은 제외한다.

- 고용 기간이 1개월 미만인 일용근로자
- '병역법'에 따른 현역병(지원에 의하지 아니하고 임용된 하사 포함), 전환복무된 사람 및 무관후보생
- 선거에 당선되어 취임하는 공무원으로서 매월 보수 또는 보수에 준하는 급료를 받지 아니하는 사람
- 그 밖에 사업장의 특성, 고용 형태 및 사업의 종류 등을 고려하여 대통령령으로 정하는 사업장의 근로자 및 사용자와 공무원 및 교직원

"비상근 근로자 또는 1개월 동안의 소정(所定)근로시간이 60시간 미만인 단시간근로자, 비상근 교직원 또는 1개월 동안의 소정근로시간이 60시간 미만인 시간제공무원 및 교직원, 소재지가 일정하지 아니한 사업장의 근로자 및 사용자, 근로자가 없거나 "비상근 근로자 또는 1개월 동안의 소정(所定)근로시간이 60시간 미만인 단시간근로자"에 해당하는 근로자만을 고용하고 있는 사업장의 사업주"에 따른 근로자 및 사용자는 대통령령으로 정하는 절차에 따라 직장가입자가 되거나 탈퇴할 수 있다.

(2) 지역가입자

지역가입자는 직장가입자와 그 피부양자를 제외한 가입자를 말한다.

3) 가입자 자격

(1) 가입자격

가입자는 국내에 거주하게 된 날에 직장가입자 또는 지역가입자의 자격을 얻는다. 다만, 다음의 어느 하나에 해당하는 사람은 그 해당되는 날에 각각 자격을 얻는다.

- 수급권자이었던 사람은 그 대상자에서 제외된 날
- 직장가입자의 피부양자이었던 사람은 그 자격을 잃은 날
- 유공자등 의료보호대상자이었던 사람은 그 대상자에서 제외된 날
- 보험자에게 건강보험의 적용을 신청한 유공자등 의료보호대상자는 그 신청한 날

자격을 얻은 경우 그 직장가입자의 사용자 및 지역가입자의 세대주는 그 명세를 보건복지부령으로 정하는 바에 따라 자격을 취득한 날부터 14일 이내에 보험자에게 신고하여야 한다.

(2) 자격변동

가입자는 다음의 어느 하나에 해당하게 된 날에 그 자격이 변동된다.

- 지역가입자가 적용대상사업장의 사용자로 되거나, 근로자·공무원 또는 교직원(이하 "근로자등")으로 사용된 날
- 직장가입자가 다른 적용대상사업장의 사용자로 되거나 근로자등으로 사용된 날
- 직장가입자인 근로자등이 그 사용관계가 끝난 날의 다음 날
- 적용대상사업장에 휴업·폐업 등 보건복지부령으로 정하는 사유가 발생한 날의 다음 날 경우
- 지역가입자가 다른 세대로 전입한 날

자격이 변동된 경우 직장가입자의 사용자와 지역가입자의 세대주는 다음의 구분에 따라 그 명세를 보건복지부령으로 정하는 바에 따라 자격이 변동된 날부터 14일 이내에 보험자에게 신고하여야 한다.

- 지역가입자가 적용대상사업장의 사용자로 되거나, 근로자·공무원 또는 교직원(이하 "근로자등"이라 한다)으로 사용된 날 및 직장가입자가 다른 적용대상사업장의 사용자로 되거나 근로자등으로 사용된 날에 따라 자격이 변동된 경우: 직장가입자의 사용자
- 직장가입자인 근로자등이 그 사용관계가 끝난 날의 다음 날, 적용대상사업장에 "휴업·폐업 등 보건복지부령으로 정하는 사유가 발생한 경우"에 따른 사유가 발생한 날의 다음 날, 지역가입자가 다른 세대로 전입한 날에 따라 자격이 변동된 경우: 지역가입자의 세대주

법무부장관 및 국방부장관은 직장가입자나 지역가입자가 '병역법'에 따른 현역병(지원에 의하지 아니하고 임용된 하사 포함), 전환복무된 사람 및 무관후보생에 해당하게 된 경우 또는 교도소, 그 밖에 이에 준하는 시설에 수용되어 있는 경우에 해당하면 보건복지부령으로 정하는 바에 따라 그 사유에 해당된 날부터 1개월 이내에 보험자에게 알려야 한다.

(3) 자격상실

가입자는 다음의 어느 하나에 해당하게 된 날에 그 자격을 잃는다.

- 사망한 날의 다음 날
- 국적을 잃은 날의 다음 날
- 국내에 거주하지 아니하게 된 날의 다음 날
- 직장가입자의 피부양자가 된 날
- 수급권자가 된 날
- 건강보험을 적용받고 있던 사람이 유공자등 의료보호대상자가 되어 건강보험의 적용배제신청을 한 날

자격을 잃은 경우 직장가입자의 사용자와 지역가입자의 세대주는 그 명세를 보건복지부령으로 정하는 바에 따라 자격을 잃은 날부터 14일 이내에 보험자에게 신고하여야 한다.

(4) 자격취득의 확인

가입자 자격의 취득·변동 및 상실은 규정에 따른 자격의 취득·변동 및 상실의 시기로 소급하여 효력을 발생한다. 이 경우 보험자는 그 사실을 확인할 수 있으며, 가입자나 가입자이었던 사람 또는 피부양자나 피부양자이었던 사람은 확인을 청구할 수 있다.

(5) 건강보험증

국민건강보험공단은 가입자에게 건강보험증을 발급하여야 한다. 가입자 또는 피부양자가 요양급여를 받을 때에는 건강보험증을 요양기관에 제출하여야 한다. 다만, 천재지변이나 그 밖의 부득이한 사유가 있으면 그러하지 않는데, 가입자 또는

피부양자는 주민등록증, 운전면허증, 여권, 그 밖에 보건복지부령으로 정하는 본인 여부를 확인할 수 있는 신분증명서로 요양기관이 그 자격을 확인할 수 있으면 건강보험증을 제출하지 아니할 수 있다.

가입자·피부양자는 자격을 잃은 후 자격을 증명하던 서류를 사용하여 보험급여를 받아서는 안 된다.

누구든지 건강보험증이나 신분증명서를 다른 사람에게 양도(讓渡)하거나 대여하여 보험급여를 받게 해서는 안 되며, 건강보험증이나 신분증명서를 양도 또는 대여를 받거나 그 밖에 이를 부정하게 사용하여 보험급여를 받아서는 아니 된다.

건강보험증의 서식과 그 교부 및 사용 등에 필요한 사항은 보건복지부령으로 정한다.

4) 급여내용

(1) 요양급여

국민건강보험 가입자 및 피부양자의 질병·부상·출산 등에 대하여 진찰·검사, 약제·치료재료의 지급, 처치·수술 기타의 치료, 예방·재활, 입원, 간호, 이송의 요양급여를 실시한다.

요양급여의 방법·절차·범위·상한 등 요양급여의 기준은 보건복지부령으로 정한 바에 따르는데, 보건복지부장관은 요양급여의 기준을 정함에 있어 업무 또는 일상생활에 지장이 없는 질환 등은 요양급여의 대상에서 제외한다.

(2) 요양기관

요양급여(간호 및 이송 제외)는 요양기관에서 담당한다. 이 경우 보건복지부장관은 공익 또는 국가시책상 요양기관으로 적합하지 아니하다고 인정되는 의료기관 등은 요양기관에서 제외할 수 있다.

종합전문요양기관 또는 전문요양기관으로 인정된 요양기관에 대하여는 요양급여절차 및 요양급여비용을 다른 요양기관과 달리할 수 있다. 그리고 요양급여를 받는 자는 그 비용의 일부(본인 일부부담금)를 본인이 부담한다.

(3) 요양비지급

국민건강보험공단은 가입자 또는 피부양자가 보건복지부령이 정하는 긴급 기타 부득이한 사유로 인하여 요양기관과 유사한 기능을 수행하는 기관에서 질병·부상·출산 등에 대하여 요양을 받거나 요양기관외의 장소에서 출산을 한 때에는 그 요양급여에 상당하는 금액을 가입자 또는 피부양자에게 요양비로 지급한다.

(4) 기타 요양급여

국민건강보험공단은 요양급여 외에 대통령령이 정하는 바에 의하여 장제비·상병수당 기타의 급여를 실시할 수 있다. 그리고 국민건강보험공단은 장애인복지법에 의하여 등록한 장애인인 가입자 및 피부양자에게는 보장구에 대하여 보험급여를 실시할 수 있다.

보장구에 대한 보험급여의 범위·방법·절차 기타 필요한 사항은 보건복지부령으로 정한다. 이에 대한 상세한 내용은 관련서적을 참고하기 바란다.

(5) 건강검진

국민건강보험공단은 가입자 및 피부양자에 대하여 질병의 조기발견과 그에 따른 요양급여를 하기 위하여 건강검진을 실시한다.

(6) 급여제한

국민건강보험공단은 보험급여를 받을 수 있는 자가 고의 또는 중대한 과실로 인한 범죄행위에 기인하거나 고의로 사고를 발생시킨 때, 고의 또는 중대한 과실로 공단이나 요양기관의 요양에 관한 지시에 따르지 아니한 때, 고의 또는 중대한 과실로 문서 기타 물건의 제출을 거부하거나 질문 또는 진단을 기피한 때, 업무상 또는 공무상 질병·부상·재해로 인하여 다른 법령에 의한 보험급여나 보상 또는 보상을 받게 되는 때에 해당하는 때에는 보험급여를 실시하지 않는다.

국민건강보험공단은 보험급여를 받을 수 있는 자가 다른 법령에 의하여 국가 또는 지방자치단체로부터 보험급여에 상당하는 급여를 받거나 보험급여에 상당하는 비용을 지급받게 되는 때에는 그 한도 내에서 보험급여를 실시하지 아니한다.

(7) 보험료체납

국민건강보험공단은 세대단위의 보험료를 대통령령이 정하는 기간 이상 체납한 지역가입자에 대하여 보험료를 완납할 때까지 보험급여를 실시하지 아니할 수 있다. 다만, 체납기간 중 보험급여를 받은 사실이 있음을 국민건강보험공단이 통지한 날부터 2월 이내에 체납된 보험료를 완납한 경우에는 그러하지 아니하다.

국민건강보험공단은 보험료를 체납한 경우에는 그 체납에 대하여 가입자 본인에게 귀책사유가 있는 경우에 한하여 적용한다. 이 경우 해당 직장가입자의 피부양자에게도 적용한다.

(8) 부당급여

국민건강보험공단은 보험급여를 실시함에 있어서 필요하다고 인정되는 때에는 보험급여를 받는 자에 대하여 문서 기타 물건의 제출을 요구하거나 관계인으로 하여금 질문 또는 진단을 하게 할 수 있다.

국민건강보험공단은 부당한 방법으로 보험급여를 받은 자 또는 보험급여비용을 받은 요양기관에 대하여 그 급여 또는 급여비용에 상당하는 금액의 전부 또는 일부를 징수한다.

사용자 또는 가입자의 허위의 보고 또는 증명에 의하거나 요양기관의 허위의 진단에 의하여 보험급여가 실시된 때에는 국민건강보험공단은 이들에 대하여 보험급여를 받은 자와 연대하여 징수금을 납부하게 할 수 있다. 보험급여를 받을 권리는 양도 또는 압류할 수 없다. 이는 국민의 건강한 삶을 보장하기 위한 매우 중요한 개념이다.

5) 전달체계

국민건강보험의 보험자는 국민건강보험공단으로 하며, 국민건강보험공단과 더불어 발족된 건강보험심사평가원에서는 국민건강보험의 요양급여비용에 대한 심사를 담당하고 진료의 의학적 적정성을 평가하고 있다.

우리나라 건강보험제도의 운영과 관련하여 정책결정에 대한 담당 부서는 보건복지부 제2차관 산하 건강보험정책국으로 보험정책과, 보험급여과, 보험약제과, 보험평가과가 이에 관한 업무를 관장하고 있다.

6) 재원

우리나라 국민건강보험 재정운영방식은 사회보험방식으로 운영된다. 적용대상은 국내에 거주하는 국민을 대상으로 속지주의에 의거하고 있다. 즉, 그리고 일정한 자격과 요건을 갖춘 외국인 및 재외국민은 본인의 신청으로 적용대상이 될 수도 있다.

국민건강보험은 보험가입자와 피부양자로 구분하여 가입자의 보험료로 피부양자의 의료서비스를 받는다.

우리나라의 보험재정은 지역가입자와 직장가입자로 구분하여 재정을 구분하여 운영하나 적용은 국민건강보험법의 적용을 받아 동일한 적용을 받고 있다. 이와 같이 재정을 구분 운영하는 이유는 지금까지 보험료 부과·고지 및 징수체계가 다르게 운영되어 오던 것을 제도로 변경하여 통합 운영함으로써 혼란을 방지하기 위한 것이라 할 수 있다.

국민건강보험 재원의 조성은 보험가입자의 전년도 표준수입월액을 기준으로 직장가입자와 지역가입자를 구분하여 조성한다. 직장가입자의 경우 보험료율 2.8%로 가입자(1.4%)와 사용자(1.4%)가 부담한다. 그리고 공무원은 보험료율 3.4%로 공무원 가입자(1.7%)와 국가(1.7%)가 부담한다. 또 교직원은 공무원과 같이 3.4%이나 가입자 1.7%, 사용자 1.02%, 국가 0.68%를 각각 부담한다. 마지막으로 군인의 경우는 총보험료율 2.8%를 가입자(1.4%)와 국가(1.4%)가 부담한다.

그리고 지역보험재정은 지역가입자의 보험료와 국가지원 국고금으로 조성한다. 지역가입자의 보험료는 세대별로 소득비례보험료와 재산비례보험료로 구분하여 부과하는데, 소득비례보험료는 과세소득보험료와 평가소득보험료로 구분되고, 재산비례보험료는 재산보험료와 자동차 보험료로 구분된다. 이를 구분하여 도표로 제시하면 〈표 8-3〉과 같다.

〈표 8-3〉 국민건강보험재정

구분	세분류	
직장가입자	직장가입자(월 소득액의 2.8%)	가입자(1.4%) 사용자(1.4%)
	공무원(월 소득액의 3.4%)	가입자(1.7%) 국가(1.7%)
	교직원(월 소득액의 3.4%)	가입자 1.7%, 사용자 1.02%, 국가 0.68%
	군인(월 소득액의 2.8%)	가입자(1.4%) 국가(1.4%)
지역가입자	소득비례보험료	과세소득보험료 평가소득보험료
	재산비례보험료	재산보험료 자동차보험료

보험급여비용의 심사와 보험급여의 적정성 평가와 관련한 업무를 관장한다.

4. 국민건강보험재정의 현황과 문제점

우리나라의 건강보험정책은 보험료 부담의 형평성제고 등의 문제를 안고 있어 사회적 갈등과 불안을 증폭시키고 있는 것도 사실이다. 또 건강보험정책이 합리적인 보험평가에 근거하지 않고 정치적 논리에 의존하여 의료수가체계 등의 비효율이 급증하고 있다.

더구나 건강보험관리공단 운영구조가 관료화, 중앙집권화, 독점화, 경직화되어 관리운영의 비효율성을 증가시켜 보험재정을 더욱 악화시키기까지 하고 있다.

따라서 우리나라의 국민건강보험은 향후 고위험 질병으로 인한 고액진료비에 대한 보장이 가장 긴박한 문제이고 재정을 안정화시키기 위하여 보험료의 적정한 징수로 보험 수입을 증가시키고 보험지출 구조를 효율화하여 보다 안정적인 운영구조를 이룩하여야 할 것이다.

또한 최근에 제기되고 있는 의료민영화에 대한 국민의 불안을 불식시키고, 사회보장제도의 중심축으로 발전해 나가야 한다.

제 9 장
국민연금보험

1. 고령화와 사회보장연금

20세기 이후 의학의 눈부신 발전, 지속적인 소득의 증가, 충분한 영양의 공급, 보건환경 및 근로조건의 개선 등 여러 요인에 의해 인간의 평균수명은 크게 늘어났다. 특히 선진국일수록 65세 이상 노인의 비율(고령화율)은 가파르게 상승하고 있다. 65세 이상 노인인구와 14세 이하 인구를 합한 것을 15~64세 인구수로 나눈 부양률 역시 대단히 높아 50%를 상회하거나 육박하고 있다. 부양률이 50%라는 것은 부양인구가 근로가능인구(15~64세)의 절반이라는 것을 뜻하는데, 근로계층의 부양부담이 그만큼 크다는 것을 의미한다.

우리나라의 고령화율은 서구 선진국에 비해 낮은 편이나, 고령화 속도가 빨리 진행되고 있어 향후 심각한 사회문제가 될 것으로 보인다. 통계청 인구전망에 따르면 노령인구가 14%인 고령사회에 도달하는 데 걸리는 시간이 프랑스는 115년이었고, 미국은 71년인 데 비해 우리나라는 겨우 19년이고, 2050년에는 노령인구가 세계 최고인 37%에 이르게 될 전망이다.

〈그림 9-1〉 장래인구 추계

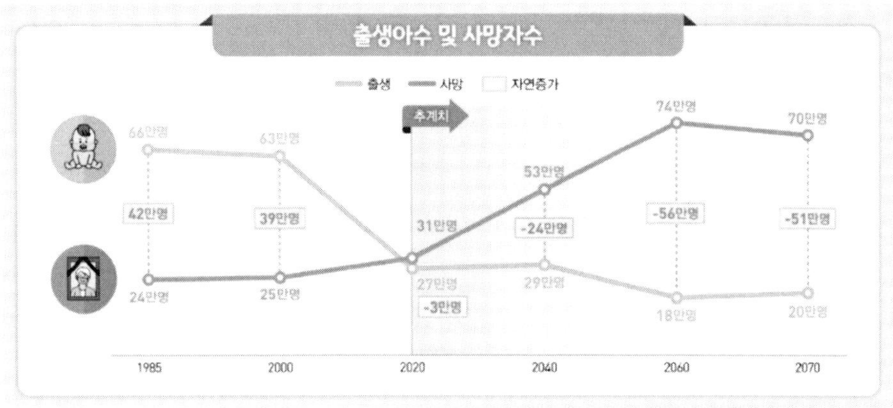

〈표 9-1〉 우리나라의 고령화 속도

구 분	도달 연도			소요 연수	
	7% (고령화 사회)	14%(고령사회)	20% (초고령사회)	7%→14%	14%→ 20%
한 국	2000	2019	2026	19	7
프랑스	1864	1979	2020	115	41
미 국	1942	2013	2028	71	15

공적연금제도가 나타나기 전까지 노후문제는 전적으로 개인이나 가족의 책임이었다. 다시 말해서, 젊고 건강할 때 근로하여 소득을 늘리고 또 소득의 일부를 저축함으로써 퇴직 후 더 이상 소득이 없을 때를 대비하거나, 소득능력이 없을 경우 자신이 속한 가족(확대가족)의 부양을 받아야만 했고, 이때 자식의 노부모 부양은 법적 책임이 아니라 도덕적 의무였다. 따라서 부모부양 의무를 방기하면, 그 자식에게 법적 처벌이 가해지는 게 아니라 인륜을 어긴 자라는 사회적 비난(사회적 제재)이 뒤따랐다. 이를 비공식적(informal) 노후대책이라고 한다. 아시아와 아프리카의 개발도상국에서는 여전히 이런 비공식적 노후대책이 주류를 이루고 있다.

개인의 노후대비는 사적인 문제지만, 대부분의 국가가 여기에 개입한다. 거기에는 다음과 같은 이유가 있다.

첫째, 노후대비 노력 부족(shortsightedness)으로, 일부 사람들은 자신의 노후에 대비해 저축하는 것을 충분히 하지 않아, 은퇴 이후 사회에 부담을 준다.

둘째, 불충분한 저축수단으로 자본시장이 발달하지 못하고 거시경제 조건이 불안정하여 마땅한 저축수단을 찾기 어렵다.

셋째, 보험시장의 실패로서, 역선택과 도덕적 해이 등 보험회사의 한계가 있다.

넷째, 정보 격차(information gaps)로 개인저축, 보험회사 또는 기타 투자수단의 장기적 상환능력(solvency)에 대한 정보의 부족으로 노후에 실패를 볼 수 있다.

다섯째, 장기 빈곤으로 근로기간 동안 노후에 대비할 만큼 충분한 소득을 얻지 못하는 사람, 즉 빈민이 존재한다. 여기에 대비하기 위해서는 정부의 재분배 장치가 필요하다

국민의 노후문제에 대비하기 위해서 국가가 만든 제도를 공식적(formal) 노후보장정책이라고 하는데, 공식적 노후보장정책에는 사회보장연금(social security pension), 기업연금(occupational plans), 개인저축연금(personal savings and annuity plans) 등 세 가지가 있다. ㉠ 사회보장연금은 대부분의 국가가 채택하고 있는 제도로서 피용자와 자영업자를 대상으로 하는 법정 연금이다. 정부가 재정, 관리운영, 가입 등 거의 모든 일을 책임진다. 급여와 기여를 연계시키지 않는 부과방식(public pay-as-you-go plan) 또는 확정급여방식으로 운영되고 있으며, 재정은 통상 고용주와 피용자가 공동부담하는 보험료 또는 사회보장세(social security tax)로 충당된다(일부 정부보조가 있는 경우가 있다). 그리고 현재 근로하는 계층이 현재 지출되는 연금의 재정을 부담하기 때문에 청장년층으로부터 노년층으로의 세대 간 소득재분배가 실질적으로 이루어진다. ㉡ 기업연금은 기업이 노무관리 차원에서 제공하는 민간연금이다. 일정한 정부 규제가 있고, 조세감면 혜택이 부여된다. 과거에는 부분적립방식이었으나 점차 확정급여방식으로 변화되었다. 하지만 최근 들어서는 확정기여방식(급여가 기여적립금과 그 이자수익으로 이루어지는 방식)으로 전환되는 추세이다. 독일, 일본, 네덜란드, 스위스, 영국, 미국 등 선진국의 경우 근로자의 40% 이상이 기업연금의 적용을 받고 있다. 개발도상국일수록 적용률이 낮다. ㉢ 개인저축연금은 완전적립 확정기여방식의 연금으로서 근로자가 자력으로 노후에 대비하는 저축성 연금제도이다. 급여가 확정되어 있지 않고

투자선택이 가입자에게 있기 때문에 가입자 개인은 투자위험을 감수해야 한다. 가입이 임의적이며, 조세감면 혜택이 있다. 그러나 일부 국가는 개인저축연금을 법정 제도로 시행하고 있는데, 말레이시아, 싱가포르, 아프리카 일부 국가는 정부가, 칠레, 아르헨티나, 콜롬비아, 페루 등 남미 국가는 복수의 민간투자회사가 운용을 책임지고 있다.

기업연금과 관련해서 우리나라 퇴직금제를 언급하지 않을 수 없다. 우리나라의 퇴직금제는 이례적으로 법정급여(퇴직 시 재직기간 1년에 1개월치의 급여 지급)로 운영되고 있으며, 재정은 정부나 근로자가 아니라 기업이 전액을 부담한다. 재정을 기업이 전부 부담한다는 점에서 우리나라 퇴직금제는 서구의 기업연금에 가깝다.

그러나 법정급여란 면에서는 사회보장연금에 가깝다. 퇴직금제가 사회보장연금이 아닌데도 법정급여로 한 것은 정부가 사회보장연금을 시행할 재정적 여유가 없었던 시절, 근로자의 노후대책 책임을 기업에게 전가한 것이다. 따라서 국민연금(사회보장연금)이 도입되고, 또 국민연금의 보험료율이 인상되어 부담을 느끼고 있는 우리나라의 기업은 퇴직금제와 국민연금을 이중의 법정급여로 간주하고 있다.

〈표 9-2〉 노후보장 수단의 특징

구 분	공식적 수단			비공식적 수단
	사회보장연금	기업연금	개인저축연금	확대가족
임의 / 법정	법정	임의 또는 법정	임의 또는 법정	사회적 제재
재분배	유	유	제한적	가족
급여 – 기여 연계	무	혼합	유	가족 내
확정기여 /확정급여	확정급여	혼합	확정기여	
위험요인	정치적	직업이동, 기업 상환능력 상실	투자	가족 공동위험
부과방식 /적립방식	부과방식	혼합	완전적립방식	혼합
공적 관리 / 민간관리	공적 관리	민간관리	공적 / 민간관리	민간
국 가	서유럽, 라틴아메리카, OECD 국가	호주, 남아프리카, 네덜란드, 브라질, 프랑스, 스위스	· 법정 : 칠레, 말레이시아, 싱가포르 · 민간 : 미국, 영국	아시아, 아프리카 대부분 국가

개인이나 가족적 차원에서 비공식적으로 이루어지는 노후대책과 사회보장연금, 기업연금, 개인저축연금 등 공식적 노후보장 수단의 특징과 차이점을 비교하면 〈표 9-2〉와 같다.

2. 사회보장연금의 재정운용방식

1) 재정운용방식의 유형

사회보장연금의 재원은 피용자 부담 보험료, 고용주 부담 보험료, 정부지원 세 가지이다. 이를 삼자부담의 원칙이라 한다. 정부지원의 재원은 정부의 일반 세입이나 목적세(담배세, 석유세, 주세 등) 등이다. 정부가 관리운영비만 지원하는 경우도 있고, 일정 소득 이하 저소득층의 보험료를 정부가 대신 부담하는 방식으로 지원하는 경우도 있다. 그러나 대부분의 나라가 정부지원 없이 고용주와 피용자가 공동 부담하는 보험료로 재정을 충당하고 있다.

사회보장연금의 재정은 적립방식(funded scheme)이나 부과방식(pay-as-you-go scheme), 부분적립방식(partial funding system), 명목확정기여방식(Notional Defined Contribution, NDC)으로 운영된다.

(1) 적립방식(funded scheme)

적립방식은 장래에 지급될 연금을 가입기간 동안 보험료, 국고출연금, 누적기금의 이식 등으로 적립하는 방식이다. 말하자면 적립방식의 연금은 근로기간 중 규칙적으로 저축한 것을 정년 후 되돌려 받는 일종의 강제저축이다. 그리고 재정관리는 수지상등의 원칙(equivalence principle ; 원칙적으로 개인이 낸 보험료 총액과 개인이 받는 급여총액은 같아야 한다는 원칙)에 입각하기 때문에 별도의 재분배 기능은 배제한다. 민간보험인 개인연금이나 기업연금이 이런 방식으로 운용된다.

(2) 부과방식(pay-as-you-go scheme)

부과방식은 일정 기간에 지출될 급여를 동일 기간의 보험료 수입으로 충당하는 재정방식, 즉 매년 전체 가입자가 낸 보험료로 당해년도 연금 지불액을 충당하는 방식이다. 수지 차액이 없기 때문에 지불준비금 이외에는 적립금이 불필요하다. 그리고 부과방식은 연도별 수지균형의 원칙(매년 수입과 지출이 균형을 이룸)에 따르며, 일정 정도 재분배 기능을 가질 수 있다. 서유럽과 미국 등 선진국 대부분이 부과방식을 채택하고 있다.

사회보장연금 개혁 논의가 확산되면서 부과방식과 적립방식 이외에 확정기여방식(Defined Contribution, DC)과 확정급여방식(Defined Benefit, DB)이란 용어가 더 많이 사용되고 있다.

확정기여방식(DC)이란 사전에 확정된 보험료를 부담하되 그에 상응하는 연금급여는 확정하지 않고 가입자 개인이 결정한 투자의 적립 수익금을 월정연금(annuity)이나 일시금(withdrawal)으로 되돌려 주는 것을 말하고, 확정급여방식(DB)은 개인이 부담한 보험료의 크기에 관계없이 사전에 확정된 연금급여를 지급하는 방식을 말한다. 사실 확정기여방식과 적립방식, 그리고 확정급여방식과 부과방식의 내용은 강조하는 점이 다를 뿐 매우 유사하다.

부과방식이 세대 간의 소득재분배를, 적립방식이 개인별 저축을 강조한다면, 확정기여방식과 확정급여방식은 기여와 급여의 확정 여부를 강조한다는 정도의 차이가 있을 뿐이다.

(3) 부분적립방식

부분적립방식(partial funding system)이란 일부 개발도상국가(이집트, 가나, 온두라스, 요르단, 멕시코, 필리핀, 튀니스, 한국, 캐나다, 미국, 일본, 스웨덴 등 일부 선진국들도 지불준비금의 형태로 약간의 적립금을 보유 : World Bank, 1994 : 111)가 채택하고 있는 것으로 보험료율을 부과방식보다는 높게 책정하여 제도의 시행 초기에 적립금이 누적되게 하는 방법이다. 이 자금을 경제개발에 사용한다. 또한 적립금 규모가 그렇게 크지 않기 때문에 자본시장에 충분히 흡수될 수 있다.

〈표 9-3〉 사회보장연금 재정운용방식의 유형

유 형	확정급여방식 (Defined Benefit, DB)	확정기여방식 (Defined Contribution, DC)
부과방식	전통적 부과방식 (서유럽 국가, 미국)	명목확정기여방식 (스웨덴, 이탈리아)
적립방식	부분적립방식 (개발도상국가)	완전적립방식 (칠레)

(4) 명목확정기여방식(Notional Defined Contribution, NDC)

명목확정기여방식(Notional Defined Contribution, NDC)은 스웨덴, 이탈리아 같은 선진국과 라트비아, 폴란드, 몽고 같은 개발도상국이 채택하고 있다. 이 중 스웨덴의 NDC가 비교적 성공적인 것으로 평가받고 있다. 스웨덴은 2000년부터 보험료 전액(보험료율 18.5%)을 고용주가 부담하던 소득비례 부과방식의 연금을 확정급여 방식의 연금과 개인계정으로 구성된 2층제로 전환하면서 보험료(18.5%)의 일부(2.5%)로 개인계정을 신설했는데(나머지 16%로는 기존의 부과방식 연금을 유지하는 데 사용), 이 개인계정이 외형적으로는 적립방식이지만 실질적으로는 부과방식인 이른바 명목확정기여방식인 것이다.

신설된 개인계정은 노동자 개인별로 개설되며, 여기에 개인별 보험료가 적립되고 또 정부가 고시한 이자율이 가산된다(확정기여방식). 그러나 개인계정에 실제로 돈이 적립되는 것이 아니라 가상적으로 적립될 뿐이다. 개인계정에서의 실질적인 현금지출은 가입자가 퇴직한 후 사전에 규정된 연금산식에 의거 정해진 연금액만큼 이루어진다. 이에 필요한 돈은 신규 가입자의 개인계정에서 충당된다(부과방식). 이와 같이 개인계정이 신설되고 여기에 개인별 보험료가 적립된다는 점에서 적립방식이지만, 급여는 개인계정에 실제로 적립된 돈이 아니라 급여산식에 의해 정해진 만큼을 타인의 적립금에서 지급받는 점에서 부과방식인 것이다. 그래서 명목확정기여방식이라고 한다.

명목확정기여방식은 부과방식 연금의 재정적자로 곤란을 겪고 있는 나라가 추가적인 재정부담 없이 적립방식으로 전환할 수 있는 유력한 대안이다. NDC의 장점을 정리하면 다음과 같다.

첫째, NDC는 재정부담을 현 세대와 미래 세대 간 분산시키는 효과가 있다. 완전적립 개인계정으로 전환할 경우 근로자들의 보험료 부담은 배 이상이 되고, 부과방식을 유지할 경우 재정부담은 다음 세대로 이전된다. 이에 비해 NDC는 보험료 부담을 세대 간 분산시켜 현재 퇴직자와 장래 퇴직자 모두에게 일정 수준의 연금을 보장해 주고, 현재 근로자의 이중 부담(현재 퇴직자 연금과 미래 자신의 연금까지 부담)도 없다.

둘째, NDC는 금융위기의 영향을 받지 않으며, 일정한 수익률이 보장된다. 확정기여방식은 적립금 투자수익에 의해 수익률이 정해지지만, NDC 적립금 이자율은 사전에 설계된 비율(평균임금상승률과 동일하게 설계하는 것이 가장 적합)에 따라 결정된다. 그리고 확정급여방식은 소득대체율과 연금지급개시연령이 법에 정해져 있다. 고령화가 심화되면 확정급여시스템은 수정된다. 대개 정치적인 방법으로 조정되는데, 그 과정에서 부담을 놓고 세대 간 갈등과 같은 진통이 뒤따른다. 반면에 NDC는 이런 조정이 거의 자동적으로 이루어진다.

셋째, 대규모 적립금이 불필요하다. 연금급여는 퇴직연령과 평균수명에 따라 조정되며, 따라서 재정적 지속가능성은 반자동적으로 보장된다. NDC는 잠재적인 부채, 즉 구세대로부터 상속된 부채(legacy debt)를 명시적인 부채로 드러낼 필요도 없다.

현재 여러 나라에서 이루어지고 있는 연금개혁의 초점은 전통적 부과방식을 완전 적립방식으로 전환할 것인가, 아니면 부과방식의 기본 틀을 유지한 채 부분적인 손질을 통해 재정적자와 같은 문제점을 해결할 것인가에 있다. 독일과 프랑스와 같은 유럽대륙 국가들은 기존의 부과방식을 유지하면서 재정 문제를 해결할 수 있는 방안을 모색하고 있다. 부과방식 아래에서 재정건전성을 확보하기 위해서는 지출을 줄이거나 보험료 부담을 인상하는 수밖에 없다. 지출을 줄인다는 것은 급여수준을 낮추는 것이고, 급여수준을 낮춘다는 것은 수급기간을 줄이거나 연금수급액을 줄이는 것을 말한다. 이런 하향조정 개혁에 대한 시민들의 반발은 상당하다.

스웨덴의 사례를 보면, 현재 스웨덴의 공적연금은 3층 구조로 되어 있다. 1층은 기초연금으로서 65세 이상 모든 노인에게 지급된다. 국내 거주기간 40년 이상이면 완전연금이 지급되고, 거주기간에 따라 감액된다. 2층은 명목확정기여연금(NDC)이다(보험료율 16%). 명목 적립금 수익률은 평균 임금상승률이며, 재정적자 발생 시 수익률은 자동적으로 인하 조정된다(법 개정 불필요). 3층은 완전적립 개인계정이다(보험료율 2.5%). 가입자는 뮤추얼펀드(펀드 수 2007년 785개) 중 최대 5개의 펀드를 선택해 가입할 수 있다. 펀드를 선택하지 않을 경우 정부가 정한 기본펀드(default fund)에 가입한다. 신규 근로자의 90%가 기본펀드를 선택한다. 퇴직 시 개인계정 적립금으로 정부가 제공하는 월정연금(annuity)을 구매한다. 배우자에게 수급권을 이전할 수 있다(14% 감액). 펀드의 연간 수수료는 운용자산의 0.73%로서 비교적 높은 편이다. 개인별 총 적립금 중 수수료 비율이 14%(40년 가입자)에 이른다.

2) 적립방식과 부과방식의 장단점

사회보장 민영화 논의가 본격화되기 전까지만 해도 사회보장연금 재정운용방식의 전통적인 견해는 사회보험에서는 적립방식이 불필요하다는 것이었다. 민간보험에서는 완전적립이 반드시 필요하지만, 사회보험은 그렇지 않다는 견해가 대표적이다. 그에 의하면, 민간보험과 같은 적립 프로그램에서는 축적된 자산(기금)의 가치가 가입자의 제반 권리(수급권리)를 충족시킬 정도로 충분해야 한다. 민간보험이 완전적립을 강조하는 가장 큰 이유는 민간보험이 언제든지 종료될 수 있기 때문이다. 하지만 사회보험은 그럴 필요가 없다. 사회보험 기금은 경우에 따라서 수지 불균등이 일어날 수도 있다.

사회보험이 적립방식을 택할 필요가 없는 것에는 몇 가지 이유가 있다.

첫째, 사회보험은 일정 기간만 운용되는 것이 아니라 영속적인 프로그램이다. 따라서 완전적립이 불필요하다.

둘째, 사회보험은 강제 적용이기 때문에 신규 가입자가 계속해서 발생한다.

셋째, 사회보험은 중앙정부가 궁극적인 책임을 지므로 재정문제가 발생하면 보험료를 인상하는 등의 방법을 통해 해결할 수 있다(경제적인 측면에서도 완전적립은 바람직하지 않다(과도한 적립금 누적이 가져오는 문제).

넷째, 부과방식과 적립방식의 장단점을 비교하면, 부과방식의 장점으로 다음과 같은 3가지 점을 지적할 수 있다. ㉠ 인플레이션으로부터 연금의 가치를 보호할 수 있다. ㉡ 경제성장에 비례하여 연금의 실질가치를 높일 수 있다. ㉢ 완전 연금을 즉각적으로 지불할 수 있다(과거 연금보험료 불입 요건과 무관하므로). 그러나 부과방식은 인구구조의 변화(장래 노동력 인구의 변화)에 취약하다는 단점을 지니고 있다.

적립방식의 장점은 인구구조의 변화에 강하다는 것이다. 이는 부과방식의 단점이다. 그리고 적립방식의 단점은 부과방식의 장점과 일치한다. ㉠ 인플레이션에 취약하다(정확한 인플레이션 예측에 입각하여 연금 급여액을 결정하면 문제가 없겠으나, 인플레이션이 예상치를 상회할 경우 문제가 생긴다). ㉡ 경제성장의 과실을 연금수급자에게 배분할 수 없다. ㉢ 완전 연금을 받기 위해서는 장기간의 보험료 불입이 필요하다.

> 적립방식이 인플레이션에 취약하다는 사실은 1929년 미국의 대공황이 극적으로 보여주었다. 대공황이 나기 전인 1920년대 미국에는 이른바 복지자본주의라는 관념 아래 기업들, 특히 대량생산업체들이 자체적인 복지 프로그램을 운용하였다. 정부가 확인한 기업연금 프로그램만 4백여 개에 달했다. 그러나 대공황으로 수많은 기업이 도산함에 따라 기업연금도 휴지조각이 되고 말았다.

Barr는 적립방식의 장점으로 알려진 연금과 인구구조의 변화에 관한 통상적인 관념, 즉 인구구조의 변화 = 노동인구의 감소 = 피부양률의 증가 때문에 적립방식이 부과방식에 비해 인구구조의 변화에 강점을 지닌다는 것은 잘못된 가정이라고 한다(이 문제는 공적 연금의 재정을 적립방식 아니면 부과방식으로 할 것인가를 결정하는 데 있어 매우 중요하다). Barr에 의하면, 적립방식이건 부과방식이건 현재 연금수급자가 받는 연금은 인구구조의 변화와 관계없이 과거 또는 현재의 일하는 사람이 소비하지 않은 부분(생산한 것에서 소비한 부분을 뺀 것)이다. 과거의 노동자가 소비하지 않은 부분이 현재의 연금수급자에게 이전되는 것이 적립방식이고, 현재의 노동자가 소비하지 않은 부분이 현재의 연금수급자에게 이전되는 것이 부과방식이다.

그리고 인구구조의 변화에 대처하는 능력에서도 양자는 차이가 나지 않는다. 두

방식 모두 노동자의 소비를 줄인다. 부과방식은 보험료 부과를 통해, 적립방식은 강제저축을 통해 그렇게 할 뿐 본질적 차이는 없다. 차이가 난다면 부과방식은 현재의 자원을, 적립방식은 과거의 자원을 사용한다는 점이다. 그리고 당연한 말이지만 노동력의 감소는 두 방식 모두에게 부정적인 영향을 준다. 적립방식에서는 인플레이션 유발로 인한 실질 구매력의 감소를, 부과방식에서는 연금재정에 충당될 재원의 직접적인 감소를 가져오기 때문이다. 또한 노동력 감소는 여성들과 노령인구의 경제활동 참가의 증가로 어느 정도 상쇄되고 있다

적립방식과 부과방식은 소득재분배에 있어서 분명한 차이가 난다. 부과방식은 현재 일하는 젊은 노동자들의 부담으로 정년퇴직한 노인인구의 연금재정을 충당하도록 설계되어 있고, 노인들의 연금총액이 그들의 청년기에 부담한 보험료 총액을 상회하므로 세대 간 소득재분배가 발생한다. 반면에 적립방식은 개인별로 청년기에 적립한 것을 정년퇴직 후 되찾는 것이므로 원칙적으로 재분배는 일어나지 않는다.

국민연금공단은 두 방식의 장단점을 다음 〈표 9-4〉와 같이 정리하였다.

〈표 9-4〉 적립방식과 부과방식의 장단점

구 분	장 점	단 점
적립방식	보험료의 평준화 제도성숙기의 자원 활용 (적립기금 조성) 재정의 안정운영	제도 초부터 과중 부담 장기적 예측 곤란 (평준보험료 산정 곤란) 인플레이션 취약
부과방식	시행 초의 적은 부담 인플레이션 불고려 연금수리 추계 불필요	후 세대에 부담 과중 재정 운영 불안 인구구조 변화에 영향 받음

그런데 적립방식의 장점으로 제도 성숙기의 자원 활용을 든 것에는 이견이 있을 수 있다. 연금의 시행 초기에 적립만 있고 급여가 없어 적립기금이 쌓이고 이를 사회적 투자 재원으로 활용할 수 있다는 것인데, 이는 보는 관점에 따라 적립방식의 장점이 아니라 문제점이 될 수 있는 것이다. 대규모 적립금은 정치적으로 악용될 소지가 있고, 경제적으로 부정적인 영향(수요 억제, 인플레이션 유발 등)을 끼칠 수가 있기 때문이다. 그리고 적립방식의 또 다른 장점으로 재정의 안정운

영을 들었지만, 단점에서 지적한 대로 인플레이션에 취약한데 어떻게 재정적으로 안정되는지 의문이다.

논리적으로 보면 부과방식이 적립방식보다 장점이 많고 또 이 때문에 대부분의 선진국들이 부과방식을 채택하고 있다. 그러나 노인인구가 부담이 될 정도로 증가하고 게다가 노인들의 평균수명이 계속해서 늘어나면서 사회보장연금 지출이 정상적인 경제에 주름살을 줄 정도로 증가하자 정부는 물론 시민들(주로 청년 근로자들이다. 이들은 현재 약속된 연금이 앞으로도 계속해서 유지될 것인지에 대해 의구심을 갖고 있으며, 자신이 낸 보험료 총액보다 적은 연금급여를 받게 되지나 않을지 우려하고 있다)도 사회보장연금의 개혁이 불가피하다고 보고 있으며, 대안으로 적립방식 또는 확정기여방식으로의 전환을 모색하고 있다.

3. 우리나라 국민연금

우리나라 국민연금은 기금을 조성한다는 점에서 적립방식이 분명하지만 완전한 적립방식이라고는 보기 어려운 면이 있다. 시행 초기에 보험료율을 낮게 책정했다가 점진적으로 상향 조정(3% → 6% → 9%)했고, 일정한 재분배 기능도 갖고 있는데 이는 부과방식의 특징들이다.

국민연금이 재분배적 요소를 갖고 있는 사실은 급여산식(1999년 개정 이후의 산식)에서 확인된다. 즉, 전 가입자에게 동일한 액수의 연금을 지급하는 균등부분(A 부분)이 전체 연금액의 상당 부분(평균적으로 50% 정도)을 차지하는데, 전체 가입자의 표준소득월액의 평균치보다 낮은 사람은 이 부분 때문에 상대적으로 유리하고, 그 반대인 경우는 불리하다. 여기서 소득계층 간 소득재분배가 발생한다. 우리나라의 국민연금이 최저소득 가입자와 최고소득 가입자 간의 보험료 부담은 16.4배, 기본연금급여액은 3.2배 차이가 나도록 설계되어 소득재분배가 외국 어떤 국가보다 높게 일어나도록 되어 있다는 지적이 있다(김용하, 1996 : 45). 이런 점 때문에 우리나라 국민연금을 수정적립방식, 혼합방식 또는 부분적립방식이라고 한다.

우리나라의 국민연금은 처음부터 적립방식으로 추진되었다. 세계적으로 그 예를 찾기 힘든 적립방식을 채택하려 했던 근본적인 이유는 정부가 국민연금을 내자(內資) 동원수단으로 이용하고자 한 데 있었다.

1) 급여대상

사회보장연금의 적용대상은 전 국민인 경우도 있고 피용자에 한정하는 경우도 있다. 전 국민을 대상으로 하는 것(실제로는 외국인 제외 시민권자로 한정)을 보편주의라 하고, 피용자에 한정하는 것, 즉 고용 관련 프로그램으로 운용되는 것을 직업주의라 한다.

고용 관련 프로그램으로서의 사회보장연금은 초기에는 공무원과 군인에게만 적용되었다가 산업 노동자에게로 확대되었고, 나중에는 모든 급여생활자(화이트칼라 포함)로 확대되었다. 연금제도의 역사가 오래된 서구의 일부 국가들은 공무원, 군인, 교사, 공공부문 피용자를 위해 별도의 특별제도를 운용하고 있다. 그리고 광부, 철도, 선원 등 특정 직종을 위한 특별제도를 운용하고 있는 나라도 있다. 특별제도의 급여수준은 다른 제도에 비해 높은 편이다. 가족종사자, 가사종사자, 일일 노동자, 농업 노동자, 자영업자 등의 직업집단은 관리운영의 곤란 때문에 제도의 초기에는 적용대상에서 제외되었다. 제도가 확대되면서 결국 이들도 적용대상에 포함되었는데, 기존의 제도와 분리하여 운영하는 경우도 있고 통합 운영하는 경우도 있다.

우리나라의 국민연금은 1988년 상시 근로자 10인 이상의 사업장 근로자를 대상으로 시작했다. 1992년에는 5인 이상 사업장으로 확대되었고, 1995년 7월부터는 농어촌 지역주민으로, 1999년 4월부터는 도시 지역주민으로 확대됨으로써 전 국민연금이 달성되었다(2003년 7월부터 모든 사업장으로 확대). 다른 나라에 비해 이례적으로 빠른 적용 확대였다.

〈그림 9-2〉 국민연금 수급자 현황

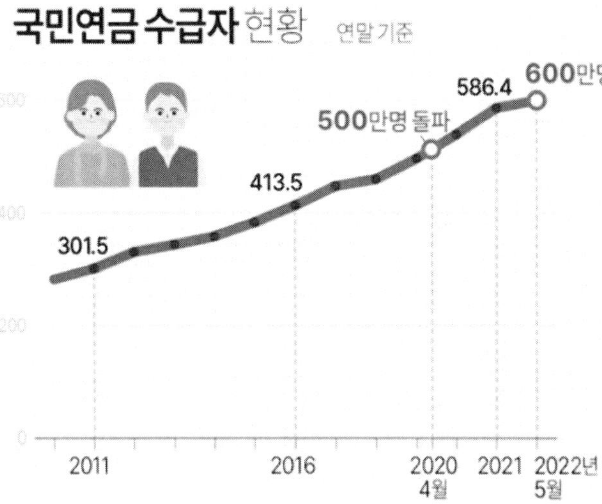

자료 : 국민연금공단

국민연금의 가입자는 ① 사업장가입자, ② 지역가입자, ③ 임의가입자 및 ④ 임의계속가입자로 구분된다. 사업장가입자란 1인 이상 근로자를 상시 고용하는 사업장의 18세 이상 60세 미만의 근로자와 고용주를 말한다. 지역가입자는 사업장가입자가 아닌 자로서 18세 이상 60세 미만인 자인데, 원칙적으로는 도시 자영업자, 농민, 임시직, 일용직, 파트타임 근로자 등 유급종사자와 실업자, 학생, 군인 등 비경제활동인구까지 포함한다. 임의가입자란 국민연금을 처음 시행할 당시(1988년) 당연적용에서 제외된 사람에게도 가입의 기회를 부여하기 위해 만든 조치였는데, 상시 근로자 5인 이상 10인 미만 사업장 근로자(해당 사업장 근로자 2/3 이상의 동의를 얻어 가입. 임의적용사업장은 1995년 7월부터 5인 미만 사업장 근로자)와 사업장 근로자 이외에 지역주민 중 본인의 희망에 따라 가입한 사람을 말한다. 임의계속가입자는 국민연금 가입자 중 가입기간이 완전노령연금 수급에 필요한 20년을 채우지 못한 사람이 60세에 달해 계속 가입을 희망하는 경우 본인의 신청에 의해 가입한 경우를 말한다. 이는 원칙적으로 당연 적용 상한 연령(60세)에 대한 예외조치라 할 수 있다.

다른 공적연금의 적용대상이 되는 직업계층과 공공부조 대상자인 국민기초생활보장 수급자는 국민연금에서 제외된다. 이를 적용제외자라 하는데, 공무원(공무원연금), 군인(군인연금), 사립학교교직원(사학연금), 국민기초생활보장 수급자(공공부조 수급자) 및 특수직종근로자가 여기에 속한다. 특수직종근로자란 광부(광업법에 의한 갱내작업 광부)와 선원(선원법에 의한 어로작업 선원)을 말한다.

〈표 9-5〉 국민연금 적용대상자별 가입요건

종별	종류	가입요건
사업장 가입자	당연적용	상시근로자 1인 이상 사업장에 종사하는 18세 이상 60세 미만의 근로자와 사용자
	임의적용	당연적용사업자 외의 사업장에 종사하는 18세 이상 60세 미만의 근로자와 사용자
	특례적용	국민연금 적용사업장에 종사하는 18세 미만의 근로자로서 사용자의 동의를 얻어 가입한 자
	외국인	18세 이상 60세 미만으로서 국민연금 적용사업장에 종사하는 외국인으로 근로자 또는 외국에 거주하는 국민 등으로 국내에 체류하면서 국민연금 적용사업장에 종사하는 자
지역 가입자	당연적용	18세 이상 60세 미만으로서 소득활동에 종사하는 가입자
	특례적용	지역가입자의 요건을 갖춘 자로서 99년 4월 1일 현재 60세 이상 65세 미만인 자
	외국인	18세 이상 60세 미만 국내거주 외국인(국내체류교포 등 포함)
임의 가입자	임의 가입자	사업장 및 지역가입자 이외의 자로서 18세 이상 60세 미만의 자는 본인의 신청에 의함
임의계속 가입자	사업장	사업장에 종사하는 60세 이상 65세 미만의 자로 본인의 희망에 따라 65세에 이를 때까지 계속 가입가능
	지역	60세에 달한 지역가입자로서 65세 미만까지 연장가입을 신청한 자
	일반	60세에 달한 지역가입자로서 65세 미만까지 연장가입을 신청한 자

자료 : 이수천 외 2인, 『사회복지정책』, 2011, p. 341.

2) 급여내용

급여의 종류는 노령연금, 장애연금, 유족연금, 반환일시금 등으로 구분되는데 급여를 받을 권리가 있는 사람을 수급권자라고 한다. 급여는 수급권자의 청구에 의하여 공단이 지급하며, 연금액은 그 지급사유에 따라 기본연금액과 가급연금액을 기초로 하여 산정한다.

〈그림 9-1〉 국민연금 소득대체율

납입시기	1988~1998년	1999~2007년	2008~2027년	2028년 이후
소득대체율	70%	60%	50% (-)0.5%/년	40%

가입연도	소득대체율	소득대체율 상수
1988 ~ 1998년	70%	2.4
1999 ~ 2007년	60%	1.8
2008년	50% 매년 0.5%씩 감소	1.5 매년 0.015씩 감소
2009년	49.5%	1.485
...	...	...
2027년	40.5%	1.215
2028년	40%	1.2
2029년 ~	40% 2028년 이후 고정	1.2

수급권자의 기본연금액은 1.8을 곱한 금액으로 하고 다만, 가입기간이 20년을 초과하는 경우에는 그 초과하는 1년(1년 미만의 매 1월은 12분의 1년으로 계산한다)마다 계산한 금액에 0.05를 곱한 금액을 가산하여 지급한다.

가급연금액은 수급권자가 그 권리를 취득할 당시 유족연금에 있어서는 가입자 또는 가입자이었던 자에 의하여 생계를 유지하고 있거나 노령연금 또는 장애연금의 수급권자가 그 권리를 취득한 후 그 자에 의하여 생계를 유지하고 있는 배우자의 경우는 연 15만원, 18세 미만 또는 장애등급 2급 이상에 해당하는 자녀의 경우는 연 10만원, 60세 이상 또는 장애등급 2급 이상에 해당하는 부모의 경우는 연 10만원을 추가로 지급한다.

노령연금은 기본 연금에 가급연금을 가산한 금액으로 정해진다. 기본 연금액은 다음과 같은 산식에서 보듯이 전체 가입자의 평균소득(A값)과 개별 가입자의 평균소득(B값)을 기준으로 산정된다.

그러나 사망한 때, 수급권자에 의한 생계유지의 상태가 끝난 때, 배우자가 이혼한 때, 자녀가 다른 사람의 양자로 되거나 파양된 때, 자녀가 18세에 달한 때(다만, 수급권자가 그 권리를 취득할 당시로부터 장애등급 2급 이상의 장애상태에 있는 자의 경우는 제외), 장애등급 2급 이상의 장애상태에 있던 자녀 또는 부모가 그 장애상태에 해당하지 아니하게 된 때 등은 가급연금액의 계산에서 이를 제외한다.

$$P = 1.2(A + B)(1 + 0.05n)$$

P : 연금액
A : 균등부분(연금수급 가입자 전원의 표준소득월액의 평균치)
B : 소득비례부분(가입자 개인의 가입기간 중 표준소득월액의 평균치)
n : 20년 이상을 초과하는 가입 연수

그리고 연금은 그 지급하여야 할 사유가 발생한 날이 속하는 달의 다음 달부터 수급권이 소멸한 날이 속하는 달까지 지급한다. 연금지급일은 매월 말일에 그 달의 금액을 지급하되, 지급일이 토요일이거나 공휴일인 경우에는 그 전일에 지급한다.

또한 급여의 수급권자가 사망한 경우에 그 수급권자에게 지급하여야 할 급여로서 아직 지급되지 아니한 것이 있을 때에는 그 배우자 · 자녀 · 부모 · 손자녀 또는 조부모로서 수급권자의 사망 당시 수급권자에 의하여 생계를 유지하고 있던 자의 청구에 의하여 그 미지급 급여를 지급한다. 이때, 급여를 지급받을 자의 순위는 배우자 · 자녀 · 부모 · 손자녀 · 조부모의 순으로 한다.

수급권자에게 급여의 수급권이 중복하여 발생한 때에는 그 자의 선택에 의하여 그 중의 하나만을 지급하고 다른 급여의 지급은 정지된다.

그러나 허위 기타 부정한 방법으로 급여를 지급받거나 수급권이 소멸 또는 정지된 급여, 기타 과오급된 급여를 지급받은 자가 있는 때에는 그 지급금액을 환수하고 이 경우 허위 기타 부정한 방법으로 급여를 지급받은 경우에는 이자를 가산하여 환수하도록 하고 있다.

수급권에 대한 보호에 관한 규정도 마련하고 있는데 급여를 받을 권리는 이를 양도 · 압류하거나 담보에 제공할 수 없다. 그러나 가입자 또는 가입자이었던 자가 수급권을 취득하거나 사망한 경우에 대여한 자금의 상환금에 관한 채무가 있는 때에는 이를 이 법에 의한 급여에서 감할 수 있다. 다만, 이 법에 의한 급여 중 연금급여의 수급권자에 대하여는 당해 연금월액의 50%를 초과하여 감할 수 없도록 하여 생계를 보장하고 있다.

또한 수급권과 조세기타 공과금에 관련한 규정도 있는데, 연금법에 의한 급여로서 지급된 금액에 대하여는 조세특례제한법 기타 법률 또는 지방자치단체의 조례가 정하는 바에 의하여 조세 기타 국가 또는 지방자치단체의 공과금을 감면하도록 하고 있다.

(1) 노령연금

노령연금은 수급권자가 가입기간이 20년 이상인 가입자 또는 가입자이었던 자가 60세(특수직종근로자의 경우에는 55세)에 달한 때에는 그때부터 그가 생존하는 동안 노령연금을 지급받는 제도이다.

가입기간이 10년 이상 20년 미만인 가입자 또는 가입자이었던 자가 60세(특수직종근로자의 경우에는 55세)에 달한 때에는 그때부터 그가 생존하는 동안 노령연금액에서 일정한 금액을 감액한 연금(감액노령연금)을 지급한다.

가입기간이 10년 이상인 자로서 소득이 있는 업무에 종사하고 있는 경우 60세 이상 65세 미만의 기간(특수직종근로자의 경우에는 55세이상 60세 미만의 기간) 동안에는 일정한 금액의 연금(재직자노령연금)을 지급한다.

혼인기간이 5년 이상인 자가 노령연금수급권자인 배우자와 이혼한 후 60세가 된 때, 60세가 된 이후에 노령연금수급권자인 배우자와 이혼한 때, 60세가 된 이후에 배우자이었던 자가 노령연금수급권을 취득한 때, 배우자이었던 자가 노령연금수급권을 취득한 후 본인이 60세가 된 때에는 그때부터 그가 생존하는 동안 배우자이었던 자의 노령연금을 분할한 일정한 금액의 연금(분할연금)을 지급한다.

분할연금액은 배우자이었던 자의 노령연금액(가급연금액을 제외한다)중 혼인기간에 해당하는 연금액을 균분한 액으로 한다. 분할연금수급권자가 재혼한 때에는 그 재혼기간동안 해당 분할연금의 지급을 정지한다. 분할연금을 청구할 권리는 3년을 경과한 때에는 소멸한다.

〈표 9-6〉 국민연금 급여의 종류

급여유형		수급요건	가입기간 수급자격	급여수준
노령연금	완전 노령연금	· 가입기간 20년 이상이고 60세에 달한 때	20년 이상 60세 이상	표준연금액의 100%
	감액 노령연금	· 가입기간 10년 이상 20년 미만자로 60세에 달한 때	10-19년 60세 이상	표준연금액의 47.5%(10년) ~ 92.5% (19년)
	재직자 노령연금	· 가입기간 10년 이상이고 60세 이상 65세 미만자	10년 이상 60-64세	표준연금액의 50%(60세) ~ 90%(64세)
	조기 노령연금	· 가입기간 10년 이상이고 55세 이상인 자로 소득이 없을 때	10년 이상 55-59세	원래연금(완전, 감액노령연금)의 75~95%
장애연금		· 가입중 발생한 질병 또는 부상으로 신체·정신상의 장애가 남은 때	초진 2년 후 1-4급	1-3급 : 표준연금액의 100, 80, 60% 4급 : 일시보상금 (표준연금액의 225%)
유족연금		· 연금가입자가 사망하였을 때, 그에 의해 생계가 유지되던 유족	가입 직후 부모(60세 이상) 자녀(18세 미만)	가입기간에 따라 40%(10년 미만), 50%(10~20년), 60%(20년 이상) 지급
반환일시금		· 가입기간 10년 미만에서 자격상실 · 유족연금 자격을 충족치 못하는 경우 · 가입자의 국적상실 혹은 해외이주	가입 직후	연금보험료에 이자 가산

(2) 장애연금

가입중에 발생한 질병 또는 부상으로 인하여 그 완치 후에도 신체 또는 정신상의 장애가 있는 자에 대하여는 그 장애가 존속하는 동안 장애정도에 따라 장애연금을 지급한다.

질병 또는 부상을 당한 자가 초진일로부터 2년이 경과하여도 완치되지 아니하는 경우에는 그 2년이 경과된 날을 기준으로 장애정도를 결정하되, 그 2년이 경과된 날에 장애연금의 지급대상이 되지 아니하는 자가 그 질병 또는 부상의 악화로 인하여 60세가 되기 전에 장애연금의 지급대상이 되는 경우에는 본인의 청구에 의하여 그 청구한 날을 기준으로 장애정도를 결정한다.

그러나 장애연금의 수급권을 상실한 자가 장애연금 수급권 취득 당시의 질병 또는 부상의 악화로 인하여 60세가 되기 전에 다시 장애연금의 지급대상이 되는 경우에는 본인의 청구에 의하여 그 청구한 날을 기준으로 장애정도를 결정한다.

장애연금의 지급대상이 되는 자가 반환일시금을 지급받은 때에는 장애연금을 지급하지 아니한다.

장애 정도에 관한 장애등급은 1급, 2급, 3급, 4급으로 구분하되, 그 등급 구분의 기준과 장애 정도의 심사에 관한 사항은 대통령령으로 정하고 장애연금액은 장애등급에 따라 장애등급 1급에 해당하는 자에 대하여는 기본연금액에 가급연금액을 가산한 액, 장애등급 2급에 해당하는 자에 대하여는 기본연금액의 80%에 해당하는 액에 가급연금액을 가산한 액, 장애등급 3급에 해당하는 자에 대하여는 기본연금액의 60%에 해당하는 액에 가급연금액을 가산한 액으로 한다. 그리고 장애등급 4급에 해당하는 자에 대하여는 기본연금액의 225%에 해당하는 액을 일시보상금으로 지급한다.

장애연금의 수급권자에게 다시 장애연금을 지급하여야 할 장애가 발생한 때에는 전후의 장애를 병합한 장애정도에 따라 장애연금을 지급한다. 다만, 전후의 장애를 병합한 장애정도에 따른 장애연금이 전의 장애연금보다 적을 때에는 전의 장애연금을 지급한다.

(3) 유족연금

노령연금수급권자, 가입기간이 10년 이상인 가입자이었던 자, 장애등급 2급 이상에 해당하는 장애연금수급권자(유족연금의 수급권자)의 해당하는 자가 사망한 때에는 그 유족에게 유족연금을 지급한다. 다만, 가입기간이 1년 미만인 가입자가 질병이나 부상으로 인하여 사망한 경우에는 가입중에 발생한 질병이나 부상으로 사망한 경우에 한한다.

(4) 반환일시금

가입자 또는 가입자이었던 자가 가입기간이 10년 미만인 자로 60세에 달한 때, 가입자 또는 가입자이었던 자가 사망한 때(가입자 또는 가입기간이 10년 이상인 가입자이었던 자가 사망한 때에는 유족연금이 지급되지 아니하는 경우에 한한다),

가입자 또는 가입자이었던 자가 국적을 상실하거나 국외에 이주한 때, 공무원연금법 · 군인연금법 · 사립학교교원연금법 또는 별정우체국법의 적용을 받는 공무원 · 군인 · 사립학교교직원 또는 별정우체국직원이 된 때에 해당하게 된 때에는 본인 또는 그 유족의 청구에 의하여 반환일시금을 지급받을 수 있다.

(5) 사망일시금

가입자 또는 가입자이었던 자가 사망한 때에 그 배우자 · 자녀 · 부모 · 손자녀 · 조부모 · 형제자매 또는 4촌 이내의 방계혈족으로서 가입자 또는 가입자이었던 자에 의하여 생계를 유지하고 있던 자에게 사망일시금을 지급한다. 이 경우 가입자 또는 가입자이었던 자에 의하여 생계를 유지하고 있던 자에 관한 인정기준은 대통령령으로 정한다.

3) 전달체계

국민연금은 공무원, 군인, 사립학교교직원 등과 같이 특수직역에 종사하는 자를 제외한 모든 국민을 단일한 연금체계에 편입하여 국민연금공단에서 관리하고 있다. 즉, 자영업자와 근로자, 저소득층과 고소득층에 따른 소득 차이에 관계없이 국민이면 누구나 공통적으로 국민연금제도에 적용되도록 중앙 집중관리 방식에 따른 단일체계로 운영하고 있다.

국민연금제도 운영과 관련하여 정책결정에 대한 책임을 지고 있는 부서는 보건복지부 제1차관 산하 연금정책국으로, 국민연금정책과, 국민연금재정과, 기초연금과에서 관련 업무를 담당하고 있다.

국민연금공단은 보건복지부장관의 위탁을 받아 국민연금사업을 운영하는 집행기관으로 국민연금 가입자에 대한 이력 관리, 연근보험료의 징수, 연금급여 지급, 기금운용, 가입자 및 수급자를 위한 복지시설의 설치·운영 등과 같은 복지증진사업 등 보건복지부장관이 위탁한 사업들을 수행함으로써 독립적으로 국민연금을 관리·운영하는 기관이다.

4) 재원

국가는 매년 국민연금사업의 관리 · 운영에 필요한 공단의 관리 · 운영비의 전부 또는 일부를 부담한다.

공단은 국민연금사업에 소요되는 비용에 충당하기 위하여 가입자 및 사용자로부터 가입기간 동안 매월 연금보험료를 징수한다. 사업장가입자의 연금보험료 중 기여금은 사업장가입자 본인이, 부담금은 사용자가 부담하되, 그 금액은 각각 표준소득월액의 0.045에 해당하는 액으로 한다. 지역가입자·임의가입자 및 임의계속가입자의 연금보험료는 지역가입자·임의가입자 또는 임의계속가입자 본인이 부담하되, 그 금액은 표준소득월액의 9%로 한다.

다만, 납부의무자는 사업장가입자 또는 지역가입자가 사업중단, 실직 또는 휴직중인 경우, 병역법 규정에 의한 병역의무를 수행하는 경우, 초·중등교육법 제2조 또는 고등교육법 제2조의 규정에 의한 학교에 재학중인 경우, 교도소에 수용중인 경우, 사회보호법에 의한 보호감호시설 또는 치료감호시설에 수용중인 경우, 행방이 불명한 경우, 재해·사고 등으로 소득이 감소되거나 기타 소득이 있는 업무에 종사하지 아니하는 경우로서 대통령령이 정하는 경우 등 사유로 연금보험료를 납부할 수 없는

보건복지부장관은 국민연금사업에 필요한 재원을 원활하게 확보하고, 이 법에 의한 급여에 충당하기 위한 책임준비금으로서 국민연금기금을 설치하고 있다.

〈그림 9-3〉 국민연금 재정 추이

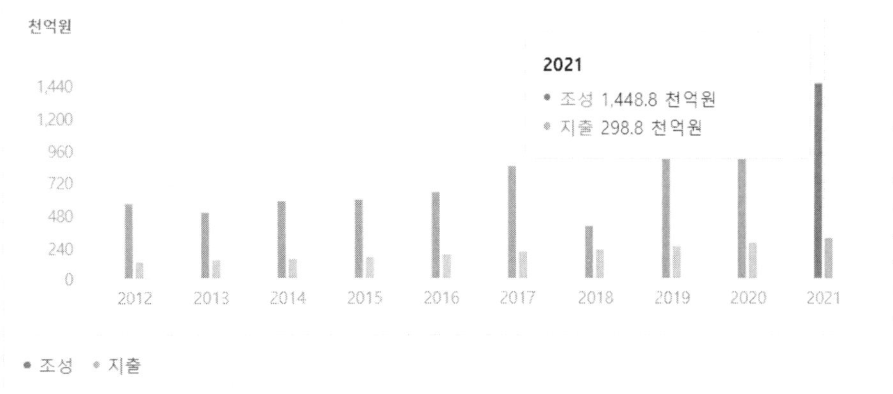

4. 국민연금과 개인연금

국민연금은 국민의 생활안정과 복지증진을 위해 국가에서 시행하는 사회보장제도로서 관리운영비를 국가에서 지원하고 있으며, 법에 정해진 가입요건에 해당하는 사람은 누구나 당연히 가입된다. 반면에 개인연금은 영리를 목적으로 은행이나 보험회사에서 취급하는 금융상품으로 개인이 원할 경우 임의대로 가입하는 사적인 보험이다(국민연금관리공단 참조).

〈표 9-7〉 국민연금과 개인연금의 비교

구 분	국민연금	개인연금
가입방법	법률에 의한 의무가입	본인 희망에 따라 가입
보 험 료	표준소득월액의 9%	월 백만원 범위내(1만원 단위로 본인 선택)
연금급여	노령, 유족, 장애연금 반환일시금	노령연금 중도해지 일시금
가급연금액 (가족수당)	배우자 : 연간 약 17만원 선 부모 · 자녀 : 연간 약 11만원선	없 음
연금지급기간	평생 지급 수급자 사망시 유족에게 승계	계약시 별도 설정
가입중 사망 · 장애발생시	유족 · 장애연금 지급	중도해지 일시금 지급
급여의 실질가치	실질가치 항상 보장 (물가상승률만큼 연금액 상승)	실질가치 보장 미흡
세제혜택	소득공제 : 당해연도에 납부한 연금보험료전액 - 지역/임의/임의계속가입자 : 본인이 납부한 연금보험료 전액 - 사업장가입자 : 사용자가 부담한 연금보험료(사용자 부담금)를 제외한 근로자 자기부담분 ※연금보험료공제의 합계액이 종합소득금액을 초과하는 경우 그 초과하는 공제액은 이를 없는 것으로 함	소득공제 : 신개인연금의 경우 보험료 전액에 대해 소득공제 연금급여 비과세 - 일정기간 이내 해약시 납입보험료에 대한 소득공제 추징

5. 국민연금의 문제점 및 과제

1) 문제점

노후생활 안정을 목적으로 도입된 국민연금의 경우 제도의 개별적인 개선만으로는 곤란하다는 것과 다음과 같은 문제점을 내포하고 있다.

첫째, 국민연금제도는 노후의 빈곤을 예방 또는 완화시키는 역할을 해야 함에도 불구하고 빈곤완화의 효과가 낮다.

둘째, 국민연금제도는 소득이 낮을수록 급여의 비율이 높아지도록 설계되어 있어 고소득층에서 저소득층으로 수직적 재분배 효과가 있으며, 현재 근로세대가 퇴직한 노인세대에 대한 재정을 책임짐(부과방식)으로써 소득재분배의 효과가 있다고 할 수 있으나, 극히 일부분만 고소득층에서 저소득층으로 자원이 이동함으로, 소득재분배에 대한 효과는 미미하다.

셋째, 국민연금제도 급여 수준의 적절성 문제는 국제노동기구(ILO)의 권고안인 55%보다 국민연금제도의 기본 소득대체율이 60%이므로 낮은 것은 아니나, 연금 급여수준이 퇴직 또는 은퇴 후 최저생활을 보장할 수 있는 수준인가를 평가하기 위하여 최저생계비와 비교할 수 있으며, 노령연금의 평균 수급액이 53만 6천원 선으로 1인 최저생계비의 45.9%에 불과하다.

넷째, 국민연금제도가 성숙되면서 상당 수가 국민연금제도의 대상이 되고 있다. 그러나 연금 수급액의 차이로 인한 퇴직 후 소득불평등을 더욱 심화시킬 것으로 전망된다. 이러한 문제는 노인세대 내에서 새로운 갈등문제를 가져올 수 있다.

다섯째, 국민연금재정은 안정적인가라는 물음이다. 현행처럼 보험료를 9%선에서 유지할 경우 2034년부터 적자가 발생하기 시작하여 2048년에는 기금이 완전히 고갈될 것으로 전망되고 있다.

2) 향후 과제

우리나라 국민연금은 부분적립방식을 채택하고 있기 때문에 시행 초기에 상당한 액수의 적립금이 축적되며, 적립금의 운용이 재정안정에 관건이 된다. 따라서 적립금을 적재적소에 투자하여 최대의 수익을 올리는 것이 감독기관인 보건복지부와 관리운영기구인 국민연금공단의 중요한 책무가 된다.

적립금은 공공부문, 금융부문, 복지부문 등 세 부문에 사용되고 있는데, 공공부문과 금융부문이 대략 절반을 차지하고 있지만, 그 이전에는 공공부문이 금융부문에 비해 배 이상 많았다. 공공부문이 많은 비중을 차지하게 된 이유는 정부가 1994년 공공자금관리기금법을 만들어 공공부문에의 투자를 적극 권장했기 때문인데(국민연금 도입 시는 신규 조성자금에 대한 공공부문과 금융부문의 투자 비율이 대략 50 : 50이었다).

이때부터 국민연금 적립금은 공공자금관리기금에 예탁되어 사회간접자본시설 투자, 중소기업 지원, 농어촌 및 보건복지 분야 투자에 사용되었다. 그러나 과도한 공공부문에의 투자가 여론의 질타를 받자 정부는 1999년 1월 공공자금관리기금법을 고쳐 2001년부터 공공자금관리기금에의 의무예탁을 폐지하였다(이에 따라 공공자금관리기금에 예탁된 자금은 2005년 전액 환수).

금융부문의 경우 시행 초기에는 채권, 금전신탁, 수익증권 등 주로 채권 관련 상품 위주로 운용하였으나, 금리자유화 시행으로 금리가 하락되어 1990년부터 주식형 수익증권 투자사업을 시작했고, 1993년부터 본격적으로 주식투자를 시작하였다. 현재는 국공채, 금융채권, 회사채 등의 채권 투자, 주식에의 직접 투자, 수익증권과 금전신탁, 단기금융상품 등 다양한 금융상품에 투자하고 있다.

복지부문은 민간보육시설(1994~97년) 및 노인복지시설(1995~2000년) 신설 자금의 한시적 지원, 국민연금복지타운(종합휴양단지 청풍리조트) 관련 자금, 가입자를 위한 생활안정대여사업, IMF 구제금융사태 시 실직자 생활안정자금 대여사업(1998년 한시적) 등에 사용하고 있으나 그동안 규모를 계속 축소해 왔으며, 현재는 이미 시행된 복지시설 설치자금 및 실직자 생활안정자금은 사후관리만 하고 있다.

앞서 열거한 문제점들을 완화 또는 감소시키기 위한 방안은 다음과 같이 제시할 수 있다.

첫째, 안정적인 국민연금제도를 운영하기 위해서는 현행 9%의 보험료율을 대폭 상향 조정해야 한다는 점이다. 그러나 보험료율을 상향 조정했을 때 국민들의 경제적 부담과 정서적으로 이를 수용할 수 있는가의 문제가 발생한다. 따라서 정치경제적 합의가 이루어질 때 가능하다.

둘째, 소득파악이 불분명한 지역가입자의 소득원을 정확히 파악하여 직장가입자의 부담과 심리적 저항감을 완화시켜야 한다. 소득파악에 대해서는 국세청과 지방자치단체간의 업무협조가 우선적으로 이루어져야 한다.

셋째, 적립된 국민연금기금을 안정적인 사업에 투자하여 수익을 발생시킬 수 있도록 해야 한다. 제도의 안정적인 운영을 위해서는 보험료가 중심이 되어야 하나, 수익을 발생시켜 가입자의 부담을 감소시키려는 제도의 노력 또한 요구된다.

넷째, 국민연금의 사각지대에 존재하는 공공부조 수급자의 안정적인 노후생활보장을 위한 기초연금제도 대상자의 선정기준과 국민연금 납부예외자 선정기준을 일치시켜 보험료 부담능력 유무를 판별할 기준선을 명확히 해야 한다.

다섯째, 현재 국민연금의 소득대체율이 43%에 불과하므로, 연금개혁을 통하여 선진국 수준인 60~70% 수준으로 끌어 올려야 한다.

국민연금기금의 운용에서 가장 중요한 것은 안정성과 수익성이다. 국민의 노후를 대비하기 위한 자금이란 점에서 무엇보다도 투자의 안정성이 요구되고, 또 일정한 수익이 보장되어야 한다는 점에서 그렇다. 그런데 투자수익이 높은 금융상품은 안정성이 떨어지고, 반대로 투자 안정성이 높은 금융상품은 투자수익이 떨어지는 게 현실이다. 그리고 정부 채권과 같은 공공부문에의 투자는 안정성이 높은 반면에 수익성은 낮고, 주식과 같은 민간부문에의 투자는 수익성은 높지만 안정성이 낮다. 이렇게 볼 때 안정성과 수익성을 동시에 담보할 수 있는 방법을 찾는 것이 국민연금기금운용자의 최대 과제라 할 수 있다.

제 10 장

고 용 보 험

1. 고용보험과 적극적 노동시장정책

노동시장정책은 실업급여를 지급하여 실직 근로자의 생활안정을 보장하는 전통적인 의미에서 한 걸음 나아가 적극적인 노동시장정책을 수행하는 것에 두고 있다.

우리나라의 고용보험도 "실업의 예방, 고용촉진 및 근로자의 직업능력의 개발·향상을 도모하고 국가의 직업지도와 직업소개 기능을 강화하며 근로자가 실업한 경우에 생활에 필요한 급여를 실시함으로써 근로자의 생활안정과 구직활동을 촉진하여 경제·사회발전에 이바지함을 목적"으로 하고 있다.

적극적 노동시장정책은 소극적으로 실업자에게 실업급여를 지급하는 것에 그치는 것이 아니라 적극적으로 고용안정과 고용창출 위한 수단을 투입하여 실업의 발생을 예방하는 동시에 실업자가 노동시장에 재진입할 수 있도록 지원하는 것이다.

따라서 고용보험의 의의는 ① 실직근로자의 생활안정, ② 고용안정과 근로자 직업능력 개발을 통한 인력수급의 원활화, ③ 일자리 창출 그리고, ④ 경제의 효율성 증진에서 찾을 수 있다.

국가는 고용수준을 높이고 사회비용의 부담을 줄이는 적극적 노동시장정책을 필요로 한다. 이러한 적극적 노동시장정책의 출발점은 정확한 실업의 개념과 노동통계에서 시작한다.

1) 실업의 개념

노동은 근로자와 그의 가족의 물질적 욕구를 충족시키는 생활 기반이자 사회적 신분을 결정하는 요소이다. 근로자가 직장을 갖고 있다는 것은 안정된 삶을 영위할 수 있는 물질적 기본 조건을 충족하고 있다는 것을 의미한다.

근로자가 실직상태에 놓이면 삶의 터전을 상실하는 것을 의미할 뿐만 아니라 빈곤의 악순환으로부터 벗어나기 어렵게 된다. 그러므로 실업은 개인적으로 소득상실, 사회적 신분의 추락, 심리적 불안을 야기할 뿐만 아니라 사회비용을 유발하는 사회적 위험이다. 그러나 우리나라의 노동통계는 2001년부터 "조사시점을 기준으로 지난 4주일 동안 구직활동을 했는지의 여부"를 가지고 실업률을 추계하다. 즉, 4주일의 조사기간에 구직활동을 하고 있지만 일자리를 구하지 못한 자를 실업자로 정의하고 있다.

〈그림 10-1〉 실업자 현황

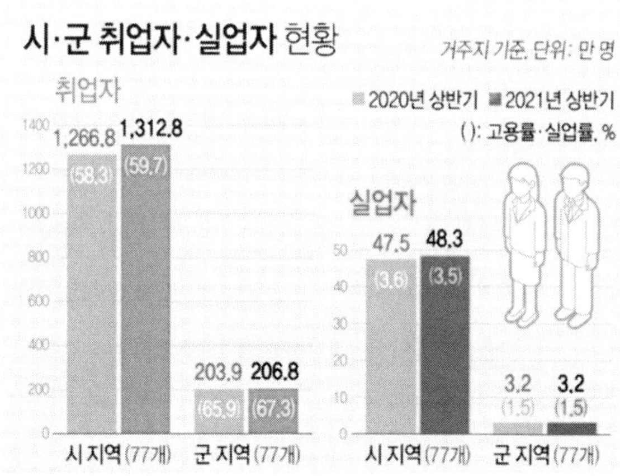

취업자란 "조사기간 중 소득, 이익, 봉급, 임금 등의 수입을 목적으로 하여 한 시간 이상 일한 자, 혹은 자기에게 직접적으로 이득이나 수입이 오지 않더라도 가구단위 경영의 농장이나 사업체에서 수익을 높이는 일에 종사하는 가족종사자, 직

업이나 사업체를 가지고 있으나 조사기간 중 일시적으로 쉬고 있거나 중단하고 있는 자, 일시적인 병, 일기불순, 휴가 또는 연가, 노동쟁의 등의 이유로 일시휴직을 포함하고 농촌에 살고 있는 15세 이상의 학생이 아닌 자"로 정의하고 있다.

실업의 개념을 좁게 그리고 취업자의 개념을 넓게 정의하는 경우 노동시장의 실제 상황을 왜곡하는 우를 범한다. 실업률이 실제보다 낮게 측정되는 경우 노동시장 상황에 대해 국민들의 무관심을 유발하고 실업자를 개인적 숙명이나 부적응자로 왜곡하여 근로에 관한 권리를 박탈할 수 있다.

실업이란 근로자가 일정한 조사기간에 근로능력과 근로의욕을 가지고 있지만 적정시간과 적정임금에서 노동력을 판매할 수 없는 상황으로 정의한다. 이를 구체적으로 설명하면 다음과 같다.

① 조사기간

실업률은 조사기간을 짧게 잡을수록 하락하고, 길게 잡을수록 상승한다. 노동통계가 조사기간을 1주일 또는 4주일로 짧게 잡는다면, 장기실업자 및 잠재실업자를 파악할 수 없다. 반면에 조사기간을 길게 잡으면, 장기 실직상태로 인해서 구직을 단념한 실망실업자, 노동시장의 상황이 나아진다면 일할 의사가 있는 잠재실업자(주부, 취업준비생 등)를 포함할 수 있어서 실업자의 수를 보다 더 정확히 파악할 수 있다.

② 적정시간

최소한 법정노동시간의 40% 미만 일하는 근로자는, 즉 1주에 16시간 미만 일하는 근로자는 시간제 근로자이다. 적정시간보다 적은 시간 동안 일하는 근로자는 대부분 아르바이트생, 일용직, 가사노동, 공공근로사업, 노인일자리, 사회적 일자리 등에서 일하고 있기 때문에 취업자로 분류하기는 어렵다.

③ 적정임금

근로자는 노동을 판매하여 얻은 임금으로 사회문화적 최저생활수준 이상의 삶을 유지할 수 있어야 한다. 사회구성원이 경제활동을 하고 있지만 저임금 또는 저소득으로 인해 사회문화적 최저생활을 유지할 수 없다면 일하는 의미를 발견하기 어렵다.

2) 경제구조변동과 실업

기업이 시장의 변화에 능동적으로 적응하지 못하면 시장에서 경쟁력을 상실하고 결국 파산하게 된다. 기업은 시장에서 살아남기 위해 구조조정을 하고 근로자를 해고하기도 한다. 경제구조변동은 노동공급과 노동수요 간에 일시적 또는 장기적으로 불균형 상태에 놓인다. 그러면 근로자들은 일시적 또는 장기적으로 직장상실, 역할상실, 심리적 불안, 사회적 관계의 단절 등을 경험하면서 삶을 영위할 수 있는 근거를 잃게 된다.

대부분의 사회구성원은 자본주의 사회에서 자신의 노동력을 판매하여 삶을 영위하는데 경제위기는 노동시장을 위축시켜서 근로자의 생존을 위협할 뿐만 아니라 구매력 상실, 산업활동의 위축, 불황으로 연결되고 사회문화적 공동체의식을 파괴한다.

경제위기가 장기화될수록 근로자는 성별, 연령, 교육수준, 건강상태, 장애 등 사회적 특성에 따라서 차별을 받기도 한다. 특히 여성근로자가 다자녀를 양육하거나 환자나 부모를 간호하는 경우에 노동시장에서 경력을 쌓을 수 있는 기회를 상실한다.

근로자가 장기간 실직상태에 놓이면 실망실업자 또는 노동시장에 수동적으로 참여하는 사회·경제적 취약계층이 되어간다. 한편 사용자는 노동생산성이 낮은 근로자를 경기가 침체되면 제일 먼저 해고하고 경기가 호황기로 돌아서면 가장 늦게 채용한다.

3) 실업의 유형

실업은 우선 자발적 실업과 비자발적 실업으로 구분되는데 노동시장정책에서 문제가 되는 것은 비자발적 실업이다. 비자발적 실업이란 근로능력과 근로의욕을 가지고 있는 근로자가 그의 노동력을 노동시장에 판매할 수 없는 상황을 말한다.

실업의 원인은 다양한데 그 원인에 따라서 실업의 유형을 정의하면 마찰적 실업, 계절적 실업, 경기적인 실업, 구조적 실업 등으로 나타날 수 있다.

① 마찰적 실업

마찰적 실업이란 구인자와 구직자가 노동시장에 공존함에도 불구하고 정보의 부족으로 인한 노동시장의 불균형상태를 말한다. 이러한 불균형상태는 시간적 불균형과 질적 차이로 인한 불균형으로 구분할 수 있다. 시간적 불균형은 기존의 직장에서 새로운 직장으로 옮기는데 따른 시간적 격차로 인해서 발생하는 실업으로 역동적인 경제에서는 마찰적 실업은 피할 수 없을 뿐만 아니라 오히려 바람직한 현상이다. 질적 차이로 인한 불균형은 사용자가 요구하는 노동의 질과 근로자가 가지고 있는 노동의 질 사이에 격차로 인해 발생하는 실업이다.

② 계절적 실업

계절적 실업이란 계절적 원인에 의해서 발생하는 실업을 말한다. 예컨대 건설업, 농수산업, 여가산업 등에서 겨울에는 실업률이 증가하고 여름에는 실업률이 하락하는 경향을 반복한다. 계절적 실업은 시기적으로 반복되는 특성을 갖고 있기 때문에 산업구조와 생산방식의 변화만으로 고용안정을 달성하기는 어렵다. 계절적 실업을 방지하는 방법으로는 예컨대 건축업의 경우에 기후 조건에 의존하지 않는 새로운 건축기술을 개발하거나 새로운 건축자재를 사용하여 근로일수를 늘려 고용안정을 달성할 수 있다.

③ 경기적 실업

경제는 주기적으로 호경기와 불경기를 거치면서 성장한다. 경제가 불경기에서 호경기로 전환하면 기업은 이윤창출에 대해서 낙관적으로 판단하여 투자를 확대한다. 그러나 투자가 증가하면 인플레이션을 야기하고 실질이윤은 기대이윤보다 낮아져서 투자는 다시 감소한다. 경제가 호경기에서 하강국면으로 돌아서면 기업은 생산능력을 완전히 사용하지 못하여 유휴자본과 유휴노동이 증가하는데 이때 기업은 임금압박으로 신규직원채용을 미루거나 감원한다. 노동시장도 이러한 경기변동으로부터 자유롭지 않기 때문에 경기적인 실업을 완전히 제거하는 것은 매우 어려운 문제이다. 물론 정부는 경기변동의 폭을 좁히고 불경기의 기간을 단축하기 위해 다양한 재정정책 수단들을 투입하여 경제안정과 고용안정을 달성하려고 노력한다.

④ 구조적 실업

구조적 실업이란 경제구조와 사회구조의 변동으로 인해서 한 산업 분야 또는 특정 지역의 고용조건의 변화로 인해 노동시장에서 수급 불균형 상태가 지속되는 것을 말한다. 구조적 실업은 불완전한 고용상태를 장기화하고 다양한 사회문제를 야기하기 때문에 정부는 적극적 노동시장정책과 사회복지정책 수단을 가지고 적극적으로 시장에 개입할 필요가 있다. 구조적 실업은 경제성장 또는 경제회복기에 감소하기 때문에 경기활성화 대책을 필요로 한다. 구조적 실업을 극복하기 위한 장기대책으로 사용자가 요구하는 양질의 노동력을 육성하기 위해 대학교육, 직업교육과 능력개발에 대한 장기적 계획을 수립하고 세대교체가 자연적으로 이루어질 수 있도록 지속적이고 안정적인 신규채용을 유도한다. 또한 젊은 근로자들의 활력과 지금까지의 경험과 기업문화를 형성한 장년층 사이를 연계할 수 있도록 노동의 세대 간 이동을 적극 적으로 촉진함으로써 기업의 경쟁력을 확보하는 방안을 생각할 수 있다.

정부가 구조적 실업문제를 해결하는 것은 사회적 위험을 줄이고 사회보장제도의 재정안정화에 기여하는 정책이다. 따라서 새로운 유형의 사회적 위험으로 인한 손해를 예방하고 상쇄함으로써 노동재생산, 경제안정, 사회적 안정을 유지하는 것과 노동시장의 균형을 달성하는 것은 동전의 양면과 같다. 그러므로 적극적인 노동시장정책은 시장경제를 왜곡하는 것을 의미하는 것이 아니라 시장경제가 잘 기능하도록 보완하는 것을 목적으로 한다.

4) 실업기간과 심리적 변화

실업은 사회·경제적 취약계층에게만 발생하는 것이 아니라 정상적인 이력을 갖고 있는 근로자에게도 발생할 수 있는 사회적 위험이다. 특히 실업으로 인한 빈곤층의 증가는 가족갈등, 육체적·정신적 질병의 증가, 사회에 대한 불만, 범법행위의 증가 등과 밀접한 상관관계를 갖는 것으로 분석되고 있다.

실업자는 실업기간이 길어짐에 경제적, 사회적, 심리적 행위에서 변화를 보여준다. 실업 직후에는 일시적으로 충격을 받지만 곧 새로운 직장 또는 보다 나은 직장을 얻을 수 있을 것이라고 낙관한다. 그러나 실업기간이 길어지면서, 그는 미래에 대한 불확실성을 감지하고, 금전적 걱정으로 인해서 자신의 능력보다 낮은 임금에서 일을 할 것인가를 생각하기 시작하면서 다음 단계에서는 생활에 대해서 지루함을 느낀다. 장기실업자는 점점 정서적 불안을 느끼고 직장을 구하기 위해 다른 지역에서 이사할 것인가를 심각하게 고민한다. 시간이 지남에 따라서 자신에 적합한 직업을 포기하고 어떠한 일이라도 구하려고 시도하지만 이 시점에서는 점점 자신감을 상실하고 새로운 직업에 적응할 수 있는가를 걱정하게 된다. 모든 시도가 실패로 돌아가면 결국 그는 구직을 포기하고 삶과 희망을 상실한다.

실업은 사회보장제도가 잘 구축된 나라에서도 생애주기에서 빈곤화의 주요 원인으로 작용한다. 근로자가 장기간 실업상태에 놓이게 되면 시장소득을 상실하기 때문에 경제적으로 빈곤화될 뿐만 아니라 노동시장에 적응하는 능력을 상실하게 된다.

실업자는 그의 문제를 자녀들에게 전달하기 때문에 아동 및 청소년의 성장에도 부정적인 영향을 준다. 실업자 가정은 가족갈등과 가족해체를 경험하고, 자녀들에게 정서적 상처를 주며 자녀들을 희생양으로 삼을 위험성이 높다. 그 결과 자녀들의 성장과정에서 정신적 그리고 사회적 발전에 장애요인으로 작용하기도 한다.

실업가정에서 자라는 아동 및 청소년은 정서불안, 용기 부족, 미래에 대한 불안, 책임감의 부족, 성격장애, 수면장애 등을 호소할 뿐만 아니라 부정적 사회행동을 하게 된다.

뿐만 아니라 실업은 아동학대, 여성학대, 노인학대 등의 사회적 병리현상들과 연결되고 있다. 이러한 사회문제와 사회적 병리현상들은 적극적 노동시장정책만으로는 해결하기 어렵고 사회서비스의 활성화와 직접적인 대인서비스를 통해서 일부 해결할 수 있다.

2. 우리나라의 고용보험

실업에 대한 생활안정과 가능한 높은 고용수준을 유지하려는 국가정책을 표현하는 명칭으로 '사회실업보험과 적극적 노동시장정책'이라고 명명하는 것이 적절하다고 판단된다.

실업은 초기 자본주의 사회에서는 물론 고도로 발전된 사회보장제도를 갖고 있는 복지국가에서도 안정된 삶과 생존을 위협하는 사회적 위험이다. 그래서 국가는 실업자의 빈곤화를 예방하고 새로운 직장을 찾을 때까지 경제적 및 시간적 여유를 보장하기 위해서 실업자에게 일정기간 실업급여를 보장하는 사회보험을 도입하였다.

우리나라에서는 1980년대 후반부터 시작된 인력수급의 불균형, 산업구조의 변화에 따른 노동시장의 구조조정, 노동의 질적 향상을 위한 직업훈련의 강화 등과 관련된 제도화의 필요성이 논의되었다.

외환위기로 인한 대량실업은 고용보험의 적용대상을 1998년 1월에 10인 이상 사업장, 1998년 3월에 5인 이상 사업장 그리고 1998년 10월에 일부 사업장을 제외하고는 근로자 1인 이상을 고용하는 모든 사업장으로 확대하였다. 마침내 2004년 1월 1일부터 일용근로자 및 시간제근로자(월간 60시간, 주당 15시간 이상)로 실업급여 적용대상을 확대하고 2006년 1월 1일부터는 고용안정사업과 직업능력개발사업을 고용안정・직업능력개발사업으로 통합하였다

고용보험료는 근로자와 사업주가 1/2씩 부담하는 실업급여 보험료와 사업주가 전액을 부담하는 고용안정 및 직업능력개발사업 보험료로 구분된다.

실업급여보험료는 2003년 이후 근로자와 사용자가 각각 보수총액(임금총액)의 0.45%씩 납부하고, 고용안정사업과 직업능력개발사업은 기업규모에 따라 0.25~0.85%로 차등화된 금액을 사용자가 전액 납부한다.

〈표 10-1〉 고용보험제도의 기본구조

고용보험 제도	고용안정사업	실업의 예방, 재취업촉진 및 노동시장 취약계층의 고용촉진
	직업능력개발사업	근로자의 생애 직업능력개발체제 지원
	실업급여	실직자의 생계지원 및 재취업촉진

출처 : 강영실, 『사회복지정책』, 2013, p. 273.

1) 급여대상

고용보험법의 급여대상은 근로자를 사용하는 모든 사업 또는 사업장이다. 다만, 산업별 특성 및 규모 등을 고려하여 대통령령으로 정하는 사업에 대하여는 적용하지 않는다. 여기서 고용보험법이 적용되는 사업을 당연적용사업이라 하고 예외적으로 고용보험법이 적용되지 않는 사업을 적용제외사업이라고 한다. 고용보험 적용제외사업의 경우 근로자 과반수 동의를 얻어 공단의 승인을 얻은 때는 그 사업의 사업주 및 근로자는 고용보험사업에 가입할 수 있는데 이러한 경우를 임의적용사업이라고 한다. 당연적용사업이든 임의적용사업이든 사업자와 근로자가 고용보험의 가입자가 되지만 실제로 피보험자로서 다양한 혜택을 받는 자는 근로자만이 될 수 있다.

2) 급여내용

고용보험에서 제공되는 급여는 실업급여, 고용안정 및 직업능력개발사업, 육아휴직급여 및 산전후휴가급여 등으로 분류된다.

(1) 실업급여

고용보험에 가입한 근로자는 소득의 일부를 고용보험료로 납부하고 기업의 파산, 해고, 직장전환 등으로 인해서 실직하면 실업급여를 신청한다.

실업급여는 근로자가 실직하였을 경우 일정 기간 소득을 보장함으로써 실업자와 그 가족의 생계안정을 도모하고, 구직활동에 필요한 시간을 주어 그의 능력에 적합한 직장에 재취업할 수 있도록 지원하는 급여를 말한다.

실업급여는 구직급여, 취업촉진수당, 상병급여, 연장급여, 모성보호급여로 구분된다.

① 구직급여

구직급여는 고용보험 적용 사업장에서 ㉠ 이직 전 18개월 중 180일 이상 보험가입자로 근무하고, ㉡ 비자발적으로 실직하였으며, ㉢ 적극적으로 구직의사를 가지고 재취업활동을 할 때에 받을 수 있다.

구직급여는 7일간의 대기기간(2004년 이전에는 14일) 동안에는 기본급여를 지

급하지 않고, 그 이후 2주에 한 번씩 실직 전 평균임금의 50%
(2010년 현재 : 최저임금의 90%에서 최고 4만 원까지)를 나누어 지급한다.

구직급여의 지급일수는 보험 가입기간과 연령에 따라 최소 90일에서 최대 240일까지이며 필요한 경우 연장급여를 신청할 수 있다.

② 취업촉진수당

취업촉진수당은 조기재취업수당, 직업능력개발수당, 광역구직활동비, 이주비 등으로 구분된다.

조기재취업수당은 구직급여를 잔여 급여일수가 30일 이상을 남기고 안정된 직장(6월 이상 계속 고용이 확실한 직업에 취직하거나, 자영업 활동계획서 제출 후 1회 이상 실업 인정을 받은 상태에서 1회 이상 자영업 준비활동을 하였다는 것을 증명하는 것)에 취업하는 경우에 지급하는 급여로 잔여급여일수의 1/2(55세 이상 또는 장애인의 경우 잔여급여일수의 2/3)을 곱한 금액을 지급한다.

직업능력개발수당은 훈련에 필요한 교통비 · 식대 등의 비용을 지원하는 수당을 말한다.

광역구직활동비는 수급자가 살고 있는 지역에서 취업하기 어려워 지방고용노동관서장이 소개하는 50km 떨어진 지역으로 출장하여 직장을 구하는 경우에 교통비의 일부와 숙박료를 지급하는 것을 말한다.

이주비는 수급자가 직업안정기관이 소개한 직업에 취직하거나 직업안정기관의 장이 지시한 직업훈련을 받기 위하여 그 주거를 신청하는 경우에 수급자격자와 동거친족의 이주에 필요한 비용을 직업안정기관의 장이 필요하다고 인정하는 경우에 지급한다.

③ 상병급여

우리나라의 실업보험은 구직급여 기간 중에 질병 · 부상 또는 출산 등으로 취업이 불가능하여 구직활동을 할 수 없거나 증명할 수 없는 경우에 구직급여를 받을 수 없도록 하고 있다. 이 경우 질병 또는 부상으로 7일 이상 활동할 수 없는 경우에 생계의 어려움을 겪는 대상자를 위해 상병급여를 지급한다. 출산의 경우에는 출산일로부터 45일간 지급한다. 그러나 다른 법에 의해서 보상을 받을 경우에는 지급하지 아니한다.

④ 연장급여

기타 연장급여는 훈련연장급여, 개별연장급여와 특별연장급여로 구분된다. 실업급여 수급자가 새로운 직장에 취직하기 위해 직업능력개발훈련을 받아야 할 필요가 있다고 판단되는 경우에 훈련연장급여를 2년 범위 내에서 구직급여의 100%를 받을 수 있다.

개별연장급여는 수급자가 소정의 급여일수가 종료된 이후까지 직업안정기관장의 직업소개에 3회 이상 응하였으나 취업하지 못하고 18세 미만의 부양가족이 있는 경우에 구직급여일액의 70% 또는 60일 범위 내에서 연장하여 구직급여를 지원하는 것을 말한다.

특별연장급여는 장기실업 등으로 대통령령이 정하는 사유가 발생한 경우에 고용노동부장관이 6개월 이내에 실업급여의 수급이 종료된 자에 한하여 구직급여일액의 70%를 60일 범위 내에서 지급한다. 특별한 사유는 연속 3개월간 실업률이 6% 이상, 실업급여 신청자가 피보험자의 1% 이상 그리고 실업급여 지급을 받고 있는 자가 피보험자의 3%를 초과한 경우 등이다.

(2) 고용안정 및 직업능력개발사업

고용보험은 경기변동과 경제구조변동으로 인한 실업이 발생하는 것을 방지할 목적으로 근로자 또는 사용자를 지원하고 고용안정과 근로자의 직업능력을 향상하기 위한 사업을 수행한다.

우리나라에서 고용안정사업은 사용자가 근로자를 감원하지 않고 고용을 유지하거나 실업자를 채용하는 경우에 인건비의 일부를 지원하고 있는 사업을 말하고 직업능력개발사업이란 근로자의 직업능력을 향상하기 위한 사업을 실시하는 사업체에 지원하는 사업을 말한다.

우리나라의 고용보험은 국가개입의 최소화라는 가치관에 따라 적극적으로 노동시장에 개입하기보다는 사업체 중심의 고령 근로자 또는 여성 근로자 그리고 직원의 일반교육에 치우쳐 있고 사업체에게 고용안정과 직업능력개발사업을 지원하는 수준에 머물러 있다.

우리나라의 고용보험과 같이 사업비를 사용자에게 지원하는 방식은 많은 문제점을 안고 있다. 과거의 스핀햄랜드 제도가 임금보조제도의 기원인데 노동자의 임금이 낮아서 최저생활을 유지하기 어려운 경우에 그 부족분을 보충하는 수당을 사용자에게 지불함으로써 노동을 유인하는 제도이다. 그러나 문제는 그 보조금을 사용자에게 지불함으로써 사용자의 도덕적 해이와 강제노역 등으로 노동자의 근로의욕을 창출하지 못하였으며 경쟁을 억제하는 등의 부작용을 낳았다. 사용자에게 지급하는 보조금의 경우 비능률이고 나태한 자들을 지원함으로써 경제원칙과 모순될 뿐만 아니라 보조금을 받는 자가 자력으로 생활하려는 근로자보다 나은 생활을 하며 사용자는 비능률적으로 생산조직을 구축함으로써 노동의욕을 고취하기보다는 나태를 조장한다고 비판한다. 따라서 직업능력개발사업비의 경우 능력개발을 하고자 하는 실업자 또는 중소기업 근로자에게 직접적으로 지원하는 것이 보다 효율적일 뿐만 아니라 효과적이다.

직업능력개발사업비의 경우 능력개발을 하고자 하는 실업자 또는 중소기업 근로자에게 직접적으로 지원하는 것이 보다 효율적일 뿐만 아니라 효과적이다. 그래서 적극적인 노동시장정책의 관점에서 고용안정사업과 능력개발사업의 재정립 방안을 다음과 같이 제시한다.

① 직업소개

직업소개란 일을 구하는 구직자와 일자리를 제공하는 사용자를 연결(job matching)해서 정보부족으로 인해서 발생하는 노동공급과 노동수요의 불균형을 해소하는 것을 말한다. 직업소개가 성공하기 위해서는 노동시장의 변화에 대한 정확한 정보를 확보하고, 노동력의 이동을 촉진하는 수단을 필요로 한다.

㉠ 직업소개는 공공직업소개와 민간직업소개로 나눌 수 있는데 공공직업소개는 원칙적으로 무료이다. 한편 직업소개소는 구직자에 관한 조사항목을 최소로 한정하고 그의 비밀을 보장하는 동시에 구직자와 사용자 사이의 근로계약에서 중립성을 유지하여야 한다.

㉡ 직업소개의 효율성은 공급된 일자리에 대한 정보를 수집하여 구직자 요구에 적합한 일자리를 소개하는가에 달려 있다. 노동시장에 일자리가 있음에도 불구하고 정보부족으로 구직자와 구인자가 연결되지 않는 상황을 최소화하는 것이다.

㉢ 직업소개는 경제구조와 산업구조의 변동으로 인한 구조적 실업을 줄이기 위해서 적응력을 배양할 수 있는 직업교육 및 훈련장소를 소개할 수 있어야 한다.

㉣ 직업소개는 마찰적 실업을 줄이는 방법으로 매우 유용하다. 직업소개는 지역적 범위를 넘어 실업자의 공간적 이동을 촉진하는 이사비용의 지원, 산업별 및 지역별 노동의 이동을 촉진하기 위한 광역의 데이터베이스 구축, 노동의 유연화(flexibility)를 장려하는 업무의 전환 및 전보 등과 연계하는 프로그램의 개발 등이 요구된다.

② 직업 상담

직업소개와 밀접한 관련성이 있는 것이 직업 상담이다. 근로자가 직업 상담을 통해서 직업 및 직장을 합리적으로 결정할 수 있도록 근로자에게 직업교육의 장소, 직업의 발전 가능성, 적성 등과 관련된 정보뿐만 아니라 직업에 적응 가능성(의학적 · 심리적 소견) 등을 평가할 수 있어야 한다.

③ 직업교육과 직업훈련

직업교육과 직업훈련은 가정과 교육기관에서부터 시작하는데 각자의 능력을 개발하는 동기를 부여하고 직업교육의 내용을 다양화하여 경제구조 및 사회구조의 변동에 유연하게 대처하는 것이 필요하다.

㉠ 시장은 기술진보, 새로운 상품의 개발, 산업구조의 변화, 한계기업의 도태, 업종전환 등으로 인해 불완전 고용의 위험성을 항상 내포하고 있다. 특히 기술발달과 전문화는 노동의 질을 하락시키는 요인으로 작용한다.

㉡ 근로자들이 새로운 기술과 전문화로 인해서 그들의 생산성이 하락하거나, 사용자가 노동의 질에 대해서 새로운 자격을 요구하거나, 기업과 사업체에 특수한 노동의 질을 요구하는 것 등이 전형적인 예에 속한다. 그러므로 적극적 노동시장정책은 근로자가 노동시장의 변화에 적응할 수 있도록 지원하는 교육과정을 필요로 한다.

④ 직업능력개발사업

직업능력개발사업이란 직업훈련 및 직업교육 등을 통해서 기술발전과 산업구조의 변동으로 인한 노동시장의 변화에 적응할 수 있는 능력을 증진하고 노동의 질을 높이는 것을 말한다. 즉, 근로자가 산업구조의 혁신과정에서 근로자의 적응력을 강화함으로써 실업을 예방하고 새로운 직장에 취업할 수 있는 능력을 배양하는 사업이다.

㉠ 새로운 기술의 투입과 전문화는 과거의 생산방식을 폐지하고 기술적 및 조직적 변화에 적응하도록 강요한다. 근로자가 이러한 사용자의 요구와 그가 보유한 노동의 질 사이에 격차가 발생하면 실직하게 된다.

㉡ 현대산업사회에서 작업과정은 매일 매일의 과업에서 점진적으로 변화한다. 그러나 대부분의 근로자는 노동시장의 발전과정과 변화를 투시하거나 예상할 수 있는 능력이 부족하다. 따라서 근로자는 그의 노동조건, 발전 가능성, 사회적 위치 등의 변화를 인식하지 못하는 사이에 그의 노동력은 노후화되고 기술의 발전과 전문화에 적응력을 향상하는 것은 근로자에게 육체적 및 심리적 부담으로 작용한다.

㉢ 적극적 노동시장정책은 교육수준·노동의 질·근로시간에 대한 욕구 등을 고려하여 근로자를 적재적소에 투입하고 산업부문 간의 임금격차를 줄이는 것도 중요한 과제이다.

⑤ 고용창출사업

고용창출사업은 완전고용 또는 가능한 한 높은 고용수준을 유지하고 노동공급과 노동수요의 균형을 유지할 목적으로 하는 적극적 노동시장정책이다.

㉠ 정부는 경기변동으로 인해서 실업이 발생하면 경기부양과 경제성장을 위한 정책수단을 투입하거나 노동공급의 과잉으로 인해 실업이 발생하는 경우 근로시간정책을 통해서 노동총량을 가능한 많은 실업자에게 나누고 노동공급과 노동수요 사이의 불균형을 시정할 목적으로 사회적 일자리를 창출하는 사업을 한다.

㉡ 고용창출의 방법 가운데 하나는 법정노동시간의 단축이다. 법정노동시간 단축은 사회구성원의 가치관의 변화에 부응하는 한편 노동총량을 가능한 많은 노동자들에게 나누는 실업대책의 한 방편으로 사용되고 있다. 근로자가 국민경제의 성장과 함께 근로시간을 늘려서 소득을 높이는 것보다 문화활동과 여가활동에 보다 높은 가치를 두게 되면서 기업도 이에 부응하여 토요휴무의 확대,

직장 내에서 교육기회의 제공, 휴가기간의 연장 등을 실시하고 있다.

㉢ 노동생산성을 향상시키는 방법으로 노동시간의 유연화를 실현하기도 한다. 그러나 노동시간의 유연화는 근로자들에게 생활리듬의 변화, 육체적 부담의 증가 등을 야기하여 노사갈등의 원인이 되기도 한다. 노동자가 충분한 휴식을 취하지 못하는 경우에 피로의 누적·부상·질병의 위험 등이 상승하고 장기적으로 노동력을 상실시키는 원인이 된다. 그러므로 노동력 상실을 야기하는 장시간 노동 또는 초과근무를 제한하는 것은 근로자보호정책에서 중요한 문제일 뿐만 아니라 노동시간정책을 통해서 고용안정과 고용창출을 위한 새로운 방향설정이 될 수 있다.

⑥ 사회적 일자리 창출

㉠ 사회적 일자리란 사회적으로 유용하지만 수익성 때문에 시장에서 충분히 공급되지 못하는 분야에서의 직장을 말한다.

㉡ 사회적 일자리 또는 '제3섹터'의 일자리에서 고용을 창출하는 사업은 노동력 유지 및 직업생활에 대한 적응능력을 강화하고, 좀더 장기적인 계획 하에 노동의 질 향상 및 자활공동체 창업 등을 위한 기초능력 배양을 목적으로 한다.

㉢ 사회적 일자리의 필요성은 장기 실업자와 빈곤층에게 노동의 의무를 강조하기보다는 노동의 권리를 보장하는 것이다. 청소년, 여성, 노인, 장애인 또는 장기실업자 등 일시적 또는 장기간 그들의 노동력의 일부를 상실한 사회·경제적 취약계층이 적극적으로 구직활동을 함에도 직장을 구하지 못하고 있는 실업자와 수급자에게 '공적인 손'에 의해서 일자리를 제공하고 노동력을 가능한 장기간 유지하는 한편 자립을 위한 제3자의 도움을 통해서 노동의 권리를 보장하는 것이다.

㉣ 사회적 일자리는 지역사회구조개선정책과 '질적 성장'과 밀접하게 연결되어 있는데, 지역사회의 사회·경제적 취약계층의 수를 줄이고, 환경오염을 예방 및 제거하는 한편 사회복지와 삶의 질을 향상하는 새로운 일자리를 창출하는 것을 의미한다.

가장 좋은 노동시장정책은 실업률과 실직자의 실업기간을 줄이는 것이다. 실업을 줄이기 위해서는 국가정책이 완전고용을 지향하거나 가능한 높은 고용수준을 유지하려는 경제정책에 의해서 가능하다. 실업자의 수를 최소화하고 실업기간을 짧게 하기 위해서는 적극적 노동시장정책이 직장소개 및 직업상담, 포괄적인 직업교육과 직업훈련, 재교육의 장려, 일자리 창출 등의 조치를 활성화하는 것이다.

(3) 육아휴직급여 및 산전후휴가급여

모성보호급여는 2001년 근로기준법이 출산휴가기간을 종전 60일에서 90일로 연장하고 나머지 30일에 대해서는 고용보험에서 부담하는 것으로 개정하면서 유아휴직급여와 출산휴가급여가 도입되었다. 2010년 현재는 근로기준법은 임신 중인 여성에 대해 고용주는 산전·후를 통하여 90일의 보호휴가를 주되, 반드시 산후에 45일 이상 되어야 한다. 고용보험이 90일 전 기간의 급여를 지급한다.

육아휴직 급여는 유아휴직 이전에 180일 이상 고용보험에 가입되어 있어야 하며, 피보험자의 배우자가 30일 이상 유아휴직을 한 경우에 통상임금의 40%(상한액 100만 원, 하한액 50만 원)를 지급하고 육아휴직 급여 중 일부(15%)는 직장복귀 6개월 후 일시불로 지급한다.

산전·후 휴가급여는 고용주에게 지급하는 급여로 휴가가 끝난 날 이전 피보험기간이 통산하여 180일 이상이고, 근로기준법 제74조에 따른 산전·후 휴가를 보장한 경우 우선 지원 대상기업은 90일분, 그 외의 기업은 30일분(2010년 현재 최고 : 135~405만 원, 최저 : 최저임금)을 받는다.

3) 전달체계

고용보험제도 및 운영에 관한 주요 사항의 결정이나 기획에 관한 업무는 고용노동부에서 수행하고 있으며, 집행업무는 지방노동 관서 및 근로복지공단에서 수행하고 있다. 고용노동부에서 고용보험과 밀접한 관련이 있는 부서는 고용정책실이다. 고용보험의 구체적 집행업무는 6개의 지방고용노동청과 40개의 지청 및 1개 출장소 등에서 수행하고 있으며 근로복지공단은 일부 업무를 위탁을 받아 하고 있다.

4) 재원

고용보험사업의 재원조달은 사업의 종류에 따라 다른데, 실업급여사업은 사업주와 근로자가 각각 50%씩 부담하고 있으며, 고용안정 및 직업능력개발사업은 사업주만 부담하고 있다.

사업주가 부담하는 고용보험료는 적용사업의 피보험자 임금총액에 보험사업별 보험료율을 곱하여 산정한다. 피보험자인 근로자가 부담해야 하는 보험료는 자기 임금총액에 실업급여 보험요율의 0.5를 곱한 금액으로 한다. 고용안정 및 직업능력개발사업의 보험료 및 실업급여의 보험료는 각각 그 사업에 소요되는 비용에 충당한다. 다만, 실업급여의 보험료는 육아휴직급여 및 출산전후휴가급여 등에 드는 비용에 충당할 수 있다.

그 밖에 보험사업에 필요한 재원을 충당하기 위하여 고용노동부장관은 고용보험기금을 설치하며, 기금은 보험료와 고용보험법에 따릉 징수금, 적립급, 기금운용 수익금, 그 밖의 수입으로 조성한다.

3. 고용보험의 문제점 및 향후 과제

1) 적용범위 확대

고용보험은 사업규모와 관계없이 모든 사업에 적용되고 있으며 매년 피보험자의 수가 증가하는 경향이 있으며, 아직도 적용대상 근로자의 상당수가 고용보험의 보호를 실제로 받지 못하고 있어, 영세사업장 및 임시일용 근로자에 대한 고용보험의 적용을 내실화할 필요성이 있으며, 비정규직 근로자의 가입 제고를 위한 대책을 마련함으로써 적용범위를 더욱 확대해 나가야 한다.

2) 고용보험 사업장의 역진성 문제

고용안정사업의 경우 대규모 사업장이 영세 사업장에 비하여 급여수급 실적이 높아 영세 사업장이 대규모 사업장에 재정 이전현상이 발생하고 있고, 직업능력개발사업의 경우 사업 규모별 보험료율의 차등화에도 불구하고 사업규모가 클수록 납부한 보험료에 비하여 사업주가 지원받는 금액 비율이 훨씬 높게 나타나고 있는 등 역진성의 문제가 나타나고 있다. 따라서 고용보험사업의 수혜 형평성을 고려하여 소규모 영세사업장에 대한 재정적 지원이 필요하다.

3) 관련 인프라 부족

고용보험사업의 효율적 운영을 위해 전문적이고 실질적인 공공직업안정기관의 구축, 직업 관련 전문인력의 양성 및 확보, 지역간 노동력 연계를 위한 노동시장정보체계의 구축, 현실적인 구직활동 프로그램의 개발이 선행되어야 한다.

4) 수요자 중심의 서비스 전달체계 구축

실업급여, 고용안정 및 직업능력개발사업의 실업급여 신청 및 실업 인정 관련 서류 제출, 각종 지원금의 신청 및 관련 서류의 제출 등을 간소화하여 복잡하고 직접 방문을 하도록 하는 등의 행정관료적 특성을 배제해야 한다.,

제 11 장

노인장기요양보험

1. 노인장기요양보험의 개념

1) 개념 및 정의

20세기 후반 독일(수발보험)과 일본(개호보험)이 장기요양보험이라는 제5의 사회보험을 신설함으로써 사회보험의 전통적 형태에 변화가 생겼다.

장기요양보험은 노령이나 기타 질병에 의해 거동이 불편하여 타인의 도움과 보호가 필요한 사람의 사회적 보호, 즉 장기요양보호(long-term care)의 비용을 사회보험방식으로 조달하기 위한 제도이다.

장기요양비용의 조달방법으로는 사회보험 이외에도 조세와 민간보험이 있다. 조세방식은 주로 지방자치단체(지방정부)가 노인복지 차원에서 재정조달과 시설의 설치 및 관리운영을 책임지고 중앙정부가 재정의 일부를 지원하는 방식을 말하는데, 대다수 국가(장기요양보험 도입 이전의 독일과 일본 포함)가 이런 형태로 노인요양 문제를 해결하고 있다.

미국은 예외적으로 민간보험이 노인요양에서 차지하는 비중이 높다. 미국을 제외하고, 장기요양보험이 민간보험으로 발달하지 못한 데는 이유가 있다. 우선 장기요양이 보험사고의 하나가 되는지 의심스럽고, 도덕적 해이와 역선택의 발생 가능성이 상당히 높으며, 전통적으로 요양보호는 정부의 책임이라는 인식이 강한 것 등이 그것이다. 그럼에도 최근 들어 각국이 사회보험의 재정부담을 억제하고자 하는 의지가 강해 민간요양보험에 대한 관심이 높아지고 있다. 미국 이외에 프랑스나 독일에서도 민간요양보험이 상품으로 판매되고 있는데, 가격이 비싸 일부 경제적으로 여유 있는 노인계층만이 구매하고 있는 실정이다.

장기요양보험은 고령화로 인한 정부와 건강보험의 재정 부담과 깊은 관련이 있다. 다시 말해서 장기요양보호가 필요한 노령인구가 크게 늘어나면서 여기에 소요되는 의료 및 시설보호비용이 급증하자 정부로서는 합리적 비용조달방안이 필요했고, 동시에 요보호 노인인구의 증가로 재정에 상당한 압박을 받은 건강보험(노인의료비의 급증과 노인의 장기적인 병상 차지)의 입장에서도 실효성 있는 대책이 필요했는데, 이때 대안으로 제시된 게 장기요양보험이었다. 이런 점에서 고령화율이 높은 독일과 일본이 장기요양보험을 가장 먼저 도입한 것은 당연하다.

장기요양보험의 대상은 장기요양보호이다. OECD에서는 장기요양보호를 "의존적 상태에 있거나 생활상의 장애를 지닌 노인을 대상으로 장시간에 걸쳐 일상생활수행능력을 도와주기 위해 제공되는 모든 형태의 보호서비스"라고 정의하고 있다.

개호보험(介護保險)이라는 이름으로 요양보험을 도입한 일본은 장기요양보호를 "신체상 또는 정신상의 장애가 있어서 입욕, 배설, 식사 등 일상생활에 기본적 동작의 전부 또는 일부에 대해 후생노동성령으로 정한 기간 동안에 상시 개호가 필요하다고 인정되는 상태에 있는 자에게 제공되는 서비스"라고 규정한다. 요양보험을 세계 최초로 도입한 독일은 장기요양보호를 "신체적·지적·정신적 질병이나 장애로 인해 적어도 6개월 이상의 수발을 필요로 하는 사람에게 제공되는 서비스"라고 규정하고 있다.

독일이나 일본에서 요양보험의 도입을 놓고 논의가 벌어졌을 때 노인의료비용과 요양시설보호비용을 국가가 부담하지 않고 사회보험방식을 통해 수혜자에게 부담시키는 게 합당한지를 놓고 논란이 적지 않았다. 독일의 경우 무려 20년 이상의 토론과 검토를 거쳐 요양보험의 실시를 결정했으나 여전히 이에 대한 비판이 제기되고 있다.

우리나라에서도 2000년대 들어 인구 고령화 속도가 빨라지면서 장기요양보험의 도입 필요성에 대한 논의가 시작되었고, 몇 차례의 공청회와 3차에 걸친 시범사업을 거쳐 2008년 7월부터 시행하였다. 우리나라가 이처럼 발 빠르게 노인장기요양보험의 도입을 논의하고 법을 제정하게 된 근본적 이유는 급속한 고령화 때문이다. 사실 우리나라의 고령화 속도는 우려될 정도로 빠르다. 고령화 사회에서 고령사회로 넘어가는 데 소요된 시간과 고령사회에서 초고령사회로 진입하는 데 걸리는 시간이 우리나라는 선진 복지국가에 비해 5~10배 정도 빠른 것이다.

〈그림 11-1〉 노인장기요양보험 내용

급격한 고령화는 저출산 현상과 평균수명의 연장과 관련이 깊다. 기대수명의 경우 2021년 현재 83.3세에 이르고 있고,, 출산율도 2022년 현재 0.75명으로 1980년에 비해 반 이상 감소하였다. 지금과 같은 저출산 추세가 지속될 경우 2027년 전체 인구가 4,925만 명으로 절정에 이른 후 지속적으로 감소하여 2100년에는 1,621만 명으로 줄어들 것으로 전망되고 있다. 경제활동인구(15~64세)도 2010년대를 정점으로 감소하기 시작하여 경제활동인구 대비 노인인구 비율인 노인부양비가 1999년에 9.6%이었으나 2030년에는 35.7%로 늘어나 생산연령인구 2.8명이 1명의 노인을 부양해야 할 것으로 전망되고 있다

질병을 가진 노인의 경우 국민건강보험의 대상인지, 아니면 노인장기요양보험의 대상인지가 모호해질 수 있다. 그러므로 노인장기요양보험의 개념을 정확히 파악하여 국민건강보험과의 차이점을 분명히 알아야 한다. 국민건강보험은 치매 · 중풍

등 질환의 진단, 입원 및 외래치료, 재활치료 등을 목적으로 주로 병·의원 및 약국에서 제공하는 의료서비스를 급여대상으로 한다. 그리고 그 법적 근거는 의료법에 있다. 반면에 노인장기요양보험은 치매·중풍의 노화 및 노인성 질환 등으로 인하여 혼자 힘으로 일상생활을 영위하기 어려운 대상자에게 노인요양시설이나 재가장기요양기관을 통해 신체활동 또는 가사지원 등의 복지서비스를 제공하는 제도로서 노인복지법에 근거를 두고 있다.

한마디로 국민건강보험은 노인의 질병을 치료(cure)하는 데 목적이 있다면, 장기요양보험은 장기간의 보호가 필요한 노인을 케어(care)하는 데 목적이 있다.

노인장기요양보험은 노인복지서비스와도 다르다. 양자의 차이점은 노인복지서비스는 저소득층을 위주로 하는 선택주의 제도라면, 노인장기요양보험은 장기요양이 필요한 모든 노인을 대상으로 하는 보편주의 제도이고, 노인복지서비스가 정부의 국비로만 운영되는 반면에 노인장기요양보험의 주된 재원은 보험료이며(국비와 본인부담 포함), 양자 모두 노인에게 시설 및 재가서비스를 제공한다는 점에서 동일하나 서비스의 질적 수준이 노인복지서비스보다 노인장기요양보험의 서비스가 더 높다. 그리고 시설에 대한 지원방식도 노인복지서비스가 지방자치단체를 통하여 시설 입소인원 또는 연간 운영비용을 기준으로 정액 지급(사후 정산)하는 반면에 노인장기요양보험은 시설급여 및 재가급여 제공자는 비용을 수가산정방식을 적용하여 국민건강보험공단에 청구하고, 국민건강보험공단은 청구된 장기요양급여 및 비용 등의 적정여부 심사 후 지급한다는 점에서 서로 다르다.

2) 요양보호와 일상생활수행능력의 개념

경제발전과 사회개발은 핵가족화와 인구고령화를 일반화하는 인구구조변동을 이끌었다. 특히 고령사회로 진입하면서 다양한 질병과 노화로 인해서 일상적이고 규칙적으로 반복되는 일상생활을 스스로 수행할 수 없는 사회구성원의 수가 급증하고 있다. 매일 삶을 유지하기 위해서 일상적이고 규칙적인 동작을 할 수 없도록 하는 상태는 신체적 일상생활수행능력(Physical Activity of Daily Living)과 도구적 일상생활수행능력(Instrumental Activity of Daily Living)의 상실로 구분된다.

〈표 11-1〉 노인복지서비스와 노인장기요양보험의 차이점

구 분	노인장기요양보험제도	기존 노인복지서비스체계
서비스 대상	• 보편적 제도 • 장기요양이 필요한 65세 이상 노인 및 치매노인 등 노인성 질환을 가진 64세 이하의 국민	• 특정 대상 한정(선택적) • 국민기초생활보장수급자를 포함한 저소득층 위주
서비스 선택	수급자 및 부양가족의 선택에 의한 서비스 제공	지방자치단체장의 판단(공급자 위주)
재 원	장기요양보험료 + 국가 및 지방자치단체 부담 + 이용자 본인부담	정부 및 지방자치단체의 부담
서비스	• 시설급여 • 재가급여(방문요양, 방문목욕, 방문간호, 주야간보호, 단기보호 등) • 특별현금급여(가족요양비, 특례요양비 등)	시설 · 재가서비스를 제공하나, 서비스 질에 대한 관리 미흡
시설에 대한 지원방식	• 시설급여 및 재가급여 제공자는 비용을 수가산정방식을 적용하여 국민건강보험공단에 청구 • 건보공단은 청구된 장기요양급여 및 비용 등의 적정 여부 심사 후 지급	지방자치단체를 통하여 시설 입소인원 또는 연간 운영비용을 기준으로 정액 지급(사후 정산)

자료 : 보건복지부, 2007b.

(1) 요양보호(care)와 치료(cure)의 차이

요양보호(care)란 질병과 장애 등으로 매일 반복되는 일상생활을 할 수 없어서 생존의 위협에 놓여 있는 경우에 타인의 도움과 요양서비스를 요청하는 욕구를 말한다.

일상생활수행능력(ADL)의 상실이란 치료의 종결상태, 다시 말하면 약제나 수술 등을 통해서 건강을 회복하기 어려울 뿐만 아니라 더 이상 나아지지 않은 상태에 놓여 있는 사회구성원으로서 타인의 도움이 없이는 매일 반복되는 일상생활을 할 수 없어서 생존의 위협에 놓여 있는 상태를 말한다. 따라서 요양보호는 의학적으로 치료(cure)가 종결되었다는 의미에서 치료욕구와 개념적으로 구별된다.

모든 환자, 장애인, 노인이 일상생활수행능력을 상실함으로써 요양욕구를 갖고 있는 것은 아니다. 그러나 요양욕구를 갖고 있는 사회구성원은 일상생활을 수행할

수 없을 정도의 질병과 기능적 장애를 갖고 있기 때문에 '장기간' 타인의 간병과 수발 그리고 관리를 필요로 한다.

(2) 사회적 위험으로서 요양보호

요양보호는 인간의 생애주기 속에서 누구에게나 발생할 수 있는 사회적 위험이다. 요양보호는 ① 거동에 어려움을 주는 신체적 질병과 장애, ② 신체기관 및 감각기관의 기능적 질병과 장애, ③ 중추신경계의 결함, ④ 히스테리·노이로제·치매 등 정신적 및 정서적 질병과 장애 등으로 '장기간(적어도 6개월 이상)'의 요양보호서비스를 필요로 하거나 앞으로 6개월 이내에 사망할 것으로 예상되는 중증의 환자를 간병 및 수발하는 것으로 정의할 수 있다. 그래서 장기간 요양보호는 부양부담으로 인해 소득상실과 빈곤화를 초래하는 사회적 위험이다.

(3) 장기간의 의미

'장기간'이라 함은 건강보험에 의한 요양급여와 의료서비스를 받은 이후 일상생활수행 능력을 상실한 사회구성원에게 가정 내 또는 사회복지시설에서 간병과 수발 그리고 요양보호서비스가 필요한 기간이 6개월 이상 지속되는 것을 말한다.

우리나라의 요양보험급여대상자는 6개월 이상 요양서비스가 필요한 65세 이상 노인 또는 노인성 질환자로 한계를 설정하고 있지만 독일의 경우 의료와 요양이 상호 밀접하게 연결되어 있고 일상생활수행능력을 상실한 모든 사회구성원(장애인, 노인, 말기 암환자 등)을 대상으로 한다.

2. 노인장기요양보험의 유형

1) 장기요양보험의 유형

정부가 노인장기요양문제를 해결하는 방법은 크게 볼 때 세 가지 유형이 있다.

베버리지형으로서 모든 국민을 대상으로 보편적으로 소득에 따른 급여를 하며, 재원은 주로 세금이다. 관리운영은 정부 및 공무원이 담당하고, 국가조직이 주체이다. 덴마크, 핀란드, 스웨덴, 영국, 아일랜드 등의 국가가 여기에 속한다.

별도의 사회보험기구를 신설해 운영을 맡기는 것으로 독일과 일본이 대표적이다. 사회보험방식으로 운영하기 때문에 가입자로부터 보험료를 징수해 재정을 충당한다.

노인장기요양문제를 사회보험방식으로 접근하는 나라는 독일과 일본이 대표적이다. 이를 독일형, 일본형이라고도 한다.

독일형이란 보험자가 의료보험의 질병금고(건강보험조합)라는 점이 가장 큰 특징인데, 그와 관련해 의료보험의 적용대상자인 전 국민이 장기요양보험의 대상자가 되고, 보험료만으로 재정이 운영된다. 그리고 건강보험과 같이 보험료를 노사가 각각 절반씩 분담한다.

일본형은 보험자가 일본의 건강보험과 같이 지방자치단체인 시・정・촌인 것이 가장 큰 특징이다. 그리고 피보험자도 전 국민이 아니라 65세 이상이 주된 대상이고, 40~64세 중장년은 부차적인 대상이 된다. 재정도 보험료와 국가부담이 반반씩이다.

사회부조형은 사회부조 대상자만을 대상으로 하며 사회부조형이기 때문에 당연히 재정은 세금으로 충당된다.

2) 주요 국가 노인장기요양보험의 특징

일본 개호보험의 운영주체는 지방자치단체(시・정・촌)인 반면에 독일의 수발보험은 사회보험기구인 질병금고이다. 두 나라의 장기요양보험 보험자가 이렇게 다른 이유는 건강보험 때문이다. 주지하듯이 일본의 지역주민을 대상으로 하는 건강보험은 시・정・촌과 같은 지방자치단체이며, 독일의 건강보험은 질병금고라는 건강보험조합이다.

두 나라 모두 장기요양보험 관리운영의 효율화(비용 절감)를 위해 기존의 건강보험 관리운영기구에 운영을 위임하였기 때문에 이런 차이가 나타난 것이다. 그리고 일본 개호보험의 경우 시・정・촌과 같은 지방자치체가 운영주체이기 때문에 개호보험의 재정과 시설인프라 등에서 지역 간의 격차가 매우 클 수밖에 없다.

피보험자도 서로 다르다. 일본 개호보험의 피보험자는 40세 이상의 건강보험 가입자인데, 1호 대상자는 65세 이상 노인이고, 2호 대상자는 40~64세까지의 장기요양이 필요한 것으로 인정되는 사람이다. 독일 수발보험의 대상자는 건강보험 대상자인 모든 국민이다.

급여 대상인 요보호상태는 일본 개호보험의 경우는 요개호 6단계이고, 독일 수발보험은 3단계이나 양자 모두 경증 요보호상태까지 급여대상으로 하고 있다는 점에서 동일하다.

〈표 11-2〉 일본 개호보험과 독일 수발보험의 주요 특징

구 분	일본 개호보험	독일 수발보험
법제정일	1997년 12월(시행 2000년 4월)	1994년 4월(시행 1995년 4월 재가, 1996년 7월 시설)
보험자	시정촌	질병금고
피보험자	40세 이상 1호 : 65세 이상 2호 : 40~64세	건강보험 전 가입자(전 국민)
요개호도	요지원 · 요개호 1~5의 6단계	개호도 1~3의 3단계
서비스 내용	재택 · 시설 서비스	재택 · 시설 서비스
개호수당 유무	없음	있음
이용자 부담	시설입소 시 식비 본인부담 본인부담 10%	시설입소 시 식비 · 숙박비 전액 본인부담
재 원	공비, 보험료 각 50% 본인부담 10%	보험료 100%(노사반분)
보험료 수준	1호 : 약 2,900엔→3,300엔 2호 : 수입의 0.9%	수입의 1.7%(노사 각 50% 부담)

자료 : 보건복지부, 2005.

요양서비스 역시 시설요양서비스와 재택요양서비스 모두를 제공한다는 점에서 같다.

케어의 현금수당은 독일 수발보험에서만 제공되며, 일본 개호보험에서는 제공되지 않는다. 독일 수발보험에서는 가족이 케어하는 경우에도 현금수당이 지급된다.

요양시설에의 입소 시 피보험자가 부담하는 본인부담의 경우 독일 수발보험에서는 식비와 숙박비 전액을 부담해야 하는 반면, 일본 개호보험에서는 식비의

10%만 본인이 부담한다. 본인부담에서는 일본이 독일보다 더 관대하다.

장기요양보험의 재정에서도 양국은 차이가 난다. 독일 수발보험은 소득의 1.7%의 보험료로 재정이 충당되며, 보험료를 노사가 절반씩 분담한다. 분담방식 역시 사회보험인 건강보험과 동일하다. 일본 개호보험은 급여생활자는 소득의 0.9%에 해당하는 보험료를, 지역주민은 정액의 보험료를 부담한다. 이런 차이도 건강보험 재정방식의 차이 때문에 발생하는 불가피한 현상이다.

3. 우리나라 노인장기요양보험의 도입과정

우리나라에서 노인장기요양보험에 관한 공식적 거론은 2001년 5월 28일 보건복지부의 건강보험재정 안정대책 내용에 포함된 것이 최초였는데, 보건복지부는 건강보험의 제도개선의 하나로 "치매, 뇌졸중, 중증 정신질환 등 만성질환 노인을 위한 장기노인요양보험 도입 및 장기요양시설 확충"을 제시하였다.

당시 우리나라의 고령화 정도는 선진국에 비해 낮은 편이기 때문에 노인장기요양보험의 신설을 거론하는 것은 시기상조의 측면이 있었다. 그러나 2020년경에는 고령화 사회에 도달할 것으로 예상하고, 무엇보다도 고령화 속도도 선진국에 비해 대단히 빠르며, 게다가 핵가족화, 여성의 사회참여 확대, 부양의식의 변화 등 노인부양과 관련된 환경이 크게 변화될 전망이었고, 서구에 비해 가족수발의존도가 현저히 높은 실정을 감안할 때 노인장기요양보험의 도입은 불가피한 것으로 인식되었다.

보건복지부도 고령화가 의료수요의 급증을 가져올 것으로 예상하고 있었는데, 고령화로 뇌혈관 질환, 암, 고혈압, 당뇨병, 치매 등 만성 퇴행성 질환의 비중이 크게 증가할 것이고, 이에 따라 재가의료(간호), 장기이식 및 인공장기 투입, 장기노인요양보호 등 새로운 보건의료서비스 수요가 나타날 것으로 보았다.

사실 정부가 노인장기요양보험의 도입에 관심을 보인 가장 큰 이유는 건강보험의 재정적자 때문이었다. 국민건강보험의 지출에서 노인진료비가 차지하는 비중은 상당히 크고, 앞으로 고령화와 함께 그 비중은 더욱 커질 전망인데, 이런 점에서 장기요양을 필요로 하는 노인의 요양비용을 국민건강보험에서 분리하여 별도의 사회보험으로 해결하는 것은 유력한 대안이 될 수 있었다.

지역의 요보호노인을 대상으로 노인복지서비스의 행 · 재정적 책임을 지고 있는 지방자치단체에게도 노인장기요양보험은 매력적이었다. 왜냐하면 지방자치단체로서는 지역의 요보호노인을 위한 요양시설을 건립하는 데 필요한 토지와 건축비 조달은 그리 어렵지 않은 데 비해(토지는 지방자치단체 소유의 토지를 활용하면 되고, 시설건축비는 한 해 예산에서만 조달하면 되므로), 요양시설의 유지 · 관리에 필요한 운영비용, 즉 인건비, 의약품비, 기타 경상경비 등을 매년 조달하는 것은 제한된 지방자치단체의 예산에 비추어 볼 때 상당한 부담으로 작용하기 때문이다. 노인장기요양보험이 신설되어 장기요양시설 입소가 필요한 피보험자의 시설이용비용을 책임진다면 지방자치단체는 시설운영비용의 부담에서 항구적으로 벗어날 수 있는 것이다.

2001년 8월 15일 대통령 경축사에서 노인요양보장제도의 도입을 천명하였고, 이듬해인 2002년 7월 보건복지부의 국무회의 보고(노인보건복지종합대책)에서 공적 노인요양보장체계의 구축과 시행을 제시하였다.

노인요양보험제도가 보다 구체화된 것은 '참여정부'에 들어서이다. 노무현 대통령은 대선 공약의 하나로 노인요양보험제도의 시범 실시 후 공적노인요양보장제도의 도입을 제시했고, 2003년 2월 보건복지부는 대통령직 인수위 보고 시 요양보호노인을 위한 공적제도의 도입 추진을 밝혔다. 같은 해 4월 4일 보건복지부는 대통령 업무보고에서 2007년 시행을 목표로 공적노인요양보장제도의 도입 추진을 보고했다. 그 전인 3월 17일 이미 보건복지부는 공적노인요양보장추진기획단을 구성해 운영에 들어간 바 있다. 그리고 2004년 1월 15일 국정과제회의 주요 안건으로 공적노인요양보험제도의 2007년 도입 추진이 보고되었으며(동시에 '참여복지 5개년 계획'에도 포함), 2004년 3월 22일 공적노인요양보장제도 실행위원회 및 실무기획단이 구성 운영되었다.

2005년 5월에는 당정협의를 통해 노인요양보장제도 기본안이 확정되었는데, 사회보험방식으로 운영하고, 제도 시행여건을 감안해 시행시기를 2007년에서 2008년으로 1년 연기하는 방침을 정했다. 이어서 동년 9월에 공청회를 거쳐, 10월 법안이

입법예고되었으며, 2006년 2월 국무회의를 통과했다. 동시에 사업의 시행착오를 줄이기 위해 3단계에 걸친 시범사업이 실시되었다. 즉, 2005년 7월부터는 1차 시범사업이 실시되었는데, 대상지역은 광주광역시 남구, 수원시, 강릉시, 안동시, 부여군, 북제주군 등 6개 시 · 군 · 구였다. 2006년 4월부터는 2차 시범사업이 실시되었다. 대상 지역은 1차 6개 시범지역에 부산광역시 북구, 전남 완도가 추가된 모두 8개 시 · 군 · 구였다. 2007년 5월에는 3차 시범사업이 시작되었는데, 대상지역은 2차 8개 시범지역에 인천 광역시 부평구, 대구광역시 남구, 청주시, 익산시, 하동군 등이 추가된 13개 시 · 군 · 구였다. 그리고 2007년 4월 2일 '노인장기요양보험법'이 국회 본회의를 사실상 만장일치로 통과하였고, 4월 27일 법률이 공포됨으로써 2008년 7월 1일부터 노인장기요양보험제도가 시행되기에 이르렀다.

4. 노인장기요양보험의 주요 내용

우리나라 노인장기요양보험제도는 건강보험제도와는 별개의 제도로 도입 · 운영되고 있는 한편으로, 제도운영의 효율성을 도모하기 위하여 보험자 및 관리운영기관을 국민건강보험공단으로 일원화하고 있다. 또한 국고지원이 가미된 사회보험방식을 채택하고 있고 수급대상자에는 65세 미만의 장애인이 제외되어 노인을 중심으로 운영되고 있다.

1) 급여대상

우리나라 장기요양보험제도는 65세 이상의 노인 또는 65세 미만의 자로서 치매 · 뇌혈관성 질환 등 노인성질병을 가진 자 중 6개월 이상 동안 혼자서 일상생활을 수행하기 어렵다고 인정되는 자를 그 수급대상자로 하고 있다. 여기에는 65세 미만자의 노인성질병이 없는 일반적인 장애인은 제외되고 있다.

(1) 장기요양급여의 신청

① 자격 : 장기요양보험가입자 및 그 피부양자, 의료급여수급권자

② 대상 : 65세 이상 또는 65세 미만으로 노인성 질병을 가진 자

③ 신청장소 : 전국 공단지사(노인장기요양보험운영센터)

④ 신청방법 : 공단 방문, 우편, 팩스, 인터넷

⑤ 신청인 : 본인 또는 대리인

(2) 장기요양급여수급자

'노인장기요양보험법'에 따른 수급자(장기요양급여수급자), 65세 이상 기초수급자 및 부양의무자로부터 적절한 부양을 받지 못하는 자, 입소자로부터 입소비용의 전부를 수납하여 운영하는 시설(기존 유료시설)의 경우 60세 이상의 자 등이다.

〈그림 11-1〉 장기요양인정점수 구간별 장기요양인정등급

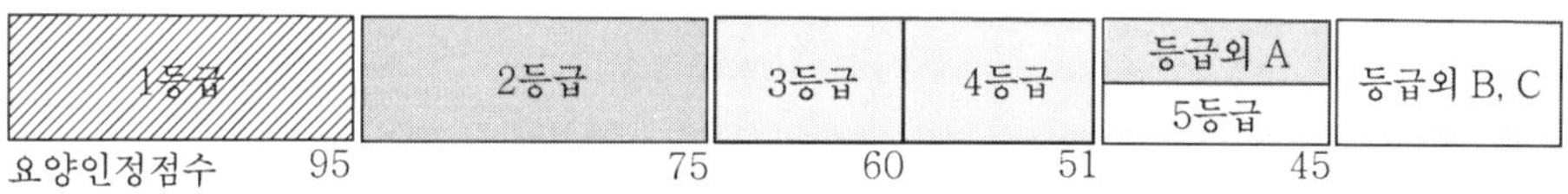

자료 : 국민건강보험공단

(3) 장기요양급여 제공의 기본원칙

첫째, 장기요양급여는 노인등의 심신상태·생활환경과 노인 등 및 그 가족의 욕구·선택을 종합적으로 고려하여 필요한 범위 안에서 이를 적정하게 제공하여야 한다.

둘째, 장기요양급여는 노인 등이 가족과 함께 생활하면서 가정에서 장기요양을 받는 재가급여를 우선적으로 제공하여야 한다.

셋째, 장기요양급여는 노인 등의 심신상태나 건강 등이 악화되지 아니하도록 의료서비스와 연계하여 이를 제공하여야 한다.

〈표 11-1〉 장기요양인정조사표

<table>
<tr><th>영역</th><th colspan="3">항목</th></tr>
<tr><td>신체기능
(12항목)</td><td>옷 벗고 입기
식사하기
일어나 앉기
화장실 사용하기</td><td>세수하기
목욕하기
옮겨 앉기
대변 조절하기</td><td>양치질하기
체위변경하기
방밖으로 나오기
소변 조절하기</td></tr>
<tr><td>인지기능
(7항목)</td><td>단기 기억장애
날짜불인지
장소불인지
나이 · 생년월일 불인지</td><td colspan="2">지시불인지
상황 판단력 감퇴
의사소통 · 전달 장애</td></tr>
<tr><td>행동변화
(14항목)</td><td>망상
환각, 환청
슬픈 상태, 울기도 함
불규칙수면, 주야혼돈
도움에 저항</td><td>서성거림, 안절부절못함
길을 잃음
폭언, 위협행동
밖으로 나가려함
의미없거나 부적절한 행동</td><td>물건 망가트리기
돈/물건 감추기
부적절한 옷입기
대/소변불결행위</td></tr>
<tr><td>간호처치
(9항목)</td><td>기관지 절개관 간호
흡인
산소요법</td><td>경관 영양
욕창간호
암성통증간호</td><td>도뇨관리
장루간호
투석간호</td></tr>
<tr><td rowspan="2">재활
(10항목)</td><td>운동장애(4항목)</td><td colspan="2">관절제한(6항목)</td></tr>
<tr><td>우측상지 우측하지
좌측상지 좌측하지</td><td colspan="2">어깨관절 무릎관절
고관절 손목 및 수지관절
팔꿈치관절 발목관절</td></tr>
</table>

자료 : 국민건강보험공단

(4) 방문조사

인정신청을 하게 되면 간호사, 사회복지사, 물리치료사 등으로 구성된 공단 소속장기요양 직원이 직접 방문하여 '장기요양인정조사표'에 따라 아래의 항목을 조사한다.

(5) 등급판정위원회 심의 · 판정

대상자 여부는 등급판정위원회에서 판정하는데, 등급판정위원회는 장기요양인정 및 등급판정을 위한 심의기구로서 지역단위(시 · 군 · 구)별로 설치하고, 위원은 15인 이내로 구성한다. 위원은 의료인, 사회복지사, 시 · 군 · 구 소속 공무원, 법학 또는 장기요양에 관한 학식과 경험이 풍부한 자 중에서 시장 · 군수 · 구청장이 추천하고, 의사 또는 한의사가 각각 1인 포함되어야 한다.

〈그림 11-2〉 등급판정 절차

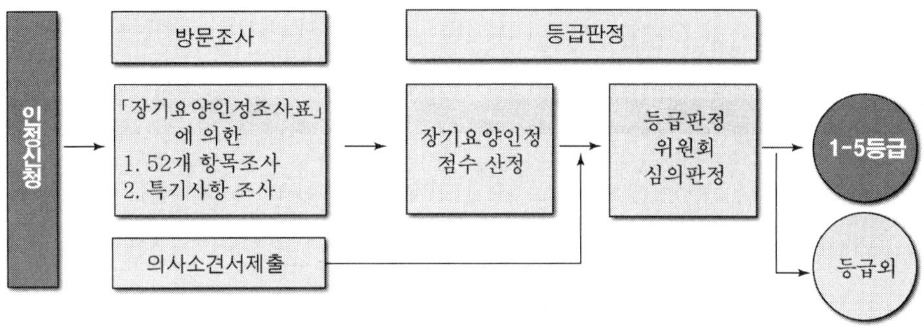

자료 : 국민건강보험공단

〈표 11-2〉 장기요양 등급판정기준

등급	심신의 기능상태	장기요양인정점수
1등급	일상생활에서 전적으로 다른 사람의 도움이 필요한 상태	95점 이상
2등급	일상생활에서 상당 부분 다른 사람의 도움이 필요한 상태	75점 이상 95점 미만
3등급	일상생활에서 부분적으로 다른 사람의 도움이 필요한 상태	60점 이상 75점 미만
4등급	심신의 기능상태 장애로 일상생활에서 일정부분 다른 사람의 도움이 필요한 사람	51점 이상 60점 미만
5등급	치매(노인성 질병으로 한정)환자	45점 이상 5Q1점 미만

자료 : 국민건강보험공단.

등급판정위원회는 6개월 이상의 기간 동안 일상생활을 혼자서 수행하기 어렵다고 인정되는 경우 장기요양을 받을 자(수급자)로 결정하고 심신상태 및 요양이 필요한 정도에 따라 등급을 심의 · 판정한다.

등급판정위원회는 방문조사 결과, 의사소견서, 특기사항을 기초로 신청인의 기능상태 및 장기요양이 필요한 정도 등을 등급판정 기준에 따라 다음과 같이 심의 및 판정할 뿐만 아니라 요양필요상태에 해당하는지 여부를 심의한다. 또한 요양필요상태인 경우 등급판정 기준에 따라 등급을 판정하고, 필요에 따라서는 등급판정 위원회의 의견을 첨부할 수 있다.

〈그림 11-3〉 등급판정위원회 심의 · 판정 절차

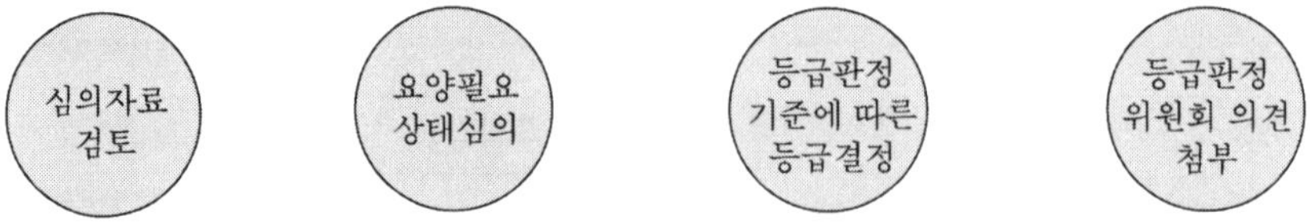

심의판정자료	요양필요 상태 심의	등급판정기준	등급판정기준
□인정조사결과 □의사소견서 □특기사항	□항목별 가중치 점수 □일상생활자립도 □등급별 상태상 등	□1등급 : 95점 이상 □2등급 : 75점 이상 95점 미만 □3등급 : 60점 이상 75점 미만 □4등급 : 51점 이상 60점 미만 □5등급 : 45점 이상 51점 미만 & 치매	□인정유효기간변경 □급여이용에 대한 의견제시 등

자료 : 국민건강보험공단

2) 급여내용

장기요양인정으로 판정을 받은 대상자는 재가급여(방문요양, 방문목욕, 방문간호, 주 · 야간보호, 단기보호 등), 시설급여 등의 서비스를 받을 수 있다.

(1) 재가급여

① 방문목욕

장기요양요원이 목욕설비를 갖춘 차량을 이용하여, 수급자의 가정을 방문하여 목욕을 제공하는 급여

② 방문간호

의사, 한의사 또는 치과의사의 지시에 따라 간호사, 간호조무사 또는 치위생사가 수급자의 가정 등을 방문하여 간호, 진료의 보조, 요양에 관한 상담 또는 구상위생 등을 제공하는 급여

③ 주 · 야간보호

수급자를 하루 중 일정한 시간 동안 장기요양기관에 보호하여 목욕, 식사, 기본간호, 치매관리, 응급서비스 등 심신기능의 유지 · 향상을 위한 교육, 훈련 등을 제공하는 급여

④ 단기보호

수급자를 월 15일 이내 기간 동안 장기요양기관에 보호하여 신체활동 지원 및 심신기능의 유지 · 향상을 위한 교육 · 훈련 등을 제공하는 장기요양급여

⑤ 기타 재가급여

수급자의 일상생활 또는 신체활동 지원에 필요한 용구로서 보건복지부장관이 정하여 고시하는 것(휠체어, 전동 · 수동침대, 욕창방지매트리스 · 방석, 욕조용리프트, 이동욕조, 보행기 등)을 제공하거나 대여하여 노인장기요양보험대상자의 편의를 도모하고자 지원하는 장기요양급여

(2) 시설급여

① 노인요양시설

치매 · 중풍 등 노인성질환 등으로 심신에 상당한 장애가 발생하여 도움을 필요로 하는 자를 입소시켜 급식 · 요양과 그 밖에 일상생활에 필요한 편의를 제공하는 시설

② 노인요양공동생활가정

치매 · 중풍 등 노인성질환 등으로 심신에 상당한 장애가 발생하여 도움을 필요로 하는 자에게 가정과 같은 주거 여건과 급식 · 요양 및 그 밖에 일상생활에 필요한 편의를 제공하는 시설

(3) 특별현금급여

① 가족요양비

도서 · 벽지 등 장기요양기관이 현저히 부족한 지역으로서 보건복지부장관이 정하여 고시하는 지역에 거주하는 자, 천재지변이나 그 밖에 이와 유사한 사유로 인

하여 장기요양기관이 제공하는 장기요양급여를 이용하기가 어렵다고 보건복지부 장관이 인정하는 자, 신체·정신 또는 성격 등 대통령령으로 정하는 사유로 인하여 가족 등으로부터 장기요양을 받아야 하는 자에게 지급하는 가족장기요양급여

② 특례요양비

수급자가 장기요양기관이 아닌 노인요양시설 등의 기관 또는 시설에서 재가급여 또는 시설급여에 상당한 장기요양급여를 받은 경우 대통령령으로 정하는 기준에 따라 당해 장기요양급여비용의 일부를 당해 수급자에게 지급하는 특례장기요양급여

③ 요양병원간병비

수급자가 '의료법'에 따른 요양병원('정신보건법'에 따른 정신의료기관 중 정신병원, '장애인복지법'에 따른 의료재활시설로서 요건을 갖춘 의료기관 포함)에 입원한 때 대통령령으로 정하는 기준에 따라 장기요양에 사용되는 비용의 일부를 지급하는 요양병원장기요양급여

3) 전달체계

(1) 건강보험제도와 별도 운영

장기요양보험제도를 건강보험제도와 분리 운영하는 경우 노인 등에 대한 요양필요성 부각이 비교적 용이하여 새로운 제도 도입에 용이하며, 건강보험 재정에 구속되지 않아 장기요양급여 운영, 장기요양제도의 특성을 살릴 수 있도록 '국민건강보험법'과는 별도로 '노인장기요양보험법'을 제정하였다..

(2) 사회보험방식을 기본으로 한 국고지원 부가방식

우리나라 장기요양보장제도는 사회보험방식을 근간으로 일부는 공적부조방식을 가미한 형태로 설계·운영되고 있다.

국민건강보험법의 적용을 받는 건강보험가입자의 장기요양보험료

[건강보험료액 × 6.55%(2011년도 보험료 기준)] + 국가 및 지방자치단체 부담(장기요양보험료 예상수입액의 20% + 공적부조의 적용을 받는 의료급여수급권자의 장기요양급여 비용)

(3) 보험자 및 관리운영기관의 일원화

우리 나라 장기요양보험제도는 이를 관리 · 운영할 기관을 별도로 설치하지 않고 '국민건강보험법'에 의하여 설립된 기존의 국민건강보험공단을 관리운영기관으로 하고 있다. 이는 도입과 정착을 원활하기 위하여 건강보험과 독립적인 형태로 설계하되, 그 운영에 있어서는 효율성 제고를 위하여 별도로 관리운영기관을 설치하지 않고 국민건강보험공단이 이를 함께 수행하도록 한 것이다.

(4) 요양보호사

이전의 노인요양서비스는 무의무탁노인이나 저소득층 위주로 이루어져 중산층이 만족할 만한 수준의 질 높은 요양서비스는 제공되기 어려웠다. 그리고 요양서비스 담당자의 전문성도 충분히 담보하지 못했던 것이 사실이다. 따라서 장기요양보험이 시행되면 보험료를 납부하는 중상위 계층이 주된 수급자가 될 경우에 이전의 요양인력으로는 수급자와 그 가족을 만족시키기는 어려웠다.

보건복지부는 요양서비스 인력의 질을 높이기 위해 소정의 교육을 받는 자에 한해 서비스 제공이 가능하도록 요양보호사 제도를 신설하였다. 요양보호사는 사회복지사제도와 유사하게 1급 및 2급으로 등급화되어 있다. 1급은 장기요양수급자에게 신체활동 및 일상생활 지원서비스 제공하는 역할을 수행하고, 2급은 장기요양수급자의 신체활동 지원서비스 외의 모든 서비스 제공한다.

4) 재원

노인장기요양보험의 재정은 장기요양보험료, 국가지원, 본인일부부담으로 충당된다. 장기요양보험료는 건강보험 가입자(직장가입자, 지역가입자)가 부담하며, 건강보험료액에 장기요양보험료율을 곱하여 산정된다.

〈표 11-3〉 장기요양보험의 재정

구 분	내 용
노인요양 보험료	• 건강보험 가입자 부담 • 건강보험 보험료율 × 장기요양보험료율 • 건강보험료와 통합 고지
국가부담	• 보험료 예상수입액의 20%(국고) • 의료급여수급권자의 장기요양급여비용(국가와 지자체가 각각 분담)
본인부담	• 시설급여서비스 비용의 20%, 재가급여서비스 비용의 15% • 저소득층은 본인일부부담금을 1/2로 경감 • 국민기초생활수급노인은 무료

장기요양보험료는 건강보험료와 통합 고지되고, 징수 후 장기요양보험료와 건강보험료는 각각의 독립회계로 관리된다. 장기요양보험료율은 장기요양위원회의 심의를 거쳐 대통령령으로 정하게 되어 있다.

장기요양위원회는 보건복지부 장관 소속 심의기구(위원장 - 보건복지부 차관)로서 근로자단체, 사용자단체, 시민단체, 노인단체, 농어민단체, 자영업자단체 등 적용대상자 대표들과 의료계 등 장기요양기관 대표, 학계, 고위공무원단 소속 공무원, 공단 추천자 등 공익 대표 16~22인으로 구성된다.

국가는 보험료예상수입액의 20%(국고) 및 의료급여수급권자의 장기요양급여비용(국가와 지자체가 각각 분담)을 부담한다. 본인일부부담은 시설급여서비스 비용의 20%, 재가급여서비스 비용의 15%이다(원래 정부안에는 시설급여와 재가급여 모두 비용의 20/100으로 하는 것으로 되어 있었으나 국회 입법과정에서 이처럼 수정되었다). 소득 · 재산이 일정 금액 이하인 저소득층은 본인일부부담금을 1/2로 경감(시설급여 10%, 재가급여 7.5%)받으며, 국민기초생활수급노인은 무료이다.

〈표 11-4〉 노인장기요양보험제도와 기존 노인복지서비스 체계 비교

구분	노인장기요양보험제도	기존 노인복지서비스 체계
관련법	-노인장기요양보험법	-노인복지법
서비스 대상	-보편적 제도 -장기요양이 필요한 65세 이상 노인 및 치매 등 노인성질병을 가진 65세 미만 자	-특정대상 한정(선택적) -국민기초생활보장 수급자를 포함한 저소득층 위주
서비스 선택	-수급자 및 부양가족의 선택에 의한 서비스 제공	-지방자치단체장의 판단(공급자 위주)
재원	-장기요양보험료+국가 및 지방 자치단체 부담+이용자 본인부담	-정부 및 지방자치단체의 부담

자료 : 국민건강보험공단

5. 노인장기요양보험의 문제점 및 과제

(1) 급여대상자의 확대

국민건강보험의 적용 대상은 전국민이나, 노인장기요양보험은 65세 이상 노인이 대상이므로, 수급권이 없는 20세 이상 65세 미만의 자에게 노인장기요양보험료를 징수하는 것이 헌법상 평등권 및 사회보험법의 원리에 적합한지 법리적 검토가 필요하다.

현재 수급대상자는 65세 이상 노인 및 64세 이하의 노인성 질병자로 수급 대상을 제한함으로써 64세 이하의 비노인성 장애인이 제외되고 있다. 뿐만 아니라 노인성 질병을 갖고 있는 일부 계층을 위하여 모든 국민이 보험료를 부담하는 것이 바람직한지 문제가 제기될 수 있다. 그러므로 노인장기요양보험에서 장기요양보험으로 법의 명칭을 변경하여 국민건강보험에서 제외되는 장기간 요양을 필요로 하는 전국민을 대상으로 요양급여가 제공될 수 있도록 급여대상자의 범위를 확대해야 한다.

(2) 장기요양서비스의 질 확보

국민건강보험공단은 장기요양기관이 제공하는 장기요양급여 내용을 지속적으로 관리·평가하여 장기요양급여의 수준이 향상되도록 노력해야 하고, 특히 요양보호사의 전문적인 서비스가 이루어질 수 있도록 양성기관에서 관련 교과목 및 시간을 충분히 배정하여 사회복지윤리와 철학에 맞는 서비스가 이루어질 수 있도록 해야 한다. 또한 재가장기요양기관 및 요양시설을 지역적 수요에 맞춰 인·허가하도록 행정관청의 특별한 지도·감독이 필요하다.

(3) 전달체계의 전문성 제고

노인요양보험사업을 효율적으로 수행하기 위하여 국민건강보험공단에서 가입자의 자격관리, 보험료 부과징수, 장기요양인정조사 및 요양등급 판정 등을 업무를 담당해 왔으나, 향후 장기요양보험을 전담하는 기구를 설치하여 효과적인 운영이 이루어질 수 있도록 해야 한다. 가칭 '요양보험공단'에는 주로 석사학위 이상의 사회복지사와 물리치료사, 간호사, 작업치료사 등 전문인력이 제도를 운영하도록 할 때 체계적이고 합리적인 제도 운영이 가능하다.

(4) 급여대상자의 재정 부담 완화

고령화가 급속하게 진행되면서 급여대상자의 증가에 따른 재정고갈의 우려가 있으며, 장기요양등급이 상향될수록 급여대상자 및 가족의 요양비 부담이 가중된다는 점이다. 따라서 정부의 부담률을 높일 필요가 있다. 일본의 개호보험제도는 정부 부담률이 50%, 독일의 수발보험제도의 정부부담율이 100%에 이르고 있다. 우리나라는 노인장기요양보험료 80%, 국고부담 20%로 구성되어 있어 국가의 부담 비율을 늘리고 높은 요양등급을 받은 노인의 부담을 최소화하는 방안을 강구해야 한다. 특히 본인부담금에 있어서 시설 20%, 재가 15%를 5% 정도 하향 조정하는 것도 필요하다.

제 3 부

사회복지 서비스분야

제 12 장

아동복지정책

아동은 한 사회를 유지시키고 발전시킬 계승자이자 미래사회를 전망하게 하는 존재로서 그 의미가 있다고 할 수 있다. 그러므로 아동의 복지와 안녕의 추구는 그 사회의 중요한 과제로서 자리 잡는 것이다.

아동복지와 관련하여 우리나라에서는 1961년 '아동복리법'을 제정하여 요보호아동을 대상으로 제한적인 서비스를 펼쳐 왔으며, 1981년 '아동복지법'으로 개칭하면서 모든 아동의 건전한 육성을 도모하게 되었다.

1. 아동복지제도

1) 아동의 정의

아동이란 심신이 함께 성장하고 발달하며 사회적 보호를 필요로 하는 미성숙한 존재로서 혼자서 독립하여 생활하기에 부족한 자를 말한다. 우리나라에서는 이러한 아동을 아동복지법과 '입양특례법' 그리고 '근로기준법'과 '청소년보호법'에서는 18세 미만의 자로 규정하고 있으나 '민법'과 '소년법'에서는 20세 미만의 자로 정의하기도 한다. 이에 본서에서는 '아동복지법'을 기준으로 18세 미만의 자로 정의하기로 한다.

2) 아동복지의 정의

우리나라 아동복지법 제1조에서는 "아동은 자신 또는 부모의 성별, 연령, 종교, 사회적 신분, 재산, 장애유무, 출생지역, 인종 등에 따른 어떠한 종류의 차별도 받지 아니하고 자라나야 하며, 아동은 완전하고 조화로운 인격발달을 위하여 안정된 가정환경에서 행복하게 자라나야 한다. 또한 아동에 관한 모든 활동에 있어서 아동의 이익이 최우선적으로 고려되어야 하고, 아동은 아동의 권리보장과 복지증진을 위하여 이 법에 따른 보호와 지원을 받을 권리를 가진다"고 명시하고 있다.

이처럼 아동복지란 아동복지법과 관련된 법 규정에 의한 서비스를 말하는 것으로 아동의 기본적 욕구를 충족시키고 건전한 성장과 발달을 도모하기 위한 공식적 방법과 조직적인 활동이라고 할 수 있다.

3) 아동의 문제

아동이 독립된 인격체로서 권리를 존중받으며 사회적 · 정신적 · 신체적으로 건강한 성인으로 성장하기 위해서는 다양한 환경이 필요하다. 특히 가족을 중심으로 한 도움을 받아야만 하는 입장에서 아동에게 생기는 문제의 대부분은 곧 가정에서 발생하는 문제라고 볼 수 있다. 현행 아동복지서비스에서는 보호대상 아동뿐만 아니라 일반 아동 모두를 복지권리의 주체로 존중하며 건전하게 성장하도록 보호하고 육성해야 한다. 이에 그 대상에 따른 문제를 살펴보면 다음과 같다.

(1) 보호대상 및 지원대상 아동

우리나라 아동복지법 제3조에서는 보호를 필요로 하는 아동, 즉 "보호대상아동"이란 보호자가 없거나 보호자로부터 이탈된 아동 또는 보호자가 아동을 학대하는 경우 등 그 보호자가 아동을 양육하기에 적당하지 아니하거나 양육할 능력이 없는 경우의 아동을, "지원대상아동"이란 아동이 조화롭고 건강하게 성장하는 데에 필요한 기초적인 조건이 갖추어지지 아니하여 사회적·경제적·정서적 지원이 필요한 아동을 말하고 있다.

보호자가 없거나 보호자로부터 이탈된 아동, 또는 보호자가 아동을 학대하는 경우 등 그 보호자가 아동을 양육하기에 부적당하거나 양육할 능력이 없는 경우의 아동을 일컬어 "보호를 필요로 하는 아동"이라고 한다. 학자마다 정의는 다양할 수 있겠으나 이처럼 보호를 필요로 하는 아동은 소득, 건강, 교육, 주거, 문화 등의 다양한 욕구충족에서 결핍을 보이는 것을 알 수 있다. 이러한 욕구의 결핍은 성장과정에 지속적인 부정적 영향을 주어 빈곤이 악순환 되고, 질병과 무지, 문화적 결손 등으로 사회적 문제를 낳을 가능성이 높다. 더 나아가 이러한 문제는 아동의 비행, 자살, 약물중독, 정서장애, 인격장애 등과 같은 심각한 사회부적응을 초래하여 막대한 사회적 비용을 초래한다.

(2) 일반 아동

보호대상 및 지원대상 아동과 구별되는 개념이지만 급속한 사회·문화의 변화로 그 경계선이 모호해지고 있다. 특히 가정 내외의 극심한 스트레스로 인해 일반아동이 보호대상 및 지원대상 아동으로 전락하는 경우가 늘고 있다. 이제는 각 가정의 개별적인 노력만으로는 해결될 수 없는 다양한 사회공동의 문제로 부각하였으며, 아동의 건전한 양육은 범국민적 및 범사회적 책임을 요하고 있다.

그러나 일반적으로 우리나라의 아동복지 서비스는 보호를 필요로 하는 아동 중심의 서비스가 주를 이루어 왔기에 보호를 필요로 하는 사후적 아동복지 서비스 정책은 발달한 반면 일반아동을 대상으로 한 정책은 전무하다고 할 수 있다. 이제 아동복지서비스는 보편성에 입각하여 예방적 관점에서 일반 아동들에게도 다양한 서비스가 제공될 수 있어야 할 것이다.

(3) 현대 아동의 문제

아동의 문제를 유발하는 요소를 산업화 이후의 시각에서 살펴보면 다음과 같다. 첫째, 가족 내의 문제로 경제적 불안정, 가족 구조상의 결함, 부모의 아동양육 기능상의 결함, 아동 학대와 방임의 문제로 볼 수 있다. 둘째, 사회환경의 문제로 급격한 산업화·도시화의 과정에서 환경오염, 주택문제, 부모의 취업과 저소득 및 실직문제, 공해문제, 교통문제 등은 아동의 건전한 성장에 유해한 환경적 요소가 되었다. 또한 다양한 방송매체와 인터넷에 의한 부작용, 학교 주변의 유해환경 문제와 학교폭력 문제 등은 날로 심각해지고 있다. 셋째, 아동 자신의 문제로 신체 또는 정신적·정서적 장애를 가지고 있어서 약물남용이나 가출, 학교폭력, 집단따

돌림 등과 같은 문제행동과 비행을 유발할 수도 있다.

〈표 12-1〉 현대 아동의 문제

• 가족 내 문제 • 아동의 건전 성장에 유해한 사회환경(환경 · 공해 · 교통문제) • 방송매체와 인터넷의 부작용 • 학교 주변 유해환경 • 아동 자신의 신체적 · 정신적·정서적 장애

2. 아동복지정책의 내용

1) 급여대상

아동복지정책의 대상은 보편주의 원리와 선별주의 원리에 따라서 전체 아동이 되기도 하고 보호대상 및 지원대상 아동이 되기도 한다. 우리나라 아동 인구의 추이를 살펴보면 인구 억제 정책과 의식구조의 변화 등으로 아동 인구가 점차 감소하고 있으며, 전체 인구대비 아동 인구의 비율도 급속히 감소하는 추세이다. 하지만 보호대상 및 지원대상 아동의 수는 꾸준히 증가하는 경향을 보인다.

2) 급여내용

(1) 소득보장 및 의료

아동이 있는 가정의 소득을 유지시켜 주기 위해서 국가가 직접적인 소득이전 프로그램을 통해 소득을 보장해 주는 것으로 사회보험, 공공부조, 가족수당의 형태로 실시된다.

사회보험은 아동을 직접 대상으로 하기보다는 가정의 소득을 지원함으로써 간접적으로 이루어지는 제도이다. 즉 부모의 실업, 퇴직, 장애, 사망 등으로 인한 사회보험 급여의 제공을 통해 그 가정의 아동이 정상적으로 성장할 수 있도록 돕는 기능을 한다.

공공부조는 국민기초생활보장제도에 의하여 이루어지는 것으로 시설에 입소·

보호받고 있는 아동과 소년소녀가장세대 그리고 빈곤 및 한부모가정의 아동을 중심으로 지원되고 있다.

가족수당은 경제수준, 가족상황, 고용상태 등의 조건과 관계없이 국민 전체, 혹은 아동이나 노인과 같은 특정 집단에 속하는 대상자에게 일정한 액수의 금품 또는 서비스를 제공하는 것이다. 그러나 우리나라에는 가족수당제도가 없으며, 단지 연말정산 시 아동과 노인이 있을 경우 부양가족으로 등록하여 세금공제를 받는 제도가 있을 뿐이다. 하지만 이 제도는 소득이 있는 중산층 이상을 위한 제도로서 과세 대상 수준의 소득이 없는 빈곤층은 해당이 되지 않는다.

대부분의 아동은 국민건강보험법에 의해 의료혜택을 받고 있으며, 국민건강보험에 의한 보장을 받을 수 없는 빈곤층의 경우 의료급여제도에 의해 서비스를 받는다.

(2) 시설보호사업

시설보호사업이란 아동의 부모가 자녀를 양육할 의사나 충분한 능력이 없을 때 혈연관계가 없는 타인이 부모 역할을 대리하여 일정한 시설에서 일시적 또는 장기적으로 보호하는 사업이다. 과거에는 단순 수용과 보호의 역할을 했다면 오늘날에는 아동의 문제를 분석하고 적절한 해결책을 찾아 치료를 하여 아동문제를 근본적으로 해결하려는 목적을 갖는다.

아동복지법에 의한 아동복지시설은 시설 형태별로 구분된다. 첫째, 생활시설로 아동양육시설, 아동일시보호시설, 아동보호치료시설, 공동생활가정, 자립지원시설, 둘째, 이용시설로는 아동상담소, 지역아동센터, 셋째, 전용시설로는 어린이공원, 어린이놀이터, 아동회관, 체육 · 연극 · 영화 · 과학실험전시시설, 아동휴게숙박시설, 야영장 등이 있다.

그러나 우리나라의 아동복지시설은 열악한 환경과 전문인력의 부족으로 가정복귀를 목표로 한 일시적 보호시설 본연의 기능을 하지 못하고 있다. 그리고 아동복지시설은 각 시설 고유의 목적 사업을 해치지 않고 각 시설별 설치기준 및 운영기준을 충족하는 경우 아동가정지원사업, 아동주간보호사업, 아동전문상담사업, 학대아동보호사업, 공동생활가정사업, 방과 후 아동지도사업 등 추가로 실시할 수 있다.

(3) 아동학대 예방사업(신고전화 1577-1391, 129번)

아동학대라 함은 보호자를 포함한 성인이 아동의 건강 또는 복지를 해치거나 정상적 발달을 저해할 수 있는 신체적 · 정신적 · 성적 폭력이나 가혹행위를 하는 것과 아동의 보호자가 아동을 유기하거나 방임하는 것을 말한다(아동복지법 제3조).

또한 누구든지 아동학대를 알게 된 경우에는 아동보호전문기관 또는 수사기관에 신고할 수 있다. 신고인의 인적 사항 또는 신고인임을 미루어 알 수 있는 사실을 다른 사람에게 알려 주거나 공개 또는 보도해서는 안 된다.

〈그림 12-1〉 아동학대 추이

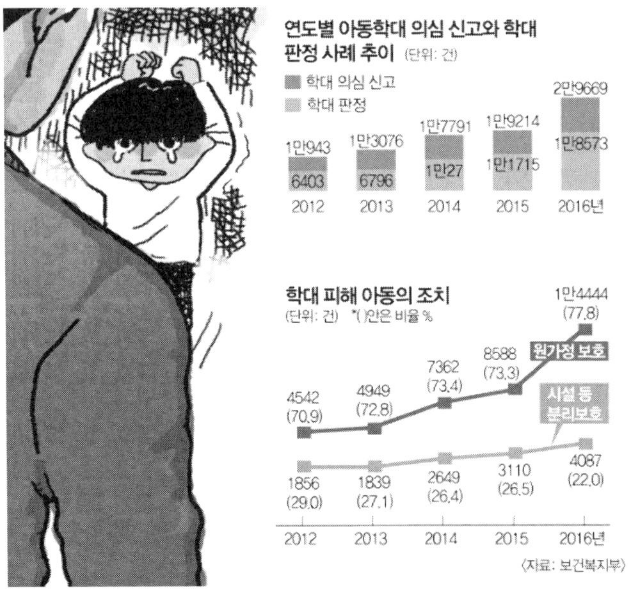

〈그림 12-2〉 중앙아동보호전문기관 조직

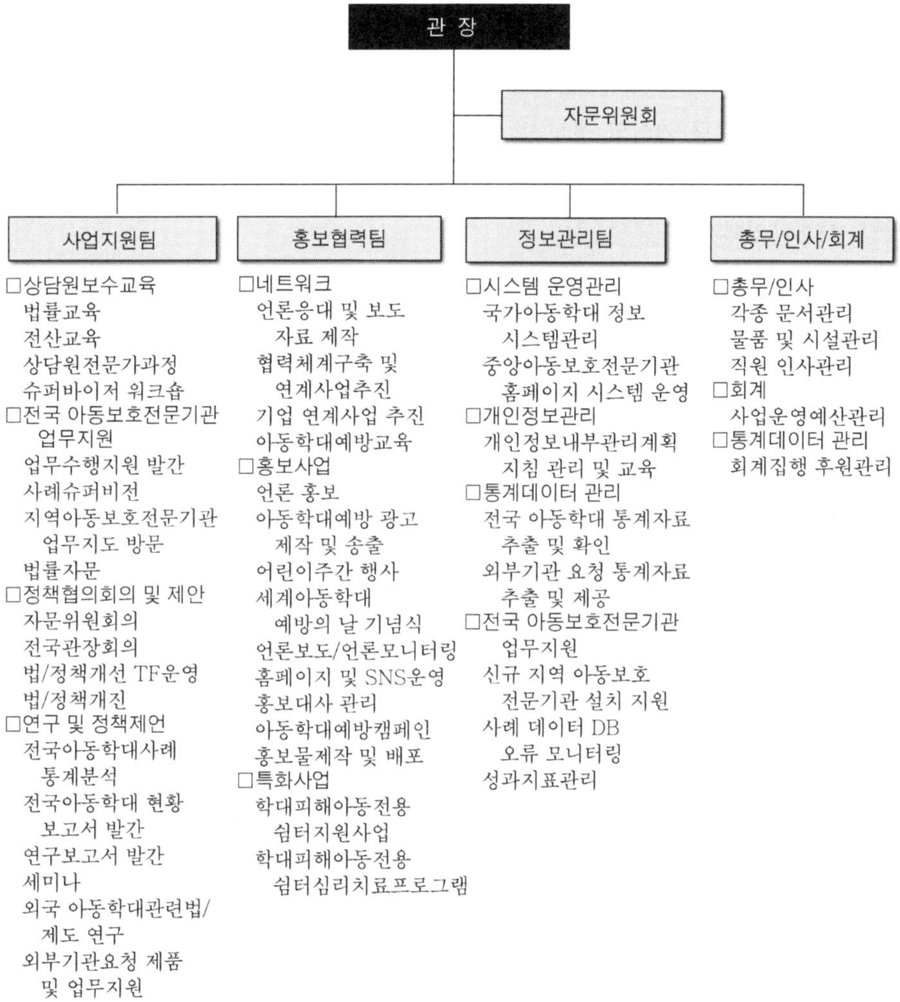

(4) 취약계층 아동 통합서비스 지원 및 자립지원

국가와 지방자치단체는 아동의 건강한 성장과 발달을 도모하기 위하여 대통령령으로 정하는 바에 따라 아동의 성장 및 복지 여건이 취약한 가정을 선정하여 그 가정의 지원대상아동과 가족을 대상으로 보건, 복지, 보호, 교육, 치료 등을 종합적으로 지원하는 통합서비스를 실시한다. 이를 위하여 보건복지부장관은 통합서비스지원사업의 운영지원에 관한 업무를 법인, 단체 등에 위탁할 수 있다.

또한 국가와 지방자치단체는 보호대상아동의 위탁보호 종료 또는 아동복지시설 퇴소 이후의 자립을 지원하기 위하여 다음에 해당하는 조치를 시행하여야 한다.

① 자립에 필요한 주거 · 생활 · 교육 · 취업 등의 지원

② 자립에 필요한 자산의 형성 및 관리 지원(자산형성지원)

③ 자립에 관한 실태조사 및 연구

④ 사후관리체계 구축 및 운영

⑤ 그 밖에 자립지원에 필요하다고 대통령령으로 정하는 사항

(5) 입양사업

입양이란 법적 절차를 밟아서 자신의 자녀로 삼는 것이다. 즉, 입양된 아동은 친부모와 동등한 친자관계를 형성하는 것을 말한다. 그러나 혈통을 중시하는 유교적 관념과 입양에 따른 비밀보장의 어려움, 나아가 공개입양에 대한 사회적 인식의 부족 등으로 국내입양이 부진한 상황이다. 아동의 국외입양이나 시설보호를 억제하고 건전한 국내가정에 입양시키기 위해서 국내입양사업을 장려하기 위한 대책으로 입양가정에 대한 지원을 강화하고 있으며, 국내입양지정기관을 입양전문기관으로 육성하고 있다.

현재 입양시 입양알선 수수료를 중앙정부와 지방자치단체에서 지원하고 있다. 또한 입양아동 양육수당으로 14세 미만, 입양아동을 양육 중인 국내입양가정에 월 15만원의 양육비를 지원(일부 지방자치단체별로 추가 지원, 입양기관을 통하여 입양한 국내입양 가정만 해당)하고 있다. 그 밖에 입양아동에 대한 의료급여(1종) 혜택 부여, 입양한 장애아동의 양육보조금 및 의료비 지원 확대하면서 장애아동 양육보조금으로: 중증인 경우 월 627,000원, 경증 및 그 외 지원대상은 월 551,000원, 장애아동 의료비로: 연간 260만원 한도 내에서 본인이 부담한 진료, 상담, 재활 및 치료에 소요되는 비용을 지원하고 있다. 뿐만 아니라 입양아동 심리치료비로 만 2세 이상 18세 이하의 입양아동의 경우 심리정서치료비와 검사비(놀이치료, 미술치료, 음악치료, 집단치료, 인지치료, 기타 아동의 심리 정서 회복을 위한 치료가 필요할 경우 월 16만원 이내로 지원, 단, 최초월의 경우 심리검사비 10만원 책정 가능)를 지원하고 있다. 이외에 입양축하금(지방자치단체별로 상이하게 실시)

을 지원하고 입양휴가제 실시(공무원을 우선 대상으로 20일 실시)하고 있다. 매년 5월 11일은 '입양의 날'로 지정하고 있다.

〈그림 12-3〉 입양아동 추이

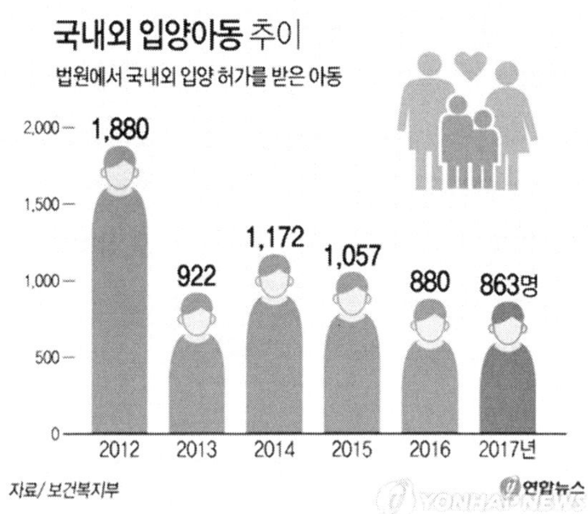

〈그림 12-4〉 홀트아동복지회 입양절차

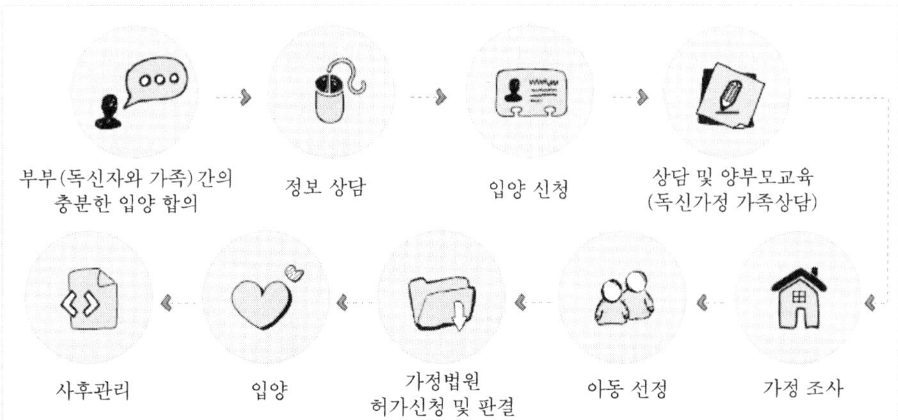

(6) 보육사업

우리나라의 보육사업은 1921년 태화사회관이 탁아프로그램을 시작함으로 출발하였다. 그 후 1961년에 아동복리법이 제정 · 공포됨에 따라 종래의 구빈사업적 성격을 벗어나 아동의 복리를 증진시키고 보호하기 위한 시설로서 발전되어 왔다. 여성의 사회참여 및 핵가족화에 따라 보육수요는 급격히 증가한 반면 시설은 절대 부족의 상황이었기에 사회적 문제로 대두되었다. 이에 1987년 노동부에서 남녀고용평등법에 의한 직장탁아제도를 도입하였으며, 1991년 영유아보육법을 제정 · 시행함으로써 보육사업의 주관부처를 보건복지부로 일원화하여 질 높은 보호와 유아교육의 기능을 포함한 보육사업으로 발전하게 되었다.

현재 보육서비스는 국공립어린이집, 사회복지법인어린이집, 법인 · 단체등어린이집, 직장어린이집, 가정어린이집, 무보협동어린이집, 민간어린이집 등을 통해 이루어지고 있다.

3) 전달체계

아동복지서비스의 주무부처는 보건복지부이며 핵심적인 역할을 수행하는 보건복지부 인구정책실 인구아동정책관이 정책을 수립하면 이에 기초하여 행정자치부 산하의 시·도의 보건복지국(사회복지국) 복지정책과를 거쳐 시·군·구의 사회복지과(여성가족과)를 거쳐 읍·면·동의 사회복지전담공무원을 통해 급여전달이 이루어진다.

공공전달체계와 더불어 아동복지법상의 아동복지시설, 보육시설, 아동보호전문기관, 가정위탁지원센터, 입양기관 등과 함께 민간전달체계인 사회복지법인, 재단법인, 사단법인, 종교단체, 주민조직, 기타 사회단체가 운영주체가 되어 아동복지서비스를 실천한다.

4) 재원

우리나라 아동복지 예산은 장애아가족지원, 지역아동센터지원, 취약계층 아동 등 사례관리, 요보호아동 및 기초생활보장 수급아동 발달지원, 아동학대 관련 예산 등 주로 취약계층 아동에 중점적으로 지원하고 있다. 저출산고령화 대책으로 아동복지에서 분리된 보육사업에 투입되는 정부예산은 해마다 급증하고 있다.

현재 아동복지기관, 단체, 시설의 재원은 그 조직체의 성격에 따라 다양하게 구분되고 있다. 이러한 재원은 자체수입, 정부의 지원, 수혜자부담원칙에 따른 이용자부담금 등으로 구분할 수 있다. 그러한 재원 중 가장 비중이 큰 것이 정부의 지원이다. 아동복지시설은 거의 정부지원에 의존하여 운영되고 있다. 정부의 지원은 '국민기초생활 보장법'과 '아동복지법'에 근거하여 전국적으로 동일한 수준으로 지원되고 있으며, 지방자치제도가 시작되면서 해당 지방자치단체의 재정 상황과 의지에 따라 지원 여부와 지원의 폭이 결정되고 있다. 그러나 각 지역의 아동문제에 따라 적절한 아동복지서비스가 이루어질 수 있도록 정부 재원의 차등적 배분이 필요하다.

3. 아동복지정책의 과제

1) 아동복지정책의 과제

아동복지정책은 사회정책의 한 부분으로서 우리나라의 아동복지 대상을 보호대상 및 지원대상 아동을 위한 아동복지정책에서 일반 아동까지 대상의 범위가 넓어지고 있으나, 아직은 보호대상 및 지원대상 아동을 주 대상으로 하고 있다. 그러나 아동의 기본적 권리와 욕구를 충족시켜 줄 수 있도록 수립되어야 할 것이며, 이를 위해서는 아동복지 대상에 대한 명확한 규정과 이를 수행하기 위한 일관된 행정부처 간의 전달체계 수립이 이루어져야 할 것이다. 또한 아동만을 대상으로 하는 것이 아니라 전체 가족을 중심으로 하는 가족 중심의 정책으로 전환하는 것이 필요하다.

(1) 아동복지정책을 수립하는 주무부서의 단일화

우리나라 아동복지서비스의 전달체계는 공적 부분으로 중앙부서인 보건복지부, 교육부, 고용노동부, 법무부, 여성가족부 등으로 산재되어 있어 부처 간에도 정책의 일관성을 유지하기가 어렵고 때로는 극심한 부처 이기주의가 발생할 수도 있다. 때문에 아동복지 전달체계의 재정비를 통하여 공적 전달체계를 일원화하는 것이 무엇보다 시급하다 하겠다. 또한 사적인 전달체계를 연결하여 민·관이 연합한 전달체계를 수립할 수 있다면 서비스의 중복이나 낭비적 요소를 줄일 수 있을 뿐만 아니라 민간기관의 전문성을 적극 활용하여 효율적인 서비스를 제공할 수 있다.

(2) 명백한 공적전달체계와 민간전달체계의 역할 분담

아동복지사업이 공적이어야 하느냐, 사적이어야 하느냐의 문제는 일률적으로 규정하기 곤란하다. 일반적으로 모든 아동을 대상으로 하는 보편적 사업은 공공부문에서 추진하는 것이 바람직하며, 그 반대의 경우 민간기관에서 주도할 수도 있다.

그러므로 가장 기본이 되는 아동양육 프로그램은 국가가 사회보장의 형태로 시행하는 것이 바람직하며, 민간기관에서는 특수 프로그램을 개발하고 활성화시키는 것도 바람직하다. 또한 필요시 공공과 민간 부문이 함께 진행해야 할 부분도 있으므로 상호 유기적 관계 속에서 진행하는 것이 바람직하다.

(3) 실천 결과에 대한 모니터 제도의 도입

아동은 생리적 인간으로서의 성장, 발달의 과정보다 사회적 인간으로서의 성장, 발달 과정에서 더 많은 문제에 직면하게 된다. 그러므로 기본적 생리적 욕구의 충족보다 심리적 욕구 충족에까지 복지서비스 영역을 확대하기 위해 노력해야 한다.

한편 충족되지 않은 욕구 개발과 평가활동의 추진을 통하여 아동복지서비스를 실천해야 하며, 다양한 욕구의 개발과 현재 프로그램의 정확한 평가 작업을 통하여 체계적인 아동복지서비스가 이루어져야 한다.

2) 아동을 위한 바람직한 서비스 개발

아동의 삶의 질을 향상시킬 수 있는 제도, 문화, 물질적 조건, 신체조건에 맞는 서비스 체계를 갖추는 것이 필요하다. 이를 위해 차별없이 아동 누구나 평등하게 대접받을 수 있는 권리가 구현되는 사회를 만들어 나가야 한다.

3) 아동복지정책의 방향

(1) 아동수당제도의 도입

사회보장적 관점에서 아동양육비의 보조적 급여를 통하여 아동의 최저생활을 보장하고 가정의 정상적인 생활수준을 확보한다는 차원에서 출발한 아동수당은 아동양육과 관련한 재정에 있어서 많은 부분을 국가예산으로 부담하여 사회적 양육의 합의를 형성해 나가야 한다. 이처럼 국가가 아동양육 부담에 적극적으로 지원함으로 출산율을 높일 수 있는 정책의 하나라고 생각할 때에 우리에게 시사하는 바가 크다고 하겠다.

외국의 경우 1997년 현재 86개국에서 시행하고 있으며, 아동수당을 포함해서 가족수당제도를 가장 중시하고 있는 프랑스의 경우 1946년 전 국민을 대상으로 가족수당에 관한 규정을 통하여 전 국민을 대상으로 아동수당제도가 실시되기 시작하였고 이를 통하여 출산율이 꾸준히 증가하는 것을 볼 수 있다.

현재 우리나라의 경우 일부 사회보장제도상의 아동 관련 급여 또는 특수 계층의 공무원이나 대기업 중심의 임금 보조적 성격을 갖는 가족수당을 모든 아동의 건전육성과 자질 함양을 위한 제도로서 확장하여야 할 것이며, 보편주의적 가족수당제도를 도입하기 위한 연구·검토가 이루어져야 한다.

(2) 아동복지시설의 질적 개선

지금까지의 시설에 대한 수용보호적 차원에서 정상화, 재활 및 사회통합 등의 개념을 더욱 강조해야 한다. 또한 전문적인 예방, 치료, 교육, 상담 등의 기능을 강화하는 방향으로 발전시킴과 동시에 전문인력의 확보와 활용을 통하여 다양한 프로그램들이 진행되어야 한다.

또한 시설의 유형을 보호대상 및 지원대상 아동의 특성에 맞춰 체계적으로 분류하여 시설 유형에 따른 설치기준을 강화할 필요가 있다. 이를 통하여 아동의 생활공동체로서 그들의 개성을 발전시켜 건전한 성장과 발달을 보장할 수 있는 환경을 조성할 수 있다.

(3) 탈시설화를 추구하는 소규모 시설의 확대

일정한 지역사회를 기반으로 지역 주민의 생활권 보장과 지방의 균형적 발전에 기여할 수 있는 복지시스템이 필요하다. 이런 입장에서 1960년대 이후부터 발전되어온 가족 중심의 접근과 민간복지서비스의 강화를 통하여 지역사회 중심의 정책이 강조되고 있다.

즉, 가족 중심의 접근은 지역사회의 가장 기본적인 단위인 가정을 기반으로 개별적인 아동과 가족의 욕구 충족을 도모하는 프로그램과 서비스가 개발되어야 한다는 것이다. 이러한 지지적 서비스를 통하여 아동과 가족의 문제를 사전에 예방할 수 있고, 아동의 양육과 보호, 건전한 성장을 지원하는 프로그램을 개발하고 전문인력이나 자원봉사자를 참여시켜 아동이 원가정 또는 대안가정에서 생활하면서 다양한 서비스를 받을 수 있는 가능성을 확장해야 한다.

제 13 장

노인복지정책

1. 노인의 개념

인간의 기본적 욕구 중의 하나는 건강하게 오랫동안 사는 것이다. 점점 많은 사람들이 생활수준의 향상, 의학의 발달, 생활환경의 개선 등으로 평균 기대수명이 길어지고 있다. 그러나 노년인구비가 상승하면서 과거에 예측할 수 없었던 수많은 노인문제들이 발생하고 있다.

현재 많은 노인들이 빈곤, 만성퇴행성 질병, 역할상실, 소외 등 네 가지 고통(四苦)을 겪는다. 최근의 매스컴 보도에서 발표된 노인문제들을 보면 한국노인의 삶은 OECD 중에서 최악이다. 최근 한국보건사회연구원이 공개한 '인생 100세 시대 대응 국민인식 조사결과'가 많은 이들에게 충격을 던졌다. 노인 2명 중 1명이 빈곤층이며 노인자살은 60세 이상은 10만 명당 100명이 넘고 75세 이상은 160명이나 된다고 보도하고 있다. 조사 결과 국민 10명 중 4명 이상이 "수명연장은 축복이 아니다"라고 생각하고 있다

고령사회에서는 노인문제는 노인 개인의 복지와 삶의 질의 향상과 관련된 문제뿐만 아니라 정치, 경제, 사회, 문화의 모든 영역에서 많은 변화를 야기하게 된다.

〈그림 13-1〉 세계 및 한국 노인인구 추계

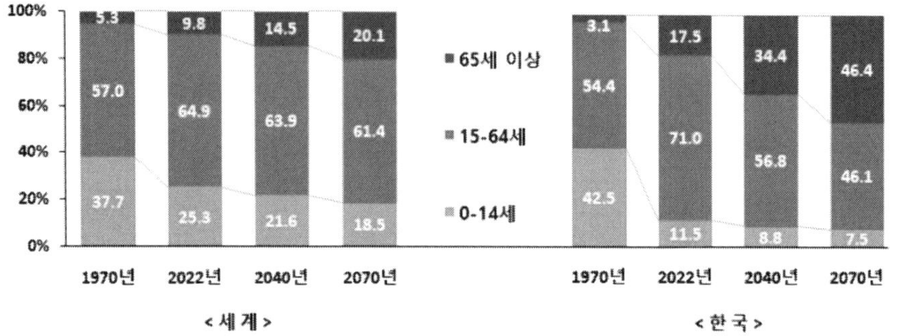

1) 노인복지정책의 개념

노인복지정책이란 노인의 빈곤문제, 건강의 악화 및 질병의 치료, 주거환경의 개선 그리고 노인복지서비스의 개선을 통해 노인의 생활조건들을 개선하고 노인들 스스로 건강한 삶을 영위할 수 있는 동기를 유발하는 모든 제도와 조치를 말한다.

노인복지정책은 고령사회의 특성 중에 하나인 노화로 인해 나타나는 육체적, 정신적 특수성과 그리고 경제적 및 사회적 배제와 결합된다. 그래서 노인복지정책은 사회·경제적 약자계층에 속하는 노인의 삶을 안정시키고 사회·경제적 취약점들을 완화 및 지원하여 사회가 추구하는 목표를 달성할 수 있도록 하는 모든 제도와 조처의 총체를 말한다.

2) 노인의 개념

노인복지정책의 의의를 알아보기 위해서는 우선 노인이란 누구인가를 정의할 필요가 있다.

노인의 개념 정의는 시대적으로 그리고 학자의 주관적인 관점에 따라서 매우 다르게 정의된다. 전통적 사회에서는 노인이란 삶의 경험이 풍부한 사회구성원으로서 존경의 대상이었으며 자녀들이 그의 권위를 인정하는 사회적 규범을 갖고 있었다. 그러나 자본주의적 시장경제가 확립되고 경제적 합리주의가 새로운 사회질서를 형성하면서 노인들의 권위는 상실되었고 사회적으로 부담을 주는 사회구성원으로 인식되고 있다.

〈그림 13-2〉 우리나라 인구 추계

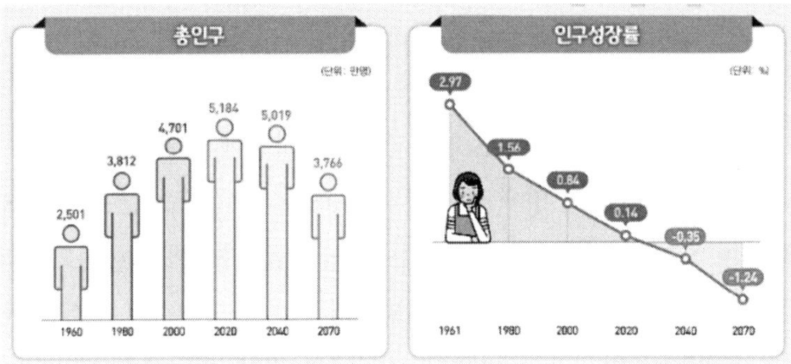

노인은 노화(aging)[1]의 과정을 겪고 있는 사람이며, 노인복지의 대상이라고 정의할 수 있다. 1951년 미국 세인트루이스에서 개최된 제2회 국제노년학회에서 노인의 개념을 "노인이란 인간의 노령화 과정에서 나타나는 생리적·심리적·환경적 변화 및 행동의 변화가 상호작용하는 복합 형태의 과정에 있는 사람"이라고 정의하였다.

Breen은 노인이란 생리적·개별적·기능적 연령의 실질 연령을 중심으로 규정하고 있으며, 노인의 특징으로서는 ① 생리적 및 생물학적인 면에서 그 기능이 퇴화기에 있는 사람, ② 심리적인 면에서 정신기능과 성격이 변화되고 있는 사람, ③ 사회적인 면에서 지위와 역할이 상실된 사람 등으로 규정하고 있다.

Neugarten은 노인을 연소노인(young-old), 중고령노인(middle-old), 고령노인(old-old) 등 세 가지로 구분하고 있다. 첫째, 연소노인은 55~65세로서 아직 사회적으로 일을 하고 있으며, 능력도 절정에 달한 사람이며, 둘째, 중고령노인은 65~75세로서 사회 일선에서 물러난 퇴직자들이 대부분이고, 셋째, 고령노인은 75세 이상 노인인데, 이들은 일하기가 어려운 사람들로서, 신체적으로 노쇠하고 질병이 걸린 경우가 많다. 이들은 경제적으로 곤란한 경우가 대부분이고 가정적·사회적

1) 노화(aging) : 시간의 흐름에 따라 유기체의 세포, 조직, 기관조직 또는 유기체 전체에 일어나는 점진적 변화.

으로 고립된 사람들이다.

우리나라의 경우 법률에 따라 노인에 대한 기준연령이 다소 차이를 보이고 있는데, 고용상 연령차별금지 및 고령자고용촉진에 관한 법률에서는 고령자를 55세 이상인 자로 규정하고 있고, 국민연금법상의 연금수급대상자는 60세로, 노인복지법이나 국민기초생활보장법에서 규정하고 있는 각종 급여의 수급개시연령을 65세 이상으로 규정하고 있다.

사회복지서비스의 대상으로서 노인은 노령화 과정에 있는 사람으로, 누군가의 도움 없이는 독립적인 삶을 영위하지 못하는 대상 집단으로 간주된다. 노인은 개인적, 사회관계적, 의료적, 경제적으로 도움을 받을 수밖에 없는 지위와 역할이 약화된 존재이기 때문이다. 현대사회에 들어와서는 사회복지의 대상이 빈곤한 또는 의존할 수 없는 부양의무자가 없는 노인에서 전체 노인으로 대상이 확대되고 있다.

카길(Cowgill)과 홈스(Holms)의 현대화 이론(Modernization Theory of Aging)에 의하면 현대화 정도가 많이 진행될수록 노인의 지위는 더욱 낮아지게 된다는 것이다. 즉, 사회구성원은 노화와 함께 사회구조의 변화 · 새로운 기술의 발전 · 가치관의 변화에 대한 적응력을 잃어가면서 신분의 하락을 경험한다.

최성재 · 장인협(1992)은 노화를 생물학적, 심리적 및 사회적 노화 과정을 포함하는 넓은 의미로 이해하면서 노인을 "생리적 및 신체적 기능의 퇴화와 더불어 심리적인 변화가 일어나서 개인의 자기유지 기능과 사회적 역할기능이 약화되고 있는 사람"으로 정의한다. 즉, 노인을 "육체적 · 정신적으로 그의 기능 및 능력이 감퇴되어가고 있는 시기에 달한 사람으로서 생활기능을 정상적으로 발휘할 수 없는" 사람으로 정의하고 있다.

김성순(1981)은 고령층을 생체의학, 병리학, 기능주의적 관점과 결합하여 환경의 변화에 적절하게 적응할 수 없는 사람으로 정의한다. 그리고 조직기능, 생체의 자체 통합능력, 인체의 적응능력, 조직능력 등을 점차로 상실하여 사회적응이 되지 않는 사람이기 때문에 사회적 보호와 후견이 필요하다는 결론을 유도한다.

국민연금이나 노인복지법 등에서 연령 한계를 설정하는 경우에 법 적용이 용이하고, 노인복지정책의 계획수립 및 재정추계 등을 위해서도 중요하다. 그래서 기능주의적 관점은 노인의 개념을 객관적으로 정의한 것처럼 보인다. 그러나 노인의 개념이 기능주의적 관점에서 정의되는 경우에 일정한 연령(60세 또는 65세) 이상에 도달한 사회구성원들을 사회적 부담을 주는 사람으로 일반화한다. 일정한 연령에 도달한 사회구성원들은 법률과 사회적 규범에 정해진 연령에서 노인으로 분류되고 정년퇴직을 해야 한다.

우리나라의 국민연금은 가입자의 연령을 60세 미만으로 하고 60세(2033년부터는 65세)에 달하면 노령연금을 수급하도록 정하고 있다. 노령연금수급연령은 법정연령한계에 의해서 경제활동과 사회활동으로부터 젊은 노인들을 배제하는 역할을 한다. 법정 연령한계에 의한 노인의 개념은 경제활동을 충분히 할 수 있는 능력을 소유한 '젊은 노인'을 노동시장에서 배제함으로써 사회적 비용의 증가를 초래한다.

기능주의 관점의 노인의 개념은 노화로 인해 사회에 부담을 주는 존재로 정의함으로써 노인을 가정, 직장, 지역사회로부터 제도적으로 고립시키는 것에 일조하고 사회적 규범과 사회구조 변동에 의해서 결정되는 노인의 삶의 형태를 파악하기 어렵게 한다.

고령화의 개념은 경제구조와 사회구조의 변동에 의해서 다르게 정의될 뿐만 아니라 고령화의 속도도 의학기술의 발전, 산업구조의 변화, 가치관의 변화에 따라서 차이가 난다. 그러므로 노인의 개념을 기능상실의 측면에서뿐만 아니라 사회구조 변동의 측면에서 정의할 필요가 있다. 인간의 노화속도는 개인이 태어난 시기, 가정환경, 생활수준, 경제적 신분, 사회 및 문화적 조건에 따른 차이가 발생하고 평균 기대수명은 점점 연장되고 있다. 그래서 개인의 삶의 이력을 고려하지 않고 연령에 따라서 노인으로 분류한다면 그의 사회적 신분, 경험, 행동양식에서 차이점 등을 무시하게 된다.

3) 노인복지정책의 이념

(1) 노인의 개별성 존중

인간은 누구나 타인과 구별되는 개성이 있으며, 독립적인 인간으로서 존중받아야 한다. 모든 노인은 존엄한 가치를 가지며, 행복을 추구할 권리를 갖고 있다.

(2) 적극적인 참여

노인 스스로 사회에 통합되어야 하며, 노인의 복지에 직접적으로 영향을 미치는 정책의 형성과 이행에 적극적으로 참여하고, 노인의 지식과 경험을 사회와 공유해야 한다.

(3) 자아실현

노년기 또한 생애주기상 한 과정이므로, 노인들이 갖고 있는 잠재력을 개발하기 위한 기회를 제공하여 사회제도에 쉽게 접근할 수 있어야 한다.

(4) 토탈 서비스 제공

노인이 직면한 문제는 어느 특정한 측면만을 강조한 정책 수행보다는 신체적, 심리적, 사회적, 경제적, 가족관계적 등 다양한 차원에서의 정책적 접근이 필요하다. 또한 현대사회의 특성을 고려하여 노인계층의 성별, 지역별, 연령별로 추구하는 욕구가 상이함을 인정하고 이에 맞는 서비스 및 프로그램의 제공이 이루어져야 한다.

2. 노인복지정책의 내용

노인복지정책의 목표설정은 노인의 경제적 생활기반의 확보, 독립적인 생활양식의 유지, 사회통합을 위한 프로그램 개발, 간병 및 수발을 필요로 하는 노인의 보호 등과 같은 노인의 특수한 생활상과 관련된다.

1) 급여대상

우리나라의 노인인구는 2022년 현재 전체인구의 17.5%, 총부양비 40.8명으로 갈수록 노인인구는 증가하면서 부양부담은 더욱 가중될 것으로 보인다. 노인인구의 증가와 부양부담이라는 문제를 완화하기 위한 정책 및 제도의 수립이 필요하다.

따라서 노인복지정책은 다음과 같은 원인으로 인해서 사회・경제적 취약계층으로 떨어지는 위험을 제거 및 지원하는 문제와 관련된다.

첫째, 퇴직노인들 대부분은 과거의 시장소득이 낮고 국민연금 가입기간이 짧아서 연금으로 인간다운 최저생활을 영위하기 어렵다.

둘째, 퇴직은 시장소득의 상실을 의미할 뿐만 아니라 직장생활에서 수행하였던 업무가 없어지면서 황혼기로 넘어가는 과도기에 사회적 관계의 단절과 자아존중감을 상실하고 있다.

〈표 13-1〉 노인들이 겪는 가장 어려운 문제

건강문제	경제적 어려움	외로움, 소외감	소일거리 없음	직업 없음	노인시설부족
35.5%	38.6%	2.9%	4.7%	3.1%	1.9%

자료 : 통계청, 2013년 사회조사보고서.

셋째, 노령화는 스스로 일상생활수행능력(ADL)을 상실한 경우 생활환경(관공서 및 우체국 이용하기, 은행거래 등)과의 접촉이 줄어들면서 사회적 고립을 의미한다.

넷째, 정신적·신체적 구조의 변화로 인해 육체적·정신적 활동이 줄어들고 자발적 행동을 할 수 없게 된다. 만성퇴행성 질환이 늘어나고 노인의 의료비가 차지하는 비중이 급증하면서 제3자에 의존적인 삶을 영위하게 된다. 노인은 양로원이나 요양원에 입소하기 위해서는 높은 입소비용과 간병비용을 지불하여야 하는데 그 비용을 충당할 능력이 없다.

다섯째, 고령화는 전체 노인 중에서 여성노인의 비율이 증가하는 것을 의미한다. 현재 우리나라의 인구학적 특성상 여성의 평균 기대수명이 남성보다 약 6~7년 높기 때문에 고령층으로 갈수록 노인 중에서 여성이 차지하는 비율과 홀로 사는 여성노인의 비율이 급증한다. 특히 여성노인들은 과거에 직업을 갖지 못하였기 때문에 자력으로 생활할 수 있는 소득이 전혀 없을 뿐만 아니라 연령이 증가하면서 육체적 및 정신적 질병을 안고 홀로 살아가는 비율이 증가한다. 그래서 고령화는 여성노인의 빈곤화라고도 한다.

노인복지정책은 일상생활의 과제를 처리하는 노인들의 능력과 성취도에서 보여주는 개인적 이질성을 고려하여 노인의 능력에 적합한 노인복지서비스를 제공할 필요가 있다. 개인이 고령화를 삶의 한 형태로서 긍정적으로 인식하는 경우에 새로운 경험과 행동양식을 습득하고 지속적으로 삶에 필요한 문제를 해결할 능력을 개발하고 발전시킬 수 있다.

〈그림 13-3〉 노인국가로 향해 가는 한국

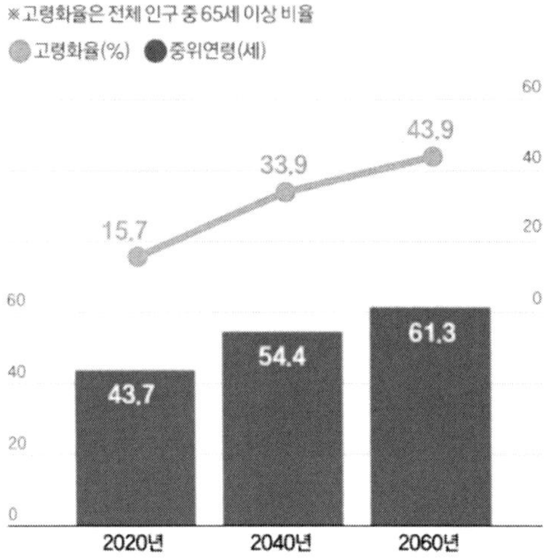

자료: 통계청

〈표 13-2〉 노인의 여가 활용 방법

TV시청	스포츠	여행	사교관련	가족과 함께	가사·잡일	휴식·수면	자기계발
58.4%	5.4%	6.0%	27.1%	16.9%	37.1%	56.2%	0.6%

자료 : 통계청, 사회통계조사보고서, 각 연도.

고령화란 "인생의 종착지"로 가는 과정으로 정의하거나 기능상실의 과정으로 정의하기보다는 삶의 과정 속에서 삶의 형태가 변화되는 현상으로 이해할 필요가 있다. 즉, 고령화란 인생의 종점을 의미하는 것이 아니라 계속적으로 발전되는 과정을 의미하며 아직까지 발견되지 않은 잠재력을 개발하고 개인적 상황에 따라서 다양한 가능성을 실현할 수 있는 기회를 의미한다.

노인복지정책은 퇴직노인들이 안정적으로 제2의 인생을 영위할 수 있는 여건을 조성하는 것이다. 따라서 노인복지정책은 지금까지의 인생경력에서 충족되지 않은 인생의 목표, 희망과 기대 등을 충족할 수 있도록 지원하고 새로운 인생을 영위할 수 있는 능력을 배양하는 사회복지서비스를 제공하는 것이다. 이때에 노인이 주관적으로 판단하는 인생의 한계와 실질적 한계에 대한 평가하는 능력을 배양하고 차세대를 배려하고 책임을 수용하려는 태도 등과 관련된 긍정적인 인식을 심어주는 것이 중요하다.

2) 급여내용

노인소득보장정책은 '노령'과 '퇴직'이라는 소득상실의 위험에 대비한 제도를 총칭하는 것으로서, 대표적인 제도로는 국민연금이 있으며, 최저생계비 이하의 노인층에게 지급되는 국민기초생활보장제도, 경로연금 등의 직접적 소득보장과 경로우대제도, 고용증진 및 생업지원제, 각종 세제감면제도 등 간접적 소득보장으로 구분할 수 있다.

(1) 직접적 소득보장

연금제도에는 일반 국민을 대상으로 하는 국민연금제도와 공무원연금, 군인연금, 사립학교교직원연금 등 특수직역연금제도가 있다.

국민기초생활보장제도를 통하여 최저생계비 이하의 생활능력이 없는 노인에게 소득수준 및 가구규모에 맞춰 차등생계급여를 지급하고 있다.

〈표 13-3〉 노년부양비 추이 및 전망

구 분	1990	2000	2013	2017	2018	2030	2040	2050
노인부양비(%)	7.4	10.1	16.7	19.2	20.0	38.6	57.2	71.0
고령자1명당 생산가능인구(명)	13.5	9.9	6.0	5.2	5.0	2.6	1.7	1.4

주) 노년부양비 = (65세 이상 인구 / 15~64세 인구) × 100
고령자 1명당 생산가능인구 = (15~64세 인구 / 65세 이상 인구)
자료 : 통계청, 2013년 고령자 통계.

(2) 간접적 소득보장

간접적 소득보장은 노인들에게 지출을 줄여준다는 의미로 시행되는 것으로서, 경로우대제도, 고용지원 및 생업지원, 각종 세제상의 혜택 등이 있다.

고용지원 및 생업지원제도는 노인의 취업기회 확대를 위하여 노인의 구인 및 구직 알선을 위하여 노인인력은행 및 노인에게 소득 및 여가활용의 기회 제공을 위해 노인공동작업장을 운영하고 있다. 또한 55세 이상 고령자를 대상으로 '고령자적합직종'을 선정하여 이 직종에 대한 고령자의 우선취업을 권장하고 있으며, 특히 300인 이상 사업장에 대해 3% 이상의 고령자를 고용하도록 권장하고 있다.

각종 세제혜택의 경우 상속세법 및 증여세법에 의하여 60세 이상의 자에 대하여 1인당 3천만원씩 상속세를 공제해 주고 있으며 소득세법에 따라 직계존속노인 1인당 부양가족공제 100만원, 65세 이상 노인과 생계를 같이 하는 자에 대해서 노인 1인당 연간 100만원의 경로우대공제를 해 주는 등 소득세 공제를 실시하고 있다.

부모와 자녀세대가 각기 주택을 소유하고 있다가 세대를 합친 경우 양도소득세를 면제하고 있고, 65세 이상 노인 1인당 3천만원 이하의 생계형 저축에 대한 이자소득 및 배당소득에 대해 비과세 혜택을 부여하고 있다. 또한 부모 부양자에 대한 주택분양 우선권 및 임대주택을 우선적으로 공급하는 정책을 실시하고 있다.

〈그림 13-4〉 노인부양비 국제간 비교

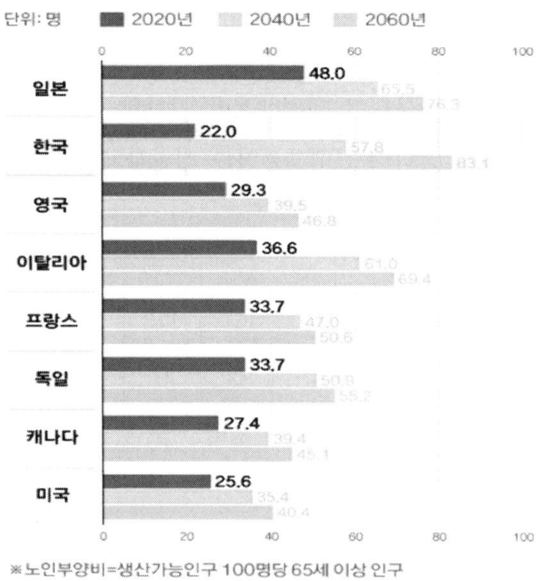

자료: UN세계인구전망, 2019.

(3) 의료보장정책

현대 사회에서 사회보장을 실시하고 있는 국가들은 의료보장을 소득보장과 함께 복지국가의 핵심적인 프로그램으로 제도화하여 국가가 개인의 건강한 생활을 보장해 주고 있다.

노인은 노화현상에 의하여 발병률이 높고 만성질환의 경우 장기간의 의료비가 소요되면서 노년기 빈곤으로 이어지는 경향이 있어 노인 가계에 상당한 부담이 되고 있다. 노년기의 질병 예방, 치료, 만성질환관리 등과 관련한 의료보장대책으로는 건강보험, 의료급여, 무료건강진단 등의 사업이 있다.

우리나라의 의료보장은 구체적으로 두 가지 방법에 의해서 이루어지고 있다. 하나는 생활능력이 있는 사람을 대상으로 하는 사회보험형태의 국민건강보험이며, 다른 하나는 국민기초생활보장수급자 및 차상위계층에 대한 공공부조인 의료급여제도이다.

〈그림 13-5〉 65세 이상 노인진료비

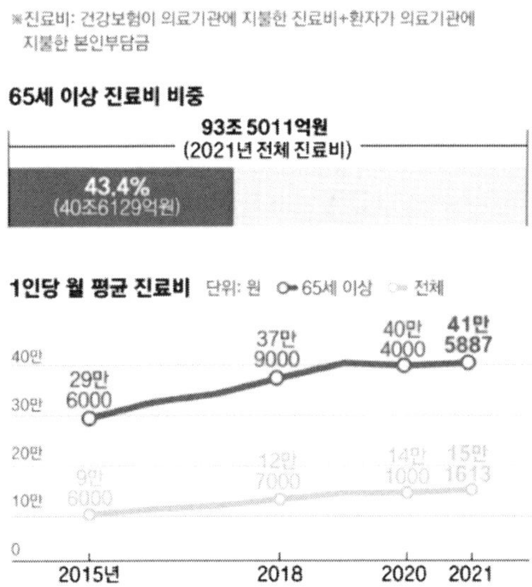

자료 : 국민건강보험공단

(4) 주거보장정책

주거보장은 노인이 인간다운 삶을 유지할 수 있는 정도의 주거공간을 확보해 주는 정책 프로그램으로서 노인 자신 또는 적절한 노인복지시설의 주거공간에서 생활하도록 하는 것을 목적으로 한다.

우리나라 노인들의 주택점유형태를 보면, 먼저 노인가구의 경우 전반적으로 자가 주거율이 높으나, 일반가구에 비해 주거수준이 낮다. 노인가구의 자가 거주율은 76.0%로 일반가구의 54.2%보다 매우 높으나 도시 농촌간의 차이가 크며, 특히 도시지역의 노인 1인 가구의 경우는 자가거주율이 44.2%로 매우 낮아 도시지역의 주택난이 심각함을 부여주고 있다.

〈표 13-4〉 노인 의료보장제도

구분	사업내용
건강보험	일반노인
의료급여	기초생활보장수급권자 및 차상위층
의료복지 증진	노인장기요양보험제도 도입을 위해 무료·실비요양시설, 무료·실비전문요양 시설 확충
노인안검진 및 개안수술	국민기초생활 보장법상 수급권자로서 안과 전문의가 없는 읍· 면지역의 60세 이상 노인
치매등록관리	·보건소의 치매상담센터에서 치매선별검사 및 등록관리 ·치매협회가 거점병원(검진센터)을 선정하고 거점병원이 중점 지원 보건소를 지정하여 치매상담 및 선별검사, 치매정밀검진, 등록을 통합적으로 운영 ·치매정밀검진 목표 : 3,000명 ·대상 : 보건소 관할지역에 거주하는 65세 이상의 국민기초생활보장 수급권자 및 차상위 저소득층
노인건강진단	·시·군·구 관할구역에 거주하는 65세이상 국민기초생활보장 수급권자 및 차상위층 노인중 노인건강진단 희망자 ·기타, 보건소장이 노인건강진단이 필요하다고 인정하는 자 -1차진단 : 심전도검사 외 11항목 -2차진단 : 정밀안저검사 외 29항목

(5) 재가노인복지서비스

재가노인복지서비스는 정신적, 신체적인 이유로 독립적인 일상생활을 수행하기 곤란한 노인과 노인부양가정에 필요한 각종 서비스를 제공함으로써, 노인이 가족 및 친지와 더불어 건강하고 안정된 노후 생활을 영위할 수 있도록 함과 동시에 노인부양가족의 부담을 덜어주기 위함을 목적으로 하고 있다. 서비스의 유형으로는 방문요양서비스, 주・야간보호사업, 단기보호사업, 방문목욕서비스, 재가노인지원서비스 등의 사업이 있다.

① 방문요양서비스

㉠ 목적

가정에서 일상생활을 영위하고 있는 노인(재가노인)으로서 신체적・정신적 장애로 어려움을 겪고 있는 노인에게 필요한 각종 편의를 제공하여 지역사회 안에서 건전하고 안정된 노후를 영위하도록 하는 서비스이다.

㉡ 서비스 대상

장기요양급여수급자 또는 심신이 허약하거나 장애가 있는 65세 이상의 자(이용자로부터 이용비용의 전부를 수납 받아 운영하는 시설의 경우에는 60세 이상의 자)로서 1일 중 일정시간 동안 가정에서의 보호가 필요한 자 등이다.

㉢ 서비스 내용

신체활동지원서비스(세면도움, 구강관리, 머리감기기, 몸 청결, 몸 단장, 옷 갈아입히기, 목욕도움, 식사도움, 체위변경, 이동도움, 신체기능의 유지증진, 배설도움, 화장실 이용하기 등), 가사활동지원서비스(취사, 청소 및 주변정돈, 세탁 등), 개인활동지원서비스(외출시 동행, 일상업무 대행 등), 정서지원서비스(말벗, 격려 및 위로, 생활상담, 의사소통도움 등) 등을 제공한다.

② 주・야간보호사업

㉠ 목적

부득이한 사유로 가족의 보호를 받을 수 없는 심신이 허약한 노인과 장애노인을 주간 또는 야간 동안 보호시설에 입소시켜 필요한 각종 편의를 제공하여 이들의 생활안정과 심신기능의 유지・향상을 도모하고, 그 가족의 신체적・정신적 부담을 덜어주기 위한 서비스이다.

㉡ 서비스 대상

이용대상은 일상생활 수행능력(ADL)에 지장이 있는 자, 노인성 질환 또는 노쇠로 인해 심신의 장애가 있는 자, 일반 질환으로 인해 일시적인 일상생활 서비스가 필요한 자, 독거노인으로서 낮동안 주간보호 서비스가 필요한 자, 기타 복지실시기관장이 주간보호시설의 서비스가 필요하다고 인정한 자 등이다.

㉢ 서비스 내용

서비스 내용으로는 생활지도 및 일상동작훈련 등 심신의 기능 회복 및 강화를 위한 서비스, 급식 및 목욕서비스, 노인가족에 대한 교육 및 상담 등이다.

③ 단기보호사업

㉠ 목적

부득이한 사유로 가족의 보호를 받을 수 없어 일시적으로 보호가 필요한 심신이 허약한 노인과 장애노인을 보호시설에 단기간 입소시켜 보호함으로써 노인 및 노인가정의 복지증진을 도모하기 위한 서비스이다.

㉡ 서비스 대상

이용대상은 일상생활 수행능력(ADL)에 지장이 있는 자, 노인성 질환 또는 노쇠로 인해 심신의 장애가 있는 자, 일반 질환으로 인해 단기간 일상생활 서비스가 필요한 자, 독거노인으로서 단기간 일상생활 서비스가 필요한 자, 기타 복지실시기관장이 단기시설의 서비스가 필요하다고 인정한 자 등이다.

㉢ 서비스 내용

신체활동지원, 기능회복 훈련 등 그 밖에 일상생활에 필요한 편의를 제공하는 서비스와 그 밖에 노인요양시설 또는 노인요양공동생활가정의 사업에 준하는 서비스 등을 제공한다.

④ 방문목욕서비스

목욕준비, 입욕 시 이동보조, 몸 씻기, 머리말리기, 옷 갈아입히기, 목욕 후 주변정리 등의 서비스를 제공한다.

⑤ 재가노인지원서비스

재가노인에게 노인생활 및 신상에 관한 상담을 제공하고, 재가노인 및 가족, 무의탁노인 후원을 위한 결연 및 연계지원, 여가활동 지원, 주거환경재선 지원, 긴급지원, 시군구의 위탁을 받은 사업, 그 밖에 지역의 재가노인복지사업을 수행한다.

3) 전달체계

노인복지서비스의 주무부처는 보건복지부이며, 보건복지부 인구정책실 노인정책관이 정책을 수립하면 행정자치부 산하의 시·도 보건복지국(사회복지국)과 시·군·구 노인복지과(노인장애인과 또는 노인보육정책과)에서 다시 읍·면·동 사회복지전담공무원을 통해 급여전달이 이루어진다. 그 밖에 고령자 고용과 관련한 일부 정책업무는 고용노동부에서 관장하고 있다. 이와 같은 공공전달체계와 더불어 노인주거복지시설, 노인의료복지시설, 노인여가복지시설, 재가노인복지시설, 노인보호전문기관, 노인일자리지원기관은 직접 노인복지서비스를 전달하는 핵심적인 민간전달체계이다. 이상의 민간전달체계는 사회복지법인, 재단법인, 사단법인, 종교단체, 각종 사회단체, 민간기업 또는 개인이 운영주체가 되어 노인복지서비스를 전달하고 있다.

4) 재원

노인복지서비스에 소요되는 재원 중 노인소득보장과 노인의료보장은 주로 사회보험, 국민기초생활보장제도 및 의료급여제도의 재원으로 부담하고 있다. 이외에 노인장기요양보험, 기초노령연금, 노인일자리지원, 노인복지서비스에 소요되는 재원은 노인장기요양보험료, 국비, 지방비, 이용자부담금 등으로 충당하고 있다.

3. 노인복지정책의 과제

1) 정년연장과 '젊은 노인'의 경제활동욕구 충족

(1) 정년의 연장

노인인구가 증가할수록 조세나 사회보험료를 가지고 노인문제를 해결하는 데에는 한계가 있기 때문에 고령층이 생산과정에서 장기간 노동력을 유지하고 활동적인 노년기를 향유할 수 있도록 하는 것은 중요한 정책과제에 속한다.

사회복지정책은 근로자가 장기간 노동력을 유지할 수 있도록 생산과정의 인간화를 달성하고 정년을 연장하는 한편 노인취업을 활성화하는 정책들을 개발할 필요가 있다. 사회구성원이 가능한 한 장기간 노동시장에 노동공급을 제공하는 방안으로 정년연장, 파트타임 직장의 개발, 퇴직노인의 재취업과 고용촉진을 위한 노인고용촉진 장려금 등을 생각할 수 있다.

우리나라 기업은 대부분 정년을 55세 전·후로 실시하고 있고, 퇴직연령은 근로자가 장년층에 도달하면 이미 자의든 타의든 직장을 그만두어야 한다는 것을 의미한다. 이와 같이 빠른 직장상실은 고령사회로 빠르게 진입하고 있는 현실에서 앞으로 국민경제의 커다란 부담으로 작용할 것으로 예상된다. 그러므로 정년연장 또는 정년폐지는 필연적인 상황이다.

노동시장은 연령에 따른 차별화와 파편화가 가속되고 있다. 일반적으로 직장에 대한 주관적 만족도가 높을수록 장기간 노동시장에 머물고자 하는 욕구가 증가한다.

좋은 직장에서 안정된 삶을 영위하는 사회구성원은 청년기에서부터 경제활동과 사회참여를 활발히 하면서 노년기까지 행복한 삶을 향유한다. 소위 '정상적인' 이력을 가진 노인은 소비의 자유를 향유하면서 안정된 삶을 영위할 수 있는 반면에 낮은 생산성을 갖고 있거나 근로능력을 상실한 저임금 근로자는 40대 후반부터 노동시장에서 퇴출되는 위험을 안고 있고 모든 삶의 영역에서 어려움을 겪는다.

(2) 노인 일자리사업의 확충

사회복지정책은 노동시장에서의 양극화 문제를 해결할 수 있는 방안을 제시하고 개인적 특성과 이력의 차이를 인정하면서 가능한 한 장기간 노동시장에서 활동할 수 있는 지원책을 마련할 필요가 있다.

노인일자리사업의 주 목적은 노동시장에서 장기간 노동력을 제공하여 자립적으로 안정된 삶을 영위하는 것에 두기보다는 좁은 의미의 노인복지서비스의 차원에서 노인의 건강증진, 사회참여 확대, 보충적 소득보장에 두고 있다.

우리나라의 노인일자리사업은 보건복지부 및 지방자치단체와 사업수행기관인 시니어클럽, 노인복지관, 대한노인회 등을 중심으로 수행되고 있다. 그러나 노인일자리사업은 수익성이 낮고 노동시장에서 배제된 사회적 일자리를 제공하는 것에 치중하고 있는 실정이다. 노인일자리의 대부분은 월 20만 원을 6~7개월간 참여한 노인에게 지급하고 있는데, 이 금액으로는 안정된 생활을 영위할 수 없기 때문에 적정 임금수준으로 향상할 필요가 있다.

인간은 특수한 상황에서 주관적 요인들에 의해서 그들의 삶을 결정하고 활동적으로 삶의 질을 개선할 수 있는 능력을 갖고 있다. 노인의 경제활동은 그의 건강상태, 경제적 상황, 주거환경 등과 같은 생활조건에 의존한다. 그러나 대부분의 노인은 자립적으로 삶을 영위할 수 있는 능력을 가지고 있으며 노인들 스스로가 삶에 대해 긍정적으로 인식하는 경우에 노년기의 삶을 보다 윤택하게 유지할 수 있기 때문에 노인복지정책의 합리적인 수단은 근로능력과 근로의욕을 갖고 있는 '젊은 노인'에게 그의 잠재된 능력을 계속하여 사용할 수 있는 기회를 제공하는 것이 무엇보다 중요하다.

퇴직연령에 달한 노인에게 경제활동을 강요할 수는 없다. 노인들이 경제활동으로 인한 소득을 얻고자 하는 욕구와 안정된 휴식을 취하고자 하는 욕구를 선택할 수 있는 프로그램을 개발하는 것이 중요하다. 따라서 노인복지정책은 '젊은 노인'들의 경제활동 욕구를 충족하고 퇴직노인에게 안정된 제2의 인생을 향유할 수 있는 소득보장, 빈곤에 노출된 노인들에게 인간다운 최저생활보장 그리고 사회복지서비스를 체계적으로 연결하는 과제를 갖고 있다.

2) 노인친화적인 주거보장의 제도화

(1) 노인주거 및 재가노인복지시설의 구비

노인이 지금까지 생활해 온 익숙한 환경에서 가능한 자립적인 상태에서 생활할 수 있도록 사회복지서비스를 제공하는 것이 노인의 욕구를 충족하는 방안이다. 그러므로 노인복지정책은 주거보장과 함께 재가노인복지서비스의 전달체계를 확충하고 재가보호, 주간보호, 단기보호 등의 프로그램을 전달할 수 있는 시스템을 구축하여야 한다.

재가노인복지는 주로 낮 동안 시설을 이용하는 주·야간보호, 일시적으로 노인복지시설에 수용되어서 보호를 받는 단기보호 그리고 집에서 외출이 어려운 노인들에게 각종 서비스를 제공하는 재가지원(home helper) 및 돌봄서비스의 활성화를 들 수 있다.

주택도시연구원(2006)의 '고령자 및 고령진입층의 주거욕구 분석'에 의하면 주거환경으로 의료시설을 가장 중시하고 있으며, 도시고령자의 59.7% 그리고 농촌고령자의 75.4%가 현재 주택에서 계속 거주하고 싶다고 응급하였다. 따라서 노인주거보장은 노인이 현재 거주하고 있는 주택에서 안전하게 살 수 있도록 화장실, 욕실, 계단, 부엌 등을 개조할 수 있는 지원책에 대한 욕구를 충족할 필요가 있다.

(2) 노인주거보장의 고려사항

재가노인복지서비스를 제공하기 위해서는 주거보장이 중요한 데, 다음과 같은 3가지 측면을 고려하여야 한다.

① 노인의 경우 집에서 생활하는 시간이 많기 때문에 노인의 특성에 적합한 주거환경을 조성하고 이동성과 안전성을 확보할 수 있도록 실내공간을 재배치 및 개축한다.

② 노인의 주거환경은 심리적 안정을 유지할 수 있어야 한다. 예컨대 가족관계, 사회적 관계, 의료기관과의 연계 등의 문제를 고려하여 노인들이 고립과 소외로부터 벗어날 수 있는 위치에 있어야 한다. 특히 독거노인의 경우 자신의 위험을 알릴 수 없는 경우에 심리적 불안을 느낄 수 있기 때문에 자신의 위험을 신속히 주변에 알릴 수 있는 시스템을 구축할 필요가 있다.

③ 노인의 주거환경은 간병과 수발이 가능하도록 충분한 공간을 확보할 수 있어야 한다.

노인복지시설은 일상생활수행능력이 하락하거나 상실한 노인을 수용하는 양로시설 또는 요양시설로 구분할 수 있다. 따라서 요보호노인의 발생 확률을 정확히 산정하고 노인복지시설의 확충과 함께 시설 내에서 노인이 자유공간을 갖도록 배려할 수 있어야 하고 자립적으로 삶을 영위하기 어려운 노인에 대한 간병과 수발을 제공할 수 있는 주거공간을 확보하는 문제는 시급히 해결해야 할 과제이다.

노인보건사업의 추진방향은 보건교육 및 건강증진사업, 치료 및 요양시설 확충과 사후관리체계의 구축, 치매 및 중증 질환 노인에 대한 지원책 마련, 의료서비스와 요양서비스의 연계 등을 노인성 질환의 발생의 예방 및 치료 그리고 요양서비스의 제공 등과 같은 과제를 해결하고 사회복지재정 안정화 방안을 마련하는 것이 중요한 과제로 대두된다.

3) 노인복지시설의 확충

노인인구의 계속적인 증가는 보호를 받아야 할 만성질환 노인의 증가와 가정의 부양 및 수발에 부담을 가중시킨다는 점이다. 또한 비효율적인 노인의료비의 증가를 가져와 의료보장제도 운영에 심각한 재정적자를 초래할 수 있다. 이와 같은 예상되는 문제점을 해소하기 위해서는 지역사회 차원에서 노인의 욕구를 충족시키고, 노인성 질환을 조기에 발견하고 예방할 수 있는 다양한 유형의 노인복지시설의 확충이 필요하다. 또한 지역별 노인인구에 맞춰 시설을 설치하도록 함으로써 시설서비스의 균형발전을 도모해야 한다.

4) 서비스 제공인력의 전문성 강화

다양하고 정형화되지 못한 노인복지서비스 인력체계에서 전문성을 갖춘 서비스 인력체계로 바꿔나가기 위해서는 기존의 사회복지사, 케어복지사, 요양보호사, 간호사, 가정봉사원, 가정도우미, 생활지도원, 생활보조원, 간호조무사, 간병인 등의 명칭을 보다 단순화하여 유사한 기능은 통폐합하여 혼란을 방지하도록 한다.

공공 노인복지서비스 전달체계에서는 노인복지상담원이 아닌 노인복지전담공무원으로 명칭을 분명히 하여 총괄적인 서비스를 계획하여 시행해 나갈 수 있도록 하고, 민간 노인복지서비스 전달체계에서는 사회복지분야와 수발분야로 구분하여 사회복지분야는 사회복지사를 중심으로, 수발분야는 수발을 전담하는 사회복지사를 중심으로 간호사, 물리치료사, 작업치료사, 요양보호사 등이 팀적 접근을 할 수 있도록 하여 전문성을 향상시켜 나가야 한다.

5) 안정적인 재정 확보

노인장기요양보험제도에 의한 서비스를 비롯하여 다양한 형태의 노인복지서비스가 전개되기 위해서는 충분한 재원을 확보해야 한다. 특히 노인 인구의 가파른 증가는 높은 의료비 지출을 초래할 것으로 예상되고, 이로 인하여 노인부양을 책임져야 하는 세대는 더욱 큰 부담을 지게 된다. 그러므로 사회복지서비스를 위한 사회보장세의 신설이나, 노인의 사회적 의료비용을 감소시키기 위하여 예방 및 완화 위주의 서비스를 제공하는 재가노인복지시설을 충분히 확충하는 방법을 모색해야 한다. 안정적인 재원 확보는 서비스의 질을 크게 향상시킬 것이므로, 이에 대한 방안이 고려되어야 한다.

〈그림 13-6〉 공적 사회보장비 국가간 비교

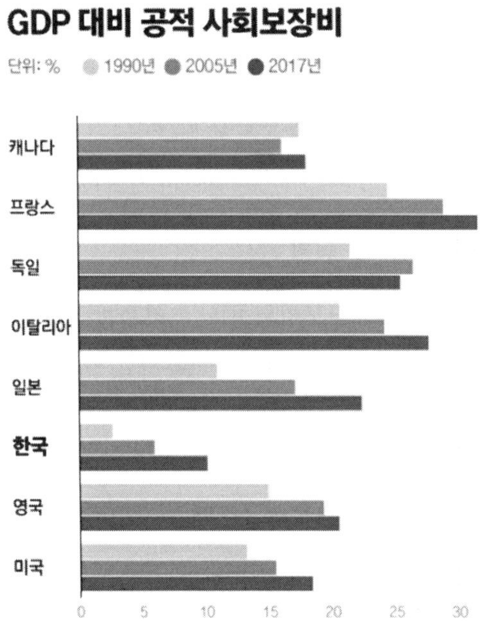

자료 : OECD

6) 건실한 제도 운영

노인복지서비스를 공공 또는 민간 중에서 누가 운영하도록 할 것인가? 분명 효과성, 효율성, 책임성 측면에서 장단점이 있을 것으로 보인다. 정책 및 제도 수립은 중앙정부 및 지방자치단체에서, 제도의 운영 및 구체적인 실천은 공인된 민간기관이 책임지도록 하는 것이 바람직할 것이다. 제도를 궁극적으로 운영하는 목적은 바로 노인의 삶의 질을 향상시키기 위함이라는 사실을 직시해야 한다. 이를 위해서는 무엇보다도 전문적인 전달체계를 구축해야 하는데, 사회복지사 자격을 가진 전문집단에 의한 전문적인 서비스가 제공되어질 때 건실한 운영이 가능하게 된다는 점을 인식해야 한다.

제 14 장

장애인복지정책

1. 장애인복지의 개념

1) 장애의 개념

장애에 대한 개념은 그 나라의 사회 문화적 · 경제적 여건 및 수준에 따라 다르기에 간단하게 정의하기는 어렵다. 일반적으로 통용되는 국제적 장애개념인 WHO가 채택한 개념으로 신체적 · 정신적 기능의 손상과 환경적 요인에 의해 활동과 사회참여에 장기간 제약을 받는 상태(ICF, 2001년 채택)[1]로서 장애가 개인적 상황과 환경적 맥락에 의해 규정된다는 것이 핵심이다. 여기에서 말하는 개인적 상황은 신체적 · 정신적 손상과 활동 및 참여의 제약을 말하며, 환경적 맥락이라 함은 물리적 · 사회적 · 정책적 환경 및 사회인식 등을 말한다. 이처럼 국제적 장애에서는 개인의 기능손상이라는 정태적 상황만을 의미하는 것이 아니라 기능회복과 활동 및 사회참여를 보장하기 위한 물리적 · 사회적 환경의 준비 정도에 의해 결정되는 동태적 상황을 강조하고 있다.

1) ICF : International Classification of Functioning, Disability and Health 의 약자로 장애를 신체적 · 정신적 구조 및 기능, 활동 및 참여, 환경적 요인의 세 가지 측면에서 규정한 것으로 이 기준은 과거의 ICIDH(International Classification of Impairments, Disabilities and Handicaps, 1980)를 계승 · 발전시킨 것이다. 빈부격차, 차별시정위원회, “장애인지원종합대책”, 2006, p. 3.

또한 OECD 국가에서는 요건주의가 아닌 각 사례에 대한 전문가의 판단에 기초하여 개인이 가진 신체적·정신적 기능손상이 사회적인 불이익을 초래한다고 판단될 경우 장애로 인정하고 있다.

우리나라의 경우 신체적·정신적 장애로 인하여 장기간에 걸쳐 일상생활 또는 사회생활에 상당한 제약을 받는 자로 장애인복지법 제2조에 명시하면서 기본적으로 기능손상에 기초하고 있다. 또한 의학적 패러다임에 의거해 장애범주를 정하고, 이에 해당하는 경우에만 장애로 인정하는 요건주의를 채택하고 있다. 이전에는 장애의 범주가 매우 협소하였으나 최근 내부기관 장애 및 사회적 장애의 일부(예: 안면장애 등)를 추가하는 등 범주가 확대되는 추세[2)]에 있으나 이러한 확대에도 불구하고 아직 기능손상 개념에서 완전히 벗어난 것은 아니다. 이처럼 일반적으로 신체 또는 정신의 장애로 인해 생활이 불편한 사람을 장애인으로 보며, 이때의 신체적 장애란 외부신체기능의 장애, 내부기관의 장애 등을 말하며, 정신적 장애란 정신지체 또는 정신질환 등으로 발생하는 장애를 말한다.

세계보건기구(WHO)가 장애의 계층적 분화를 정의하면서 1980년에 발표한 국제장애분류(ICIDH : International Classification of Impairments, Disabilities and Handicaps)에 의하면 기능장애, 능력장애, 사회적 불리의 세 측면으로 나누어지며, 이는 장애의 정의에 기능적 장애뿐만 아니라 사회적 불리함도 포함하는 것으로 장애는 개인과 그 환경간의 관계에서 파악되어야 함을 의미한다. 여기서 첫째, 기능장애(Impairments)란 해부학적 또는 기능적 이상이나 의미 있는 행동상의 변화를 말하는 것으로 인간의 신체조직과 신경계통의 일부가 결핍되어 있거나 비정상적으로 기능하는 상태를 말한다. 둘째, 능력장애(Disabilities)란 일상생활과 경제활동을 수행하는 능력이 하락 또는 결여된 상태로서 정신적·신체적 손상의 결과만이 아닌 그 상태에 대한 개인의 적응의 결과를 말한다. 즉, 손상에 의한 개인적 차원에서 일상생활의 활동에 나타나는 2차적 장애를 의미한다. 마지막으로 사회적 불리(Handicaps)란 손상과 능력장애로 인해 일상생활이나 사회생활을 하는데 제

2) 1989년까지 지체, 시각, 청각, 언어, 정신지체의 5가지 범주로 지정하였으나 2000년 1월에 뇌병변, 신장, 심장, 정신, 발달장애를 추가하였으며, 2003년 7월에는 호흡기, 간질, 장루·요루, 간질, 안면장애를 추가하였다. 향후 소화기장애, 중증피부질환, 기질성 뇌증후군, 기타 신체적, 정신적 장애 중 중증장애 중심으로 선정되는 대상 「제2차 장애인복지발전 5개년 계획 : 2003~2007」을 확대할 예정이다. 빈부격차, 차별시정위원회, "장애인지원종합대책", 2006, p. 4.

한을 받거나 지장을 초래하는 상태로서 장애인과 그 주변 환경과의 관계에서 발생하는 문제이다. 주로 사회적 차원에서 경험하는 불이익으로 편견이나 차별 등을 의미한다.

2) 장애의 유형 및 분류

2022년 현재 지체장애(45.02%), 청각·언어장애(16.4%), 시각장애(9.5%), 뇌병변장애(9.4%), 지적장애(8.4%) 등 순으로 대부분이 예방 가능한 각종 질환 및 사고 등 후천적인 원인(90.5%)으로 장애가 발생하는 것으로 조사되고 있다. 또한 연령이 증가함에 따라 장애 출현율이 증가하는 경향을 보인다.

〈표 14-1〉 장애의 분류

대분류	중분류	소분류	세분류	확대예상 범주 장애
신체적 장애	외부 장애	지체장애	절단장애, 관절장애, 지체기능장애, 변형, 왜소증 등의 장애	외부기형 피부질환
		뇌병변장애*	중추신경의 손상으로 인한 복합적인 장애, 교통사고 장애인	
		시각장애	시력장애, 시야결손장애	
		청각장애	청력장애, 평행기능장애	
		언어장애	언어장애, 음성장애	
		안면장애***		
	내부 장애	신장장애**	투석치료 중이거나 신장을 이식받은 경우	만성간질환, 소화기장애, 만성통증, 암, 기타 신체장애
		심장장애**	일상생활이 현저히 제한되는 심장기능 이상	
		호흡기장애***		
		간장애***		
		뇌전증***		
		장루, 요루장애***		
정신적 장애	정신지체		지능지수가 70 이하인 경우	
	정신장애**		정신분열병, 분열정동장애, 양극성 정동장애, 반복성우울장애	만성알코올, 약물중독, 기질성뇌증후근, 치매, 기타 정신장애
	자폐성장애**		소아자폐 증 자폐성 장애	

비고) * 지체장애에서 분리된 판정기준 설정
** 1차 확대 장애범주
*** 2003. 7월부터 15종으로 확대 실시

현재 우리나라의 장애의 종류를 살펴보면 위의 〈표 14-1〉과 같다.

3) 장애인복지의 이념

모든 사회복지의 궁극적 목적이 인간으로서의 가치실현이듯이 장애인복지도 장애인들이 속한 사회에서 차별받지 않고 인간의 존엄성과 가치를 누리며 사회 구성원이 받는 권리와 기회를 평등하게 받는 것을 의미한다.

(1) 정상화(normalization)

덴마크의 정신지체인부모회에서 1959년에 처음 사용한 용어로서 "정신지체인을 가능한 한 최대로 정상적인 생활조건에 가깝게 생존하도록 하는 것"으로 정의하면서 사용하게 되었다. 또한 1981년 세계장애인의 해를 기점으로 확산된 이념으로 장애인의 시설보호를 반대하며 장애인의 생활방식과 내용도 비장애인의 생활과 같은 정상적인 생활을 하도록 강조하는 개념이다.

정상화는 이처럼 정상적이고 일상적인 생활의 리듬을 존중할 것을 강조하였는데 이 이념의 제창자인 B. Mikkelsen에 의하면 인간생활은 다음과 같아야 한다고 제시하고 있다. 첫째, 주거조건으로 정신지체아동의 생활을 정상화하기 위해서는 부모의 집에서 가족과 함께 살도록 해야 하며, 정신장애인의 경우에는 다른 성인들과 함께 생활할 수 있도록 하여 가능한 한 자립할 수 있는 여건을 조성해야 한다. 둘째, 일과면에 있어서 장애아동의 경우 교육을 받을 권리가 다른 아동들과 동등하게 존중되어야 하며, 성인의 경우 능력에 맞는 노동을 할 수 있는 여건이 마련되어야 한다는 것이다. 셋째, 여가적인 측면에서 다른 사람과 똑같이 여가시설을 이용할 수 있는 기회와 권리가 확보될 것을 제시하고 있다.

이처럼 장애인들도 사회의 다른 구성원들과 함께 같은 교육을 받아야 하며, 같은 작업환경 내에서 일할 수 있어야 하고, 사회구성원들의 일반적인 활동에 속하는 종교, 여가, 체육활동 등에 참여할 수 있어야 한다는 것이다.

(2) 사회통합(social integration)

완전한 사회참여와 평등한 기회를 통한 장애인의 사회통합으로 장애를 갖고 있는 사람이 차별 없이 모든 사회활동에 참여하는 더불어 사는 복지사회, 정상화의 이념이 구현되는 것을 의미한다.

이처럼 사회통합이란 장애를 가진 사람이 가치 있는 방법에 의해 정상적인 지역사회 안에서 인격적인 개인으로서 성공적으로 참여하게 하는 것이며, 통합화의 과정은 장애인과 비장애인들이 모든 기회에 서로 공동·협력해 갈 가능성의 조건을 추구하는 과정이라고 말할 수 있다.

(3) 자립(independence)

타인에 대한 의존과 종속에서 벗어나는 것으로 장애인들이 스스로 필요한 원조와 지원을 다양한 지원체계를 통해 제공받음으로써 장애인의 자립이 가능하게 되는 것이다.

이처럼 진정한 자립이란 장애인 스스로 자신이 가지고 있는 능력을 최대한 활용하여 직업적·경제적으로 자립적인 삶을 영위하는 것을 말한다. 그러기 위해서는 자신의 삶을 스스로 선택하고 조정하고 자신의 삶의 전부를 관리하는 일로서 장애인들이 언제 어디서나 자신들이 영위할 수 있는 자유를 누릴 수 있음을 기억하여 장애인들이 자신의 삶을 선택하고 관리할 수 있도록 필요한 기술과 원조를 제공하는 일에 소홀함이 없어야 된다.

2. 장애인복지정책의 내용

1) 급여대상

2022년 현재 장애인구는 2,645,000명에 이르고 있으며, 2021년과 비교할 때 약 0.5% 증가한 수치이다. 장애유형별로는 지체장애, 청각·언어장애, 시각장애, 뇌병변장애, 지적장애 등의 순으로 나타나고 있다.

〈표 14-1〉 장애유형별 등록장애인 현황(2021년 12월)

<table>
<tr><th rowspan="2">등록장애인 수</th><th colspan="4">장애종별(단위: 명)</th></tr>
<tr><th>지체</th><th>청각·언어</th><th>시각</th><th>뇌병변</th></tr>
<tr><td rowspan="8">2,645,000명</td><td>1,191,000</td><td>435,000</td><td>252,000</td><td>248,000</td></tr>
<tr><td>지적</td><td>정신</td><td>신장</td><td>자폐</td></tr>
<tr><td>222,000</td><td>104,000</td><td>102,000</td><td>34,000</td></tr>
<tr><td>장루·요루</td><td>간</td><td>호흡기</td><td>뇌전증</td></tr>
<tr><td>16,000</td><td>14,000</td><td>12,000</td><td>7,000</td></tr>
<tr><td>심장</td><td>안면</td><td></td><td></td></tr>
<tr><td>5,000</td><td>3,000</td><td></td><td></td></tr>
</table>

OECD의 자료에 의하면 각국의 장애 정의에 따라 장애인구도 차이가 있지만 평균적으로 OECD 회원국의 근로연령(20~64세) 7명 중 1명(14.3%)은 일상생활에 어려움을 초래하는 만성질환이나 장애를 갖고 있는 것으로 파악된다. 2022년 현재 OECD (31개국) 국가 평균 장애출현율은 24.5%이며, 덴마크(20.7%), 영국(17.6%), 프랑스(13.2%), 미국(11.9%), 우리나라는 31개 회원국 중 가장 낮은 5.4% 정도의 장애 출현율을 보이고 있다. 그러나 다음 두 가지 이유로 장애인구수가 적을 수 있다. 첫째, 우리나라의 경우 장애범주를 정하여 장애인을 판정한다. 둘째, 등록장애인인구를 통해 장애출현을 파악한다. 반면 OECD같은 경우는 대다수 국가가 환경적 요인에 중점을 두기에 장애인구가 많은 것을 볼 수 있다. 또한 WHO는 통상 인구의 10%를 장애인으로 추정하고 있다.

장애를 원인별로 살펴보면 후천적 장애가 전체 장애인의 90.5%로 질환에 의한 장애인이 55.1%, 사고에 의한 장애인이 35.4%, 선천적 원인에 의한 장애인이 5.5%를 나타내고 있다.

〈표 14-2〉 장애발생 원인별 구성비

<table>
<tr><th rowspan="2">발생원인</th><th rowspan="2">전체</th><th colspan="3">선천적 또는 출생시 원인</th><th colspan="3">후천적 원인</th><th rowspan="2">원인불명</th></tr>
<tr><th>소계</th><th>선천적원인</th><th>출생시원인</th><th>소계</th><th>질환</th><th>사고</th></tr>
<tr><td>비중(%)</td><td>100.0</td><td>5.5</td><td>4.6</td><td>0.9</td><td>90.5</td><td>55.1</td><td>35.4</td><td>4.0</td></tr>
</table>

자료 : 한국장애인고용공단 고용개발원, 2021 장애인 통계.

2) 급여내용

장애인복지는 재활(rehabilitation)의 개념으로 접근해야 한다. 이는 손상된 능력의 회복은 물론이고 잔존능력을 개발하여 장애인의 사회복귀 뿐만 아니라 장애인이 계속적으로 직업을 가지고 경제적으로 자립하는 것을 돕는 차원을 말하는 것이다. 또한 장애인의 완전한 사회참여와 평등의 보장을 장애인 복지정책의 기본방향으로 삼고 있다.

(1) 장애 예방정책

장애문제를 해결하기 위한 가장 최선의 정책으로 장애 발생을 예방하기 위해서는 태아기부터 노년기에 이르기까지 일관성 있는 시책을 통해 가능한 한 모든 장애 발생요인을 제거하도록 노력해야 하겠으며, 상병의 조기발견과 치료를 통해 장애와 핸디캡으로 발전하는 것을 방지하여야 한다. 이를 위하여 우리나라에서는 모자보건, 산업안전, 교통안전 등의 측면에서 정책적인 접근을 하고 있다.

모자보건사업은 임산부와 영유아를 대상으로 실시하는 것으로 보건소에서 신생아에 대한 선천성대사이상검사를 무료로 실시하고 있으며, 영유아의 예방접종, 건강진단사업 및 모자보건교육 등 다양한 체계를 구축하고 있다. 또한 대부분의 장애가 후천적으로 발생하는 것을 고려하여 산업안전과 교통사고 예방을 위한 교육, 홍보 및 제도적인 지원이 이루어지고 있다. 이의 활성화를 위해서는 응급환자 집중의료체계를 구축하여야 하며, 지속적인 안전교육과 홍보를 병행하여야 할 것이다.

(2) 소득보장정책

장애인의 소득을 보장하기 위해서 직접적인 방법으로 기초생활보장 수급자에게 생계급여, 주거급여, 의료급여, 교육급여, 해산보호, 자활급여 등을 제공하여 최저생활을 보장해 주는 제도이다. 또한 장애인복지법 제44조에 따라서 타인의 도움없이는 일상생활을 영위하기 어려운 저소득 중증장애인에게 장애수당을 지급하고 있으며, 동법 제37조에 의거 자활자립이 가능한 저소득 장애인에게 자립자금을 대여하여 자활자립과 생활안정을 도모하기도 한다. 하지만 대여금액의 현실화와 자활을 지원하기 위한 종합적인 측면에서의 접근이 필요한 실정이다.

간접적인 방법으로는 장애인의 경제적 부담을 완화하여 소득보장의 효과를 돕고자 하는 제도로써 이용료 및 세금감면의 정책이 있다. 이를 정리하면 다음과 같다.

① 직접적 소득보장

㉠ 국민연금 : 일반 국민들이 가입기간 중에 산업재해가 아닌 다른 이유로 장애를 입은 경우 지급되는 급여로 장애일시보상금과 장애연금 두 종류가 있다.

㉡ 공공부조 : 국민기초생활보장제도와 장애수당, 그리고 장애인 자립자금대여 등이 있다.

② 간접적 소득보장

㉠ 세금감면 : 소득세, 상속세, 자동차 특별소비세, 자동차세 등의 세금감면이나 면세 등이 있다.

㉡ 요금감면 : 전화요금, 철도 및 도시철도요금, 항공요금, 주차료, 이동통신요금, 고속도로통행료 등의 할인이 있으며, 고궁, 박물관, 공원 등 공공시설 이용요금의 면제 및 TV수신료 면제 혜택 등이 있다.

OECD 국가의 장애인 소득보장 정책을 살펴보면 다음과 같다. 그들은 1차적으로 본인의 기여에 의한 사회보험 방식의 장애연금을 기초로 하되, 기여기간을 단축하거나(미국 등) 연금보험료 면제(일본) 등을 통해 장애인을 배려하고 있으며, 아울러 미국의 경우 SSI, 일본의 특별장애인 수당, 장애아 복지수당, 특별아동부양수당 등 2차적·보충적 소득보장제도를 통해 장애연금의 한계를 보완하고 있다.

장애연금의 소득대체율은 미국이 80%, 독일 70%로 OECD 국가 장애인가구 평균소득 수준이 비장애인 가구의 85%임을 감안할 때 매우 높은 수준이며, 우리나라의 경우 장애연금(국민연금) 소득대체율은 장애 1등급일 경우 30%에 불과한 실정이다. 최근에는 국가의 재정적 부담을 줄이기 위해 장애연금의 개혁 논의가 진행 중이며, 대상자 판정 시 노동가능 여부 및 정도를 판단하고, 직업재활을 전제조건으로 하는 등 노동시장과의 연계를 강화하고 있다.

(3) 의료복지정책

장애인의 특성상 장기간의 치료와 재활을 필요로 하는 점을 감안하여 의료급여와 건강보험 급여기간을 365일로 하고 있으며, 장애의 진단 및 재활치료, 의료상담 등을 위하여 2000년 현재 전국에 15개의 재활병·의원을 두고 있다. 아직은 지역적인 편중이 심하여 의료접근성에 어려움이 많기에 종합병원에 재활전문의료서비스의 확대를 통하여 보편적인 의료재활이 이루어지도록 지원해야 한다.

〈그림 14-1〉 장애인 의료시설 이용실태

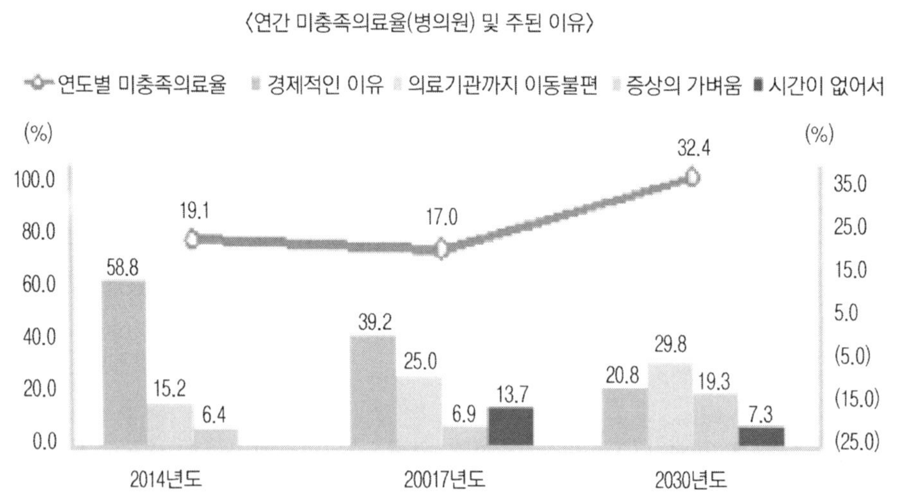

① 국민건강보험제도

장애인 본인 또는 가구원이 일정률의 보험료를 납부하고 의료서비스를 이용 시 현물 또는 현금으로 급여를 받는다.

② 의료급여제도

거택보호, 자활보호, 시설보호 대상자에게 국가재정으로 의료혜택을 부여하는 제도로서 기초생활보장 수급자로 책정된 자에 한하여 의료급여 혜택을 받을 수 있다.

③ 의료비지원제도

장애인의 생계안정을 도모하고 의료보장의 실현을 위한 것으로 지원대상은 의료비를 부담하기 어렵다고 인정되는 장애인에게 장애 정도와 경제적 능력 등을 고려하여 장애 정도에 따라 의료에 소요되는 비용을 지급할 수 있다.

④ 보장구 무료교부제도

장애인이 생활기능을 익히거나 되찾을 수 있도록 필요한 기능치료와 심리치료 등 재활의료를 제공하고 장애인의 장애를 보완할 수 있는 장애인보조기구를 제공한다.

장애인에게 보장구의 제조, 수리, 검진 및 적응훈련비를 지원함으로써 이들의 신체적 기능을 보완하고 생활능력을 향상시켜 장애인의 자활·자립을 도모하는데 목적을 두고 있다. 그 대상자로는 국민기초생활 수급자나 저소득 장애인으로서 취업활동 등을 위해 보장구 장착이 필요하다고 인정되는 경우이며, 교부 가능한 보장구는 의수족, 보조기 등이 있다.

(4) 고용정책

모든 장애인이 자기능력을 최대한 개발하여 적성에 맞는 직업을 가지고 사회적, 경제적 활동에 참여하여 자립을 도모하는 것으로 고용보장과 직업재활 등이 있다.

① 고용보장

일반고용의 경우 상시 50명 이상의 근로자를 고용하는 사업주(건설업에서 근로자 수를 확인하기 곤란한 경우에는 공사 실적액이 고용노동부장관이 정하여 고시하는 금액 이상인 사업주)는 그 근로자의 총수(건설업에서 근로자 수를 확인하기 곤란한 경우에는 대통령령으로 정하는 바에 따라 공사 실적액을 근로자의 총수로 환산한다)의 5% 범위에서 대통령령으로 정하는 비율(의무고용률) 이상에 해당하는 장애인을 고용하여야 한다. 또한 불이행시에는 의무고용인원에 미달하는 인원수만큼 고용부담금을 납부하도록 하였다.

〈표 14-4〉 고용 수준별 부담기초액 및 가산율

산정기준	부담기초액 (장애인1명당)	가산율
의무고용인원의 3/4 이상 고용한 경우	1,149,000원	-
의무고용인원의 1/2~3/4에 미달하는 경우	1,217,940원	6% 가산
의무고용인원의 1/4~1/2에 미달하는 경우	1,378,800원	20% 가산
의무고용인원의 1/4에 미달하는 경우	1,608,600원	40% 가산
장애인을 한 명도 고용하지 않은 경우	1,914,440원	해당연도 최저임금

'장애인고용촉진 및 직업재활법'에 따라 사업주가 장애인을 의무고용하지 않을 경우 1인당 장애인고용부담기준액을 1,914,440원으로 조정하였으며, 50인 이상 사업장으로 장애인 의무고용률 2.7%를 초과하여 장애인을 고용하는 사업주에게 경증남성 및 여성, 중증남성 및 여성 4가지로 구분하여 입사 후 연수에 따라 차등지급하고 있다.

〈표 14-5〉 장애인고용장려금 지원구분 및 지급금액

구 분	경증남성	경증여성	중증남성	중증여성
지급 단가(월)	30만원	45만원	60만원	80만원
6개월 고용유지시 지원금액 (단가×6개월)	180만원	270만원	360만원	480만원
1년 고용유지시 최대 지원금액 (단가×1년)	360만원	540만원	720만원	960만원

그럼에도 불구하고 생산성저하, 산업재해 발생 우려, 노무관리에 대한 부담, 시설 및 장비투자에 대한 추가비용의 부담 등으로 장애인의 고용이 비효과적이라는 인식과 능력고용부담금 수준액이 낮은 상황이기에 장애인고용부담금의 납부를 선호하는 경향을 보이고 있다.

고용노동부장관과 보건복지부장관은 장애인이 그 희망·적성·능력 등에 맞는 직업생활을 할 수 있도록 필요하다고 인정하면 직업 환경에 적응시키기 위한 직업적응훈련을 실시할 수 있으며, 고용노동부장관은 장애인이 그 희망·적성·능력 등에 맞는 직업생활을 할 수 있도록 장애인에게 직업능력개발훈련을 실시해야 하고, 장애인의 직업능력 개발·향상을 위하여 직업능력개발훈련시설 또는 훈련 과

정을 설치 · 운영하거나 하려는 자에게 필요한 비용(훈련비를 포함한다)을 융자 · 지원할 수 있다

② 직업훈련

보호고용제도를 통하여 일반고용이 어려운 장애인을 일정하게 보호된 상황 하에서 고용하고 있는 상태로써 근로시설과 보호작업시설 등이 있다. 그러나 인적자원에 대한 국가의 지원이 매우 미흡하여 정상적인 시설 운영이 어려운 상황이며, 장애인 생산품의 판로 및 직종개발 등에 있어서도 제도적인 지원이 미흡한 실정으로 보완이 필요하다. 이처럼 직업훈련은 장애인에 대한 교육 · 훈련 및 자격제도를 통하여 장애인의 고용을 촉진하기 위한 정책이지만 고숙련을 요구하는 직종에 대한 직업훈련은 잘 시행되고 있지 않은 상황이다.

(5) 생활환경정책

장애인의 이동권과 건물접근권 및 정보통신권 등을 말한다. 즉 장애인들이 안전하고 편리하게 시설 및 설비를 이용하고 정보에 접근하도록 보장하는 것들로 장애인들이 사회활동참여와 복지증진과 함께 접근권의 권리를 명시하고 규정하고 있는 것이다. 그리고 정보통신의 원활화를 위하여 컴퓨터 통신 요금의 50%를 할인하고 있으며, 청각장애인을 위한 단말기 보급과 재활정보센터 운영을 볼 수 있다. 또한 매스미디어의 접근과 관련하여 TV 프로그램에서는 자막방송과 수화방송 등이 실시되고 있으며, 장애인대상 정규프로그램이 라디오, TV방송으로 실시되고 있다.

(6) 재가복지서비스

장애인이 거주지에서 생활하면서 치료와 교육, 직업훈련서비스 등을 받을 수 있도록 통원 가능한 이용시설을 설치, 운영하는 것을 지원하고 있다.

(7) 교육정책

장애인들은 교육의 기회를 평등하게 부여받고 사회의 한 구성원으로서의 역할을 수행해 나갈 수 있는 능력을 향상시키게 되는 것으로 우리나라에서는 특수학교와 통합교육을 위하여 특수학급을 운영하고 있다. 최근에는 격리된 환경의 교육

에서 탈피하여 통합교육을 실현하는 방향으로 나아가고 있지만 일반학교 교사나 학생, 학부모의 인식 부족과 장애인 편의시설의 미비, 특수교육인력의 부족 등으로 현실적인 어려움이 있다. 그러므로 다양한 보완책과 더불어 장애인들이 졸업 후 자립 · 자활할 수 있도록 진학 및 취업에 있어서 상호연계체계를 구축하는 방안이 조속히 마련되어야 할 것이다.

3) 전달체계

장애인복지서비스의 주무부처는 보건복지부 장애인정책국에서 핵심적인 역할을 수행하고, 장애인복지정책의 집행은 시·도 보건복지국(사회복지국)을 거쳐 시·군·구의 장애인복지과(노인장애인과)에서 읍·면·동의 사회복지전담공무원을 통해 급여전달이 이루어진다. 그 밖에 일부 장애인복지정책은 교육부, 행정자치부, 고용노동부, 여성가족부, 국토교통부 등으로 분산되어 정책이 수립되고 집행되어 정책수립 및 집행의 통합성과 효율성이 저하되는 문제를 낳고 있다.

이와 같은 문제에 대처하여 장애인복지 종합정책을 수립하고 관계부처 간의 의견을 조정하며 그 정책의 이행을 감독하고 평가하기 위해 국무총리 소속하에 장애인정책조정위원회를 두고 있다.

4) 재원

정부의 재정규모가 커지고, 사회복지 및 장애인복지에 대한 국민의 의식과 인식이 높아지면서 정부의 일반예산에서 차지하는 사회복지예산은 크게 증가하고 있으나, 장애인복지예산은 사회복지예산의 2~3%에 불과한 수준이다. 장애인복지예산을 살펴보면 장애인연금, 장애인활동지원, 장애인거주시설 운영지원 예산이 가장 큰 비중을 차지하고 있고 그 밖에 장애수당, 장애아동가족지원, 장애등급심사제도 운영에 소요되고 있다.

장애인 고용보장과 관련하여 장애인 고용촉진기금을 설치·운영하고 있는데, 이 기금은 장애인 고용의무 대상사업체가 장애인을 의무고용하지 않았을 경우, 의무고용 미달인원 1인당 당해 연도 최저임금의 60%에 해당하는 부담금을 납부하도록 하고 있는데 이와 같은 부담금과 정부출연금을 재원으로 장애인 고용촉진기금이 운영되고 있다.

3. 장애인복지정책의 전망

1) 장애인복지정책의 과제

장애인에 대한 복지의 정도가 사회복지의 척도라고도 할 만큼 장애인 문제는 장애인만의 문제가 아니라 사회 전체 구성원의 문제라고 볼 때에 장애인복지란 장애로 인한 문제 또는 장애와 관련된 다양한 문제를 예방하고 해결하여 장애인과 비장애인이 함께 그 사회의 일원으로서 사회참여를 실현하고 인간다운 삶을 영위할 수 있도록 하는 사회적 노력을 총칭한다.

또한 세계보건기구에서는 의료적 · 사회적 · 교육적 · 직업적 서비스를 통합적으로 사용하여 개인을 훈련하고 재훈련시켜 개인의 기능적 능력을 가능한 최고의 수준으로 확장하는 것으로 정의하고 있으며 미국의 국립재활전문위원회 역시 신체적 · 정신적 · 사회적 · 직업적 · 경제적 가용능력을 최대한으로 회복시키는 것으로 보고 있다. 이러한 경향을 반영할 때 향후 장애인복지정책 수립시 고려해야 할 과제는 다음과 같다.

첫째, 현재 장애종별 유형이 15가지이나 이를 확대하여 선진국 수준으로 내부장애와 정신장애의 범위를 넓게 규정해야 한다.

둘째, 고령화와 더불어 장애노인인구층에 대한 프로그램이 마련되어야 한다.

셋째, 장애인 소득보장 관련 연금이나 수당제도를 통합하여 그 급여액을 상향조정하여 최저한의 삶을 영위할 수 있도록 조치해야 한다.

넷째, 장애인정책 관련 부서를 통합하여 보건복지부 장애인정책국으로 일원화하여 행정의 통일성과 통합성을 지향하여 효과성을 높여야 한다.

다섯째, 정부의 일반예산 중에서 고정적인 비율로 지원되는 교육예산처럼 사회복지복지예산을 일정한 비율로 고정시키고, 이 가운데 탄력적으로 장애인복지 예산이 집행될 수 있도록 해야 한다.

2) 장애인복지정책의 방향

장애인들이 사회 구성원의 한 사람으로서 평등하게 교육받고 직업을 가지며 비장애인들과 함께 더불어 살아가는 사회적인 환경을 만들어 주는 것이 우리나라 장애인 복지정책이 나아가야 할 기본 방향이며, 이를 위하여 몇 가지 원칙을 제시하면 다음과 같다.

첫째, 정상화, 통합화, 자립 등의 이념을 토대로 비장애인과 같이 보편적이고 자립적인 생활을 영위하고, 비장애인과 함께 더불어 살아갈 수 있을 때 비로소 장애인복지가 실현되는 것이다. 둘째, 장애인의 입장에서 정책이 수립되어야 한다. 그러기 위해 장애인의 욕구와 의견을 충분히 파악하여야 하며, 욕구에 부합하는 효율적인 정책이 펼쳐져야 한다는 것이다. 따라서 장애인과 비장애인이 더불어 살아가기 위해서는 정책적 · 제도적인 개선과 함께 모든 사회 구성원들의 인식의 변화가 필요하다. 이처럼 강한 공동체의식을 갖게 될 때에 사회 구성원으로서 가치 있는 역할을 수행하는 통합된 복지사회가 구현될 것이다.

제 15 장

가족복지정책

1. 가족복지정책

자유주의는 19세기 이전의 봉건주의적 신분사회로부터 피지배계급을 해방시켰고 노예와 농노의 '결혼금지' 조항의 폐지와 함께 독립적인 개체로서 가족을 형성할 수 있도록 하였다. 노예와 농노들이 영주의 예속으로부터 자유를 획득하면서 지배계급의 가족형태를 모방하여 가정을 꾸렸다.

영주의 예속으로부터 자유로워진 후 남성은 가장으로서의 지위를 얻게 되었다. 산업화가 진전되면서 과거의 보수적이고 권위적인 가부장주의는 시민사회의 가족으로 변모하였다. 그러나 대가족제도가 해체되고 핵가족화가 일반화되면서 사회적 병리현상과 사회부적응의 문제도 나타나기 시작하였다.

1) 가족복지정책의 의의

현대사회는 핵가족화와 함께 3세대 이상으로 구성된 생활 공동체는 해체되었고 매우 다양한 유형의 가족형태와 가족문제를 낳고 있다.

가족복지정책에 대한 근본적인 질문은 가족 내에서 보여주는 잘못된 행동양식들을 사회화 과정에서 조정하고 변화시킬 수 있는가로 압축된다. 특히 사회복지서비스정책이 경제구조 및 사회구조변동으로 인해 생활상의 곤란과 사회적응에 어려움을 갖는 아동 · 청소년문제와 여성문제를 어떻게 해결할 것인가에 있다.

(1) 가족의 개념과 가족구조의 변화

과거에 가족이란 말 속에는 친척의 범위를 넘어서 영주의 지배력으로 이해되었다. 그래서 대가족제도는 영주가 자녀, 소작농, 가축 등을 점유한다는 의미를 포함하는 개념으로 사용되었다.

대가족제도는 경제적으로 삶과 노동이 분리되지 않고 자급자족하는 사회였으며 사회적 신분은 신이 부여한 것으로 인식되어서 신분에 따른 차별을 당연시하였다. 이러한 의미에서 대가족은 사회적 및 경제적 개체로써 경제기능, 양육 및 보호기능, 교육기능 그리고 문화전승기능 등을 모두 갖춘 생활공동체였다.

산업화와 도시화를 경험하면서 대가족제도와 가부장주의는 해체되었다. 자본주의의 발달은 여러 세대가 한 지역에 살아왔던 대가족제도를 해체하고 직장과 가정, 부모와 자녀, 노인과 청년을 공간적으로 분리하였다. 결국 현대사회의 지배적인 가족형태는 산업화와 도시화로 인해서 발생한 '고립화'와 '단절'의 개념과 결합된 핵가족으로 변형되었다.

고립화란 다른 가족 및 친척들과의 분리, 주거와 직장으로 분리 그리고 사회적 접촉의 감소현상을 말하는데 핵가족은 고립과 단절로 인해 많은 영역에서 개인(아동과 청소년)을 사회로 통합시키는 능력을 상실하였다.

현대사회에서 가족은 다양한 의미로 이해되는데 그 개념 정의에 따라서 가족복지정책의 대상이 결정된다. 가족을 넓은 의미로 정의하면 가족이란 혈연관계를 의미한다. 그래서 가족은 이성이 갖고 있는 고유한 특성에 매혹을 느끼고 사회적 규범에 따라서 이성 간의 결합을 통해 자녀를 생산함으로써 형성된다. 즉, 가족이란 그와 결혼한 부인으로부터 출생한 아이와 함께 상대적으로 장기간 동일한 장소에서 삶을 영위하는 생활 공동체라고 정의할 수 있다.

현대가족은 소위 정상 가족뿐만 아니라 한부모가 한 명 또는 그 이상의 자녀를 양육하거나 지금까지 다른 가족문화를 가졌던 가족이 해체되고 재혼으로 새로운 혈연관계를 맺기도 하고, 조손가정, 소규모 생활공동체, 또는 생활시설가족 등과 같이 매우 다양한 형태로 분화되고 있다. 가족구조의 변화에도 불구하고 가족은 자녀출산을 통해서 사회를 재생산하는 기본적인 제도로서 동일한 장소(주거)에서 일정기간 공동으로 생활하며 성적 욕구, 의식주 해결, 적으로부터의 보호 등과 같은 본능적 욕구를 충족시키는 동시에 개인의 생물학적, 정신적 및 경제적 안정 욕구를 충족시키는 생활 공동체이다.

가족은 아직까지 자립능력이 없는 가족성원(아동・청소년, 환자, 노인)을 장기간 보호한다. 또한 가족은 사회적, 문화적 그리고 지역적으로 특수한 풍습, 관습, 의식 등과 같은 사회적 환경에서 일정부분 문화를 교류하고 유지하는 기능을 담당하고 있다.

(2) 핵가족의 기능상실과 긍정적인 기능

가족은 결혼과 자녀생산이라는 '피할 수 없는 본능'에 의해서 형성되고 노동을 재생산하여 인간사회를 유지한다. 아동・청소년은 부모에게 장기간 의존적인 삶을 살아가며 자립적으로 사회에 적응할 수 있는 방법들을 습득하며, 정서적으로 안정된 삶을 영위한다. 그러나 현대사회에서 핵가족은 사회적 단절, 가족해체, 보호기능의 상실, 교육기능의 상실 등을 경험하고 있다.

① 사회적 단절

㉠ 핵가족은 산업사회의 특수한 주거형태(아파트, 단독주택)와 결합되면서 이웃과 사회로부터 단절되어가고 있다. 개인의 사적 영역의 보장과 주거침입의 금지와 같은 규범과 규칙들은 가족의 자유영역(private & privacy)을 보장하지만 동시에 이익사회로부터 고립과 배타성을 의미하기도 한다.

㉡ 특히 가정 내에서 아동학대, 여성학대, 노인학대 등과 같은 특수한 문제들이 발생하지만 이러한 문제들이 표출되지 않고 있다. 그래서 가족의 자유 영역의 보장은 동시에 부부간의 갈등, 세대 간의 갈등, 불합리한 교육, 자녀학대 등과 같은 사회문제에 대한 대처를 어렵게 할 뿐만 아니라 독거노인 및 노인부부세대에게는 사회로부터의 소외와 외로움을 의미하기도 한다.

② 가족해체

㉠ 가족해체는 부부간, 부모와 자녀와의 연결고리의 약화를 의미한다.
인간은 출산을 스스로 통제하는 방법들을 발견하면서 성생활과 생식작용 간의 연결고리를 해체하였다. 그리고 남녀평등의 실현과 여성의 자아실현에 대한 이

데올로기는 전통적인 가족 이데올로기를 약화시켰고 합법적인 결혼에 의해서 맺어지지 않는 애정관계를 증가시켰다.

㉡ 가족에 대한 사회적 규범의 변화와 함께 동거 또는 미혼모에 의해서 태어나는 자녀들이 증가하면서 소위 '정상가정(부모와 자녀의 2세대 가정)'은 줄어들고 다양한 형태의 가족들이 급증하고 있다.

㉢ 핵가족은 결혼한 부부와 그들의 자녀로 구성된 소위 '정상가족'과 동거남녀, 미망인, 이혼한 남녀, 조손가족 등과 같은 가족형태로 분화뿐만 아니라 결혼을 기피하고 1인 가구가 늘어나고 있다.

③ 보호기능의 상실

㉠ 여성의 경제 및 사회에 참여욕구와 자아발전 욕구 등이 상승하면서 그들은 가정에서 직장으로 삶의 영역을 이동하고 있다.

㉡ 가족과 사회에 대한 여성의 역할에 대한 가치관의 변화는 여성의 경제활동 참가율을 높였지만 가족 중 한 구성원에게 질병이나 장애가 발생한 경우에 여성의 경제활동을 방해하고 소득상실을 가져와서 핵가족은 빈곤에 노출될 위험성이 높아졌다.

㉢ 핵가족은 아동이나 노부모를 보호하는 능력을 상실하였다.

④ 교육기능의 상실

㉠ 현대사회는 매우 빠르게 변화되고 있고 고도의 전문지식을 필요로 하고 있는데 가족은 이와 같은 경제 및 사회구조의 변동에 적응하기 위한 지식과 기술을 가르칠 수 없게 되었다.

㉡ 전통사회에서 대가족이 담당하였던 교육과 문화전승 기능은 어린이집, 학교, 직장, 대중매체 등으로 이동하였다.

㉢ 특히 핵가족은 부부관계와 부모와 자녀의 관계가 매우 친밀해지면서 상호의존적인 관계로 변형되면서 자녀가 부모로부터 정상적으로 성장하고 경제적으로 독립하는 것을 방해하고 있다.

자스트로우(Zastrow, 2001)는 가족이 유지되기 위해 필요한 기본적인 기능을 다음과 같이 구분하여 제시하고 있다.

〈표 15-1〉 현대가족의 기본적 기능

인구 생산 기능	가족의 기본적인 권리이자 책임으로, 실제로 대부분의 사회는 아이들을 출산할 수 있는 사회적 단위로 가족을 인정하고 있다.
아동 양육 기능	우선적인 양육과 보호가 필요한 사춘기 이전 아동의 보호기능이 기본적으로 가족에게 있음을 명시한 것으로, 현대사회에서 아동 양육 및 보호 기능을 지원하기 위한 여러 제도적 지원을 마련하는 것도 이와 같은 이유이다.
사회구성원의 사회화 기능	사회화는 아동들이 그 문화·사회에 잘 적응할 수 있도록 사회화하고, 새로운 사회 구성원으로서 생산하는 과정이라 할 수 있다. 이는 아동들이 언어뿐 아니라 그 사회의 가치와 도덕을 습득하고 행동방식 등을 배워 나가는 과정으로 아동들은 학교, 대중매체, 또래들, 책 등 다양한 사회 매체를 통해 이러한 사회화 과정을 경험해 나가기 때문에 이에 대한 사회복지적 고려와 참여가 필요하다.
성적행동의 통제 기능	성ㄹ적행동의 통제기능이 개인이나 사회적으로 제대로 기능하지 않을 때 성적인 사회문제로 인해 다양한 문제들, 예를 들어 낙태 혹은 무분별한 출산 증가 등의 문제가 발생할 수 있다. 따라서 어떤 사회든지 가족제도를 통해 이러한 성적 행동을 적절히 규제함으로써 책임 있는 성행동과 출산 등을 유도하는 것이다.
가족 애정의 원천 기능	인간에게 애정 욕구를 충족하는데 있어서 가족은 매우 중요한 원천이 된다. 이렇게 가족을 통해 느낄 수 있는 변함없는 소속감과 만족감, 그리고 가족구성원과의 지속되는 관계를 통한 정서적·사회적 충족감은 가족관계 내에서 뿐 아니라 사회적 관계에서도 매우 긍정적인 영향을 미친다.

자료 : 권진숙 외, 『가족복지론』, 2006, p. 18.

핵가족은 사회적 기능을 상실한 것만은 아니다. 다음과 같은 긍정적인 기능들도 갖는다.

첫째, 정신적 및 정서적 안정 욕구의 충족으로 가족은 어떠한 사회제도나 집단에 의해서도 대체할 수 없는 인간관계를 형성하고 감정적 및 정서적 안정 욕구를 충족한다. 가족 간의 의사소통은 본능적이고 친밀한 관계를 표현하기 때문에 아동과 청소년은 정상적인 가정에서 정신적 및 정서적 안정 욕구를 충족한다. 가족 간의 관계는 상호 인정, 지속적인 동의와 합의 과정을 형성한다. 일반적으로 모가 가족 간의 의사소통에 중심역할을 담당하지만 자녀교육, 교육 방식, 자녀와 함께 하는 시간 등에서 부의 역할도 매우 중요하다.

둘째, 사회적응력의 강화로써, 핵가족은 규모가 작아 사회적 규범에 적응력이 강할 뿐만 아니라 상류층의 사회에 동화하기가 쉽다. 예컨대 핵가족은 수직적 및 수평적 이동이 쉽고 전통사회에서보다 신분 상승 가능성이 높으며 자유롭게 직업을 선택할 수 있는 가능성의 확대로 인해서 사회발전에 기여한다.

셋째, 문화전승의 용이성으로 자녀의 수의 감소는 자녀교육의 기회를 확대하였고 전통사회에서 철저히 배제되었던 여성의 권리가 신장되었으며 세대 간의 문화전승을 용이하게 한다.

2) 가족복지정책의 목표

가족복지정책이란 일반적으로 가족의 다양한 기능을 유지하고 보호하는 목표를 추구하는 모든 수단과 조처를 말한다.

가족복지정책의 목표는 기본법상의 권리인 자유로운 개성의 발전과 기회균등의 보장을 위해 계층별로 나타나는 불평등을 제거하는 한편 가족의 자율성을 보존하기 위해서 법적 및 경제적으로 가능한 범위 내에서 물질적 및 비물질적 원조를 통해서 가족 구성원의 사회화를 지원하고 장려하는 것이다.

2. 가족복지정책의 내용

가족정책은 그 당시의 정치적 · 경제적 · 사회적 상황과 관련되어 있다. 가족정책은 전통적 가족이 핵가족화하는 과정에서 생기는 문제들을 중심으로 사회문제에 직면한 빈곤한 자, 아동, 청소년, 노인, 여성, 장애인 등에 대한 문제를 해결하여 가족이 제 기능을 회복하도록 돕는 소극적이고 한정적인 개념으로 전개되어 왔지만 국가가 사회정책을 통해 적극적으로 개입한다는 전제가 통하지 않았으며, 문제가 있는 개인을 위한 복지정책이 강조되면서 가족 전체를 위한 정책은 되지 못했다는 한계를 가지고 있다(한국가족학회, 1995).

가족은 전체로서 하나의 체계인 동시에 사회체계의 하위체계로서 존재하기에 사회체계의 구조적 · 기능적 변화는 가족체계의 구조와 기능에 영향을 미치게 된다. 즉, 핵가족화는 전통사회의 확대가족이 짊어졌던 많은 의무로부터 해방되었으나, 확대가족이 제공했던 보장과 지원의 상실을 보게 되었고 이로 인해 발생하는 가족문제 해결을 위한 조치로서 가족정책이 필요하게 된 것이다.

가족정책의 한 영역으로서 가족 내·외적으로 평등과 권리를 보장하기 위한 제도적 개입으로 가족의 복지를 실천하기 위한 거시적, 제도적 국가정책이다. 물론 가족정책과 가족복지정책의 개념을 구분하는 것이 명확하지는 않을지라도 한 국가의 정책과 제도가 추구해야 할 지향점이나 가치로 본다면 가족정책보다는 가족복지정책이 추상성이 높은 개념이라고 볼 수 있다(최경석 외, 2003).

가족복지의 개념을 협의로 해석할 때 보통 가족복지사업이라고 하며, 현실적으로 가족이 개개인의 존엄성이 상실되고 가족생활이 중대한 위기에 직면한데 대해서 가족의 문제를 해결하고 가족생활을 강화시키기 위한 사회적·조직적 활동이라고 볼 수 있다. 또 하나 광의의 개념으로는 가족복지정책의 의미로서 가족구성원의 만족스런 생활에 관한 이상적 상태를 위해 가족구성원 개개인과 가족 전체를 대상으로 보다 통합적이고 예방적인 서비스를 제공하는 공사차원의 사회공동체적인 개입활동을 말한다.

가족복지정책이나 프로그램들을 분류함에 있어 그 범주화는 가족이 수행하는 사회적 기능과 역할에 따라 정책들을 분류하는데 가족의 기능 혹은 역할수행은 부적응·역기능의 맥락에서 가족의 욕구로 표현되며, 이는 가족복지정책의 범주로서 분류될 수 있다.

〈표 15-2〉 가족복지정책의 범주

가족의 욕구	가족복지정책의 범주
경제적 욕구	사회보험, 공공부조, 가족수당, 조세감면 등 소득보장, 주택관련 지원
건강의 욕구	건강보장 프로그램
양육 및 보호의 욕구	아동수당, 육아휴직, 양육비 지원, 보육서비스, 모자보건, 가족간병휴가, 노인·아동·장애인부양 지원서비스
심리적·정서적 욕구	가족상담 및 치료적 서비스, 가정폭력지원서비스, 부부상담, 기타 대인서비스
건강가족 조성의 욕구	가족에 대한 사회적 규범과 관련된 법, 제도(가족법, 건강가정기본법 등)

자료 : 권진숙 외, 『가족복지론』, 2006, p. 41.

1) 급여대상

한국의 정책은 가족 스스로의 책임을 강조하는 가족주의에 기반으로 하되 특정 문제에 대해서 특히, 빈곤문제에 기초한 단편적 접근으로 구성되어 왔다. 그러므로 가족원의 보호체계가 가족 내 보호가 중심이 되지 못하고, 가족에서 보호가 불가능한 경우에만 국가가 개입하는 형식을 취해온 것이다. 즉 요보호자 중심의 복지로서 이는 전체로서의 가족체계 문제에 대한 국가의 정책적 관심의 부재를 뜻하며, 가족문제에 국가가 가능한 한 개입하지 않으려는 자유주의적 이념을 취하는 것으로 볼 수 있다.

가족복지 관련법을 중심으로 주요 가족복지정책과 가족의 욕구에 따른 가족복지정책 프로그램을 살펴보면 다음과 같다.

① 요보호가족 대상

㉮ 기초생활보장제도 : 가족의 경제적 파탄으로 인한 일시적, 장기적 빈곤문제를 포함, 모든 생활주기에서 발생할 수 있는 가족의 빈곤문제를 포괄하는 '국민기초생활보장법'이 2000년부터 시행되고 있다. 이는 연령, 노동능력 유무와 관계없이 일정소득 및 자산 기준에 못 미치는 빈곤가족에 대해 생계비를 지원하는 제도로서 최저생계비 이하의 빈곤가족에 대한 생계급여, 의료급여, 교육급여, 자활급여, 해산급여, 주거급여 등을 제공함으로써 가족의 최저생활을 보장해주고 있다.

㉯ 모·부자 복지정책 : 모자복지법이 1989년 제정되면서 자녀의 양육 및 교육보호와 모의 주택공급 및 직업교육, 복지자금 지원 등으로 이루어졌으나 종합적 가족복지정책으로서의 역할을 하지는 못하고 있다. 2002년에는 '모·부자 복지법'으로 개정하면서 부자가족의 보호도 포함하게 되었다.

② 일반 가족 대상

㉮ 포괄적 가정지원제도 : 가족환경의 변화와 양육 및 보호 기능의 사회적 지원 필요성에 의해 2004년 '건강가정기본법'이 제정되었다. 이를 통해 저소득가정 중심으로 제한적이고 소극적이었던 가족지원의 통합적 지원 및 서비스 미비 등에 대한 제도적 틀을 개선하게 되었으며, 가족문제에 대한 국가책임을 명시하면서 지역사회의 모든 가족을 중심으로 예방적·치료적 지원과 교육지원을 포괄적으로 하

면서 건강가정을 구현하는 계기가 되었다.

㉯ **보육정책** : 근로여성뿐 아니라 육아에 어려움을 겪고 있는 모든 아동 양육자들을 대상으로 일과시간에 보육을 제공함으로써 아동의 성장발달과 보호, 그리고 부모의 경제활동을 지원하기 위하여 1991년에 '영유아보육법'이 제정되었다. 또한 2002년부터 '아동복지법'에서 지역아동센터는 지역사회 저소득가정의 아동을 중심으로 방과후 보육프로그램 및 급식을 제공하여 아동의 성장발달에 따른 보호와 교육을 위한 서비스 프로그램을 제공하고 있다.

㉰ **모자보건정책** : 모성의 생명과 건강을 보호하고 건전한 자녀의 출산과 양육을 도모함으로써 국민보건 향상에 이바지하기 위하여 1986년에 '모자보건법'이 개정되었다.

특히 2006년부터 저출산 대응책으로서 아동건강에 대한 국가책임을 강화하기 위해 만 6세 미만 아동이 입원시 본인부담 진료비를 면제하며, 저소득 미숙아의 의료비를 지원하고 있다. 또한 신생아 장애예방 검사항목 확대 및 임산부·영유아 건강검진 대상자를 확대하고 있다.

그리고 중산층 이하 출산 희망 불임부부에 대해 시술비 일부를 지원하며, 저소득 출산가정에 대한 산모·신생아 도우미 가정방문서비스를 실시한다. 이 서비스는 둘째 자녀 이상 출산가정부터 지원하되 2009년부터 저소득층 모든 출산가정으로 확대할 예정이다.

㉱ **가정폭력 예방 및 대책** : 배우자학대, 노인학대, 아동학대 등 가족구성원에 의한 가정폭력에 대해 '가정폭력범죄의 처벌등에 관한 특례법'에서는 피해자와 가족구성원의 인권을 보호하고 있으며, 전달체계로 '가정폭력상담소'를 두고 있다. 또한 '아동복지법'에서는 '아동보호전문기관'을 두고 가족보존의 관점에서 신고전화 접수 및 상담, 현장조사, 개입, 사후관리 등을 종합적으로 다루고 있다.

2) 급여내용

① 소득지원

㉮ **세제혜택** : 소득공제제도는 부양부담과 생계와 관련된 필요경비 지출 등에 대해서 과세소득의 일정부분을 면제해 줌으로써 가족의 가처분소득을 증대시켜주

는 것으로 '소득세법'과 '조세특례제한법'에 의거 부담능력에 따른 과세형평과 분배기능을 실현하고 있다.

㉯ **사회보험** : 기본적으로 가입자의 개인별 기여에 의한 급여체계이므로 소득보장체계로 보기는 어려우나 가족부양 부담을 고려한다는 차원에서 살펴보면 다음과 같다.

국민연금의 경우 기본연금 외에 피부양자에 대한 추가적인 가급연금이나 분할연금제도(재산형성 과정에 부부평등 배분원칙, 이혼시 가족소득의 불안정성을 완화하는 효과), 그리고 유족연금은 가구소득자의 사망으로 인해 발생하는 경제적 문제에 대응하여 가족을 보호하는 목적이 있다.

국민건강보험제도는 소득자의 부양가족들이 피부양자의 자격으로 건강보험 급여를 받을 수 있도록 하고 있으며, 고용보험제도에서는 출산, 육아 등 가족책임의 수행과 관련하여 일정조건을 채우지 못했을 경우에 유예하는 조항을 두고 있다. 산재보험에서의 유족급여는 피부양자의 생계를 지원하는 효과를 가지며, 간병급여는 산재로 인한 장애에 대하여 간병비용을 지급함으로써 가족의 수발부담을 일정정도 경감시켜주고 있다.

② 고용지원

㉮ **산전후 휴가 및 급여** : 이 제도는 2000년 '근로기준법'이 개정되면서 90일간의 휴가제도를 확보하고 있으며, 산후 최소 45일 이상 휴가기간이 확보되도록 규정하고 있다. 휴가 급여는 고용보험기금에 의해 지급된다.

㉯ **육아휴직 및 급여** : 이 제도는 2000년 '남녀고용평등법'에 의해 남녀 구분 없이 모든 근로자가 이용할 수 있으며, 생후 1년 미만의 자녀가 있는 경우 산전후 휴가 90일을 제외하고 최장 10.5개월의 육아휴직을 사용할 수 있다. 그러나 급여액이 낮아 충분히 활용되지 못하고 있는 실정으로 급여의 수준을 근로자 본인 소득비례로 일정수준 이상 높여야 할 것이다.

㉰ **직장보육시설** : 여성의 근로와 육아를 효과적으로 병행하기 위하여 '영유아보육법'에 의해 직장내 여성근로자 300인 이상 또는 남녀근로자 500인 이상 사업장은 직장보육시설을 단독 혹은 공동 설치하거나 아니면 지역 보육시설과 위탁계약을 맺어야 한다. 그러나 모두 불가능할 경우 보육수당을 지급해야 한다. 노동부

에서는 2003년부터 근로복지공단 내에 직장보육시설지원센터를 건립하여 직장보육시설의 설치 및 운영지원, 보육프로그램 개발 및 보급, 직장보육시설 정책개발 등의 업무를 담당하고 있다.

③ 보호 및 양육지원 프로그램

㉮ **영유아 보육** : 아동 양육자들을 대상으로 일과시간에 보육을 제공함으로써 아동의 성장발달과 보호, 그리고 부모의 경제활동을 지원하는 정책으로 보육시설은 국·공립보육시설, 민간보육시설, 직장보육시설, 가정보육시설로 구분되며 아동별 지원과 시설별 지원으로 나눈다. 아동별 지원에는 수급자 가정, 저소득 모·부자가정에 대해서는 보육료가 무료이며, 저소득 일반가정의 경우 2006년 도시근로자가구 월평균 소득의 70% 수준까지 지원하고 있다. 5세아 무상교육의 경우 2006년 도시근로자가구 월평균 소득의 90% 수준까지 지원하며, 농어촌의 경우 100% 수준까지도 지원한다.

㉯ **장애인 부양** : 18세 미만 장애아동을 보호 양육하는 자에게 장애아동 부양수당으로 월 5만원이 제공된다.

3) 전달체계

우리나라의 가족복지 전달체계는 첫째, 공공 전달체계로서 가족복지정책을 기획·수립하는 중앙의 정책담당행정기구와 수립된 정책을 집행하는 지방의 행정부서가 있다. 정책을 기획하고 입안하는 중앙부처는 대표적으로 여성가족부, 보건복지부 그리고 고용노동부이다. 둘째, 민간 전달체계로서 가족복지정책의 대상이 되는 가족과 가족구성원에게 직접적인 서비스를 제공하는 가족복지서비스기관이 있으며 대표적으로 건강가정지원센터와 사회복지관 등을 들 수 있다.

① 중앙부처

업무가 부처간 이동하면서 변화를 갖게 되었다. 2000년까지는 보건복지부가 주관해왔고, 2001년 여성부가 신설되면서 여성관련정책이 가족정책에서 분리되어 이관되었으며, 2004년 보육정책이, 2005년 7월에는 가족복지정책이 여성가족부로 이관됨으로써 대표적인 중앙부서는 여성가족부가 되었다.

가족복지정책을 담당하는 행정기구의 업무내용을 살펴보면 다음과 같다.

㉠ 여성가족부

우리나라의 가족복지정책을 담당하는 대표부서가 되었으며, 이곳에서는 성 평등적 가족을 추구하고 저소득 한부모가정을 지원하며, 일반가족들이 가정과 육아를 양립할 수 있도록 보편적 복지체계를 구축해나가고 있다.

㉡ 보건복지부

인구정책실 인구아동정책관실에서 인구 및 출산 관련 정책 등을 담당하고 있으며, 아동복지정책과 아동권리 업무를 관장하고 있다.

㉢ 고용노동부

인력수급정책국 여성고용정책과에서 여성고용 확대를 위한 모성보호와 출산지원, 육아지원을 적극적으로 이행하고 있으며, 가정과 직업을 양립할 수 있는 환경과 대책을 담당한다.

② 민간 가족복지 전달체계

㉠ 건강가정지원센터

가족복지와 관련된 전문행정 전달체계를 구축하기 위하여 '건강가정기본법'에 의해 설치된 것으로 가정문제의 예방과 상담 및 치료를 위한 프로그램개발, 가족문화사업의 전개, 정보 및 자료제공 등을 위해 중앙, 시 · 도 및 시 · 군 · 구에 설치한 것으로 2014년 현재 전국에 151개소와 214개소의 다문화가족지원센터가 설치되어 다양한 서비스를 제공하고 있다.

이 센터에서는 가정생활을 영위하고 가족유지 및 발전을 위한 예방적이고 지속적인 가정지원 프로그램을 실시하며, 가족의 출산율 저하, 이혼율 증가, 부양기능 문제, 위기문제 등 가족문제에 대처하고 있다.

4) 재원

우리나라는 그동안 사회복지예산이 증액되면서 가족 관련 예산도 증가하였다. 특히 한무가족지원 예산의 경우 양육비 등 지원, 청소년한부모자립이원, 아동양육비, 한부모가족복지시설 지원에 사용되고 있다. 지원되는 예산의 경우 서울은 국비 50%, 지방비 50%, 지방은 국비 80%, 지방비 20%로 충당하고 있다.

〈그림 15-1〉 건강가정지원센터 전달체계

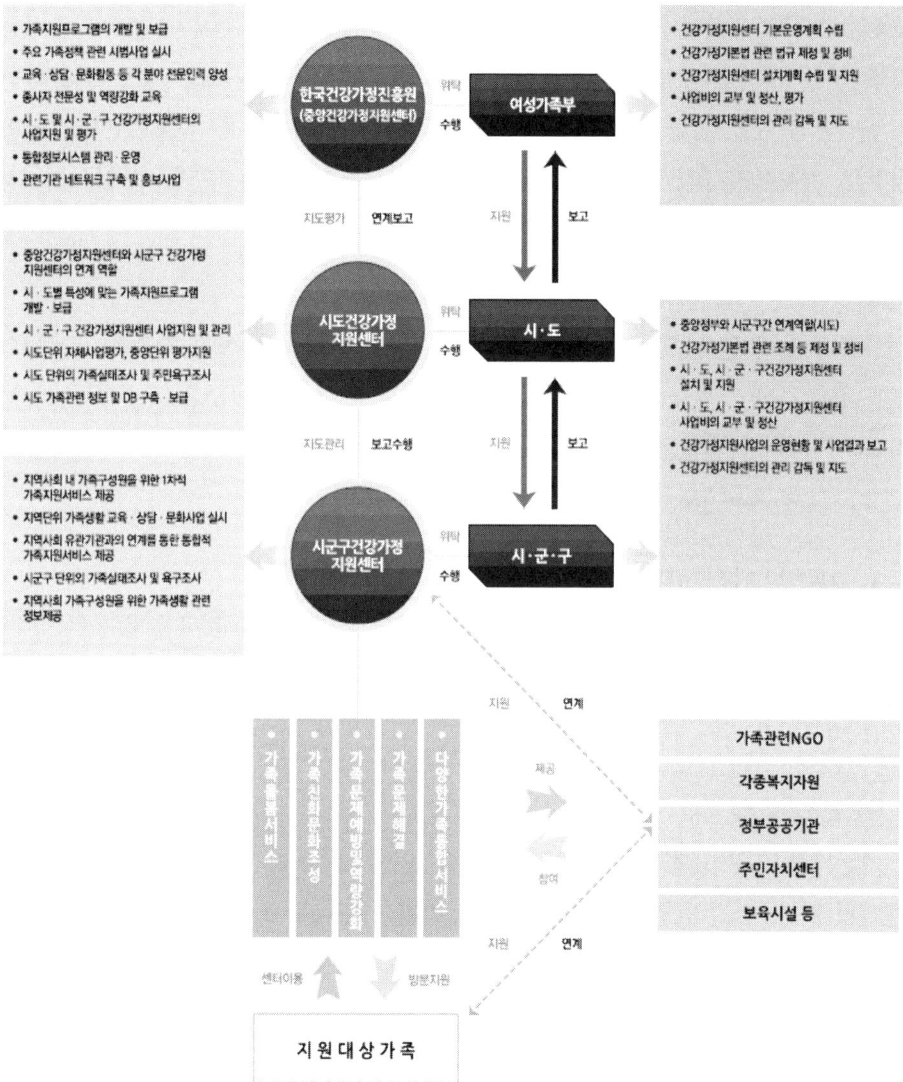

ⓒ 사회복지관

사회복지사업법 제2조에 의해 지역사회 내에서 일정한 시설과 전문인력을 확보하고 지역사회의 인적·물적 자원을 동원하여 지역사회문제를 해결하고 주민의 복지욕구를 충족시키기 위한 종합적인 사회복지사업을 수행하는 시설이다. 이곳에서는 지역사회 주민을 대상으로 보호서비스를 수행하고, 자립능력 배양을 위한 교육훈련의 기회제공 등 그들이 필요로 하는 복지서비스를 제공하고, 가족기능 강화 및 주민상호간 연대감 조성을 통한 각종 지역사회 문제를 예방, 치료하는 매체로서 주민을 위한 종합복지센터의 역할을 수행하는 것을 목표로 한다. 일반적으로 가족복지사업, 지역사회보호사업, 지역사회조직사업, 교육·문화사업, 자활사업 등으로 나누어 사업이 진행되고 있다.

③ 가족정책 기본 계획

가족의 실체와 욕구를 인정하고 가족을 단위로 보다 실질적인 가족복지 차원의 포괄적인 지원이 필요한 상황에서 가족구성원들의 성장과 발달을 돕고 가족의 사회적 자원에 대한 접근을 가능하도록 하고 있다.

3. 가족복지실천의 영역

1) 빈곤가족

(1) 빈곤가족의 개념

기본적인 욕구가 충족되지 않은 상태를 빈곤이라고 하며, 이에는 경제적 빈곤, 문화적 빈곤, 인간적 빈곤, 사회정책상의 빈곤으로 나누어 볼 수 있다.

경제적 빈곤이라 함은 객관적 빈곤과 주관적 빈곤으로 나누며, 다시 객관적 빈곤은 절대적 빈곤과 상대적 빈곤으로 나눈다. 절대적 빈곤(absolute poverty)이란 객관적으로 결정한 절대적 최저한도보다 미달되는 상태로 흔히 의식주 등 기본적 욕구를 해결하지 못하는 상태를 말한다. 절대빈곤선 개념을 토대로 생존의 의미를 강조하나 '생활수준'이나 '최저생활 수준'을 객관적으로 정의할 수 없다는 결점이 있다. 상대적 빈곤(relative poverty)은 동일사회 내의 다른 사람과 비교하여 적게 가지는 것을 말한다. 특정 사회의 구성원 대다수가 누리는 생활 수준에 못 미치는 수준으로 '상대적 불평등', '사회적 관계의 빈곤', '문화적 생활을 할 권리의 결여'

등으로 표현된다.

또한 주관적 빈곤이란 자신이 충분히 갖고 있지 않다고 느끼는 것으로 객관적 수준이 아닌 개인의 주관적인 판단 수준에 의해 결정된다.

문화적 빈곤은 사회의 지배문화와는 질적으로 다른 태도, 가치, 행동을 포함하는 빈곤문화를 형성하고 그 안에서 자신들 특유의 생활양식을 이루며 사는 것을 말한다.

인간적 빈곤이란 소득 이외의 인간적 삶의 질에 미치는 요인들이 결핍된 상태로 짧은 수명, 아동의 영양실조, 높은 문맹률, 수질오염 등의 상태를 말한다.

사회정책상의 빈곤이란 빈민을 돕기 위한 정부 또는 사회단체의 정책이나 프로그램에 반영되는 개념으로 정부나 사회단체로부터의 공공부조를 수혜하는 가족들로 우리나라의 빈곤인구는 국민기초생활보장법과 의료급여법에 규정된 공공부조 대상이 된다.

따라서 빈곤가족은 소득의 부족 등 표면상으로는 경제적 문제로 나타나지만 풍족한 생활양식과는 동떨어진 차별적인 느낌을 갖게 되고 가족역기능 문제, 심리적 문제, 정서적 문제 등의 높은 발생 가능성을 지니게 된다. 그러므로 빈곤가족은 경제적인 지원뿐 아니라 자립지원, 심리·정서적 지원, 자녀양육을 위한 지원 등이 필요하다.

(2) 빈곤가족의 현황

우리나라에서 공식적으로 빈곤가족이란 최저생계비 이하인 가족과 최저생계비 120%에 속하는 차상위계층 정도를 의미한다(한국여성복지연구회, 2005). 최저생계비는 보건복지부장관이 매년 12월 1일까지 중앙생활보장위원회의 심의·의결을 거쳐 매년 다음 연도의 최저생계비를 공표하도록 하고 있다. 현재 4인가족 기준 2022년 최저생계비인 307만 2,48원에도 못 미치는 가구가 상당수를 차지하고 있다.

(3) 빈곤가족의 문제

① 복합적 문제

불충분한 소득으로 생활고에 시달리고, 사회적 상승 이동의 기회가 차단되어 빈곤의 악순환에 빠지기 쉬우며, 생활의 불만과 낮은 자아정체감 등을 보이기 쉽다.

〈그림 15-2〉 시 · 도별 빈곤율

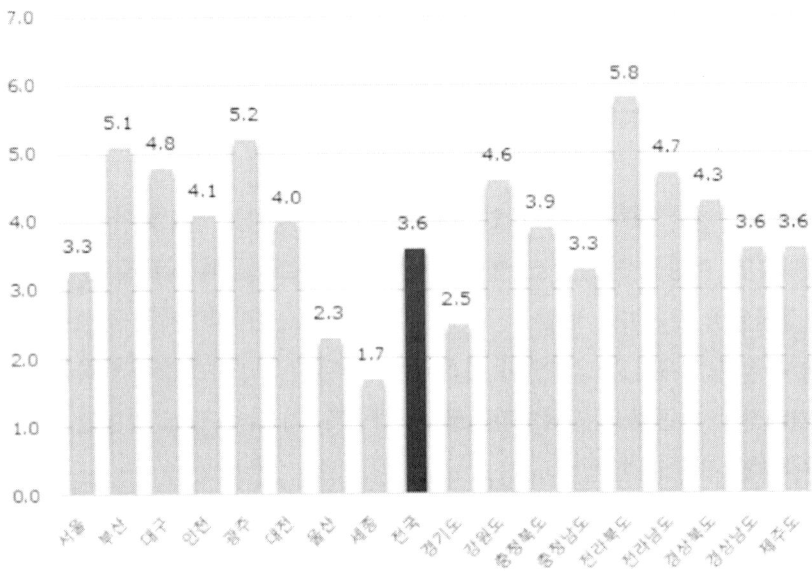

② **경제적 결핍**

대체적으로 비공식적 직업군에 종사하는 불안정한 취업상태는 낮은 소득으로 직결되면서 경기위축과 대량실업 시 취약한 것으로 나타나 경제적 심각성을 시사하고 있다.

③ **만성적인 질환**

일반 가족에 비하여 빈곤 가족은 만성적 질병률이 높다. 이러한 질병이나 장애로 인한 높은 의료비의 부담은 다시 빈곤을 초래하고 악순환될 가능성이 증가한다.

④ **자녀양육 및 교육**

빈곤은 영양결핍 및 불균형으로 인한 신체적 문제뿐만 아니라 부모의 맞벌이와 적절한 보호의 부재로 인한 방임, 유기 등의 문제가 발생할 수 있다. 또한 아동이 긍정적이고 다양한 경험을 할 수 있는 기회들을 제한시켜 문화실조 및 학습부진을 경험하기 쉬우며, 부모의 낮은 교육수준은 자녀양육 방식에 있어서 질적 저하를 야기하고 자녀들과의 부정적인 의사소통 문제를 유발할 수 있다.

⑤ 주거문제

빈곤으로 인한 협소한 삶의 공간에서는 갈등이 일어날 소지가 많고, 주거비 부담능력이 없는 도시 저소득 영세민을 위한 영구임대주택은 도시슬럼화하는 경향을 보이고 있다.

⑥ 가족갈등 및 해체

오해와 갈등 등으로 효과적인 의사소통을 하지 못하여 부정적인 방법으로 자신의 의사를 표현하며, 심리적 박탈감과 불안과 억압 등은 스트레스를 가중하여 다양한 가족간의 갈등을 야기할 수 있다. 또한 조직적이고 체계적인 자원체계와의 연계가 이루어지지 않고, 자원체계 자체가 없는 경우가 많아 가족이 해체되기도 한다.

(4) 빈곤가족 관련 정책

① 국민기초생활보장제도

국가의 보호를 필요로 하는 절대빈곤층의 기초생활을 보장하되, 종합적 자립자활서비스 제공으로 생산적 복지를 구현한다는 의의를 가지고 2000년 '국민기초생활보장법'이 제정되어 시행되고 있다. 이 제도는 가족이나 스스로의 힘으로 생계를 유지할 수 없는 최저생계비 이하의 절대 빈곤층 국민에게 생계, 교육, 의료, 주거 등의 급여를 통해 기본적 생활을 국가가 보장해주고, 근로능력이 있는 자에게는 체계적인 자활지원서비스를 제공하여 자활·자립을 지원해 주는 제도이다.

② 자활지원사업

근로능력이 있는 수급자에게 자활에 필요한 사업에 참여할 것을 조건으로 생계급여를 실시하고, 각종 자활사업 참여기회를 제공하여 자활능력 배양 및 빈곤탈피를 유도하고 있다. 원활한 사업을 위하여 민간 인프라로 자활후견기관을 확충·육성하며, 생업자금융자·기초생활보장기금을 활용한 점포 임대사업 등 자금지원체계 및 근로소득공제 등 근로유인 제도를 도입·시행함으로써 종합적인 자립지원체계를 만들어 가고 있다.

③ 긴급복지지원제도

지원대상자를 적극적으로 발굴하여 일시적이고 신속하게 지원함으로써 위기상황을 탈출하게 돕는 제도이다. 기초생활보장제도로는 보호받을 수 없는 저소득층이 생계곤란 등의 위기상황에 내몰린 경우 정부가 일시적으로 신속하게 지원하는 '긴급복지지원법'을 통하여 2006년 3월부터 시행하게 되었다. 생계·주거지원 등은 최대 2개월(총 12개월), 의료지원은 최대 2회까지 지원하게 된다. 현물지원을 우선하되 곤란한 경우 예외적으로 현금지원을 실시하기도 한다.

2) 한부모가족

한부모가족이란 첫째, 배우자와 사별 또는 이혼하거나 배우자로부터 유기된 자, 둘째, 정신 또는 신체장애로 인하여 장기간 노동능력을 상실한 배우자를 가진 자, 셋째, 미혼모, 미혼부(사실혼 관계에 있는 자는 제외), 넷째, 배우자의 생사가 불분명한 자, 다섯째, 배우자 또는 배우자 가족과의 불화로 가출한 자, 여섯째, 배우자의 해외거주·장기복역 등으로 부양을 받을 수 없는 자가 18세 미만(취학 후에는 20세 미만)의 자녀를 양육하는 여성이나 남성으로 구성된 가정을 말한다.

발생 원인에 있어서 산업재해, 각종 질병, 대형사고 등 산업화에 따른 사회적 위험의 증가와 가치관의 변화에 따른 이혼, 별거, 유기 등의 발생 증가와 관련이 있으며, 해마다 그 수가 증가하는 경향을 보인다.

한부모가족이 겪고 있는 문제의 특성상 이는 다시 사회문제로 등장하고 있다. 즉 경제적인 문제 이외에도 가족기능의 이상, 대인관계의 이상, 자녀양육상의 문제, 남녀역할 재조정의 문제 등이 발견될 수 있는 것이다.

한부모가족들이 겪는 문제는 저소득 계층에서 더욱 심각한 것을 볼 수 있다. 특히 장시간의 노동은 직업 역할과 자녀 양육자 역할 사이에 갈등이 생길 수밖에 없으며, 편부나 편모의 역할은 양친가족의 역할에 비하여 부적절한 부모역할을 수행하고 있기에 이러한 부적절한 부모행동은 자녀의 적응 및 발달에 부정적인 영향을 미치게 된다. 이러한 역할 수행상의 문제는 역할과중의 문제로 높은 스트레스를 호소하게 된다.

이 가족에게는 국민기초생활보장법과 관련하여 서비스가 제공되는데 그 지원에는 생계비, 아동교육지원비, 직업훈련비 및 훈련기간 중 생계비, 수업료와 입학금 전액이 교육지원비로 제공되며, 18세 미만의 자녀에게 소득에 따라 월 10~20만원의 아동양육비가 제공되고 있다.

〈표 15-3〉 아동양육비

지원종류	지원대상	지원금액
아동양육비	소득인정액이 기준 중위소득 52% 이하인 가족의 만 18세 미만 자녀	자녀 1명당 월 20만원
	「국민기초생활보장법」에 따른 생계급여를 지원받는 한부모가족의 만 18세 미만 자녀	자녀 1명당 월 10만원
추가 아동양육비	소득인정액이 기준 중위소득 52% 이하인 조손 및 만 35세 이상 미혼 한부모가족의 만 5세 이하 아동	자녀 1명당 월 5만원
	소득인정액이 기준 중위소득 52% 이하인 만 25세 이상 34세 이하 청년 한부모가족의 만 5세 이하 아동	자녀 1명당 월 10만원
	소득인정액이 기준 중위소득 52% 이하인 만 25세 이상 34세 이하 청년 한부모가족의 만 6세 이상 18세 미만 아동	자녀 1명당 월 5만원
아동교육지원비(학용품비)	소득인정액이 기준 중위소득 52% 이하인 가족의 중·고등학생 자녀	자녀 1명당 연 8.3만원
생계비(생활보조금)	한부모가족복지시설에 입소한 가족 중 소득인정액이 기준 중위소득 52% 이하인 가족	가구당 월 5만원

3) 소년소녀가장세대

부모의 사망, 폐질, 심신장애, 이혼, 가출 등으로 만 20세 이하의 아동이 가정을 이끌어가야 함으로써 생활이 어려워 정부의 보호가 필요한 세대를 말한다. 이러한 가족은 우리나라에서만 볼 수 있는 형태로 엄밀한 의미에서 사회적 방임이자 유기라고도 할 수 있다. 따라서 아동이 건강하고 책임 있는 시민으로 성장하기 위해서는 사회로부터 적절한 보호, 양육, 감독 및 교육을 받아야 한다.

소년소녀가장 가정이 사회적 관심과 지원의 대상이 되어야 하는 이유를 살펴보면 다음과 같다. 첫째, 아동들에게 가장이라는 무거운 역할을 부여한 체 방치하는 것은 사회·윤리적으로 용납해서는 안 된다. 둘째, 자신들의 문제를 해결함에 있어 그 해결방법을 배우고 실천할 역할 모델이 없이 성인의 역할을 수행하게 됨으로써 가장이 가정 내에서 해결해야 할 가사문제, 생활비 문제, 가족의 부양문제 등을 처리함에 있어 어려움이 많다. 셋째, 어른으로부터 버림받은 경우가 많기에 배신감, 원망 등의 부정적인 정서를 갖고 있을 뿐만 아니라 그리움과 같은 자연스러운 정서를 왜곡하거나 억제하는 가운데 공격성을 보이는 등 건전한 성장에 방해가 되는 정서 상태를 가질 수 있다. 넷째, 정부의 지원이 매우 미약하고, 민간의 지정기부에 의해 제공되는 각종 지원이 불균형을 이루어 적극적인 사회복지적 개입과 정책적인 대안이 마련되어야 할 것이다. 이러한 측면에서 후견인 제도나 위탁가정사업이 활성화되어야 할 것이다.

우리나라의 경우 소년소녀가장 보호의 기본은 기초적인 생활을 보장하고 친척과 동거하는 가족형태를 유지·지원하면서 후원·결연 등을 통한 지역사회의 관심 제고와 지속적 사후관리를 실시하고 있다. 또한 15세 미만의 아동으로만 구성되어 있을 경우 가정위탁 보호나 시설 입소방안을 강구하여 추진하고 부득이한 경우 후견인을 지정하여 보호하도록 하고 있다. 이들에 대한 서비스로는 생계급여, 의료급여, 주거급여, 교육급여, 해산급여, 장제급여 등이 지급되고 있다.

지역사회 내에서 가정형태로 보호할 수 없을 경우 가정위탁보호 대상으로 지정하여 보호하기도 한다. 그 대상 아동은 15세 미만의 아동으로 단기보호가 필요한 아동이나 학대로 인하여 격리보호가 필요한 아동들이다. 위탁가정이 중산층이라 하더라도 보호를 필요로 하는 대상 아동이 국민기초생활보장 수급권자라면 가정위탁세대에게도 동일한 지원이 이루어진다. 그렇지 못한 경우 양육비로 연령별로 1인당 월 30~50만원의 양육지원비를 보조받을 수 있다.

4) 가족복지정책의 방향

가족은 끊임없이 변화하고 있다. 또한 가족에 대한 인식과 가치에 있어서도 다양성을 나타내고 있는데 이러한 가족 형태의 변화를 인정하면서 가족 형태의 변화에 따라 고통받는 아동·청소년과 노인들에 대한 체계적인 가족복지정책이 마련되지 않으면 가족의 위기는 물론이고 취약계층에 대한 육성 및 보호를 책임진 전체 사회의 위기를 초래하게 될 것이다. 그러므로 가정 내에서 남녀라는 성에 입각한 역할 기대와 그에 따른 기능보조 및 지원 대책이 아니라 가정의 기능 그 자체를 보조하고 지원하는 다양한 대책이 마련되어야 할 것이다. 그 방법으로 다음과 같은 대안을 제시하는 바이다.

첫째, 가족친화적인 복지정책의 개발이다. 이는 의도적이고 포괄적인 가족정책이 존재하지 않았던 우리나라에 이제는 다양한 가족형태에서 발생하는 상이한 욕구를 차별 없이 국가의 지원이 주도적으로 이루어지는 정책을 지향할 필요가 있다는 것이다.

둘째, 저소득 가정의 경제적 지원정책의 확대방안을 강구하는 것이다. 즉, 가구유형별 특성을 감안한 지원을 말하는 것으로 좀더 현실적인 생계비의 지원이 필요하다는 것이다. 또한 사회보장제도를 통하여 소득보장을 강화하여 부양부담의 경감 및 부양에 대한 장기적 대응을 취할 수 있도록 아동수당, 노인수당, 보호자수당 등을 도입하여야 한다. 그리고 이혼 시 적정한 자녀양육비 산정 및 자녀양육비 부담 의무를 강화하여 이혼을 예방할 뿐 아니라 이혼 시에도 부모로서 자녀에 대한 양육의무를 부담하도록 하여야 한다.

셋째, 가족복지 전담인력을 전문화시켜야 한다. 전문인력은 가족문제에 대한 전문적 상담능력을 갖춘 자로서 지역사회와의 관계를 유기적으로 결합시켜 그 자원을 효율적으로 운영할 수 있는 자를 말한다.

5) 가족복지정책의 과제

가족복지정책은 소위 '정상가정'이라는 틀에 입각하는데 가장(남편)이 혼자 벌어서 가족을 부양하는 가정을 정상으로 여겼다. 여성이 결혼하여 자녀를 낳고 직장생활을 포기하고 자녀부양 및 가사업무를 담당하는 보수적인 가족상은 여성의 자기 발전을 방해하는 요인으로 작용하였다. 그러나 소위 '정상가족'이란 용어에는 해체가족이 비정상이라는 이데올로기를 갖고 있기 때문에 우리나라의 가족구조의 변화를 고려하지 못하는 한계를 갖게 된다.

가족복지정책의 목표와 수단은 그 대상이 한정되어 있고 그 지원내용도 선별적인 특성에서 벗어나지 못하고 있는 실정이다. 이에 가족복지정책은 다음과 같은 수단들을 개발하고 사회적 불평등을 완화하는 정책수단의 개발이 필요하다.

(1) 가족부담조정

가족부담조정이란 자녀의 양육 등으로 인해서 발생하는 경제적 부담을 줄이기 위해서 가족의 소득을 세금공제, 아동수당의 지급, 교육보조금, 주거수당 등의 정책수단을 말한다. 이러한 정책수단들은 같은 수준의 소득계층에서 양육 아동 수에 따라 경제적 부담을 줄이는 효과를 본다.

자녀의 수가 많을수록 주거비용, 양육 및 보호비용이 증가하여 다자녀 가족의 비용부담은 증가한다. 가족의 규모가 클수록 가족 1인당 돌아가는 몫은 줄어들 수밖에 없다. 가계소득이 같다고 전제할 때 경제활동을 하는 1인 가구나 자녀를 갖지 않은 맞벌이 부부에 비해서 자녀를 둔 가족은 1인당 소득이 낮다. 가족 1인당 소득은 자녀 수가 많을수록 낮아지게 된다.

해체가정의 경우 실직 또는 저임금으로 인해 생계문제에 직면한다. 그러므로 자녀가 많은 부부 또는 한부모 가족이 자녀에 대한 지출이 적고 맞벌이로 높은 가계소득을 얻는 부부보다 이중적으로 불리한 상황에 놓인다. 이러한 불평등구조를 해소하는 정책수단의 투입이 요구된다.

가족부담을 조정하는 수단으로는 조세감면을 들 수 있지만 조세감면은 저소득층보다 고소득층에게 조세감면효과가 높기 때문에 수직적 소득재분배에 역진적이라는 단점을 갖고 있다.

자녀양육부담을 줄여주는 방법으로 아동수당의 지급을 생각할 수 있다. 아동수당은 일정연령 이하의 아동 및 청소년을 부양하고 있는 가족에게 지급하는 현금급여를 말한다. 정부는 저출산으로 인구구조가 왜곡되는 상황에서 사회가 공동으로 아동양육에 대한 책임을 져야 한다는 사회적 합의를 도출하고 가족의 부담을 조정하기 위해서 아동양육 및 보육 등과 관련된 비용을 지원하는 방안을 모색할 필요가 있다.

(2) 가족의 사회화 기능 강화 프로그램

가족이 보유하고 있는 중요한 기능 중의 하나는 아동·청소년을 사회로 매개하는 사회화 기능이다. 사회화란 개인에게 사회적 및 문화적 규범 체계와 가치를 매개하는 것을 의미한다. 즉, 개인이 사회와 상호작용하면서 그들의 개성을 자유롭게 형성하고 발전하는 것을 말한다.

① 가정환경에서의 격차 해소

아동과 청소년은 개성을 자유롭게 발전시킬 권리, 자신의 삶을 책임지며 사회적 활동을 할 수 있도록 성장할 권리를 갖고 있다. 그러므로 가족의 사회화 기능은 아동 및 청소년을 사회적 존재로 성장시키고 그에 적합한 행위를 할 수 있도록 보호·양육·가정교육 등의 기능을 담당한다. 사회화는 사회적 및 문화적 계층에 따른 가정환경의 차이와 개별가족의 특수한 규범과 가치 그리고 사회적 역할의 수용 등에서 차이가 있다. 이처럼 아동 및 청소년의 건전한 성장을 위협하는 사회적 불이익도 가정에서부터 시작된다.

따라서 가족복지정책은 가족상담 및 교육에 대한 보조금 지급, 취학 전 아동을 위한 보육시설 및 교육시설의 확충, 아동 및 청소년들에게 교육 및 직업훈련 기회의 확대, 여성의 노동기회 제공과 직업경력개발 프로그램의 제공 등과 같은 수단들을 투입하여 가정환경에서의 격차를 줄일 필요가 있다.

② 양성평등의 실현

사회가 점점 양성평등을 추구하는 시점에서 가정은 물론 사회의 모든 영역에서 양성평등의 실현은 중요한 사회화 기능이다. 가족의 아동양육 태도에 의해서 성역할을 습득하는데, 양성평등의 실현을 어렵게 하는 장애요인으로 작용하기도 한다.

사회구조적 문제로는 사회적 및 경제적 불평등의 문제를 말하는데 직업에 관한 고정관념과 성차별로 인한 소득격차 등을 예로 들 수 있으며 이외에도 양성평등의 장애요인으로 여성의 정치활동에 참여율의 부족을 들 수 있다.

양성평등에 대한 의식 제고와 함께 여성복지증진을 위한 사회보장제도의 규정 개정, 근로조건 및 근로환경에서 여성근로자에 대한 차별금지, 빈곤여성에 대한 지원책 마련 등을 생각할 수 있다.

(3) 가족복지의 제도화

가족복지의 제도화는 가족들 간의 사회적 및 경제적 격차를 줄이는 수단과 가족의 기능상실을 회복하는 수단으로 대별할 수 있다.

가족들 간의 사회적 및 경제적 격차는 특히 가족의 규모와 구조의 차이 그리고 계층 간의 사회문화적 소속집단의 차이에 의해서 결정된다. 그러므로 계층 간의 불평등을 제거하는 수단은 불완전한 가족 증가의 예방은 물론 여성의 가정과 직장 사이의 이중역할로 발생하는 갈등을 줄이고 자녀양육 및 교육의 부담을 줄이는 방안을 마련하는 것이다.

가족기능을 회복하는 수단으로는 자녀의 출산 및 교육을 장려하여 차세대를 보전(인간사회의 재생산)하고 세대 간 계약을 이행할 수 있도록 사회적 연대를 강화하여 가족의 기능상실을 회복하는 조처를 강화하며 자녀의 양육, 교육, 사회적응력 등을 증진하여 가족의 사회화와 인적자원방안, 단절된 관계의 회복, 사회발전 및 기술발전으로 인한 노동의 동질성 상실에 대비하는 방안 등으로 구분할 수 있다.

최근에 들어 우리나라에서도 여성계를 중심으로 여성의 가사노동에 대한 임금문제가 거론되고 있다. 여성은 가사업무, 자녀양육, 노약자 간병 및 수발 등과 같은 가사노동으로 인해서 경제적 자립을 방해하고 남성의 소득에 의존할 수밖에 없도록 하기 때문에 이에 대한 보상방법을 마련하는 것도 앞으로 가족복지정책의 중요한 과제에 속한다.

가족복지정책은 자녀의 출산, 양육, 교육 등과 관련된 지원방안과 프로그램을 개발하고 아동보호시설의 확충, 노동시장에서 불평등 해소, 여성의 노후소득보장 등과 관련된 대책들을 수립하는 과제를 갖고 있다. 다자녀 부양가족은 자녀양육 및 교육에 대한 부담으로 여성의 경제활동으로 인한 자아성취 욕구를 억제할 뿐만 아니라 소득상실이라는 이중적 손해를 가져다준다. 따라서 가족복지정책은 자녀 수를 고려한 사회보험급여를 책정할 필요가 있고, 여성의 사회보장을 독립적으로 제도화할 필요가 있다.

가족의 안녕과 행복은 남성의 참여가 필연적이다. 가족의 미래는 양성평등을 토대로 한 지속적인 동반자 관계가 널리 확산될 수 있도록 새로운 가족문화 및 가치관의 형성과 부모의 역할을 수행할 때에 그에 상응하는 사회복지정책의 제도와 수단을 형성할 필요가 있다.

가족해체로 인해 다양한 형태로 새로운 유형의 가족이 생성되고 있음에도 불구하고 아동·청소년 중에서 80% 이상은 소위 정상가정에서 성장하고 있다. 가족복지정책의 수단들은 많은 논쟁의 여지가 있지만 다음과 같은 법적, 경제적, 사회적인 제도와 수단들을 생각할 수 있다.

㉠ 조세개혁을 통해서 아동부양비용을 기초 공제를 하고 저소득으로 인해서 기초 공제를 가지고 불충분한 경우에 아동수당 또는 자녀보조금제도의 도입

㉡ 자녀양육 및 자녀교육, 간병 및 수발 등으로 인해서 경제활동을 시작하지 못하는 경우나 중단하는 경우에 가족의 경제적 부담을 줄여주는 방안 마련

㉢ 경제발전과 사회개발에 필수적인 요인인 인간자본의 개발 및 육성, 세대 간의 연대 강화, 인구 통계상의 안정 등을 위해서 자녀양육 및 교육에 대한 직·간접적인 비용에 대한 지원책 마련

㉣ 특별히 생활이 어려운 가족에 대한 지원책을 마련하고 사회주택의 공급을 통해서 주거비용의 경감대책 마련

㉤ 해체가족에 대한 지원책 마련과 함께 저소득층의 아동들이 건전하게 성장하도록 지원책 마련

인구구조의 안정성, 인적자원의 개발 등은 가족에 의해서만 가능하기 때문에 가족의 경제적 및 사회적 안정을 보장하고 가족에 대한 가치관의 변화가 필요하다.

이를 위해서는 무엇보다도 가족 간의 사회적 불평등을 완화하고 가족구성원의 복지와 안녕을 유지하여 자녀들이 바라는 바를 실현해 줄 수 있도록 지원하는 것이 중요하다. 따라서 가족복지정책은 가족이 그의 고유한 기능을 회복할 수 있도록 경제적 및 사회적 조건을 만들어 주는 방향으로 설정되어야 한다.

가족은 사회구성원의 재생산과 사회화의 기능을 하는 사회단위로서 뿐만 아니라 사회의 지속적인 성장기제로써 정책의 주요 대상이 된다. 그러므로 한국사회의 지속적인 성장과 복지사회의 구축을 위한 핵심적인 영역으로서 단순히 부모와 자녀의 삶의 질 향상 뿐 아니라 노동공급과 고용을 증대시키고, 빈곤문제의 완화와 양성평등의 고양, 미래사회의 주역인 아동의 건강한 성장과 발달에 직결되기 때문에 가족복지정책은 그 의미가 크다 하겠다.

제 4 부

사회복지정책의 과제와 전망

제 16 장
복지국가의 과제와 전망

1. 복지국가의 개념

복지국가(Etat-providence)의 개념은 프랑스와 유럽에서 유래한 것으로서, 부분적으로 '복지국가'라는 표현을 선호하는 것은 영국뿐이다. 복지국가라는 용어는 엄격한 의미에서 사회적 연대의 기능을 국가가 독점하는 것을 말한다.[1] 복지국가는 하나의 현상이 아니라 사회보장, 보건의료, 주택, 교육, 사회복지서비스 등 여러 제도의 복합체이다.

일반적으로 복지국가는 국민들의 일상생활과 관련하여 발생한 사회문제에 대해 국가가 개입해서 정부의 예산과 기구를 동원하여 모든 국민이 개인의 안정을 보장받도록 하는 국가를 말한다.

복지국가는 19세기 말의 독일 비스마르크의 사회정책과 20세기 초반의 영국 자유당 정부의 사회개혁에서부터 시작된다는 주장이 있으나, '복지국가'(welfare state)라는 용어는 영국의 템플(Temple) 주교가 1941년 간행한 「시민과 성직자」(Citizen and Churchman)라는 팜플릿에서 독일 나치 시대의 '권력국가'(power state)와 대비하여 사용하면서부터라고 알려져 있다. 이후 '복지국가'라는 용어는 1945년에 집권한 영국 노동당 정부가 베버리지 보고서를 근간으로 1948년 "요람

1) 프랑수아-자비에 메랭, 『복지국가』, 한길사, 2000, p. 17.

에서 무덤까지"의 사회보장제도를 실시함으로써 일반적으로 사용되기 시작했다. 그래서 1948년을 복지국가의 원년이라고 부르기도 한다.[2)]

복지개입을 통해 국민들이 겪는 비복지를 제거하고 그들의 복지를 증진시키는 것을 주요 책무로 삼는 국가를 복지국가(welfare state)라고 할 수 있다. 결국 복지국가는 개개인의 삶의 독립성을 보장하고 행복의 증진에 기여하는 국가임을 알 수 있다. 이렇게 볼 때 국가의 복지개입을 통한 경제적 안전의 보장과 평등의 증진은 국민 개개인의 행복추구를 위한 필수조건임을 알 수 있다.

서구 국가의 발달과정을 고찰하는 가운데 복지국가의 개념을 정리, 요약하면 다음과 같다.[3)] 정복·약탈국가,[4)] 발전국가,[5)] 민주국가, 복지국가의 순으로 발전하는 경향을 보인다. 모든 민주국가가 복지국가로 발전하는 것은 아니지만, 민주국가는 복지국가로 전환하는 경향성을 보인다. 그 이유로는 첫째, 민주주의는 자본주의 경제체계의 주요 계급으로 성장한 노동계급에게 노동3권을 부여함으로써 노동계급의 조직화와 집단행동을 합법적으로 보장했고, 둘째, 민주적인 제도와 절차를 통해 노동계급의 이익을 대변하는 정당이 합법적으로 국가권력을 장악함으로써 자본계급의 이익에 반하는 정책을 시도할 가능성이 있기 때문이다. 이 두 가지 요인의 결합으로 민주적 국가와 자본주의적 경제체제 사이에는 피할 수 없는 구조적 갈등이 초래되었고, 이 갈등을 해소하는 방안의 하나로 국가가 복지의 제공을 통해 국민들의 삶의 안전과 평등을 촉진하고자 복지국가가 수립되었다고 할 수 있다.

민주주의와 복지국가를 매개시키는 여러 기제 가운데 중요한 한 가지는 마샬(Marshall)에 의해 본격적으로 논의된 '시민권'(Citizenship)의 개념이다. 그에 의하면 시민권은 18세기에 재산권으로부터 시작하여 계약의 자유, 신체의 자유, 종교의 자유, 사상과 표현의 자유, 집회 및 결사의 자유에 이르는 '자유권'(civil rights)으로부터 19세기 말 선거권 및 참정권 등의 '정치권'(political rights)을 거

2) 박병현, 『복지국가의 비교』, 공동체, 2006, p. 12.
3) 김교환, 『현대복지국가론』, 교육과학사, 2002, pp. 17-28.
4) 강제력을 소유하고 타인 또는 타집단을 강제적으로 지배하는데 전문화된 정치·군사집단이 특정 영토내외의 경쟁세력을 무력으로 정복함으로써 수립한 국가의 한 형태.
5) 자본주의적 산업화를 촉진하여 놀라운 경제성장을 달성함으로써, '유럽의 기적'을 가져오는데 가장 중요한 요인으로 작용.

쳐 20세기에 이르러서는 국가로부터 최소한의 생계를 보장받을 수 있는 권리를 핵심으로 하는 '사회권'(social rights)으로 점차 확대되었다고 한다. 자유권과 정치권, 사회권으로 확대되는 복지국가의 수립 과정은 순조롭게 이루어진 과정이 아니라 국가와 사회, 국가와 사회계급간에 벌어진 치열한 갈등에 의해 촉진되었고, 이 과정은 국가 및 정치경제적 지배계급이 노동계급(working class)의 저항을 억제하고 포섭하기 위한 일환으로 전개되었다는 점이다.

1880년대 비스마르크에 의한 독일제국의 사회보험 입법은 대기업 노동자들에게만 한정되기는 했지만 인류 역사 이래 개인과 가족, 그리고 공동체의 책임으로 방치되어 왔던 주요한 사회적 위험들이 국가의 개입에 의해 보호받을 수 있는 전기가 마련되었다. 즉 19세기 후반에 이르러 자본주의적 산업화가 급속히 진행되면서 노동계급의 수가 증가하고 또한 이들이 조직적으로 강화됨으로써 보통선거권이 확대된 민주국가에서는 국민들의 복지문제에 있어 유례없는 발전이 이루어지게 되었다. 이렇게 볼 때 복지국가의 등장은 지배기구로서의 국가의 존재양식 또는 정당화 방식에 근본적이고 질적인 변화가 초래되었음을 의미한다.

복지국가의 경우 민주적 절차에 따라 국가권력을 구성하고 행사하는 것 이외에 국민들의 삶의 안전을 보장하기 위해 그들에게 구체적 복지혜택을 광범위하게 제공함으로써 비로소 정당성을 확보하게 되었다. 복지국가는 국민들로부터 각종 자원을 추출하고 그들에게 여러 가지 의무를 부과하는 대신, 그에 상응하여 국민들의 권리로서 또한 국가의 의무로서 국민들의 복지를 보장한다는 것이다.

복지국가의 개념은 다양하게 정의되어 왔음에도 불구하고 최소한 세 가지 측면에서 공통점을 지닌다. 첫째, 복지국가는 자본주의가 산업화과정에서 초래한 광범위한 빈곤, 산업재해, 경제적 불평등, 실업 등의 폐해를 치유하기 위해 등장하였다. 이러한 점에서 복지국가는 일정한 정도의 사회주의적 성향을 지닌다. 둘째로 복지국가는 정치적 민주주의를 복지국가에 이르는 수단일 뿐만 아니라 보존해야 할 가치 그 자체로 간주하기 때문에 사실상 민주복지국가를 의미한다. 셋째로 복지국가는 모든 국민에게 경제적으로 최소한의 인간다운 생활을 영위할 수 있는 생활수준, 즉 '국민적 최소(national minimum)' 이상을 보장한다. 이 개념은 1942년 베버리지 보고서에서 영국 복지국가의 책임 범위로서 제시했던 개념으로 극빈자

(pauper)들의 구제에 한정되었던 과거의 국가와는 두렷이 구별되는 것이다.

복지국가는 아니면서 복지제도를 실시하고 있는 모든 나라는 '야경국가'와 구별하는 의미에서 '적극적 국가'(positive state)라고 할 수 있다. 복지국가는 복지사회와 구별된다. 복지국가는 국가에 의해 형성되고 유지되는 복지사회를 의미한다. 국가복지를 통해 기본적인 삶이 영위되는 경우를 복지국가라 부른다. 따라서 복지국가는 반드시 복지사회[6]이지만 역으로 복지사회가 반드시 복지국가인 것은 아니다. 현실적으로 국가개입 없는 복지사회는 유토피아에 불과하다.

정리하면 복지국가라는 개념은 경제체제로서의 자본주의체제의 불완전성 또는 폐해에 대한 인식을 전제로 하며, 자유시장 경제체제에서 개인의 생활수준이 과도하게 하락하는 것을 방지하기 위하여 제공되는 보편적인 안전망(safety net) 또는 국민적 최소를 제공하는 국가를 지칭한다.

2. 복지국가의 특징, 이념과 유형

1) 복지국가의 특징

(1) 빈곤의 감소

경제적 성장과 더불어 절대적 빈곤이 사라졌으며, 대신에 사회적 불평등을 완화하기 위하여 경제부문에 국가가 개입하게 되었다.

(2) 소득의 재분배

대부분의 선진국가에서는 근로동기 약화와 불로소득을 차단하기 위하여 누진세제를 비롯하여 다양한 재분배 정책을 통하여 심각한 불평등은 완화되었다.

6) 국가가 개인들의 복지에 개입하지 않고도 시민사회 내에서 개별 사회성원들의 복지가 이루어질 때 이러한 사회를 복지사회라 부른다.

(3) 완전고용 실현

완전고용은 빈곤을 제거하기 위한 사회복지정책의 목표를 달성하기 위한 필수적인 정책이며, 1970년대 초반 '오일 쇼크'(oil shock) 이전까지 선진국가 대부분은 2% 이하의 낮은 실업률을 유지하면서 완전고용을 유지해 왔다.

(4) 사회보장제도의 운영

사회보장은 복지국가의 중심적인 정책이며, 복지국가의 성립은 사회보장제도의 건실한 운영에서 달성될 수 있다.

(5) 혼합경제

혼합경제(mixed economy)는 완전고용의 증대와 높은 수준의 사회복지서비스 실시, 소득재분배를 특징으로 한다. 공공부문과 민간부문 또는 독점과 경쟁이라는 혼합된 제도 하에서 빈곤과 불평등은 현저히 감소하고 완전고용이 실현되면서 사회가 안정을 이루면서 경제 성장이 가능해진다. 이와 같은 특징을 지닌 복지국가가 20세기 인류의 삶 향상에 크게 이바지 해 왔으나, 최저생활수준과 보호범위의 확대 및 완전고용정책에 의해 높은 인플레이션을 유발해 온 것이 사실이다. 정부가 개입하여 최저생활을 보장하는 것이 반드시 인간적인 사회를 보장하는 것이 아니라는 반론도 제기되고 있다.

2) 복지국가의 이념

복지국가에 대한 견해는 과학적인 증거와 이데올로기가 융합되어 나타난다. 구체적으로 반집합주의, 소극적 집합주의, 페비안 사회주의, 마르크스주의 등 이념과 복지국가의 역할에 대해 살펴보고 이를 정리하면 다음과 같다.[7]

(1) 반집합주의(Anti-Collectivism)

Hayek, Friedman, Powell 등은 '반집합주의'의 대표자이며, 이들이 주장하는 기본적인 사회적 가치는 자유, 개인주의, 불평등이다.

여기에서 의미하는 자유는 소극적인 자유로서 다른 사람에 의한 강제가 가능한

7) 신윤창, 『자본주의와 복지국가론』, 법문사, 2001, pp. 62-79.

한 감소되는 인간의 상태를 말한다. Hayek는 자유를 성취하기 위한 도구로서 기능할 경우에 국가의 강제는 정당성이 부여될 수 있다고 보았다.

반집합주의자들이 주장하는 개인주의는 인간을 매우 비합리적이고 오류를 범하기 쉬운 존재이자 타인과의 관계에서 자신의 오류를 시정해 나가는 존재로 인식하고 있다. 개인주의는 개개인의 창의성을 높이 평가하면서도 기존 규범에 대해서 동조를 권유함으로써 보수주의로 나갈 가능성이 내포되어 있다.

불평등이라는 사회적 가치를 강조하는 반집합주의자들은 오늘날 서유럽의 문명을 만들어 내고 경제적 번영을 이끌어 낸 주도적 힘은 개인주의와 결합된 불평등이라고 보고 있다. Friedman은 물질적 평등과 자유는 서로 배치되는 것으로서 평등주의자를 자처하면서 자유주의를 주장하는 것은 모순이라고 지적하고 있다.

반집합주의자들의 복지국가관은 복지국가의 이데올로기뿐만 아니라 실용적인 면까지 거부감을 갖고 있는데, 다음과 같은 이유에서 기인한다. 첫째, 복지국가가 인간의 사회권을 인정함으로써 사회구조의 붕괴를 가져온다고 주장하면서 Powell은 '요구 또는 욕구'가 하나의 권리가 되는 것은 가장 위험한 조짐이라고 보고 있다. 둘째, 복지국가가 자원 낭비적이라고 비판하는데, 사회복지에 대한 공급은 한정된 반면에 수요는 무한정하기 때문이라는 것이다. 사회복지서비스를 무료로 제공함으로써 국가는 가수요를 조장하는데, 그 자체가 이미 자원 낭비적일 뿐만 아니라 불충분한 자원으로 인하여 전체 수요를 해결하지 못함으로써 상황을 더욱 악화시킨다는 것이다. 셋째, 복지국가는 경제적인 면에서 비효율적이고, 개인의 자유를 박탈할 것이라고 주장하면서, 서비스의 국가독점은 비용과 효율성을 충분히 고려하지 않기 때문에 필요 없는 지출을 초래하며, 경제성장에 필요한 경쟁과 실험정신을 없애기 때문에 바람직하지 못하다고 생각한다.

이상과 같이 반집합주의는 사회복지에 대한 국가 개입의 정당한 근거로서 온정주의와 이웃에 대한 자선을 주장하고 있다. 그러나 복지국가는 개인의 자유를 박탈함으로써 전제와 독재를 초래한다고 보고 있으며, 국가에 의한 규제강화와 같은 집합적 통제를 강조하는 집합주의를 반대하며, 개인의 자유를 강조하고 자본주의 시장질서를 장려하며 국가의 사회복지에 대한 최소한의 개입(social minimum)을 지향한다.

(2) 소극적 집합주의(Reluctant Collectivism)

Keynes, Beveridge, Galbraith 등 소극적 집합주의자들의 가치는 자유, 개인주의, 경쟁적 사기업에 대한 신념을 강조하고 있기 때문에 어떤 점에서는 반집합주의자들의 가치와 매우 유사하다.

자유(liberty)는 소극적 집합주의자들의 근본적인 가치로, 국가의 독단적 권력으로부터의 자유(freedom)뿐만 아니라, 이것은 결핍과 불결 등 사회악으로 인한 경제적 예속으로부터의 자유를 동시에 수반하고 있다.

개인주의는 효율성이라는 측면에서 긍정적이나, 이것은 분권화와 자기 이익의 토대 위에서만 기능할 수 있다. 무엇보다도 개인주의는 사회체제에서 발생하는 각종 결함과 폐해를 긍정적인 측면에서 해소시킬 수 있고, 좋은 사회를 만들 수 있는 것은 개별적으로 활동하는 시민과 자유로운 결사체에 달려 있다고 본다.

소극적 집합주의자들은 '경쟁적 사기업'이 쇄신과 창조의 근원이 된다고 보고, 경쟁적 사기업의 모토는 불평등으로, 결과에 대한 보상의 차이가 없다면 일에 대한 방향이 상실될 것이라고 생각한다. Galbraith 역시 소득 불평등은 감소되어야 한다는 데 동의하고 있지만, 차별이 없어야 된다고 보지는 않는다. 또한 기회에 대한 평등은 누구에게나 주어지고, 규칙이나 규정을 지키면서 일을 진행해 가는 과정에서 나타나는 결과에 대한 불평등에 이의를 제기해서는 안 된다는 것을 주장하고 있다.

소극적 집합주의자들은 자본주의 시장 질서를 존중하면서도 경기변동 등으로 인한 대량실업과 지나친 빈부격차를 완화시키기 위해서 국가가 개입하는 것은 불가피하다고 본다.

(3) 페비안 사회주의(Fabian Socialism)

Titmuss, Tawney, Grossland 등은 페비안 사회주의의 대표적인 학자들이며, 이들이 주장하는 사회적 가치는 평등, 자유, 우애(friendship)이다.

페비안 사회주의자들은 사회적 조화, 사회적 효율, 사회정의, 개인적 자아실현과 같은 네 가지 측면에 바탕을 둔 평등을 주장하고 있는데, 불평등은 비효율을 초래하기 때문에, 불평등을 감소시키면 사회조화와 안정, 그리고 정의를 실현시킬 수 있을 것이라고 보고 있다. 이들은 자유시장 경제체제를 요구가 없는 수요(잠재적 욕구)를 발현시켜 생산의 방향을 잘못 유도할 수 있으며, 산업구조를 왜곡된 방향으로 이끌 수 있다고 본다. 그리고 불평등의 고착은 인간이 가지고 있는 능력을 사장시킬 우려가 있으며, 사회정의의 실현에 손상을 준다는 입장이다.

자유에 대해서 토니(Tawney)는 자기 자신을 통제할 수 있는 힘, 즉 평등이라고 보았고, 국가가 올바로 사회활동을 한 결과라고 믿고 있다. 자유를 확보하기 위한 조건은 법, 경제정책, 사회정책, 재정정책을 통한 국가활동만이 모든 사람들을 위하여 자유를 재배분할 수 있다고 보았다.

페비안 사회주의자들이 주장하는 또 다른 이념은 우애(fellowship)로서, 경쟁보다는 협동, 권리보다는 의무에 대한 강조, 개인의 요구보다는 공동체에 대한 善, 그리고 자조보다는 이타심에 대한 강조를 의미한다. Titmuss는 자신을 포함한 페비안 사회주의자들은 평등뿐만 아니라 공동체에 대한 헌신을 강조한다고 주장한다.

페비안 사회주의자들에 있어 정의로운 사회란 전체 공동체 구성원이 공동으로 책임을 나누어 가져야 하며, 가능한 한 공동체 구성원들에게 공평하게 분담되어져야 한다고 믿고 있다.

페비안 사회주의자들은 복지국가에 대해 적극적인 찬성과 지지를 보내며, 점진주의적인 방법으로 자본주의의 병폐를 시정하여 자본주의 국가를 개혁시킬 수 있다고 주장한다. 또한 교육 및 보건의료에 대한 공공의 지출은 소비보다는 투자로 인식해야 하며, 실업급여와 상여금은 기술과 산업상의 변화에 대한 윤활유로 간주되어야 한다고 보고 있다. Titmuss는 사회통합, 공동체 의식, 그리고 이타주의의 인식을 일깨워 주는 것이 사회복지정책의 중요한 기능임을 강조하고 있다.

(4) 네오 마르크스주의(Neo-Marxism)

네오 마르크스주의자들은 자유, 평등, 박애(fraternity) 등 세 가지 사회 가치에 관심을 가지고 있다. 이들이 주장하는 자유는 집합주의자들이 얘기하는 자유의 개념보다 훨씬 넓은 의미로 사용되고 있다. 자유를 복합적인 개념으로 보면서, 그것을 실현시킬 수 있는 사회적 상황이 조성되어 있지 않으면 일반 대중을 위한 자유는 있을 수 없다고 주장한다.

라스키(Laski)는 경제적 평등이 이루어지지 않는 곳에서는 정치적 평등은 실현될 수 없다고 보았다. 이유는 경제적 평등의 부재 하에서 정치권력은 경제 권력의 시녀가 될 수 있기 때문이다.

평등이란 특권의 부재이며, 모든 사람들에게 적절한 기회가 주어지는 문호가 열려있기 때문이다.

네오 마르크스주의자들은 프랑스 혁명의 3대 가치 중의 하나인 박애(fraternity)에 초점을 두고 있는데, 박애는 인간이 서로를 필요로 한다는 것을 인정하고, 좋은 사회를 만들기 위해 서로 조화롭게 협동적으로 살아가는 것을 의미한다. 박애는 여러 가지 점에서 개인주의와 서로 대치되는 가치이다. 그리고 박애는 인간을 더불어 살아가는 사회적 존재로 인식하며, 인간의 사고와 행동은 동료들의 사고와 행동에 상호 영향을 미치고 받는다는 의미에서 그 사회 구성원이 갖게 되는 가치이다.

네오 마르크스주의자들은 경제적 평등과 계급갈등에 역점을 둠으로써, 국가가 경제적인 면에서 강력하고 능동적인 역할을 담당하면서, 생산수단의 국유와 산업민주주의를 수반하는 경제적 평등을 지향하고 있다. 생산수단의 국유화를 통하여 문제 해결에 대한 최대의 장애를 제거할 수 있으며, 최소한의 합리적이고 인도적인 사회질서 구축을 위한 기반을 만들어낼 수 있다고 주장한다.

복지국가관을 살펴보면 사회복지입법은 사회 모든 구성원들이 합리적이며, 객관적인 관점에서 공동선(common good)을 도출한 결과가 아닌, 재산소유자들의 권위를 유지시켜 주는 데 따른 결정적인 도전을 피하려고 제공된 일종의 양보라는 관점을 가지고 있다. 자본주의 사회에서 복지국가는 그 본질상 소득, 주택, 정치권력 등 그 어느 것에서도 빈곤과 불평등을 제거할 수 없다고 주장한다. 왜냐하면 빈곤과 불평등의 제거는 곧 지배계급의 타파를 의미하기 때문이다. 복지국가는 주요 사회문제를 완화시킬 수 있을 뿐 완전하게 해결할 수 없는 이유는 이러한 문제들이 사회의 계급구조에 연원을 두고 있기 때문이다.

3) 복지국가의 유형

한 국가가 정책을 결정짓는데 있어 공통적으로 찾을 수 있는 주요한 요소로는 첫째, 경제발전과 사회복지 중 어디에 그 우선순위를 둘 것인가, 둘째, GDP 대비 사회보장비 지출은 어느 정도로 할 것인가, 셋째, 노동자 계층의 정치세력화를 통한 국민의 복지 의식 수준이 어느 정도인가 등이다. 각 국가마다 중점적으로 추구하는 것에 따라 복지정책의 방향이 다르게 된다. 제 학자들의 복지국가 유형을 살펴보도록 하자.

(1) Wilensky와 Lebeaux의 유형

잔여적(residual) 복지제도에서는 가족, 시장 등과 같은 사회의 정상적인 주요 제도들이 사회복지의 요구를 충족시키지 못하는 경우에만 등장하는 것이고, 제도적(institutional) 복지제도는 사회복지제도가 사회의 정상적인 주요 제도로서 기능하는 것을 의미한다.

따라서 잔여적 복지제도에서는 사회복지의 제공에 있어 가족이나 시장이 사회복지의 요구를 해결하는 주된 기능을 수행하고, 단지 이러한 기능이 실패했을 때에만 정부가 최소한으로 선별적으로 개입한다. 이러한 제도 아래에서는 급여의 수준이 낮고(최소한의 급여만을 제공), 수급자격을 획득하기 위해서는 까다로운 소득 및 자산조사, 자격조사를 받아야만 한다. 반면 제도적 복지제도에서는 국가의 역할이 확대되고, 소득조사에 의한 급여가 아닌 하나의 사회권으로서 보편적으로 급여가 제공되고, 급여의 수준이 높으며, 무엇보다도 집합적인 사회의 결속을 강조한다. 이와 같은 제도 아래에서는 사회구성원들이 보편적인 혜택을 받기 때문에 복지수혜자와 비수혜자 사이의 구분이 무의미하고, 사회복지의 확대에 따른 이념적 · 계층간의 대립도 약하다.

(2) Titmuss의 유형

티트머스는 복지제도의 유형을 '잔여적' 유형, '산업적 성취능력(industrial achievement performance)' 유형, '제도적 재분배(institutional redistributive)' 유형으로 구분했다. 잔여적 유형에서는 가족과 시장의 역할을 강조했고, 산업적 성취능력 유형에서는 사회복지의 제공이 시장에서의 업적과 밀접한 관계가 있음을 강조하면서 사회복지의 제급여를 시장에서의 직무수행과 생산성의 정도에 따라 차등을 두고 있다. 제도적 재분배 유형은 국가의 보편적 복지제공을 강조하고 있다.

(3) Mishra의 유형

미쉬라는 복지국가의 유형을 '다원적 또는 분화된(plural or differentiated)' 복지국가와 '조합주의적 또는 통합된'(corporate or integrated) 복지국가로 분류하고 있다. 전자는 사회복지는 경제와 구분되고 대립되며, 경제에 나쁜 영향을 주는 사회복지는 제한되고 잔여적 역할만을 수행한다. 이와 같은 유형의 국가에서의 복지정책은 이익집단들의 이익추구 과정에서 이루어지며, 복지정책들은 통합적이고 포괄적이지 않고 단편화하는 경향이 있다. 미국과 영국을 비롯한 영어권 국가들이 이에 포함된다.

후자는 사회복지와 경제는 구분되지 않고 상호의존적인 사회복지정책과 경제정책의 밀접한 관계를 인정하고 있다. 예를 들어 고용정책 및 교육정책은 사회복지정책의 의미를 갖고 다른 한편으로는 경제정책의 의미를 갖는다. 이러한 복지정책은 경제 주체들 또는 사회 내 제계급간의 상호협력 안에서 수행된다. 즉 사회 공동체의 책임(집합적 책임)을 강조한다. 스웨덴, 오스트리아 등 집합주의적 복지국가들이 이에 해당한다.

(4) Jones의 유형

존스는 복지국가를 복지 자본주의(welfare capitalism)와 복지자본주의(welfare capitalism)로 구분하는데, 전자는 사회적 또는 국가적으로 이룬 성취나 업적과 관련된 사회복지를 강조하거나, 기회의 평등을 목표로 하여 사회발전에 우선순위를 두는 형태로서, 자본주의체계를 강화하는 것을 사회복지의 목표로 삼고 있다. 후자는 사회복지는 시민권을 바탕으로 누구에게나 보편적으로 제공되고, 사회복지의 목표는 평등을 추구하는 등 개인의 복지에 우선순위를 두는 복지국가이다.

(5) Furniss와 Tilton의 유형

퍼니스와 틸튼은 복지국가의 유형을 사회보장국가, 사회복지국가, 적극적 국가로 분류하고 있다. 첫째, 사회보장국가(the social security state)는 지방분권의 전통 아래 단지 국민 최저(national minimum)만을 보장하는 국가로서 영국이 대표적인 국가이다. 둘째, 사회복지국가(the social welfare state)는 유럽의 강력한 중앙집권의 전통을 유지하면서 소득, 재산 및 권력의 불평등을 제거하기 위해 정부가 적극적으로 나서는 국가로서 대표적인 예가 스웨덴이다. 셋째, 적극적 국가(positive state)는 미국으로 미국은 복지국가가 아니라 적극적 국가로서 복지보다는 경제적 효율성과 시장을 중시하며, 복지는 단지 시장에서 배제된 사람들을 위한 시혜적 또는 통제적 장치일 따름이라고 본다.

(6) Esping-Andersen의 유형

에스핑 엔더슨은 개인의 복지가 시장에 의존하지 않고도 이루어질 수 있는 '탈상품화(decommodification)'의 정도, 계층화 유형(stratification), 국가와 시장의 상대적 비중이라는 세 가지 기준을 사용하여 복지국가를 '자유주의적(liberal)' 복지국가, '조합주의적(corporatist)' 복지국가, '사회민주주의적(social democratic)' 복지국가로 구분하고 있다.

탈상품화는 개인이 노동시장에서 이탈되었을 때 공공 사회보장제도를 통해 가능한 한 높은 수준의 임금대체율을 보장해 줌으로써 시장에 대한 의존성을 약화시키는 것을 의미한다. 즉 사회보장제도를 통하여 소비능력을 사회적으로 보장하고, 개인의 노동력에 대한 의존성을 약화시킴으로써 시장에 대한 임금노동자의 의존성을 약화시키는 것이다. 노동력의 탈상품화는 경제적 불황기에 노동시장에서 노동자간의 경쟁을 순화시키고, 노동력 판매의 협상과정에서 자본가의 힘에 대항할 수 있는 수단을 제공함으로써 노동계급의 집단성 형성에 기여하는 기능을 수행하게 된다. 그러므로 사회복지의 발전 정도는 국가에 의해 부여되는 사회권이 국민들의 시장에 대한 의존성을 어느 정도 줄이느냐, 즉 탈상품화의 정도가 어느 수준이냐에 달려 있다고 할 수 있다.[8)]

자유주의적 복지국가는 소득조사에 의한 공공부조 프로그램을 중시하고 있고, 급여의 대상은 저소득층에 한정되고 있다. 사회복지의 확대는 전통적인 자유주의적 노동윤리에 크게 제약을 받는 가운데, 일을 하지 않으면 벌을 받는 것과 마찬가지로 사회복지 급여를 받게 됨으로써 까다로운 절차와 자격조사에 의하여 치욕과 수치를 경험하게 된다. 그 결과 이 유형의 국가에서는 탈상품화의 효과는 최소화되고 사회권의 영역은 제한되며 여러 계층의 체제를 발생시키게 된다. 사회 내 소수의 복지수혜자들은 빈곤의 평등을 경험하게 되고, 다수의 사람들은 시장에서

8) 박병현, 전게서, pp. 29-30.

의 실적에 따른 차등적 복지수혜를 받게 되면서, 이들 계층간에 대립적인 이중구도가 형성되게 된다.

조합주의적 복지국가에서 시장의 효율성과 노동력의 상품화 문제는 중요하지 않다. 사회복지의 제공이 사회적 지위의 차이를 유지하는데 있으며, 국가가 사회복지의 주된 제공자의 역할을 한다. 국가에 의해 사회복지의 제공이 이루어지고 있으므로 국가복지의 재분배 효과는 거의 나타나지 않는다. 이와 같은 국가에서는 사회보험에 크게 의존하는 경향이 있다.

사회민주적 복지국가는 보편주의 원칙과 사회권을 통한 탈상품화 효과가 가장 커서 새로운 중간층(new middle class)에게까지 확대된다. 이 유형의 국가들에서 사회민주주의 세력이 사회복지의 확대에 중추적인 역할을 하고 있고, 이러한 경향은 최소한의 생활수준을 넘어 최대한의 수준에서의 평등을 추구하고 있다. 또한 사회의 모든 계층이 하나의 보편적이고 포괄적인 복지체계에 통합되면서, 시장의 복지기능은 최대한 약화되고 국가의 복지기능이 최대한 강화된다.

3. 복지국가의 형성과 재편

1) 복지국가의 형성

복지국가의 사상적 기초는 '자유, 평등, 우애(유대)'를 기치로 내걸었던 프랑스 혁명에 의해 수립되었으며, 이 혁명은 급속한 자본주의의 발달과 국민국가의 성장을 토대로 인본주의, 계몽주의, 자유주의, 사회주의 사상을 만개하게 하여 1880년대에 이르러 이 모든 사상들이 용해됨으로써 복지국가를 태동하게 하는 사상적 초석을 놓게 되었다.[9)]

복지국가의 형성을 1880년대 독일의 비스마르크 사회입법을 기점으로 삼아 태동단계, 정착단계, 성장단계, 재편단계로 구분할 수 있고, 국가가 국민의 복지문제에 개입하는 과정을 거치면서 꾸준히 발전하게 되었다.

9) 김태성 · 송경륭, 『복지국가론』, 나남, 1993, pp. 59-60.

(1) 태동단계(1880~1920)

19세기 후반 독일에서 제정된 일련의 사회보험 제도들은 공적, 노동계급 포섭적, 항상적, 예방적, 제도적 복지제공의 새로운 주체인 복지국가를 태동시키는 새로운 역사의 장을 열었다. 이 시기에 만들어진 사회보험제도들은 인류 역사의 온갖 종류의 자연적, 정치적, 경제적, 사회적 위험에 노출된 채 불안하고 힘겨운 삶을 살아온 보통 사람들의 삶을 강제보험의 틀을 통해 집합적으로 보호할 수 있는 기틀을 마련했다고 할 수 있다. 국가에 의한 사회보험 제도의 도입은 사회복지의 역사에서 획기적인 전환을 가져온 매우 중요한 의미를 지닌다고 할 수 있다. 복지국가의 등장을 촉진한 거시역사적 조건을 제시하면 다음과 같다.[10)]

첫째, 19세기 후반부에 전개된 유럽 국가들의 자본주의적 산업화의 고도화는 대규모의 이농, 도시로의 인구집중, 노동계급의 증가를 가져왔고, 이러한 변화들은 심각한 빈곤문제, 실업문제, 불결한 주택과 도시환경문제, 질병과 건강문제 등을 필연적으로 수반하게 되었다. 따라서 빈민계층의 폭동과 빈번한 노동파업 등은 시급히 해결되어야 할 절박한 사회적 문제로 인식하기 시작하였다. 그 결과 자본주의 사회를 파멸로 이끌 '사회문제'를 사회보험 제도의 수립을 통하여 개혁적으로 또는 개량적으로 풀어가게 만든 거시역사적 조건을 형성하게 되었다.

둘째, 지배계급과 피지배계급 사이의 관계는 상호의존적이며, 국가는 경제적 지배계급인 자본가계급의 핵심적 이익인 자본축적, 노동통제, 노동력 공급 등을 위해 지배계급에 의존적이었으나, 점차 국가의 핵심적 이익인 국가 자체의 존립, 정치적 안정성의 유지, 국가의 지배력 확장 등을 위해 국가는 지배계급을 효과적으로 규제했고, 그들로부터 많은 자원을 추출했으며, 그들의 이익에 반하는 정책을 추진하기도 하였다. 절대주의 국가와 국민국가 시대를 거쳐 강력한 관료제와 군대를 발전시키고 직접통치를 위한 다양한 하부구조를 축적해 온 19세기의 유럽 국가들은 많은 사회적 문제들을 국가개입에 의해 해결할 수 있는 충분한 조직적 역량을 쌓음으로써, 19세기 후반 사회보험 제도의 수립을 통해 복지국가로 전환할 수 있는 거시역사적 조건을 형성하게 되었다.

셋째, 복지국가의 등장을 촉진한 거시역사적 조건은 19세기에 들어와 확산되기

---

10) 상게서, pp. 83-88.

시작한 정치 민주주의였다. 민주주의가 확산되면서 대중의 정치참여를 허용하고 노동계급과 사회주의 정당의 활동 공간을 신장하여 노동계급을 비롯한 전 대중의 복지증진에 기여했다는 점에서 민주주의는 복지국가 등장의 중요한 거시역사적 조건을 형성했다고 할 수 있다.

자본주의적 산업화의 발달, 강력한 국민국가의 형성, 민주주의의 확산은 19세기 후반 독일과 유럽의 사회보험 제도의 수립을 시작으로 복지국가가 등장하게 한 거시역사적 조건을 형성하게 되었다.

(2) 정착단계(1920∼1945)

복지국가의 정착기라고 할 수 있는 1920년대부터 2차 세계대전 종전 시까지 두 차례의 세계전쟁과 경제공황은 복지국가 발전의 중요 요인이 되었다. 전자는 국민들에게 엄청난 희생과 더불어 전후 복구를 위한 국가의 광범위한 분야에 대한 적극적인 개입을 초래함으로써 전쟁 이후 국민에 대한 복지책임을 증가시켰을 뿐만 아니라 국가적 차원에서 복지에 대한 광범위한 개입을 시작하게 되었다. 두 차례의 세계 대전은 모든 것을 파괴했고, 특히 사적 복지제도를 붕괴시켰다. 그 결과 국가 주도의 사회복지제도가 수립되었다. 후자는 전쟁 때보다 더 심도 깊은 국가의 경제개입과 복지개입을 초래하였다. 경제공황은 광범위한 생산중단을 가져왔고, 엄청난 실업자를 양산하여 국가 및 사회는 절박한 상황에 직면하게 하였다. 이러한 사회경제적 조건은 자본과 노동간의 타협을 조장하여 국가복지의 확대를 도모하였다.

전쟁과 공황이라는 특수성으로 인하여 1920∼1945년 기간 동안 제도적 확충, 복지수혜자의 확대, 복지예산의 증대라는 결과를 가져오게 되면서 복지국가의 성장을 가져오게 되었다.

(3) 성장단계(1945∼1975)

2차 세계대전이 종결된 1945년부터 제1차 오일 쇼크가 발생하는 1975년까지의 시기를 '복지국가의 황금기'라고 불리운다. 전 단계에서 이루어진 사회복지제도의 확대와 재정 확충으로 전후 30년간 지속된 경제성장과 더불어 복지국가 발전이 극대화되었다.

이 시기에는 '뉴딜(New Deal)', '사회계약', '역사적 타협'을 위해 국가-자본-노동간에 형성된 화해적 정치구조가 그대로 지속되어, 경제성장-완전고용-복지국가를 한 묶음으로 하는 '동의의 정치'(politics of consensus)를 실현할 수 있게 되었다.[11]

이 시기에는 국가-자본-노동간의 협력으로 1945년부터 1970년대 초까지 30여년간 높은 경제성장률, 낮은 물가, 완전고용에 가까운 낮은 실업률 속에서 1950년대에는 4.4%, 1960년대에는 5%의 경제성장을 이루게 되었다. 그 결과 정부는 복지분야에 대한 정부지출을 확대할 수 있는 역량을 갖게 되었다. 뿐만 아니라 제도적인 면에서는 사회보험 등 제도를 확충하고, 개인적 사회서비스와 공공부조제도를 체계화하였다. 국가마다 다소 차이는 있겠지만, 복지수혜자는 거의 100%에 육박할 정도로 수혜의 범주가 확대되었다.

성장단계에서 각종 포괄적인 사회복지제도는 체계적으로 정비가 되고, 보편적인 서비스가 이루어진 시기라고 할 수 있다.

(4) 재편단계(1975～)

1973년에 무려 5배에 가까운 유가상승을 가져온 '제1차 오일 쇼크'는 2차 세계대전 이후 30여년 가까이 안정적으로 축적해 온 자본주의 경제체제 및 복지국가체계의 근간을 붕괴시키는 작용을 하였다.

오일 쇼크 이후 OECD 국가들의 평균 경제성장률은 5%대에서 2%대로, 인플레이션은 5%대에서 8～10%대로 급증했으며, 실업률은 2%대에서 5%로 상승하였다. 이와 같은 경제적 혼란은 과거 30년간 큰 변화없이 효율적으로 유지되어 온 국가-자본-노동간의 화해적 정치구조에 치명적인 균열을 가져오게 되었다. 그러나 오일 쇼크에 의해 초래된 경제위기는 국가-자본-노동간의 화해적 정치구조를 와해시키는 결정적 계기를 조성하고 상당한 정도의 복지삭감을 가져왔으나, 1970년대 중반부터 오늘날까지 복지비는 지속적으로 상승해 왔다.[12]

경제 불황과 복지국가에 대한 회의와 함께 등장한 신보수주의 사상을 배경으로 하는 정부는 사회복지에 대한 대대적인 공격에 나섰다. 특히 영국과 미국에서의

11) 김태성 · 성경륭, 전게서, pp. 112-113.
12) 상게서, pp. 117-119,

사회복지에 대한 공격은 대단했다. 1979년에 집권한 영국의 대처정부와 1980년에 집권한 미국의 레이건 정부는 자유방임주의 사상을 배경으로 1970년대 후반의 경제침체와 지역사회 파괴의 주요 요인을 그 동안의 사회복지의 팽창에서 찾았다.13)

영국의 대처 정부는 1980년 이후 주택, 교육, 의료, 실업수당, 공공부조, 연금 등 사회복지 지출에 대한 대대적인 삭감을 시도했고, 미국의 레이건 정부는 대표적인 공공부조제도였던 가족부조(AFDC: Aids Families with Dependent Children) 프로그램의 지출규모를 반으로 줄였고, 클린턴 정부는 1996년에는 기존의 AFDC 제도를 폐지하고 일시적 부조(TANF: Temporary Aids to Needy Families) 제도를 도입하였다.

〈표 16-1〉 복지국가의 발달과정

	태동단계 (1880-1920)	정착단계 (1920-1945)	성장단계 (1945-1975)	재편단계 (1975-)
정치	· 민주주의의 성장 · 참정권 부여(성인) · 노동운동 · 사회민주주의	· 국가-자본-노동간 복지비지출 증가에 대한 정 치적 합의 · 친노동계 정당 강세	· 소외계층, 여성, 장애인 등에 대한 사회권 확대	· 보수세력의 부상 · 노동조합 및 사회민주당 쇠퇴
경제	· 자본주의의 발달 · 산업화	· 케인즈경제학 융성	· 고도 경제성장 · 낮은 인플레이션 · 저실업률(2% 이하)	· 세계경제의 둔화 · 개인소득의 감소 · 불평등의 심화 · 실업률 증가 · 노인부양문제 발생
복지정책	· 사회보장제도 실시(연금, 실업보험, 건강보험제도)	· 사회복지비의 증가(GDP의 5%) · 사회보장제도 적용범위 확대	· 사회보장프로그램 확대 실시	· 공공부조제도 쇠퇴 · 사회보장비 감축
정부의 역할	· 복지국가의 주도권 행사 · 민간제도 쇠퇴	· 복지국가의 보편화를 이룸	· 소외계층, 사회적 약자계층의 사회적 권리를 강조하는 프로그램 창출	· 복지국가의 규모와 범위 축소 · 민영화 · 지방분권화

2) 복지국가의 위기

신자유주의(신보수주의)가 등장하게 되면서 복지국가는 위기를 맞이하게 되는데, 그 원인으로는 1973년 제1차 오일 쇼크 이후 발생한 세계경제의 악화된 상황이다. 저성장과 더불어 물가상승을 동반한 스태그플레이션은 2차 세계대전 이후

13) 박병현, 전게서, p. 25.

복지국가의 이념적·이론적 기반이었던 케인스주의를 무력화시켰고, 실물경제 부분에서도 일자리를 감소시키고, 사회적 불평등을 심화시켰다. 경기침체가 가속화되면서 1979년 제2차 오일 쇼크 이후 복지 분야 지출을 대폭 감축해야 한다는 주장들이 힘을 받게 되면서 '복지국가의 위기'라는 상황이 대두되게 되었다.

전세계적으로 신자유주의가 강세를 보이는 가운데, 유럽에서는 복지, 평등, 사회적 약자에 대한 배려 등과 같은 사회민주주의 가치(제1의 길)와 시장의 자유, 경제적 효율, 노동 인센티브 등과 같은 시장자유주의 가치(제2의 길)를 동시에 추구하는 '제3의 길' 노선이 일정 부분 지지를 얻고 있다.

복지국가 위기의 원인을 신자유주의자들은 국가의 사회복지 프로그램에 대한 지나친 지출에서 비롯되었다고 본다. 즉 복지국가의 프로그램이 확대되면서 노동동기를 약화시키고, 저축과 투자를 감소시키며, 산업생산부문의 위축을 가져와 사회 전체적으로 생산성을 둔화시킴으로써 경제상황의 악화라는 문제를 초래하였다는 것이다. 이들은 '복지국가의 위기'문제를 해결하기 위해서는 국가의 개입이 없는 자유시장경제 체제로 회귀해야 한다고 주장한다. 이를 통하여 비효율적인 요소들이 제거되면서 경제적인 문제들이 해결될 수 있다는 것이다.

1970년대 중반 이후 복지국가들은 그 이전에 비하여 변화하고 있다는 것은 분명 사실이다. '복지국가의 위기'라고 하여 복지국가가 후퇴하거나 붕괴하는 것은 결코 아니라는 사실이다. 복지국가들이 갖고 있는 다양한 사회복지 프로그램들의 혜택이 대부분의 국민들에게 일상의 생활로 되었다는 점 때문에 복지국가 프로그램들은 적어도 단기간 내에 대폭적으로 축소되는 것은 불가능할 것이다. 또한 경제상황으로 인하여 대폭적인 확대가 이루어질 가능성도 전보다 희박해진 것이 사실이다. 즉 복지국가는 '복지국가의 위기'라는 경제적 상황에 직면하여 보다 효과적이고 효율적인 프로그램을 운영하면서 안정적인 단계 또는 재조정 단계에 진입했다고 여겨진다.

이와 같은 노력의 일환으로 '복지다원주의'(welfare pluralism)의 방법이 나타나게 되었다. 1975년 이전까지는 국가 주도로 복지가 이루어졌지만, 신자유주의의 등장과 함께 향후에는 국가와 민간부문의 혼합된 복지형태가 주류를 이룰 것으로 예상된다. 결국 전체적인 사회복지 지출에는 변화가 없다 할지라도, 국가가 집행하는 예산의 규모와 지출을 줄여, 민간부문에서 수익자 부담의 원칙을 적용하여 비효율을 최대한 감소시키려는 노력을 전개할 것이다.

3) 복지국가 패러다임의 변화

복지국가의 변화 이유는 국가들마다 다소 차이가 있을 수 있겠지만 일반적으로는 고도로 발전된 후기 산업사회의 특성에서 찾을 수 있다. 복지국가 패러다임의 변화를 가져 온 요인들을 찾고 이를 요약하여 정리하면 다음과 같다.[14)]

(1) 성장의 둔화

복지국가가 확대 혹은 유지되기 위해서는 최소한의 경제성장이 이루어져야 하고, 경제성장이 이루어지기 위해서는 생산성이 높아져야 한다. 1970년대 이후 복지국가들이 곤경에 처한 이유는 바로 생산성이 낮아 경제성장이 둔화된 데에서 찾을 수 있다. 생산성이 비교적 높은 제조업이 줄어들고, 노동집약적인 서비스산업 위주였기 때문에 생산성을 높이는데 한계가 있었다. 전체적으로 생산성 향상이 둔화되면서 결과적으로 경제성장도 둔화되게 된 것이다. 이렇게 생산성이 둔화되면 복지국가에도 심각한 문제를 야기한다. 낮은 생산성은 임금상승을 막고, 이것은 복지국가의 주요 재원인 사회보장세의 상승을 막아 복지국가의 재원 마련에 어려움을 주기 때문이다. 또한 저성장은 실업률을 높이고 이것은 사회복지 급여의 필요성을 증가시키는 반면 복지재원은 감소하게 함으로써 이중적 어려움에 직면하게 된다.

(2) 복지국가의 성숙

서구 복지국가들은 1945년 이후 1970년대 중반까지 실질 경제성장률을 상회하는 높은 비율로 사회복지지출을 확대하였다. '1·2차 오일 쇼크' 이후 사회복지지출의 증가율이 어느 정도 둔화되었으나, 사회복지지출은 확대되었다. 이것은 사회복지제도들이 정착하게 되면서 복지수혜자들이 증가하고, 높아진 생활수준에 비례하여 급여액을 증액하거나 급여를 받기 위한 자격조건을 완화했기 때문이다.

사회복지 프로그램 가운데 특히 공적연금과 건강서비스의 확대는 대부분의 복

---

14) 김태성 외, 『현대복지국가의 변화와 대응』, 나남출판, 2005, pp. 22-32.

지국가들에게 상당한 재정적 압박으로 작용하게 되었다. 이 두 가지 프로그램이 전체 사회복지지출의 2/3를 차지하고, 공적연금만으로도 전체지출의 대략 40%를 차지하는 수준이다. 노인인구의 증가, 즉 인구고령화가 이에 미친 영향은 크다.

복지국가가 성숙될수록 사회복지지출의 사회적 비용에 대해 많은 사람들이 민감한 반응을 보이게 되는데, 사회복지 지출이 늘어날 때 국가가 할 수 있는 방법은 세금을 올리거나, 사회복지 급여를 줄여야 하기 때문이다. 정치가들은 이와 같은 민감한 부분에 대해서 인기가 없는 고통스러운 방법을 선택하기 보다는 당장에 쉬운 재정적자의 방법을 택하는 경향이 있다. 결과적으로 사회복지에 대한 재정압박은 더욱 커질 것이고, 오늘날 복지국가의 복지지출은 한계상황에 이르게 되었다.

(3) 인구의 고령화

오늘날 복지국가들의 출산율은 낮고, 평균수명이 연장되면서 노인인구 비율이 1960년대에는 9.4%였던 것이 오늘날에는 대략 14% 정도로 증가하였다.

OECD국가들의 경우 65세 이상 노인 1명 대비 근로가능 인구(15~64세) 비율이 1960년에는 7.5이던 것이 1990년에는 5.0으로 떨어졌다. 더욱 심각한 문제는 이것이 2040년경에는 반으로 줄어들어 노인 1명을 위하여 2.5명의 근로가능 인구밖에 없다는 점이다.

노인인구의 증가로 공적연금, 건강서비스 등의 사회복지지출에 대한 재정압박은 커질 수밖에 없는 형편이다. 노인들이 앞서 기술한 양대 프로그램의 최대 이용자이며 수혜자이기 때문이다.

(4) 가족구조의 변화

일반적으로 한 국가의 사회복지의 모습은 국가, 시장, 가족의 삼자 사이의 역할분담에 의해 결정되게 된다.

국가별로 차이는 있지만 여성들의 노동시장 참여율이 높아지면서, 독립적이고 자율적인 가구를 형성할 능력이 커지는 이른바 '탈가족화' 현상이 커지게 된다. 이렇게 되면 여성들이 재정적으로 정부에 의존해서 살아야 할 필요성은 줄어든 반면, 여성들의 경제활동으로 인하여 복지국가의 재정문제를 해결하는데 상당부분

도움을 줄 수 있다.

그러나 많은 수의 여성들이 일을 하게 되면 다른 한편으로는 공공부문 사회복지 지출이 증가하게 되는데, 출산과 아동양육에 대한 비용이 증가하고 이것은 결국 국가가 부담해야 하기 때문이다. 또한 아동, 노인, 장애인 등에 대한 보호서비스를 이제 여성들이 가족 내에서 더 이상 제공하지 못하기 때문에 이를 국가가 부담하게 되면서 사회복지 재정은 증가하게 된다.

여성들이 노동시장에 참여하는 비율이 높아지면서 출산율도 급격하게 낮아지고 있다. 출산율이 낮게 되면 복지국가에 영향을 줄 수 있는데, 출산율이 낮아 노인인구 대 근로인구비율이 낮아져 향후 복지국가 재정에 큰 부담이 될 수도 있기 때문이다. 따라서 출산율을 높이기 위해서는 각종 아동을 위한 사회복지서비스가 필요하며, 여성들이 마음 놓고 일할 수 있도록 복지 프로그램이 운영되어야 한다.

가족구조의 변화 속에서 나타나는 문제를 사회복지정책을 통하여 적절하게 대응함으로써 여성, 아동, 노인, 장애인 등 사회적 약자계층에 대한 복지대책의 수위를 조절할 수 있다.

4. 스칸디나비아 복지국가

1) 개념

스칸디나비아 또는 노르딕 국가의 사회복지정책은 그 진보성과 관대함 때문에 전 세계 사회복지의 절정(pinnacle) 또는 복지국가의 최고 단계(the highest stage of the welfare state's evolution)로 간주되고 있을 정도이다.

스칸디나비아 사회복지정책은 비스마르크 사회복지정책과 상당한 차이점을 보이고 있는데. 비스마르크 사회복지정책은 이른바 직업주의(occupationalism)에 따라 대상자를 블루칼라, 화이트칼라, 자영업자 집단별로 분리하고, 사회보험방식에 의해 자본과 노동이 재정을 분담하는 데 반해, 스칸디나비아의 사회복지정책은 직업을 불문하고 모든 시민을 대상으로 하고, 평등한 정액의 급여를 제공하며, 재정의 상당 부분을 조세에 의존하는 특징을 갖고 있다.

보편주의적이고 평등주의적이며 연대성을 중시하는 스칸디나비아 사회복지정책은 질적으로 보수주의적인 독일이나 자유주의적인 영국의 사회복지정책과는 차이가 난다. 이런 이유로 스칸디나비아 복지국가는 복지국가의 이상형(ideal type)으로 평가되고 있다.

일반적으로 사회복지학자들은 사회보험방식보다는 조세방식을 더 진보적이라고 생각한다. 조세방식이 본인 부담이 없을 뿐만 아니라 조세가 보험 갹출료보다 더 누진적이기 때문이다. 이런 점에서 덴마크와 스웨덴의 조세방식 연금과 그 보편주의적 성격은 이들 노르딕 국가의 사회복지 수준이 세계 최고라고 평가받게 된 가장 큰 이유가 되고 있다. 그러나 이들 국가의 보편주의적 조세방식 연금의 출현 배경을 살펴보면 철저히 계급 이기적이었고 진보성과는 거리가 멀었다는 것을 알 수 있는데, 이러한 사실은 잘 알려져 있지 않다. 말하자면, 노르딕 국가의 보편주의는 인류의 복지를 전향적으로 생각하여 만들어진 것이 아니라 특정 계급, 즉 농민의 이기적 요구가 관철된 결과였다는 것이다. 그 과정에서 농민들과 주로 대립한 계급이 바로 노동자계급이었다.

2) 형성배경

노르딕 사회보험은 유럽의 다른 나라와 같이 1930년대나 제2차 세계대전 후가 아니라 이미 19세기 말에 입법화가 이루어졌다. 그때는 주로 농민들인 중간계급이 정치적으로 승리했는데, 이같이 중대한 정치적 투쟁의 시기에 사회보험이 도입되었던 것이다. 그 좋은 예가 1891년 덴마크와 1913년 스웨덴의 무갹출연금이다.

1891년, 덴마크는 비록 그 대상자가 가난한 노인에 국한되었지만, 조세로 재정을 충당한다는 점에서 비스마르크 사회복지정책과는 전혀 다른 무갹출연금을 도입하였다. 당시 농민들은 토지에 부과되는 지방세를 모두 부담하고 있었다. 지방세는 빈민구제의 재원이기도 했다. 그러므로 사회보험이든 조세방식이든 새로운 연금제도가 도입되면 빈민구제를 어느 정도 대체할 수 있고 그에 따라 농민들의 부담이 줄어들 것 같았다. 그렇지만 농민 입장에서 보면 갹출제 사회보험보다는 조세방식의 연금이 훨씬 유리했는데 이유는 분명했다. 노동집약적인 낙농 생산물

수출업자이자 중소규모 농장주로서 농업노동자를 고용하고 있던 덴마크 '농업 프티 부르주아지'에게 사회보험 갹출료는 재정적 부담이 되고 생산물 가격에 전가되어 국제경쟁력을 떨어뜨릴 게 뻔했던 반면에, 조세방식은 덴마크에서 수적으로 가장 많은 고용주집단인 농민에게 갹출료를 부담시키지 않을 것이었고 또 노동자가 부담해야 할 갹출료가 없으므로 그만큼의 임금 인상을 억제할 수도 있었다. 그리고 조세는 당시 주로 도시 부르주아지와 공업 노동자들이 부담하고 있었기 때문에 그동안 과중한 빈민구제 비용을 떠맡아 왔던 농민들로서는 그 부담을 도시민에게 전가하게 된다는 의미까지 있었다.

이들 농민들의 계급적 이익을 대변한 자유당은 조세방식의 연금을 주장했고, 왕당파 관료, 도시 전문직, 제조업 계급, 귀족적 토지 소유자의 정당인 보수당은 갹출제 사회보험방식을 원했다. 보수당은 사용자인 농민들이 피용자인 농업노동자들의 노령과 장애에 대한 보장의 책임이 있다고 간주하여 갹출제가 유일한 해결책이라고 생각했다. 좌파인 사회민주당은 당시 당세 확장을 위해 농촌사회와 농촌의 프티 부르주아지의 지지를 얻는 동시에 조세방식이 노동자를 위해서도 유리하다고 판단했다. 노동자가 받는 임금은 불충분하고, 노동의 권리도 보장되어 있지 않은 상황에서 노동자가 궁핍에 직면했을 때 국가가 무조건적으로 하나의 권리로서 원조해야 한다는 것이었다.

사회민주당과 자유당이 무갹출연금을 주장하게 되면서 1891년의 연금은 사회보험방식이 아닌 조세방식으로 결정되었다. 보수당은 양보하는 대신 그 수혜층을 10년간 빈민구제의 대상이었던 가난한 노인에 국한한다는 단서조항을 달았다. 새로운 연금법의 골자는 도덕적으로 건전하고 욕구가 있는 60세 이상의 노인에게 연금을 주고, 그 비용 절반은 지방정부가 부담하고, 나머지 반은 국가가 보조하는 것이었다.

1913년의 스웨덴의 연금도 노동자계급보다는 농민의 이익이 관철되었다는 점에서는 기본적으로 덴마크와 같다. 다만, 좌파 정당인 스웨덴 사회민주당은 덴마크의 사회민주당과 달리 독일식 사회보험방식이 노동자계급을 위한 것이라고 생각하는 입장과 반대로 노동자계급뿐만 아니라 모든 피억압자(all the oppressed)의 정당이 되어야 한다고 믿어 보편주의를 찬성한 사람으로 분열되었다. 그러나 현실은 다수의 농민들의 정치적 힘에 있었고, 결국 조세방식 연금으로 귀착되었다. 이렇게 시작된 양국의 조세방식 연금은 스웨덴의 경우 1946년에, 덴마크의 경우 1964년에 자산조사를 폐지하고 부유층으로까지 그 대상을 확대함으로써 명실상부한 보편주의 제도로 자리 잡았다.

1950년대 이후 산업화가 더욱 진전되면서 농민들보다는 도시 노동자들의 수가 증가하고 또 이들의 힘이 점차 강해지자, 사회복지정책에서도 농민들보다는 도시 노동자들의 입장이 더 큰 비중을 차지하게 되었다. 다시 말해서, 스칸디나비아 사회복지정책도 보편주의 모델에서 탈피하여 비스마르크 사회보험을 닮아갈 수밖에 없었다는 것이다. 피용자만을 대상으로 하면서(자영업자는 임의가입) 급여를 소득에 연계시킨 1958년 스웨덴의 소득비례연금이 대표적인 예이다. 이 소득비례연금은 적용대상에서 사실상 농민을 제외시켜 농민들의 반발을 불러왔고, 결국 농민당과 사민당 연정(1932년 총선 이후 구축)에서 농민당이 탈퇴하는 사태를 야기했다.

스웨덴의 사회복지정책을 논할 때 빼놓을 수 없는 것이 이른바 '스웨덴 모델'이다. 스웨덴 모델은 자본과 노동 간의 역사적 대타협이라고 하는 1938년의 "살쯔요바덴 기본 협정"에 그 기원을 두고 있는데, 동 협정의 핵심은 생산 관련 결정은 자본가계급에게 일임하되 정책 결정 환경은 국가와 노조가 강력하게 통제하는 체제를 만든다는 것이었다. 생산 환경에 대한 통제로서 단체협상을 통한 실질임금의 보장과 완전고용 및 소득재분배를 지향하는 사회복지정책이 수용되었는데, 이런 케인스주의적 경제사회정책에 대한 노동과 자본의 합의정신은 제2차 세계대전 후의 높은 수준의 복지국가를 가져오는 데 결정적인 영향을 끼쳤던 것이다.

스웨덴 복지국가의 또 하나의 특징은 수요관리에 중점을 둔 케인스주의적 경제관리방식을 넘어 수요와 공급을 보다 포괄적으로 관리하는 것을 핵심으로 하는 "렌-메이드네르 모델(Rehn-Meidner Model)"이다. 이 모델은 1951년 경제학자 Rehn과 Meidner가 창안했는데, 제한적 재정정책(수익성이 현저히 낮은 한계기업의 도태 인정), 동일 노동·동일 임금 정책(고임금 기업의 임금 상승 억제), 적극적 노동시장정책(통상적인 실업억제정책 이외에 직업훈련과 재훈련에 대한 정부 보조나 노동자의 이동성 증대를 통한 일자리 보장 등을 포함), 그리고 높은 수준의 사회복지정책(임금 억제 대신 보장)을 골자로 하고 있다. 렌 모델은 임금 억제와 이윤율 압박을 추구함으로써 케인스주의 경제정책의 고질적 문제점인 인플레를 방지하는 동시에 기업 혁신과 생산성 증대를 강제하는 효과를 거둘 수 있었다. 즉, 성장 · 고용 · 복지를 동시에 달성할 수 있었던 것이다. 이로써 스웨덴 복지국가는 영국식 "요람에서 무덤까지"를 뛰어넘어 "태내에서 천국까지"의 수준 높고 관대한 복지국가를 자랑할 수 있게 되었던 것이다.

5. 복지국가와 코포라티즘

1) 개념

코포라티즘이란 다원주의(pluralism)의 변종으로서 거대한 노조가 출현하여 사용자와 대등한 수준에서 임금 · 근로조건 등 노사간의 주요 현안을 협상하고 정부가 이를 중재하며, 나아가 정부와 노사 간의 현안인 물가와 복지 등의 문제를 상의 · 결정하는 삼자협동주의(tripartism)가 정착된 제2차 세계대전 이후 서구 사회의 특징을 지칭한다. 삼자협동주의의 양 당사자인 노조와 자본가단체는 다원주의에서 말하는 평범한 압력집단(pressure groups)에서 '통치기구(governing institutions)'로 변화된 거대한 힘을 가진 조직을 말한다. 이들 기구는 예외적인 권력을 보유하면서 그들 자신의 회원들을 자체적으로 통제하게 되고 따라서 대중의 소요 사태를 최소화할 수 있었다. 국가적 현안이 이렇게 의회 밖에서 삼자에 의해 결정되자 의회의 정책결정 권한이 상당히 약화되었으며, 이런 정책결정구조는 사회복지정책의 확대 · 발전에 큰 영향을 주었다. 다시 말해서, 코포라티즘은 복지국가의 성장과 확대를 이끌어 낸 유력한 근거가 되었던 것이다.

2) 태동배경

코포라티즘에 대한 논의는 20세기 초까지 소급된다. 뒤르껭(Durkheim)과 뒤팽(La Tour Du Pin)의 직능조합론이 그것이다. 직능조합(corporation) 또는 직능단체란 전국적으로 조직되고, 기능적으로 분리되며, 민주적인 대표성을 가지고, 자율적이며, 회원 가입은 강제적이고, 중앙의 권위에 의해 조합들의 우선순위가 결정되며, 법에 의해 설립된 조직체를 말한다. 이들은 이러한 직능조합들이 국가의 기초가 되어 자본주의의 각종 병폐들을 시정할 수 있다고 믿었다.

코포라티즘은 유럽 각국이 정치적으로 큰 혼란을 겪었던 전간기간(제1차 세계대전 종료 이후부터 제2차 세계대전이 발발하기 직전까지)에 정치적 혼란의 극복방안으로 활발히 논의되었다. 특히, 당시 유럽에서 후진국이었던 루마니아, 이탈리아, 독일 등지에서 후진 상태를 벗어나기 위한 전략으로 코포라티즘이 제시되었다.

코포라티즘을 계급투쟁, 상업주의, 물질주의의 폐해를 해결할 수 있는 유일한 방법으로 믿은 사람들은 국가질서를 직능조합질서로 등치시켜야 한다고 주장했다. 예컨대, 위계서열의 저변에 근로자들의 조합을 두고, 그 위에 장인과 예술가들의 조합, 경제적 리더십의 조합(경제단체), 정상에 정치적 리더십의 조합(정치단체)을 위치시켜야 한다는 것이다. 그러나 이들의 이런 관념은 파시즘으로 연결되었다.

코포라티즘에 대한 논의는 1970년대 들어 서유럽 각국에 복지국가가 확대되면서 재개되었다. 1970년대 중반 Schmitter, Lehmbruch, Pahl, Winkler 등은 전전의 권위주의적 코포라티즘과는 다른 신코포라티즘(neo-corporatism), 자유주의적 코포라티즘(liberal-corporatism), 민주적 코포라티즘(democratic-corporatism), 사회적 코포라티즘(social- corporatism) 등으로 불리는 새로운 코포라티즘의 등장에 주목했다.

3) 코포라티즘의 유형

(1) Schmitter

사회적 코포라티즘(social corporatism)으로서 국가로부터 이익단체의 자율성이 보장되고, 아래로부터의 진화 발전을 특징으로 한다(민주적 복지국가). 국가 코포라티즘(state corporatism)으로서 이익단체들이 국가에 종속되고, 위로부터의 권위적 권력에 의해 강제적으로 운영되는 체제를 말한다. 반자유주의적 · 신중상주의적 체제, 즉 파시즘 체제를 말한다.

(2) Lehmbruch

코포라티즘은 권위주의적 코포라티즘과 자유주위적 코포라티즘으로 구분되는데, 자유주의적 코포라티즘(liberal corporatism)은 대규모 사회집단이 국가의 공공정책(주로 경제정책) 결정에 참여하며, 참여하는 여러 집단간에 협력관계가 유지되는 것을 특징으로 한다. 이는 고전적 자유방임주의 경제로부터 조직적으로 통제되는 자본주의로 이행하는 것이다. 케인스주의가 이런 관념의 이론적 기반이 되었다.

(3) Pahl과 Winkle

코포라티즘을 국가가 통제하는 사적 경제체제로서 통일성, 질서, 민족주의, 성공 등의 가치를 지향한다고 규정하고, 평등한 코포라티즘(스웨덴)과 불평등한 코포라티즘(파시즘 국가)으로 구분했다.

국가가 코포라티즘을 통해 경제권력을 장악하여 인간의 얼굴을 한 파시즘(fascism with a human face)으로 나아갈 가능성에 대해 우려했다.

(4) Forder

코포라티즘을 더욱 확대 해석하여 현대의 복지국가는 물론 중세 길드 사회주의와 비스마르크 독일제국까지 포괄하고 있다. 코포라티즘을 다음과 같은 세 가지 유형으로 나누었다. 첫째, 고전적 코포라티즘으로, 사회를 여러 단체들(corporations)의 집합체로 간주하며, 의회에 대해 부정적이다. 중세의 길드 사회주의가 대표적이다. 이탈리아 파시즘의 기원이 되었다.

둘째, 19세기의 코포라티즘이다. 새로이 부상하는 노동자계급의 힘을 억제하기 위해 등장했다. 자본주의 체제가 제대로 작동하지 않을 때 국가가 나서서 사회단체들을 조직하여 사회안정을 기한다. 국가가 중앙집권화된 권력을 보유하고 있고, 이데올로기적으로 합의가 이루어질 때 가능하다. 자유주의가 부정되기도 한다. 노동자계급을 복종시키는 것이 주된 목표이다. 시장을 통한 지배라는 정통적인 방법이 통하지 않을 때 일시적으로 나타난다(비스마르크 사회입법).

셋째, 계약 코포라티즘(bargained corporatism)이다. 순수한 다원주의 아래에서는 국가가 혼합경제(mixed economy)를 지향한다면, 코포라티즘 아래에서는 국가가 간섭경제(regulated economy)를 지향한다는 차이점이 있다. 자유민주주의 사회의 코포라티즘으로서 현대의 복지국가가 전형적인 코포라티즘 체제이다. 자본가 및 노동단체들은 최소한의 자율성을 견지하고 있으며, 국가에 이데올로기적으로나 제도적으로 예속되어 있지 않다. 단체들은 국가활동에 항상 대표를 파견하기를 원하며, 국가와 단체들 간의 협약의 형태를 취한다. 단체들은 원하는 것을 얻은 대가로 사회적 평화를 보장해 주어야 한다. 자본가계급은 코포라티즘 질서 그 자체의 유지보다는 호전적인 노동운동이나 자유경쟁을 통해 해결이 잘 안 되는 경제적 문제에 직면하여 효과적인 해결방안을 강구하는데 더 큰 관심이 있다. 복지국가의 경우 코포라티즘은 임금 · 물가 · 복지 등 각 계급들의 핵심적 관심사를 절충 · 타협 · 결정하는 메커니즘으로 작동하고 있다. 형태적으로는 삼자협동주의라 하여 국가, 노동, 자본의 대표가 참여한다.

(5) Wilensky

윌렌스키는 코포라티즘을 크게 3가지 유형화하고 있다.

첫째, 민주적 코포라티즘(corporatist democracy)으로서 네덜란드, 벨기에, 스웨덴, 노르웨이, 오스트리아, 서독 등이 여기에 해당된다. 조직력이 강하고, 중앙집권화된 이익집단들, 예컨대 노동, 고용주, 전문직 조직과 정부가 경제성장, 물가, 임금, 조세, 실업 및 사회복지정책과 같은 주요 과제를 법에 입각하거나 비공식적 협의기구를 통해서 협의 · 결정하는 체제이다. 이 경우에 사회복지정책은 일반 경제정책에 융합되어 있다.

둘째, 노동자계급의 완전한 참여 없는 코포라티즘(corporatism without full-scale participation by labour)으로서 일본, 프랑스, 스위스 등이 여기에 속한다. 공업, 상업, 농업, 전문직 및 정부 간의 협상구조가 준공적(quasi-public bargaining structure)인 체제를 말하는데, 주요 사회경제정책을 이 집단 간의 협상에 의해 결정하지만, 노동단체는 일정한 거리를 둔다. 정책결정 과정에서 대체로 기업가단체가 우월한 지위를 갖는다. 따라서 경제사회적 평등을 지향하는 공공정책이 많이 도입되는 편은 아니다. 경제여건이 악화되면 노동을 배제하고, 대중들의 사회적 평등 요구를 억압하는 권위주의 통제로 대응한다.

셋째, 분절된 코포라티즘(the fragmented and decentralized political economy)으로서 미국, 영국, 캐나다, 호주 등 선진 복지국가라 할 수 없는 나라들이 이에 속한다. 대부분의 이익집단들이 기득권을 유지하는 데 매달려 있고, 편협한 이해관계에만 매달린다. 따라서 국가적인 과제를 놓고 협상하고 타협할 여지가 별로 없다.

4) 시사점

코포라티즘에 대해 논급할 때 우리가 반드시 유념해야 하는 것은 지배층 내에서 코포라티즘 정책, 즉 일정한 양보정책을 거론할 때는 사회적 상황이 매우 혼란스럽고 노동자들이 정당을 만들거나 노동조합을 결성하여 그 세력을 강화시키는 국면이라는 점이다. 한 마디로 자본가와 노동자 간의 세력관계에 균열이 와서 기존의 억압적인 노동통제 전략을 고집할 경우 더 큰 파국이 올지도 모르는 상황에서 그렇게 한다는 것이다. 미국의 1910년대와 1930년대 초가 그랬고, 2차 세계대전 직후의 서유럽이 바로 그랬다.

미국이나 서유럽의 코포라티즘이 전체 자본가와 전체 노동자 간이 아니라 여유 있는 대기업과 보수적인 조직 노동자 대표들 간의 결탁 또는 담합에 의해 대기업 숙련 노동자들의 상대적 고임금과 그 반대급부인 대기업 내에서의 산업평화로 나타났다는 점에 유념해야 한다. 또한 미국의 경우 논리나 언술과는 달리 실제로 노동자들에게 주어진 양보는 아주 사소한 것에 불과했다. 서유럽에 비해 아주 후진적인 미국의 사회보장제도의 수준을 보면 된다. 1910년대 미국의 코포라티즘을 연구한 역사학자 Weinstein에 의하면, 코포라티즘은 자본가들의 상당한 양보를 통해 노동자의 생활을 개선해 주는 것이 목적이 아니라, 대중에게 대기업에 대한 긍정적인 인식을 심어 주고 대기업이 보수적 노동조합과 협력(미국 사회를 지배하는 것)하는 것을 정당화하는 데 목적이 있었다.

6. 복지국가의 과제와 전망

향후 복지국가의 흐름은 어떻게 전개될 것인가라는 물음에 시장경제에 대한 확신 및 '작은 정부론'을 내세우며 복지국가에 대한 근본적인 개혁이 필요하다고 역설할 것이다.

신자유주의자들은 복지정책은 노동동기를 약화시켜 나태한 자를 양산하며 그 결과 정부의 재정은 적자를 낳고 경제를 침체시킬 것이라고 주장한다. 또한 침체된 경제를 회생시키기 위해서는 생산성을 향상시켜야 하는데, 이를 위해서는 중산층 이상에 대한 감세가 필요하다고 한다. 그리고 경제회생을 위해서는 각종 규제를 완화하고 가능한 한 기업의 자유에 맡겨야 한다는 것이다. 정부의 행정조직도 시장의 원리에 입각하여 효율성을 도모해야 하며, 아웃 소싱(outsourcing)을 통한 재정적자의 삭감을 가져와야 한다고 본다. 정리하면 신자유주의는 규제와 간섭이 없는 '작은 정부', 시장지상주의, 개인의 자기책임 등을 강조한다.

신자유주의 복지정책은 '수익자 또는 이용자 부담 원칙'에 따라 사회복지서비스의 공급을 민간 사업자(private provider)에게 맡겨 경쟁을 유발하고, 이에 따라 가격을 낮춰 이용할 수 있도록 하겠다는 것이다. 지금까지 국가 및 공공기관에서 제공하고 책임지던 사회복지서비스의 책임을 개인 이용자와 민간 사업자에게 맡겨 사회복지를 조달하겠다는 것이다. 이렇게 함으로써 복지서비스의 남용을 방지하고 책임의식이 강화되어 재정 감축이 이루어질 수 있다는 생각이다.

이와 같이 신자유주의적 사회복지정책이 그대로 시행되게 된다면 사회복지의 기능은 본래의 목적을 상실한 채 근로능력이 전무한 또는 부양을 받아야만 하는 사회적 약자계층을 위한 시설보호와 공공부조로 국한되면서 서비스의 선별성(selectivity)을 갖게 될 것이다.

앞으로는 1945~1975년까지 이루어진 '복지국가의 황금기'와 같은 시절은 없을 것이다. 그러나 사회복지의 획기적인 전환은 없을지라도 국가재정 및 생산성에 대한 부담을 감소시키기 위해서라도 현 상태의 유지 또는 제도개선을 통하여 다음과 같은 비효율적인 부문에 대한 개선을 위한 움직임이 진행될 것이다.

첫째, 적극적인 근로유인책을 제시함으로써 적극적 노동시장정책을 견지한다.

둘째, 지역사회를 중심으로 주민들에게 직접적으로 적용되는 복지체제를 수립함으로써 보다 유연한 사회복지제도를 운영한다.

셋째, 국가독점의 사회복지정책에서 탈피하여 국가와 민간 사회복지서비스조직이 공동으로 책임을 짓는 방향으로 효과성을 도모한다.

넷째, 형식적인 사회복지정책이 아닌 개인이 자립하고 자활할 수 있는 사회복지 서비스를 통하여 개인의 잠재능력이 개발될 수 있는 생산적 복지정책을 시행한다.

앞으로 사회복지정책의 현저한 확대나 강화도 어렵지만 지나친 축소도 쉽지 않을 것이다. 일단 만들어진 제도의 폐지는 정치사회적인 이유로 곤란할 뿐만 아니라 기존 제도의 불충분성에 대한 개선을 요구하는 국민의 요구가 정치권은 부담스럽기 때문이다. 일부에서는 복지국가의 사회복지정책이 '복지병'을 유발했다고 하지만 신자유주의적 관점 또는 사회민주주의적 관점에 따라 인식하는 바가 다르기 때문에 일부 절충해야 할 필요성이 점차 제기되고 있다. 최근 유럽의 선거에서도 대다수의 국민들은 사회민주주의정당보다는 친자본적이며 시장경제를 지향하는 보수적인 정당을 선호하며, 이들이 집권하는 가운데 감세정책과 연동하여 사회복지 프로그램의 축소가 정당화되는 듯한 분위기가 일고 있다.

V. George와 P. Wilding은 사회복지지출은 비생산적이고 낭비적이므로 경제성장을 저해한다고 주장했으나, G. Myrdal은 사회적 서비스가 생산성을 향상시키고 국민의 이동성을 장려하고 소비를 유지시켜 주는 잠재력이 있다고 주장한다.

과연 복지국가는 낭비적이며 소모적인가? W. Korpi는 1960년부터 1982년까지의 OECD 18개국의 1인당 GDP와 공공부문의 사회보장 지출간의 관계를 비교하여 양자가 부정적 상관관계에 있지 않음을, 즉 복지국가가 경제성장에 장애가 되지 않는다는 것을 경험적으로 증명하였다.

이런 사실들을 토대로 할 때 앞서 기술한 비효율적인 부문에 대한 점진적인 개선을 하게 된다면 복지국가는 확고하게 발전할 수 있을 것이다. 이유인 즉, 복지국가는 자본주의에 대한 위협요인에 대한 여러 요소들을 제거하고, 사회계층간의 원활한 이동을 가능하게 하며, 인적자원을 활성화시켜 경제성장에 도움이 되기 때문이다.

향후 복지국가의 과제를 정리해 보면 다음과 같다.[15)]

첫째, 사회권의 확대로, 이미 건강과 교육 분야에서는 어느 정도 실현되었으나, 사회보장과 주택 및 사회서비스의 영역에서는 미흡하므로, 국민적 최소의 원칙에서 삶의 질을 강조하는 '국민적 최적'(national optimum)의 사회적 환경을 조성할

15) 김교환, 『현대복지국가론』, 교육과학사, 2002, pp. 192-204.

수 있어야 한다. 또한 지속적으로 불평등을 감소시키기 위한 노력을 전개해야 한다. 복지국가는 경제적 복지뿐만 아니라 사회 · 문화적 복지, 즉 삶의 질을 개선하고 평등화하기 위해 노력해야 한다. 지금까지 복지국가는 물질적 복지의 확대를 목표로 했지만, 앞으로 복지국가는 개인이 정신적 복지를 누릴 수 있도록 '쾌적한 환경'을 조성해야 한다.

둘째, 경제정책과 사회정책의 조화로운 연계로, 일자리를 확대함으로써 경제적 효율성을 배가시켜야 한다. 뿐만 아니라 자본주의 경제에서 필연적으로 발생하는 폐해인 사회계층간의 빈부갈등을 완화하기 위하여 복지국가의 문제와 더불어 자본주의의 문제를 병행하여 개선하기 위한 노력을 전개해야 한다.

셋째, 사회복지행정의 민영화와 효율성을 제고하기 위하여 공공부문과 민간부문이 적절한 역할분담을 해야 한다.

참고문헌

강영실, 『사회복지정책의 이해』, 신정, 2006.

강욱모 외, 『21세기 사회복지정책(개정판)』, 청목출판사, 2006.

강효진, "비정규직 근로자에 대한 국민건강보험 확대적용정책의 평가," 『한국사회복지정책』, 한국사회복지정책학회, 24, 387-412. 2006.

고용보험법, 대한민국, 2006.

곽효문, "노인의 공적부양과 공적연금제도의 확충방안," 한국노인복지학회. 『노인복지연구』, 27, 85-117. 2005.

곽효문, 『복지정책론』, 제일법규, 2001.

국민건강보험법, 대한민국, 2006.

국민연금보험법, 대한민국, 2006.g12

권문일, "국민연금제도의 빈곤완화 기대효과," 한국사회복지정책학회, 『사회복지정책』, 18, 291-310. 2004.

권육상 · 이태희, 『최신가족복지론』, 유풍출판사, 2003.

권진숙 · 신혜령 · 김정진 · 김성경 · 박지영, 『가족복지론』, 공동체, 2006.

김교환, 『현대복지국가론, 교육과학사』, 2002.

김상균, 『현대사회와 사회정책』, 서울대학교출판부, 1992.

김성순, 『노인복지론』, 반도출판사, 1981..

김원식, "근로시간 단축과 고용보험 정책," 『사회과학연구』, 건국대학교 사회정책연구소, 18, 93-145. 2004.

김익균 외, 『사회문제론』, 창지사, 2003.

김익균 · 신재명 · 이현기 · 장세철 · 조추용, 『사회복지법제』, 교문사, 2005.

김태성 · 송경륭, 『복지국가론』, 나남, 1993.

김태성 외, 『현대복지국가의 변화와 대응』, 나남출판, 2005.

김태진, 『여성복지론』, 대구대학교출판부, 2003.

김학만 외, 『사회복지정책론』, 대왕사, 2005.

남기민, 『사회복지정책론』, 학지사, 2006.

대구대학교 사회복지연구소, 『사회복지사전』, 경진사, 1985.

도미향 · 남연희 · 이무영 · 변미희, 『아동복지론』, 공동체, 2006.

맹수석, "산업재해보험법상 재해의 인정범위에 관한 연구," 한국보험학회, 58(1), 169-197. 2001.

박광덕, 『현대사회복지정책론』, 박영사, 1998.

박능후 외, “기초보장체계 비교연구,” 한국보건사회연구원, 2002.

박병현, 『사회복지정책론』, 학현사, 2005.

______, 『복지국가의 비교』, 공동체, 2006.

______, 『사회복지정책론』, 학현사, 2005.

박석돈, 『사회복지서비스법』, 삼영사, 2005.

박순일, 『한국의 빈곤현실과 사회보장』, 일신사, 1995.

박윤형 · 윤현병, “국민건강보험 만족도에 영향을 미치는 요인에 관한 연구,” 『순천향의대 논문집』, 순천향대학교 교수학습개발센터, 10(3), 1917-1928. 2004.

박정호, 『사회복지정책론』, 학지사, 2001.

변화순 · 최윤정, “가족정책 방향 정립 및 통합적 시행방안 연구,” 한국여성개발원연구 보고서 240-16, 2004.

변화순 · 최윤정, “가족정책 방향 정립 및 통합적 시행방안 연구,” 한국여성개발원연구 보고서 240-16, 2004.

보건복지부, 「2004년 국민기초생활보장 수급자 현황」, 2005.

_________, 2007년도 최저생계비 개정 고시(안), 2006.

보건사회연구원, 『'05년 활동제약자 실태조사』.

봉민근, 『사회복지정책론』, 학문사, 1999.

빈부격차, 차별시정위원회, “장애인지원종합대책,” 2006.

산업재해보상보험법, 대한민국정부, 2005.

송근원 · 김태성, 『사회복지정책론』, 나남출판, 1997.

신동면, “경제위기 이후 한국사회의 소득 양극화 실태와 사회보장의 과제,” 『사회이론』, 29. 34-62. 2006.

신윤창, 『자본주의와 복지국가론』, 법문사, 2001.

양재진, “한국연금제도의 대안적 개혁 모형,” 『사회보장연구』, 한국사회보장학회, 22(4), 79-112. 2006.

양정하 외, 『사회복지정책론』, 양서원, 2005.

여유진 외, 공공부조의 가치기반과 제도적 반영, 한국보건사회연구원, 2004.

오영수, “민간보험을 활용한 국민건강보험 국민부담제 보완방안,” 『대한병원협회지』, 대한변원협회, 33(3), 41-60. 2004.

오영재 외, 『청소년복지론』, 양지, 2001.

오혜경, 『장애인복지론』, 창지사, 2005.

원석조, 『사회복지정책론』, 공동체, 2006.

유길상, “한국고용보험제도의 정책효과분석,” 한국정책학회, 『한국정책학회보』, 12(4), 175-201. 2003.

이두호 외, 『빈곤론』, 나남, 1992.

이병렬, 『스웨덴 · 영국 · 미국의 빈곤정책』, 양지, 2002.

이상도 · 이윤혁, "우리나라 산재보험의 보상제도의 현황과 발전방향," 『산업안전학회지』, 한국산업안전학회. 13(3), 143-162. 1998.

이상직, "고용보험제도의 정책 쟁점에 관한 연구," 대구산업정보대학논문집, 17, 267-281. 2003.

이완영, "한국산업재해보상보험의 재정," 『경영연구』, 한국항공대학교 경영연구소, 18(1), 78-86. 2001.

이유진 외, "빈곤과 불평등의 동향 및 요인분해," 한국보건사회연구원 연구보고서, 2005.

이해영, 『노인복지론』, 창지사, 2006.

임종운, 『아동복지론』, 홍익제, 2002.

전재일 외, 『사회복지정책론』, 형설출판사, 2000.

정은 · 은선경, 『여성복지론』, 창지사, 2006.

정정길, 『정책학원론』, 대명출판사, 1989.

조성한, "사회보험 관리개선방안에 관한 소고," 한국정책과학학회보, 10, 197-220. 2006.

조흥식 · 김인숙 · 김혜란 · 김혜련 · 신은주, 『가족복지학』, 학지사, 2006.

최경석 외, 『한국 가족복지의 이해』, 인간과 복지, 2003.

최순남, 『현대노인복지론』, 한신대학교출판부, 2000.

최성재 · 장인협, 『노인복지학』, 서울대학교출판부, 1992.

프랑수아-자비에 메랭, 『복지국가』, 한길사, 2000.

한국가족학회, 『한국가족정책』, 하우, 1995.

한국여성개발원, 여성백서, 2005.

허만영 · 성연민, "국민건강보험부과체계의 형평성," 대한정책학회, 『대한정책학회보』, 12(1), 175-199. 2003.

허진영, "유럽사회보장제도의 도입배경과 전개과정," 『한국프랑스학논집』, 53, 535-556. 2006.

현외성, 『사회복지정책강론』, 양서원, 2003.

홍봉선 · 남미애, 『청소년복지론』, 양서원, 2000.

Anderson, James E. *Public Policy-Making.* N.Y. Holt, Rinehart and Winston, 1984.

Caiden, G. E., *Public Administration*, 2nd ed. California : Palisades Publishers, 1982.

Dinitto, D. M. & T. R. Dye, *Social Welfare: Politics and Policy.* N.Y, Prentice-Hall, 1983.

Donald S. Van Meter & Carl E. Van Horn, "The Policy Implementation Process : A Conceptual Framework," *Administration and Society*, Vol. 6, No. 4, 1975.

Dror, Y. *Public Policymaking Reexamined.* Scranton, Pennsylvania : Chandler Publishing Co., 1968.

Martin Rein & Francine F. Rabinovitz, "Implementation : A Theoretical Perspective", in Walter D. Burnham & Martha W. Weinberg(eds), *American Politics and Public Policy*. Cambridge : MIT Press, 1978.

Murdock, George P. *Social Structure*. New York : Macmilian, 1949.

Pressman, Jeffrey L. & Aron, *Wildavskym Implementation*. Berkeley : Univ. of Cal. Press, 1973.

Quade, E. S. *Analysis for Public Decision*, 2nd ed., New York : Elsevier Science Publishing Co., 1972.

Throne, B & Yalom, M. *Rethinking the family : Some feminist questions*. New York : Longman, 1982.

Zastrow, Charles. *Social Work with Groups*, Brooks/Cole, 2001.

찾아보기

(ㅊ)

(ㅋ), (ㅌ)

(ㅍ)

〈영 문〉

[저자 소개]

• 강용규
삼육보건대학교 사회복지과 교수

사회복지정책론(신판)

2023년 2월 20일 초판인쇄
2023년 2월 25일 초판발행

저 자 강 용 규
발행인 유 성 열
발행처 **청목출판사**
서울특별시 영등포구 신길로 40길 20
전화 (02) 849-6157(代) · 2820 / 833-6091
FAX (02) 849-0817
등록 제318-1994-000090호

파본은 바꾸어 드립니다. 값 24,000원

http://www.chongmok.co.kr

ISBN 978-89-5565-811-8